实用版法规专辑

劳动与社会保障法

中国法制出版社
CHINA LEGAL PUBLISHING HOUSE

我国的立法体系①

全国人民代表大会	修改宪法，制定和修改刑事、民事、国家机构的和其他的基本法律。
全国人民代表大会常务委员会	制定和修改除应当由全国人民代表大会制定的法律以外的其他法律；在全国人民代表大会闭会期间，对全国人民代表大会制定的法律进行部分补充和修改；根据全国人民代表大会授权制定相关法律；解释法律。
国务院	根据宪法、法律和全国人民代表大会及其常务委员会的授权，制定行政法规。
省、自治区、直辖市的人民代表大会及其常务委员会	根据本行政区域的具体情况和实际需要，在不同宪法、法律、行政法规相抵触的前提下，制定地方性法规。
设区的市、自治州的人民代表大会及其常务委员会	在不同上位法相抵触的前提下，可对城乡建设与管理、生态文明建设、历史文化保护、基层治理等事项制定地方性法规。
经济特区所在地的省、市的人民代表大会及其常务委员会	根据全国人民代表大会的授权决定，制定法规，在经济特区范围内实施。
上海市人民代表大会及其常务委员会	根据全国人民代表大会常务委员会的授权决定，制定浦东新区法规，在浦东新区实施。
海南省人民代表大会及其常务委员会	根据法律规定，制定海南自由贸易港法规，在海南自由贸易港范围内实施。
民族自治地方的人民代表大会	依照当地民族的政治、经济和文化的特点，制定自治条例和单行条例。对法律和行政法规的规定作出变通的规定，但不得违背法律或者行政法规的基本原则，不得对宪法和民族区域自治法的规定以及其他有关法律、行政法规专门就民族自治地方所作的规定作出变通规定。
国务院各部、委员会、中国人民银行、审计署和具有行政管理职能的直属机构以及法律规定的机构	根据法律和国务院的行政法规、决定、命令，在本部门的权限范围内，制定规章。
省、自治区、直辖市和设区的市、自治州的人民政府	根据法律、行政法规和本省、自治区、直辖市的地方性法规，制定规章。设区的市、自治州人民政府制定的地方政府规章限于城乡建设与管理、生态文明建设、历史文化保护、基层治理等方面的事项。
中央军事委员会	根据宪法和法律制定军事法规，在武装力量内部实施。
中国人民解放军各战区、军兵种和中国人民武装警察部队	根据法律和中央军事委员会的军事法规、决定、命令，在其权限范围内制定军事规章，在武装力量内部实施。
国家监察委员会	根据宪法和法律、全国人民代表大会常务委员会的有关决定，制定监察法规。
最高人民法院、最高人民检察院	作出属于审判、检察工作中具体应用法律的解释。

---

① 本图表为编者根据《立法法》相关规定编辑整理，供参考。

编 辑 说 明

运用法律维护权利和利益，是读者选购法律图书的主要目的。法律文本单行本提供最基本的法律依据，但单纯的法律文本中的有些概念、术语，读者不易理解；法律释义类图书有助于读者理解法律的本义，但又过于繁杂、冗长。

基于上述理念，我社自2006年7月率先出版了"实用版"系列法律图书；2008年2月，我们将与社会经济生活密切相关的领域所依托的法律制度以专辑形式汇编出版了"实用版法规专辑"，并在2012年、2014年、2016年、2018年、2020年全面更新升级再版。这些品种均深受广大读者的认同和喜爱。

2022年，本着"以读者为本"的宗旨，适应实践变化需要，我们第七次对"实用版法规专辑"增订再版，旨在为广大公民提供最新最高效的法律学习及法律纠纷解决方案。

鲜明特点，无可替代：

1. **出版权威**。中国法制出版社是中华人民共和国司法部所属的中央级法律类图书专业出版社，是国家法律、行政法规文本的权威出版机构。

2. **法律文本规范**。法律条文利用了我社法律单行本的资源，与国家法律、行政法规正式版本完全一致，确保条文准确、权威。

3. **条文注释专业、权威**。本书中的注释都是从全国人大常委会法制工作委员会、最高人民法院、司法部等对条文的权威解读中精选、提炼而来，简单明了、通俗易懂，涵盖百姓日常生活中经常遇到的纠纷与难题。

4. **案例典型指引**。本书收录数件典型案例，均来自最高人民法院指导案例、公报案例、各地方高级人民法院判决书等，点出适用要点，展示解决法律问题的实例。

5. **附录实用**。书末收录经提炼的法律流程图、诉讼文书、办案常用数据（如损害赔偿金额标准）等内容，帮助您大大提高处理法律纠纷的效率。

6. **"实用版法规专辑"** 从某一社会经济生活领域出发，收录、解读该领域所涉重要法律制度，为解决该领域法律纠纷提供支持。

劳动与社会保障法律制度理解与适用

1994 年通过的《劳动法》，是我国关于劳动制度的基本法律规定，涵盖了劳动法律关系的各个方面，是我国劳动法律体系的基础，劳动领域的其他法律法规和政策基本上是以劳动法为依据的。《劳动法》对劳动合同、集体合同、工时、休息休假、工资、劳动安全卫生、职业培训、社会保险和福利、劳动争议等方面都进行了规定。

劳动合同是整个劳动关系的核心。2007 年通过的《劳动合同法》是调整用人单位和劳动者订立、履行、变更、解除和终止劳动合同行为的基本法律规范。2008 年通过了《劳动合同法实施条例》，有针对性地澄清了一些对《劳动合同法》的误解，并弥补了《劳动合同法》部分规定的不足。2012 年，实施了 5 年的《劳动合同法》首次修改，本次修改主要针对的是劳务派遣用工。为防止劳务派遣滥用损害劳动者权益，修改后的《劳动合同法》，加大对劳务派遣用工的限制，并对被派遣劳动者"同工同酬"的权利进一步明确。随后，人力资源和社会保障部出台了《劳务派遣行政许可实施办法》和《劳务派遣暂行规定》，对相关问题作了进一步的细化规定。

2010 年通过的《社会保险法》就基本养老保险、基本医疗保险、工伤保险、失业保险、生育保险等险种进行了明确规定。此外，社保领域一些重要的法规文件，还包括《工伤保险条例》、《工伤认定办法》等。

在劳动争议处理方面，2007 年通过的《劳动争议调解仲裁法》，对劳动争议处理的两个程序——调解和仲裁进行了规定。2020 年，最高人民法院发布了《最高人民法院关于审理劳动争议案件适用法律问题的解释（一）》，对劳动争议案件的审理起到了重要的指导作用。

劳动与社会保障法律要点提示

法律要点	法　条	页　码
规章制度	《劳动法》第4条	第3页
	《劳动合同法》第4、80条	第94、132页
	《最高人民法院关于审理劳动争议案件适用法律问题的解释（一）》第50条	第260页
劳动合同的内容	《劳动法》第19条	第8页
	《劳动合同法》第17条	第103页
劳动合同试用期	《劳动法》第21条	第11页
	《劳动合同法》第19-21、83条	第104-105、132页
	《劳动合同法实施条例》第15条	第142页
培训服务期	《劳动合同法》第22条	第106页
	《劳动合同法实施条例》第16、26条	第142、145页
保密义务和竞业限制	《劳动法》第22、102条	第12、54页
	《劳动合同法》第23-24条	第106-107页
劳动合同无效	《劳动法》第18条	第7页
	《劳动合同法》第26、28条	第107、109页

1

目　　录

综　合

劳动合同管理

工时、薪酬管理

劳务派遣

劳动争议处理

社会保障

综 合

中华人民共和国劳动法

(1994年7月5日第八届全国人民代表大会常务委员会第八次会议通过 根据2009年8月27日第十一届全国人民代表大会常务委员会第十次会议《关于修改部分法律的决定》第一次修正 根据2018年12月29日第十三届全国人民代表大会常务委员会第七次会议《关于修改〈中华人民共和国劳动法〉等七部法律的决定》第二次修正)

第一章 总 则

第一条 【立法宗旨】* 为了保护劳动者的合法权益，调整劳动关系，建立和维护适应社会主义市场经济的劳动制度，促进经济发展和社会进步，根据宪法，制定本法。

第二条 【适用范围】 在中华人民共和国境内的企业、个体经济组织（以下统称用人单位）和与之形成劳动关系的劳动者，适用本法。

国家机关、事业组织、社会团体和与之建立劳动合同关系的劳动者，依照本法执行。

注释 ［劳动关系与劳务关系］

在我国法律体系中，有劳动关系和劳务关系这两个概念。劳动关系是指用人单位和劳动者基于雇佣与被雇佣而产生的关系，在法律上属于劳动法的范畴；劳务关系则是平等民事主体间提供方给用工方提供劳动服务，获得劳务报酬的关系，由民事法律规范调整。两者的区别主要有以下几方面：（一）劳动关系一方是用人单位，另一方必然

---

* 条文主旨为编者所加，下同。

是劳动者；而劳务关系可能有很多方，可能是公司与公司之间的关系，也可能是个人和个人之间的关系，还可能是公司与个人之间的关系；（二）在劳动关系中，劳动者除提供劳动之外，还要接受用人单位的管理，遵守其规章制度等；而劳务关系只有劳务服务，用工方支付报酬，彼此之间在法律上不存在身份隶属关系，既没有档案需要放在单位或与单位有关的地方，也不需要员工手册等证明文件；（三）劳动关系中的劳动者除获得工资报酬外，还有法定社会保险、公积金等，而劳务关系一般只获得劳动报酬；（四）劳动关系适用《劳动法》、《劳动合同法》，劳务关系则适用《民法典》等。

［劳动法适用主体］

1. 中国境内的企业、个体经济组织与劳动者之间，只要形成劳动关系，即劳动者事实上已成为企业、个体经济组织的成员，并为其提供有偿劳动，适用劳动法。2. 国家机关、事业组织、社会团体实行劳动合同制度的以及按规定应实行劳动合同制度的工勤人员；实行企业化管理的事业组织的人员；其他通过劳动合同与国家机关、事业组织、社会团体建立劳动关系的劳动者，适用劳动法。3. 公务员和比照实行公务员制度的事业组织和社会团体的工作人员，以及农村劳动者（乡镇企业职工和进城务工、经商的农民除外）、现役军人和家庭保姆等不适用劳动法。4. 中国境内的企业、个体经济组织在劳动法中被称为用人单位。国家机关、事业组织、社会团体和与之建立劳动合同关系的劳动者依照劳动法执行。

参见 《劳动合同法》第 2、96 条；《劳动合同法实施条例》第 3、4 条；《最高人民法院关于审理劳动争议案件适用法律问题的解释（一）》第 1-3 条

第三条 【劳动者的权利和义务】劳动者享有平等就业和选择职业的权利、取得劳动报酬的权利、休息休假的权利、获得劳动安全卫生保护的权利、接受职业技能培训的权利、享受社会保险和福利的权利、提请劳动争议处理的权利以及法律规定的其他劳动权利。

劳动者应当完成劳动任务，提高职业技能，执行劳动安全卫生规程，遵守劳动纪律和职业道德。

参见 《劳动部关于〈中华人民共和国劳动法〉若干条文的说明》第 3 条

案例 何文良诉成都市武侯区劳动局工伤认定行政行为案（《最高人民法院公报》2004 年第 9 期）

案件适用要点： 认定劳动者工作时间在工作场所的卫生设施内发生伤亡与工作无关，属适用法律错误。根据《劳动法》第 3 条规定，劳动者享有"获得劳动安全卫生保护"的权利，"上厕所"是人的自然生理现象，任何用工单位或个人都应当为劳动者提供必要的劳动卫生条件，维护劳动者的基本权利。"上厕所"虽然是个人的生理现象，与劳动者的工作内容无关，但这是人的必要的、合理的生理需要，与劳动者的正常工作密不可分，被告片面地认为"上厕所"是个人生理需要的私事，与劳动者的本职工作无关，故作出认定本案中原告不是工伤的具体行政行为，与劳动法保护劳动者合法权利的基本原则相悖，也有悖于社会常理。本案中原告是在上班时间在工作区域内发生的非本人过错的伤亡，不认定为工伤与上述法规、规定的本意不符，也没有相应的法律、法规依据。

第四条 【用人单位规章制度】用人单位应当依法建立和完善规章制度，保障劳动者享有劳动权利和履行劳动义务。

注释 本条是对用人单位规章制度的规定。用人单位的规章制度必须"依法"建立和完善，其制定依据包括：宪法、法律、行政法规、地方性法规、民族自治地方的自治条例和单行条例以及关于劳动方面的行政规章。

参见 《劳动合同法》第 4 条；《最高人民法院关于审理劳动争议案件适用法律问题的解释（一）》第 50 条；《劳动部关于〈中华人民共和国劳动法〉若干条文的说明》第 4 条

第五条 【国家发展劳动事业】国家采取各种措施，促进劳动就业，发展职业教育，制定劳动标准，调节社会收入，完善社会保险，协调劳动关系，逐步提高劳动者的生活水平。

第六条 【国家的倡导、鼓励和奖励政策】国家提倡劳动者参加社会义务劳动，开展劳动竞赛和合理化建议活动，鼓励和保护劳动者进行科学研究、技术革新和发明创造，表彰和奖励劳动模范和先进工作者。

第七条 　**【工会的组织和权利】**劳动者有权依法参加和组织工会。

工会代表和维护劳动者的合法权益，依法独立自主地开展活动。

第八条 　**【劳动者参与民主管理和平等协商】**劳动者依照法律规定，通过职工大会、职工代表大会或者其他形式，参与民主管理或者就保护劳动者合法权益与用人单位进行平等协商。

第九条 　**【劳动行政部门设置】**国务院劳动行政部门主管全国劳动工作。

县级以上地方人民政府劳动行政部门主管本行政区域内的劳动工作。

第二章　促进就业

第十条 　**【国家促进就业政策】**国家通过促进经济和社会发展，创造就业条件，扩大就业机会。

国家鼓励企业、事业组织、社会团体在法律、行政法规规定的范围内兴办产业或者拓展经营，增加就业。

国家支持劳动者自愿组织起来就业和从事个体经营实现就业。

第十一条 　**【地方政府促进就业措施】**地方各级人民政府应当采取措施，发展多种类型的职业介绍机构，提供就业服务。

第十二条 　**【就业平等原则】**劳动者就业，不因民族、种族、性别、宗教信仰不同而受歧视。

第十三条 　**【妇女享有与男子平等的就业权利】**妇女享有与男子平等的就业权利。在录用职工时，除国家规定的不适合妇女的工种或者岗位外，不得以性别为由拒绝录用妇女或者提高对妇女的录用标准。

注释 　本条是对妇女享有与男子平等的就业权利的规定。理解本条，应当把握以下三点：（1）妇女享有同男子平等的就业权

4

利；（2）凡是适合妇女从事劳动的岗位，用人单位不得以性别为由拒绝录用；（3）凡是适合妇女从事的工作或者岗位，用人单位在招收职工时不得提高对妇女的录用标准。

本条"不适合的工种或者工作岗位"，主要是指《女职工劳动保护特别规定》中《女职工禁忌从事的劳动范围》中规定的禁止安排妇女从事的工种或者岗位。可见，确保妇女平等就业权的实现，是以照顾妇女生理特点为前提的。此外，用人单位在其他工种和岗位的招工中，不得以性别为由拒绝录用妇女，也不得提高对妇女的录用标准和条件。

参见 《劳动部关于〈中华人民共和国劳动法〉若干条文的说明》第13条；《就业促进法》第27条；《女职工劳动保护特别规定》；《妇女权益保障法》第41—44条

第十四条 【特殊就业群体的就业保护】 残疾人、少数民族人员、退出现役的军人的就业，法律、法规有特别规定的，从其规定。

注释 本条是关于特殊群体就业保护的规定。《劳动法》主要列举了三类特殊群体：残疾人、少数民族人员和退役军人。本条中的"法律、法规"指《残疾人保障法》、《退役军人保障法》以及《民族区域自治法》等。

参见 《劳动部关于〈中华人民共和国劳动法〉若干条文的说明》第14条；《残疾人保障法》第30—40条；《就业促进法》第29—31条；《退役军人保障法》

第十五条 【使用童工的禁止】 禁止用人单位招用未满十六周岁的未成年人。

文艺、体育和特种工艺单位招用未满十六周岁的未成年人，必须遵守国家有关规定，并保障其接受义务教育的权利。

注释 本条是关于使用童工的禁止性规定。对于禁止使用童工，除了《劳动法》作出的原则性的规定之外，国务院还颁布了《禁止使用童工规定》，对于使用童工行为所应承担的法律责任等相关问题进行了详细规定。

在我国，使用童工行为是法律严格禁止的，但是有一类特殊情况，即根据《禁止使用童工规定》第13条，文艺、体育单位经未成年人的父母或者其他监护人同意，可以招用不满16周岁的专业文艺工作者、运动员。用人单位应当保障被招用的不满16周岁的未成年人的身心健康，保障其接受义务教育的权利。可见，文艺、体育单位招用不满16周岁的专业文艺工作者、运动员至少必须符合以下三个基本条件：（1）只限于文艺或者体育单位的招用行为，其他单位不可以；（2）必须经父母或者其他监护人的同意；（3）必须保障未成年人的身心健康，保障其接受义务教育的权利。

参见 《劳动部关于〈中华人民共和国劳动法〉若干条文的说明》第15条；《禁止使用童工规定》；《未成年人保护法》第61条

第三章 劳动合同和集体合同

第十六条 【劳动合同的概念】劳动合同是劳动者与用人单位确立劳动关系、明确双方权利和义务的协议。

建立劳动关系应当订立劳动合同。

注释 劳动合同的订立与劳动关系确立的关系可分为：（1）书面劳动合同签订在前，实际用工在后的，劳动关系自实际提供劳动之日起建立。劳动关系的建立后于书面劳动合同的签订日期，劳动关系建立日期之前的书面劳动合同只具有合同效力，如果合同一方违约，按照民事法律规定追究其违约责任。（2）实际用工在前，签订书面劳动合同在后的，劳动关系早于书面劳动合同建立，劳动关系的建立不受未签订书面劳动合同的影响。（3）劳动者在实际提供劳动的同时签订书面劳动合同的，劳动合同签订期、劳动关系建立期和实际提供劳动期三者是一致的。用人单位应当自用工之日起一个月内与劳动者签订书面劳动合同，除劳动者自己不与用人单位订立劳动合同的情况外，逾期不签订的用人单位将承担法律责任。

参见 《劳动合同法》第7条；《劳动合同法实施条例》第4—7条

1. 郭懿诉江苏益丰大药房连锁有限公司劳动争议案（《最高人民法院公报》2010年第6期）

案件适用要点：即将毕业的大专院校在校学生以就业为目的与用人单位签订劳动合同，且接受用人单位管理，按合同约定付出劳动；用人单位在明知求职者系在校学生的情况下，仍与之订立劳动合同并向其发放劳动报酬的，该劳动合同合法有效，应当认定双方之间形成劳动合同关系。

2. 刘丹萍与南京仁创物资有限公司劳动争议纠纷案（《最高人民法院公报》2018年第7期）

案件适用要点：用人单位未与人事主管订立书面劳动合同，人事主管诉请用人单位支付因未订立书面劳动合同的二倍工资赔偿，因订立书面劳动合同系人事主管的工作职责，人事主管有义务提示用人单位与其订立书面劳动合同，人事主管如不能举证证明其曾提示用人单位与其订立书面劳动合同，则不应支持其诉讼请求。

第十七条 【订立和变更劳动合同的原则】订立和变更劳动合同，应当遵循平等自愿、协商一致的原则，不得违反法律、行政法规的规定。

劳动合同依法订立即具有法律约束力，当事人必须履行劳动合同规定的义务。

注释 除了《劳动法》规定的平等自愿、协商一致及合法性原则之外，《劳动合同法》对于劳动合同的订立，又特别提出了公平和诚实信用的原则，这些都是民法的基本原则，其具体的含义，可以参酌民法上的相关规定。其中诚实信用原则，具体体现在了《劳动合同法》第8条的规定当中，即用人单位在招用劳动者之时，应当如实告知劳动者工作内容、工作条件、职业危害、安全生产状况、劳动报酬，以及劳动者要求了解的其他情况；用人单位也有权了解劳动者与劳动合同直接相关的基本情况，劳动者应当如实说明。

参见 《劳动合同法》第3、29、33-35、84条

第十八条 【无效劳动合同】下列劳动合同无效：

（一）违反法律、行政法规的劳动合同；

（二）采取欺诈、威胁等手段订立的劳动合同。

无效的劳动合同，从订立的时候起，就没有法律约束力。确认劳动合同部分无效的，如果不影响其余部分的效力，其余部分仍然有效。

劳动合同的无效，由劳动争议仲裁委员会或者人民法院确认。

注释 本条是关于无效劳动合同的规定。无效劳动合同是指所订立的劳动合同不符合法定条件，不能发生当事人预期的法律后果的劳动合同。劳动合同的无效由人民法院或劳动争议仲裁委员会确认，不能由合同双方当事人决定。

对于无效的劳动合同，《劳动法》只规定了两种，是比较简单的。对这一问题，《劳动合同法》第 26 条进行了补充规定，规定下列劳动合同无效：（一）以欺诈、胁迫的手段或者乘人之危，使对方在违背真实意思的情况下订立或者变更劳动合同的；（二）用人单位免除自己的法定责任、排除劳动者权利的；（三）违反法律、行政法规强制性规定的。

这里，"欺诈"是指当事人一方故意制造假相或隐瞒事实真相，欺骗对方，诱使对方形成错误认识而与之订立劳动合同；"胁迫"是指当事人以将要发生的损害或以直接实施损害相威胁，一方迫使另一方处于恐惧或者其他被胁迫的状态而签订的劳动合同，胁迫可能涉及生命、身体、财产、名誉、自由、健康等方面；"乘人之危"是指一方当事人乘对方处于为难之际，为谋取不正当利益，迫使对方违背自己的真实意愿与己订立合同。

参见 《劳动合同法》第 26－28 条；《最高人民法院关于审理劳动争议案件适用法律问题的解释（一）》第 41 条；《国务院关于工人退休、退职的暂行办法》；《国务院关于严格执行工人退休、退职暂行办法的通知》

第十九条 【劳动合同的形式和内容】劳动合同应当以书面形式订立，并具备以下条款：

（一）劳动合同期限；

（二）工作内容；

（三）劳动保护和劳动条件；

（四）劳动报酬；

（五）劳动纪律；

（六）劳动合同终止的条件；

（七）违反劳动合同的责任。

劳动合同除前款规定的必备条款外，当事人可以协商约定其他内容。

注释 本条是对于劳动合同内容和形式的规定。《劳动法》规定劳动合同必须采取书面的形式订立，对此，《劳动合同法》又进一步作出了详细的规定，其第10条要求已建立劳动关系，未同时订立书面劳动合同的，应当自用工之日起一个月订立书面劳动合同。

对于劳动合同的内容，即其应当具备的条款，《劳动合同法》第17条规定，劳动合同应当具备以下条款：（一）用人单位的名称、住所和法定代表人或者主要负责人；（二）劳动者的姓名、住址和居民身份证或者其他有效身份证件号码；（三）劳动合同期限；（四）工作内容和工作地点；（五）工作时间和休息休假；（六）劳动报酬；（七）社会保险；（八）劳动保护、劳动条件和职业危害防护；（九）法律、法规规定应当纳入劳动合同的其他事项。本条中"协商约定其他内容"是指劳动合同中的约定条款，即劳动合同双方当事人除依据本法就劳动合同的必备条款达成一致外，如果认为某些方面与劳动合同有关的内容仍需协调，便可将协商一致的内容写进合同，这些内容是合同当事人自愿协商确定的，而不是法定的。用人单位与劳动者可以约定的其他内容包括试用期、培训、保守秘密、补充保险和福利待遇等其他事项。

参见 《劳动合同法》第11、16－18、58、59条；《劳动合同法实施条例》第16、17条

第二十条 **【劳动合同的期限】**劳动合同的期限分为有固定期限、无固定期限和以完成一定的工作为期限。

劳动者在同一用人单位连续工作满十年以上，当事人双方同意

续延劳动合同的，如果劳动者提出订立无固定期限的劳动合同，应当订立无固定期限的劳动合同。

注释 本条是关于劳动合同期限的规定。劳动合同期限分为有固定期限、无固定期限和以完成一定工作任务为期限三种。

第一种，有固定期限合同，是指劳动合同中明确规定合同的有效期限。劳动合同约定固定期限，可以是长期的，如五年以上；也可以是短期的，如一年、两年等。

第二种，无固定期限合同，是指劳动合同不约定具体期限。通常，劳动合同约定无固定期限都是长期的，只要在履行过程中不发生法定解除劳动合同的事项或者行为，劳动合同的有效期可至劳动者退休。

第三种，以完成一定工作任务为期限的合同，是指经劳动合同双方约定，用人单位招用劳动者完成特定的工作任务，一旦工作任务完成，劳动合同自行终止。这种劳动合同的有效期限，以完成工作任务的时间为限。因此，其有效期可能为数周、数月，也可能长达数年。

本条中"当事人双方同意续延劳动合同的"，是指已有劳动合同到期，双方同意延续的。并非指原固定工同意而一律订立无固定期限的劳动合同。"劳动者在同一用人单位中连续工作满十年"要从以下两个方面理解：一是与签订劳动合同的次数和劳动合同的期限都没有关系，这十年中从前到后劳动者可以签订多个劳动合同，每个劳动合同的期限都可以不同。如劳动者的劳动合同一年一签，连续签了十次，属于本规定中连续工作满十年的情形。再如，劳动者与用人单位先签订了两年期限的劳动合同，后出于种种原因，接下来一年没有签订书面劳动合同，之后几年又签订了书面劳动合同，只要连续工作满十年，就属于本规定的情形。二是工作必须是连续的，中间不得有间断。如有的劳动者在用人单位工作五年后，离职到别的单位去工作了两年，然后又回到了这个用人单位工作五年。虽然累计时间达到了十年，但是劳动合同期限有所间断，不属于本规定的情形。

劳动者患病或非因工负伤，依法享有医疗期，在计算"同一用人单位连续工作时间"时，不应扣除劳动者依法享有的医疗期时间。在计算医疗期、经济补偿时，"本单位工作年限"与"同一用人单位连续工作时间"为同一概念，也不应扣除劳动者此前依法享有的医疗期时间。

参见 《劳动合同法》第12-15条；《劳动合同法实施条例》第9-12、18、19条

第二十一条 【试用期条款】 劳动合同可以约定试用期。试用期最长不得超过六个月。

注释 本条是对于劳动合同试用期的规定。试用期适用于初次就业或再次就业时改变劳动岗位或工种劳动者。试用期，是指用人单位对新招收的职工进行思想品德、劳动态度、实际工作能力、身体情况等进行进一步考察的时间期限。试用期是一个约定的条款，如果双方没有事先约定，用人单位就不能以试用期为由解除劳动合同。

试用期最长为六个月，《劳动合同法》第19条根据劳动合同期限的不同情形进行了区分：劳动合同期限三个月以上不满一年的，试用期不得超过一个月；劳动合同期限一年以上不满三年的，试用期不得超过二个月；三年以上固定期限和无固定期限的劳动合同，试用期不得超过六个月。

劳动者在试用期间应当享有全部的劳动权利。这些权利包括取得劳动报酬的权利、休息休假的权利、获得劳动安全卫生保护的权利、接受职业技能培训的权利、享受社会保险和福利的权利、提请劳动争议处理的权利以及法律规定的其他劳动权利；还包括依照法律规定，通过职工大会、职工代表大会或者其他形式，参与民主管理或者就保护劳动者合法权益与用人单位进行平等协商的权利。不能因为试用期的身份而加以限制，与其他劳动者区别对待。

另外，对于试用期内的工资，《劳动合同法》第20条明确规定，劳动者在试用期内的工资不得低于本单位相同岗位最低档工资的或者劳动合同约定工资的百分之八十，并不得低于用人单位所在地的最低工资标准。

参见 《劳动合同法》第 19 - 20 条;《劳动合同法实施条例》第 15 条

第二十二条 【保守商业秘密之约定】劳动合同当事人可以在劳动合同中约定保守用人单位商业秘密的有关事项。

注释 本条是关于劳动合同中保守商业秘密之约定的规定。所谓"商业秘密",根据《反不正当竞争法》第 9 条的规定,是指不为公众所知悉、具有商业价值并经权利人采取相应保密措施的技术信息、经营信息等商业信息。另据《最高人民法院关于审理侵犯商业秘密民事案件适用法律若干问题的规定》第 1 条,与技术有关的结构、原料、组分、配方、材料、样品、样式、植物新品种繁殖材料、工艺、方法或其步骤、算法、数据、计算机程序及其有关文档等信息,人民法院可以认定构成反不正当竞争法第九条第四款所称的技术信息。与经营活动有关的创意、管理、销售、财务、计划、样本、招投标材料、客户信息、数据等信息,人民法院可以认定构成反不正当竞争法第九条第四款所称的经营信息。前款所称的客户信息,包括客户的名称、地址、联系方式以及交易习惯、意向、内容等信息。

对负有保密义务的劳动者,用人单位可以在劳动合同或者保密协议中与劳动者约定竞业限制条款,并约定在解除或者终止劳动合同后,在竞业限制期限内按月给予劳动者经济补偿。劳动者违反竞业限制约定的,应当按照约定向用人单位支付违约金。

参见 《劳动合同法》第 23 条;《最高人民法院关于审理劳动争议案件适用法律问题的解释(一)》

案例 王云飞诉施耐德电气(中国)投资有限公司上海分公司劳动争议纠纷案(《最高人民法院公报》2009 年第 11 期)

案件适用要点:竞业禁止是指负有特定义务的劳动者从原用人单位离职后,在一定期间内不得自营或为他人经营与原用人单位有直接竞争关系的业务。根据有关法律、行政法规的规定,用人单位与负有保守商业秘密义务的劳动者,可以在劳动合同或者保密协议中约定竞业禁止条款,同时应约定在解除或者终止劳动合同后,给予劳动者一定的竞业禁止经济补偿；未约定给予劳动者竞业禁止经济补偿，或者约定的竞业禁止经济补偿数额过低、不符合相关规定的，该竞业禁止条款对劳动者不具有约束力。

第二十三条　【劳动合同的终止】劳动合同期满或者当事人约定的劳动合同终止条件出现，劳动合同即行终止。

参见　《劳动合同法》第 44－46 条；《劳动合同法实施条例》第 13、14、21 条

第二十四条　【劳动合同的合意解除】经劳动合同当事人协商一致，劳动合同可以解除。

注释　本条是关于劳动合同合意解除的规定。按照法律规定，劳动合同订立之后，双方当事人都应当认真履行，任何一方不得因后悔或者难以履行而擅自解除劳动合同。但是如果发生特殊情况，使继续履行合同不可能、没有必要或者会招致一方或者双方利益的损害时，法律规定可以解除劳动合同。解除劳动合同，是指在劳动合同订立后，尚未履行或者未全部履行之前，由于一定情况的变化而提前终止劳动合同。劳动合同的解除分为法定解除和约定解除两种。根据《劳动法》的规定，劳动合同既可以由单方依法解除，也可以双方协商解除。解除劳动合同后，合同未履行的部分不再履行，对当事人不再发生法律效力。

参见　《劳动合同法》第 36、37、46 条；《劳动合同法实施条例》第 18、19 条

第二十五条　【过失性辞退】劳动者有下列情形之一的，用人单位可以解除劳动合同：

（一）在试用期间被证明不符合录用条件的；

（二）严重违反劳动纪律或者用人单位规章制度的；

（三）严重失职，营私舞弊，对用人单位利益造成重大损害的；

（四）被依法追究刑事责任的。

注释　本条规定的是劳动者因过失而被解除劳动合同的情形。

对此，《劳动合同法》第39条规定，劳动者有下列情形之一的，用人单位可以解除劳动合同：（1）在试用期间被证明不符合录用条件的；（2）严重违反用人单位的规章制度的；（3）严重失职，营私舞弊，给用人单位造成重大损害的；（4）劳动者同时与其他用人单位建立劳动关系，对完成本单位的工作任务造成严重影响，或者经用人单位提出，拒不改正的；（5）以欺诈、胁迫的手段或者乘人之危，使对方在违背真实意思的情况下订立或者变更劳动合同致使劳动合同无效的；（6）被依法追究刑事责任的。

> **参见** 《劳动法合同法》第39条；《劳动合同法实施条例》第19条；《劳动部关于贯彻执行〈中华人民共和国劳动法〉若干问题的意见》第28-31条；《劳动部关于〈中华人民共和国劳动法〉若干条文的说明》第25条

第二十六条 【非过失性辞退】有下列情形之一的，用人单位可以解除劳动合同，但是应当提前三十日以书面形式通知劳动者本人：

（一）劳动者患病或者非因工负伤，医疗期满后，不能从事原工作也不能从事由用人单位另行安排的工作的；

（二）劳动者不能胜任工作，经过培训或者调整工作岗位，仍不能胜任工作的；

（三）劳动合同订立时所依据的客观情况发生重大变化，致使原劳动合同无法履行，经当事人协商不能就变更劳动合同达成协议的。

> **注释** 本条规定的是用人单位的非过失解除劳动合同。这种情况下劳动合同的解除原因，不是因为劳动者存在过错，而是基于客观情况的变化使劳动合同无法履行。对于这种情形下的解除，《劳动合同法》与《劳动法》的规定基本相同。

其中，本条第（一）项劳动者医疗期满后，不能从事原工作的，由原用人单位另行安排适当的工作之后，仍不能从事另行安排的工作的，可以解除劳动合同。这里的"医疗期"，根据《企业职工患病或非因工负伤医疗期规定》，是指企业职工因患病或非因工负伤停止工作、治病休息不得解除劳动合同的时限。第（二）项中的"不能胜任工作"，是指不能按要求完成劳动合同中约定的任务或者同工种、同岗位人员的工作量。用人单位不得故意提高定额标准，使劳动者无法完成。第（三）项中的"客观情况"指发生不可抗力或出现致使劳动合同全部或部分条款无法履行的其他情况，如企业迁移、被兼并、企业资产转移等，并且排除《劳动法》第27条所列的客观情况。

参见　《劳动合同法》第40条；《劳动合同法实施条例》第14、19条；《企业职工患病或非因工负伤医疗期规定》

案例　梁介树诉南京乐府餐饮管理有限公司劳动争议案（《最高人民法院公报》2013年第6期）

案件适用要点：患有癌症、精神病等难以治疗的特殊疾病的劳动者，应当享受24个月的医疗期。医疗期内劳动合同期满，劳动合同应当延续至医疗期满时终止。用人单位在医疗期内违法解除或者终止劳动合同，劳动者起诉要求继续履行劳动合同的，人民法院应当判决撤销用人单位的解除或者终止通知书。

第二十七条　【用人单位经济性裁员】用人单位濒临破产进行法定整顿期间或者生产经营状况发生严重困难，确需裁减人员的，应当提前三十日向工会或者全体职工说明情况，听取工会或者职工的意见，经向劳动行政部门报告后，可以裁减人员。

用人单位依据本条规定裁减人员，在六个月内录用人员的，应当优先录用被裁减的人员。

注释　本条是关于企业经济性裁员的规定。其中，本条中的"法定整顿期间"指依据《企业破产法》的破产程序进入的整顿期间。"生产经营状况发生严重困难"，可以根据地方政府规定的困难企业标准来界定。"报告"仅指说明情况，无批准的含义。"优先录用"指同等条件下优先录用。

对于经济性裁员的条件和适用情形，《劳动合同法》作出了更为详细的规定，根据《劳动合同法》第41条，有下列情形之一，需要裁减人员二十人以上或者裁减不足二十人但占企业职工总数百分之十以上的，用人单位提前三十日向工会或者全体职工说明情况，听取工会或者职工的意见后，裁减人员方案经向劳动行政部门报告，可以裁减人员：（1）依照企业破产法规定进行重整的；（2）生产经营发生严重困难的；（3）企业转产、重大技术革新或者经营方式调整，经变更劳动合同后，仍需裁减人员的；（4）其他因劳动合同订立时所依据的客观经济情况发生重大变化，致使劳动合同无法履行的。

除了上述适用条件和适用情形的限制外，对于经济性裁员，法律还规定了裁减人员的限制。主要有两种限制，一是禁止裁减的人员；二是应当优先留用的人员。禁止裁减的人员，主要有以下几类：（1）从事接触职业病危害作业的劳动者未进行离岗前职业健康检查，或者疑似职业病病人在诊断或者医学观察期间的；（2）在本单位患职业病或者因工负伤并被确认丧失或者部分丧失劳动能力的；（3）患病或者非因工负伤，在规定的医疗期内的；（4）女职工在孕期、产期、哺乳期的；（5）在本单位连续工作满十五年，且距法定退休年龄不足五年的；（6）法律、行政法规规定的其他情形。优先留用的人员，主要有以下几类：（1）与本单位订立较长期限的固定期限劳动合同的；（2）与本单位订立无固定期限劳动合同的；（3）家庭无其他就业人员，有需要扶养的老人或者未成年人的。

参见 《劳动合同法》第41条；《劳动部关于〈中华人民共和国劳动法〉若干条文的说明》第27条；《劳动部关于贯彻执行〈中华人民共和国劳动法〉若干问题的意见》第25条；《企业经济性裁减人员规定》

第二十八条 【用人单位解除劳动合同的经济补偿】用人单位依据本法第二十四条、第二十六条、第二十七条的规定解除劳动合同的，应当依照国家有关规定给予经济补偿。

注释 本条是关于用人单位解除劳动合同的情况下对劳动者进行经济补偿的规定。本条中的"依照国家有关规定"是指国家法律、法规和劳动部制定的规章及其他规范性文件。

《劳动合同法》关于经济补偿的规定，不仅限于解除劳动合同的经济补偿，还包括终止劳动合同的经济补偿。根据《劳动合同法》第46条，有下列情形之一的，用人单位应当向劳动者支付经济补偿：（一）劳动者依照《劳动合同法》第38条规定解除劳动合同的；（二）用人单位依照《劳动合同法》第36条（协商解除劳动合同的情形，对应《劳动法》第24条）规定向劳动者提出解除劳动合同并与劳动者协商一致解除劳动合同的；（三）用人单位依照《劳动合同法》第40条（无过失辞退的情形，对应劳动法第26条）规定解除劳动合同的；（四）用人单位依照《劳动合同法》第41条第1款（经济性裁员的情形，对应《劳动法》第27条）规定解除劳动合同的；（五）除用人单位维持或者提高劳动合同约定条件续订劳动合同，劳动者不同意续订的情形外，依照劳动合同法第44条第一项规定终止固定期限劳动合同的；（六）依照劳动合同法第44条第四项、第五项规定终止劳动合同的；（七）法律、行政法规规定的其他情形。

这里要注意在协商解除劳动合同的情形下，对于是否支付经济补偿金，《劳动法》和《劳动合同法》规定是不同的。《劳动法》规定一律要支付经济补偿金，而《劳动合同法》则规定，只有用人单位首先提出解除劳动合同的，才应当支付经济补偿金。由劳动者提出解除的，用人单位无需支付经济补偿金，相比于《劳动法》，《劳动合同法》的这一规定更体现了公正的理念。

另外，对于经济补偿的标准，《劳动合同法》进行了明确，根据《劳动合同法》第47条，经济补偿按劳动者在本单位工作的年限，每满一年支付一个月工资的标准向劳动者支付。六个月以上不满一年的，按一年计算；不满六个月的，向劳动者支付半个月工资的经济补偿。劳动者月工资高于用人单位所在直辖市、设区的市级人民政府公布的本地区上年度职工月平均工资三倍的，向其支付经济补偿的标准按职工月平均工资三倍的数额支付，向其支付经济补偿的年限最高不超过十二年。上述所称月工资是指劳动者在劳动合同解除或者终止前十二个月的平均工资。《劳动合同法实施条例》第27条规定："劳动合同法第四十七条规定的经济补偿的月工资按照劳动者应得工资计算，包括计时工资或者计件工资以及奖金、津贴和补贴等货币性收入。劳动者在劳动合同解除或者终止前12个月的平均工资低于当地最低工资标准的，按照当地最低工资标准计算。劳动者工作不满12个月的，按照实际工作的月数计算平均工资。"

参见 《劳动合同法》第46-47条;《劳动合同法实施条例》第14、20、22-23、27条;《劳动部关于贯彻执行〈中华人民共和国劳动法〉若干问题的意见》第36-40条;《劳动部关于〈中华人民共和国劳动法〉若干条文的说明》第28条;《违反〈劳动法〉有关劳动合同规定的赔偿办法》第1-3条

第二十九条 【用人单位不得解除劳动合同的情形】 劳动者有下列情形之一的,用人单位不得依本法第二十六条、第二十七条的规定解除劳动合同:

(一)患职业病或者因工负伤并被确认丧失或者部分丧失劳动能力的;

(二)患病或者负伤,在规定的医疗期内的;

(三)女职工在孕期、产期、哺乳期内的;

(四)法律、行政法规规定的其他情形。

注释 本条是关于用人单位不得解除劳动合同的情形的规定。其中,第(一)项、第(二)项、第(三)项之所以以法律的形式规定不得解除劳动合同,是为了保证劳动者在特殊情况下的权益不受侵害。在第(二)项、第(三)项规定的情形下劳动合同到期的,应延续劳动合同到医疗期满或女职工"三期"届满为止。

另外需要注意,《劳动合同法》对此有进一步规定:劳动者有下列情形之一的,用人单位不得依照劳动合同法第40条、第41条的规定解除劳动合同:(一)从事接触职业病危害作业的劳动者未进行离岗前职业健康检查,或者疑似职业病病人在诊断或者医学观察期间的;(二)在本单位患职业病或者因工负伤并被确认丧失或者部分丧失劳动能力的;(三)患病或者非因工负伤,在规定的医疗期内的;(四)女职工在孕期、产期、哺乳期的;(五)在本单位连续工作满十五年,且距法定退休年龄不足五年的;(六)法律、行政法规规定的其他情形。

但是,这些特殊情形并未排除依据《劳动法》第25条、《劳动合同法》第39条的规定解除劳动合同,也就是说,劳动者虽然有

18

上述规定的情形，但是如果其又具备《劳动法》第 25 条或者《劳动合同法》第 39 条规定的情形之一的，用人单位仍然可以解除劳动合同。

参见 《劳动合同法》第 42 条

案例 1. 某百货有限责任公司与张某劳动争议纠纷上诉案（河南省郑州市中级人民法院民事判决书〔2009〕郑民一终字第 1808 号）

案件适用要点： 在本单位连续工作满 15 年，且距法定退休年龄不足 5 年的，劳动合同期满，劳动合同应当续延至劳动者达到法定退休年龄时终止。因用人单位的合并、兼并、合资、单位改变性质、法人改变名称等原因而改变工作单位的，其改变前的工作时间可以计算为"在本单位的工作时间"。

2. 张传杰诉上海敬豪劳务服务有限公司等劳动合同纠纷案（《最高人民法院公报》2017 年第 5 期）

案件适用要点： 从事接触职业病危害的作业的劳动者未进行离岗前职业健康检查的，用人单位不得解除或终止与其订立的劳动合同。即使用人单位与劳动者已协商一致解除劳动合同，解除协议也应认定无效。

第三十条 【工会对用人单位解除劳动合同的监督权】用人单位解除劳动合同，工会认为不适当的，有权提出意见。如果用人单位违反法律、法规或者劳动合同，工会有权要求重新处理；劳动者申请仲裁或者提起诉讼的，工会应当依法给予支持和帮助。

注释 本条规定的是工会对用人单位解除劳动合同的监督权。根据《工会法》第 22 条和《劳动合同法》第 43 条，用人单位单方面解除劳动合同的，应当事先将理由通知工会，工会认为用人单位违反法律、法规和有关合同，要求重新研究处理的，用人单位应当研究工会的意见，并将处理结果书面通知工会。劳动者认为企业侵犯其劳动权益而申请劳动争议仲裁或者向人民法院提起诉讼的，工会应当予以支持和帮助。可见，《劳动合同法》和《工会法》将《劳动法》这一规定进行了细化。

参见 《工会法》第 22 条；《劳动合同法》第 43 条

第三十一条　【劳动者单方解除劳动合同】劳动者解除劳动合同，应当提前三十日以书面形式通知用人单位。

> **注释**　本条是对劳动者单方解除劳动合同的时间和形式方面的要求。劳动者解除劳动合同，应当提前30日以书面形式通知用人单位。劳动者提前30日以书面形式通知用人单位，既是解除劳动合同的程序，也是解除劳动合同的条件。劳动者提前30日以书面形式通知用人单位，解除劳动合同，无需征得用人单位的同意。超过30日，劳动者向用人单位提出办理解除劳动合同的手续，用人单位应予以办理。提前期不足30日以书面形式通知用人单位，而劳动者要求解除劳动合同，用人单位可以不予办理。由于劳动者违反劳动合同有关约定而给用人单位造成经济损失的，应依据有关法律、法规、规章的规定和劳动合同的约定，由劳动者承担赔偿责任。劳动者单方解除劳动合同的，必须提前30天通知用人单位，并且只能采取书面的形式，而不能采取口头形式。
>
> 值得注意的是，《劳动合同法》规定，如果劳动者是在试用期间内解除劳动合同的，则提前3天通知用人单位即可，而且没有书面形式的强制性要求。
>
> **参见**　《劳动合同法》第37条；《劳动合同法实施条例》第18条；《最高人民法院关于审理劳动争议案件适用法律问题的解释（一）》第45条

第三十二条　【劳动者无条件解除劳动合同的情形】有下列情形之一的，劳动者可以随时通知用人单位解除劳动合同：

（一）在试用期内的；

（二）用人单位以暴力、威胁或者非法限制人身自由的手段强迫劳动的；

（三）用人单位未按照劳动合同约定支付劳动报酬或者提供劳动条件的。

> **注释**　本条是对劳动者无条件解除劳动合同的规定。对于劳动者无条件解除劳动合同的情形，《劳动法》规定的比较简单，《劳动

合同法》予以了细化。根据《劳动合同法》第38条第1款，用人单位有下列情形之一的，劳动者可以解除劳动合同：（1）未按照劳动合同约定提供劳动保护或者劳动条件的；（2）未及时足额支付劳动报酬的；（3）未依法为劳动者缴纳社会保险费的；（4）用人单位的规章制度违反法律、法规的规定，损害劳动者权益的；（5）因劳动合同法第26条第1款规定的情形致使劳动合同无效的；（6）法律、行政法规规定劳动者可以解除劳动合同的其他情形。《劳动合同法》第38条第2款规定，用人单位以暴力、威胁或者非法限制人身自由的手段强迫劳动者劳动的，或者用人单位违章指挥、强令冒险作业危及劳动者人身安全的，劳动者可以立即解除劳动合同，不需事先告知用人单位。本条中的"暴力"是指对劳动者实施捆绑、拉拽、殴打、伤害等行为。"威胁"是指对劳动者施以暴力威胁或者其他强迫手段。"非法限制人身自由"是指采用拘留、禁闭或其他强制方法非法剥夺或限制他人按照自己的意志支配自己的身体活动自由的行为。

对于《劳动合同法》的新规定，应当注意以下两点：第一，根据《劳动合同法》第37条的规定，"在试用期内的"已不再属于劳动者可以随时解除劳动合同的事由，而应当提前三天通知用人单位以解除劳动合同；第二，具有《劳动合同法》第38条第2款规定的情形的，劳动者可以立即解除劳动合同，不需要事先告知用人单位，其隐含的意思是，具有第38条第1款规定的情形的，尽管劳动者可以随时解除劳动合同，但是劳动者仍必须尽到通知义务，而《劳动法》第32条的规定，也是这个意思。

参见 《劳动合同法》第38条；《劳动合同法实施条例》第18条

第三十三条 【集体合同的内容和签订程序】 企业职工一方与企业可以就劳动报酬、工作时间、休息休假、劳动安全卫生、保险福利等事项，签订集体合同。集体合同草案应当提交职工代表大会或者全体职工讨论通过。

集体合同由工会代表职工与企业签订；没有建立工会的企业，由职工推举的代表与企业签订。

注释　本条是关于集体劳动合同的规定。其中，"企业职工一方"是指企业工会或者职工推举的代表（没有建立工会的企业）。"保险福利"主要是指国家基本社会保险之外的企业补充保险和职工福利。国家基本社会保险依照法律、法规规定执行。

集体合同，又称团体协约、集体协议、团体协议、团体契约等，是集体协商双方代表根据法律、法规的规定就劳动报酬、工作时间、休息休假、劳动安全卫生、保险福利等事项在平等协商一致基础上签订的书面协议。

根据《集体合同规定》第 8 条和《劳动合同法》第 51 条的规定，集体劳动合同的内容一般主要包括以下几个方面：（1）劳动报酬；（2）工作时间；（3）休息休假；（4）保险；（5）福利；（6）劳动安全卫生；（7）合同期限；（8）变更、解除、终止集体劳动合同的程序；（9）履行集体劳动合同发生争议时协商处理的约定；（10）违反集体劳动合同的责任；（11）双方认为应当协商的其他内容等。

参见　《劳动合同法》第 51 - 53 条；《集体合同规定》第 8 - 18 条

第三十四条　【集体合同的审查】集体合同签订后应当报送劳动行政部门；劳动行政部门自收到集体合同文本之日起十五日内未提出异议的，集体合同即行生效。

注释　本条是关于集体合同审查的具体规定。对此，《集体合同规定》进行了细化。集体合同或专项集体合同签订或变更后，应当自双方首席代表签字之日起 10 日内，由用人单位一方将文本一式三份报送劳动保障行政部门审查。劳动保障行政部门对报送的集体合同或专项集体合同应当办理登记手续。集体合同或专项集体合同审查实行属地管辖，具体管辖范围由省级劳动保障行政部门规定。中央管辖的企业以及跨省、自治区、直辖市的用人单位的集体合同应当报送劳动保障部或劳动保障部指定的省级劳动保障行政部门。

集体合同订立后应当报送劳动行政部门，这是法定程序，也是集体合同生效条件。劳动行政部门有审查集体合同内容是否合法的责任，如果发现集体合同内容有违法、失实等情况，不予登记或暂缓登记，发回企业对集体合同进行修正。

参见 《劳动合同法》第 54 条；《集体合同规定》第 42 -
48 条

第三十五条 **【集体合同的效力】** 依法签订的集体合同对企业
和企业全体职工具有约束力。职工个人与企业订立的劳动合同中劳
动条件和劳动报酬等标准不得低于集体合同的规定。

注释 本条是关于集体劳动合同效力的规定。集体合同依法
签订后，对企业和全体职工具有约束力。集体合同的履行和其他合
同一样，应当坚持实际履行、全面履行和协作履行的原则。集体合
同的履行，应当针对不同的合同条款采用不同的履行方式。集体合
同中规定的有关劳动标准方面的条款，主要要求当事人在集体合同
的有效期内按照集体合同规定的各项标准签订个人劳动合同，保证
个人劳动合同的劳动标准不低于集体合同规定的标准。对于目标性
条款，当事人应当按照要求，自觉地实现各自的义务。

另外，对于集体劳动合同中劳动报酬、劳动条件的标准，《劳
动合同法》不仅要求职工个人与企业订立的劳动合同中的劳动条件
和劳动报酬标准不低于集体劳动合同的规定，而且要求集体劳动合
同的劳动报酬和劳动条件标准不低于当地人民政府规定的最低标准。

参见 《劳动合同法》第 55 - 56 条；《工会法》第 21 条；
《劳动部关于〈中华人民共和国劳动法〉若干条文的说明》第 35 条

第四章 工作时间和休息休假

第三十六条 **【标准工作时间】** 国家实行劳动者每日工作时间
不超过八小时、平均每周工作时间不超过四十四小时的工时制度。

注释 本条是对标准工作时间的规定。《劳动法》规定的标准
工作时间为每天不超过 8 小时，每周不超过 44 小时。对于这一标
准，1995 年 3 月 25 日国务院发布的《国务院关于修改〈国务院关
于职工工作时间的规定〉的规定》进行了修改，第 3 条规定职工每
日工作时间为 8 小时，每周为 40 小时。即从 1995 年 5 月 1 日起，我

国标准工作时间为每日工作 8 小时，每周工作 40 小时的 8 小时工作制。该规定的标准自 1995 年 5 月 1 日起施行。

参见　《国务院关于职工工作时间的规定》第 3 条；《劳动部关于〈中华人民共和国劳动法〉若干条文的说明》第 36 条

第三十七条　【计件工作时间】对实行计件工作的劳动者，用人单位应当根据本法第三十六条规定的工时制度合理确定其劳动定额和计件报酬标准。

参见　《劳动部关于〈中华人民共和国劳动法〉若干条文的说明》第 37 条

第三十八条　【劳动者的周休日】用人单位应当保证劳动者每周至少休息一日。

注释　本条是关于劳动者周休息日的规定。本条中的休息日，又称公休假日，是劳动者工作一周之后的休息时间。由于有的企业因生产、工作需要，必须连续工作的，企业必须按照本条规定，予以统筹安排，保证劳动者每周至少休息一天，即至少有一次 24 小时不间断的休息。有的企业因工作特殊情况，劳动者不能在休息日休息的，企业应当安排轮流工作制度，给予劳动者相等时间的补休。按照国家现行的劳动工时制度，一个工作周为五天，即工作五天，可以休息二天。

参见　《国务院关于职工工作时间的规定》；《劳动部关于〈中华人民共和国劳动法〉若干条文的说明》第 38 条

第三十九条　【其他工时制度】企业因生产特点不能实行本法第三十六条、第三十八条规定的，经劳动行政部门批准，可以实行其他工作和休息办法。

第四十条　【法定休假节日】用人单位在下列节日期间应当依法安排劳动者休假：

（一）元旦；

（二）春节；

（三）国际劳动节；

24

（四）国庆节；

（五）法律、法规规定的其他休假节日。

注释 本条是关于法定休假节日的规定。对于法定休假节日，2013 年 12 月 11 日颁布的《国务院关于修改〈全国年节及纪念日放假办法〉的决定》进行了修改，其规定全体公民放假的节日为：（一）新年，放假 1 天（1 月 1 日）；（二）春节，放假 3 天（农历正月初一、初二、初三）；（三）清明节，放假 1 天（农历清明当日）；（四）劳动节，放假 1 天（5 月 1 日）；（五）端午节，放假 1 天（农历端午当日）；（六）中秋节，放假 1 天（农历中秋当日）；（七）国庆节，放假 3 天（10 月 1 日、2 日、3 日）。主要修订是将春节放假时间推后一天至农历初一。

参见 《全国年节及纪念日放假办法》；《国务院关于职工探亲待遇的规定》

第四十一条　【延长工作时间】 用人单位由于生产经营需要，经与工会和劳动者协商后可以延长工作时间，一般每日不得超过一小时；因特殊原因需要延长工作时间的，在保障劳动者身体健康的条件下延长工作时间每日不得超过三小时，但是每月不得超过三十六小时。

注释 本条是关于延长劳动时间的规定。延长劳动时间，是指工作时间超出法定正常界限在休息时间范围内的延伸，亦即职工在正常工作时间以外应当休息的时间内进行工作。为保障劳动者的身体健康，国家对延长工作时间的条件有严格规定：延长工作时间是"由于生产经营需要"和"因特殊原因"。生产经营需要主要是指紧急生产任务；因特殊原因主要是指由于生产经营需要按照法定工作时间后，仍不能完成紧急生产任务的，延长工作时间可以超过 1 小时，但每日不得超过 3 小时，月总计不得超过 36 小时。

第四十二条　【特殊情况下的延长工作时间】 有下列情形之一的，延长工作时间不受本法第四十一条规定的限制：

（一）发生自然灾害、事故或者因其他原因，威胁劳动者生命健康和财产安全，需要紧急处理的；

（二）生产设备、交通运输线路、公共设施发生故障，影响生产和公众利益，必须及时抢修的；

（三）法律、行政法规规定的其他情形。

第四十三条　【用人单位延长工作时间的禁止】用人单位不得违反本法规定延长劳动者的工作时间。

第四十四条　【延长工作时间的工资支付】有下列情形之一的，用人单位应当按照下列标准支付高于劳动者正常工作时间工资的工资报酬：

（一）安排劳动者延长工作时间的，支付不低于工资的百分之一百五十的工资报酬；

（二）休息日安排劳动者工作又不能安排补休的，支付不低于工资的百分之二百的工资报酬；

（三）法定休假日安排劳动者工作的，支付不低于工资的百分之三百的工资报酬。

> **注释**　本条规定的是延长工作时间的情况下工资支付标准的问题。在这里，作为计算加班加点工资基数的正常工作时间工资，有日工资和小时工资两种。日工资为本人月工资标准除以平均每月法定工作天数所得的工资额；小时工资为日工资标准除以8小时所得的工资额。
>
> 实行综合计算工时工作制的企业职工，工作日正好是周休息日的，属于正常工作；工作日正好是法定节假日的，要依照本条第（三）项的规定支付职工的工资报酬。
>
> **参见**　《劳动部关于贯彻执行〈中华人民共和国劳动法〉若干问题的意见》第61、62条；《对〈工资支付暂行规定〉有关问题的补充规定》；《劳动部关于职工工作时间有关问题的复函》第4条

第四十五条　【年休假制度】国家实行带薪年休假制度。

劳动者连续工作一年以上的，享受带薪年休假。具体办法由国务院规定。

注释 本条是关于带薪年休假制度的规定。带薪年休假是劳动者连续工作满一年后，每年依法享有的保留职务和工资的一定期限连续休息的假期。根据本条规定，只要劳动者连续工作时间在一年以上，就有资格享受带薪年休假，不论用人单位实行什么样的工资制度，都应给予劳动者带薪年休假的权利。既然是带薪年休假，那么休假期间用人单位就要照发工资而不能扣工资。

对于带薪年休假，2007 年国务院制定的《职工带薪年休假条例》进行了更为详尽的规定，主要包括以下几个方面的内容：

（1）带薪休年假的条件。机关、团体、企业、事业单位、民办非企业单位、有雇工的个体工商户等单位的职工连续工作 1 年以上的，享受带薪年休假（以下简称年休假）。单位应当保证职工享受年休假。职工在年休假期间享受与正常工作期间相同的工资收入。

（2）休假的天数。职工累计工作已满 1 年不满 10 年的，年休假 5 天；已满 10 年不满 20 年的，年休假 10 天；已满 20 年的，年休假 15 天。国家法定休假日、休息日不计入年休假的假期。"累计工作时间"，包括职工在机关、团体、企业、事业单位、民办非企业单位、有雇工的个体工商户等单位从事全日制工作期间，以及依法服兵役和其他按照国家法律、行政法规和国务院规定可以计算为工龄的期间（视同工作期间）。职工的累计工作时间可以根据档案记载、单位缴纳社保费记录、劳动合同或者其他具有法律效力的证明材料确定。

（3）不享受年休假的情形。职工有下列情形之一的，不享受当年的年休假：①职工依法享受寒暑假，其休假天数多于年休假天数的；②职工请事假累计 20 天以上且单位按照规定不扣工资的；③累计工作满 1 年不满 10 年的职工，请病假累计 2 个月以上的；④累计工作满 10 年不满 20 年的职工，请病假累计 3 个月以上的；⑤累计工作满 20 年以上的职工，请病假累计 4 个月以上的。

（4）年休假的安排方式。单位根据生产、工作的具体情况，并考虑职工本人意愿，统筹安排职工年休假。年休假在 1 个年度内可以集中安排，也可以分段安排，一般不跨年度安排。单位因生产、工作特点确有必要跨年度安排职工休假的，可以跨 1 个年度安排。

（5）不安排年休假情形下对职工的补偿。单位确因工作需要不能安排职工休年休假的，经职工本人同意，可以不安排职工休年休假。对职工应休未休的年休假天数，单位应当按照该职工日工资收入的300%支付年休假工资报酬。

参见 《职工带薪年休假条例》；《机关事业单位工作人员带薪年休假实施办法》；《劳动部关于贯彻执行〈中华人民共和国劳动法〉若干问题的意见》第72条

第五章 工 资

第四十六条 【工资分配基本原则】工资分配应当遵循按劳分配原则，实行同工同酬。

工资水平在经济发展的基础上逐步提高。国家对工资总量实行宏观调控。

注释 本条是关于工资分配基本原则的规定。《劳动法》中的"工资"，是指用人单位依据国家有关规定或劳动合同的约定，以货币形式支付给本单位劳动者的劳动报酬。"同工同酬"是指用人单位对劳动者提供的同等价值的劳动应付给同等的劳动报酬。用人单位不得在工资支付过程中，对于从事相同工作、提供同等价值劳动的劳动者因其性别、民族、年龄等方面的不同而支付不等量的劳动报酬。

根据国家统计局《关于工资总额组成的规定》，工资主要由以下几个部分组成：

（一）计时工资。是指按计时工资标准（包括地区生活费补贴）和工作时间支付给个人的劳动报酬。

（二）计件工资。是指对已做工作按计件单价支付的劳动报酬。

（三）奖金。是指支付给职工的超额劳动报酬和增收节支的劳动报酬。

（四）津贴和补贴。指为了补偿职工特殊或额外的劳动消耗和因其他特殊原因支付给职工的津贴，以及为了保证职工工资水平不受物价影响支付给职工的物价补贴。

（五）加班加点工资。是指按规定支付的加班工资和加点工资。

（六）特殊情况下支付的工资。包括：（1）根据国家法律、法规和政策规定，因病、工伤、产假、计划生育假、婚丧假、事假、探亲假、定期休假、停工学习、执行国家或社会义务等原因按计时工资标准或计件工资标准的一定比例支付的工资；（2）附加工资、保留工资。

参见 《关于工资总额组成的规定》；《国家统计局关于〈工资总额组成的规定〉若干具体范围的解释》；《劳动合同法》第63条

第四十七条 【用人单位自主确定工资分配】 用人单位根据本单位的生产经营特点和经济效益，依法自主确定本单位的工资分配方式和工资水平。

参见 《劳动部关于〈中华人民共和国劳动法〉若干条文的说明》第47条

第四十八条 【最低工资保障】 国家实行最低工资保障制度。最低工资的具体标准由省、自治区、直辖市人民政府规定，报国务院备案。

用人单位支付劳动者的工资不得低于当地最低工资标准。

注释 本条是关于最低工资的规定。最低工资是指劳动者在法定工作时间内提供了正常劳动的前提下，其所在单位应支付的最低劳动报酬。最低工资不包括加班加点工资，中班、夜班、高温、低温、井下、有毒有害等特殊工作环境、条件下的津贴以及国家法律法规、政策规定的劳动者社会保险和福利待遇等。

劳动者和用人单位都要明确的是：劳动者受最低工资保障的一个前提条件是其必须履行了正常的劳动义务。正常劳动是指劳动者按依法签订的劳动合同约定，在法定工作时间或劳动合同约定的工作时间内从事的劳动。劳动者依法享受带薪年休假、探亲假、婚丧假、生育（产）假、节育手术假等国家规定的假期期间，以及法定工作时间内依法参加社会活动期间，均视为提供了正常劳动。但是，劳动者由于本人原因造成在法定工作时间内或依法签订的劳动合同约定的工作时间内未提供正常劳动的，不适用最低工资的规定。

最低工资标准一般采用月最低工资标准和小时最低工资标准的形式。月最低工资标准适用于全日制就业劳动者，小时最低工资标准适用于非全日制就业劳动者。

对于最低工资制度的适用范围，根据《最低工资规定》，在中华人民共和国境内的企业、民办非企业单位、有雇工的个体工商户和与之建立劳动合同关系的劳动者，以及国家机关、事业单位、社会团体和与之建立劳动合同关系的劳动者，均适用最低工资的规定。

参见　《劳动合同法》第 61、72、85 条；《最低工资规定》

第四十九条　**【确定和调整最低工资标准的因素】** 确定和调整最低工资标准应当综合参考下列因素：

（一）劳动者本人及平均赡养人口的最低生活费用；

（二）社会平均工资水平；

（三）劳动生产率；

（四）就业状况；

（五）地区之间经济发展水平的差异。

注释　本条规定的是确定最低工资标准应当参考的因素。最低工资标准一般采取月最低工资标准和小时最低工资标准的形式。月最低工资标准适用于全日制就业劳动者，小时最低工资标准适用于非全日制就业劳动者。确定和调整月最低工资标准，应参考当地就业者及其赡养人口的最低生活费用、城镇居民消费价格指数、职工个人缴纳的社会保险费和住房公积金、职工平均工资、经济发展水平、就业状况等因素。确定和调整小时最低工资标准，应在颁布的月最低工资标准的基础上，考虑单位应缴纳的基本养老保险费和基本医疗保险费，同时还应适当考虑非全日制劳动者在工作稳定性、劳动条件和劳动强度、福利等方面与全日制就业人员之间的差异。省、自治区、直辖市范围内的不同行政区域可以有不同的最低工资标准。

参见 《最低工资规定》第8-11条；《劳动部关于〈中华人民共和国劳动法〉若干条文的说明》第49条

第五十条 【工资支付形式和不得克扣、拖欠工资】工资应当以货币形式按月支付给劳动者本人。不得克扣或者无故拖欠劳动者的工资。

注释 本条是关于工资支付形式和不得克扣、拖欠工资的规定。对于工资支付的形式，应当从以下三个方面来把握：

第一，工资应当以货币形式支付。对工资的支付，本条规定"工资应当以货币形式"支付，不得以实物形式支付，任何非货币的工资支付方式都是违法的。

第二，工资应当按月支付。无论是实行小时工资、日工资、月工资等计时工资形式，还是实行计件工资形式，用人单位至少每月都要向劳动者支付一次工资。对实行年薪制的，则应当每月按一定比例预付。任何单位不得采取年终一次性支付的办法；也不得克扣或者无故拖欠劳动者的工资。除非是发生了法律意义上的"不可抗力"等客观原因，用人单位不能在每个月的固定日期支付劳动者的工资，即属无故拖欠工资。

第三，工资应当支付给劳动者本人。用人单位应当在劳动者工作地点将工资支付给劳动者本人，由劳动者本人直接领取。当劳动者本人不能领取工资时，可以由劳动者授权亲属代为领取。

除了对于工资支付形式进行了明确的规定以外，《劳动法》还明令禁止用人单位克扣和拖欠劳动者工资。其中，这里的"克扣"是指用人单位对履行了劳动合同规定的义务和责任、保质保量完成生产工作任务的劳动者，不足额支付其工资。

所谓"无故拖欠工资"，是指用人单位无正当理由超过规定的付薪时间不支付劳动者工资。根据《工资支付暂行规定》第7、8、9条的规定，工资必须在用人单位与劳动者约定的日期支付，逾期支付，即属无故拖欠工资。如遇法定节假日或休息日，则应提前在最近的工作日支付。工资至少每月支付一次，实行周、日、小时工资制的可按周、日、小时支付工资；对完成一次性临时劳动或者某项具体工作的劳动者，用人单位应按有关协议或合同约定在其完成任务后即支付工资。劳动关系双方依法解除或终止劳动合同时，用人单位应在解除或终止劳动合同时一次付清劳动者的工资。

当然，有些国有企业在经营机制转换过程中暂时遇到困难，有些企业经营状况遇到严重困难或者濒临破产，用人单位遇到非人力所能抗拒的自然灾害、战争等原因，确实无力按月支付劳动者工资的，不属于无故拖欠。但是，经营状况一经改善，具备了补发工资的条件，应当将立即足额补发劳动者工资，否则也构成无故拖欠。

参见　《劳动合同法》第30条；《工资支付暂行规定》

案例　1. 王凤生拒不支付农民工工资案（最高人民法院公布2起拖欠劳动报酬典型案例，2015年12月4日）

案件适用要点：葫芦岛市龙港区人民法院经审理认为，被告人王凤生作为某建筑公司名下的项目负责人是工人工资发放的实际主体，在收到工程款后逃匿、拒不支付拖欠的工人工资，龙港区人力资源和社会保障局劳动监察大队对某建筑公司已下发并送达《劳动保障监察责令改正决定书》，被告人王凤生作为某建筑公司的项目负责人，因其逃匿行为导致某建筑公司在收到责令改正决定书后无法找到被告人王凤生，应视为该决定书已经对被告人王凤生送达。被告人王凤生以逃匿的方式逃避支付劳动者的劳动报酬，数额较大，经政府有关部门责令支付仍不支付，构成拒不支付劳动报酬罪，公诉机关指控正确，应予确认。鉴于被告人王凤生自愿认罪，在提起公诉前已经由某建筑公司支付工人工资，可以从轻处罚。依照《中华人民共和国刑法》第二百七十六条之一、第五十二条的规定，判决被告人王凤生犯拒不支付劳动报酬罪，判处有期徒刑一年六个月，并处罚金人民币十万元。

一段时期以来，部分地方用工单位拒不支付劳动者的劳动报酬的现象比较突出，广大劳动者、特别是农民工成为了拒不支付劳动报酬行为的主要受害者。《刑法修正案（八）》增设拒不支付劳动报酬罪。各级法院高度重视运用法律手段惩治拒不支付劳动报酬行为，认真贯彻执行拒不支付劳动报酬罪的规定。依法惩治拒不支付劳动报酬犯罪，对于维护劳动者的合法权益，促进社会和谐稳定发挥了重要作用。

2. 胡克金拒不支付劳动报酬案（最高人民法院指导案例28号）

案件适用要点：（1）不具备用工主体资格的单位或者个人（包工头），违法用工且拒不支付劳动者报酬，数额较大，经政府有关部门责令支付仍不支付的，应当以拒不支付劳动报酬罪追究刑事责任。（2）不具备用工主体资格的单位或者个人（包工头）拒不支付劳动报酬，即使其他单位或者个人在刑事立案前为其垫付了劳动报酬的，也不影响追究该用工单位或者个人（包工头）拒不支付劳动报酬罪的刑事责任。

第五十一条　【法定休假日等的工资支付】劳动者在法定休假日和婚丧假期间以及依法参加社会活动期间，用人单位应当依法支付工资。

注释　本条是对法定休假日等时间内工资支付的规定。这里的"法定休假日"，是指法律、法规规定的劳动者休假的时间，包括前面提到的法定节假日（元旦、春节、清明、劳动节、端午节、中秋节、国庆节）、年休假、探亲假，也包括女职工的产假。"婚丧假"，即劳动者本人结婚以及其直系亲属死亡时依法享受的假期，对此，前面已经有相关的介绍。

参见　《工资支付暂行规定》

第六章　劳动安全卫生

第五十二条　【劳动安全卫生制度的建立】用人单位必须建立、健全劳动安全卫生制度，严格执行国家劳动安全卫生规程和标准，对劳动者进行劳动安全卫生教育，防止劳动过程中的事故，减少职业危害。

注释　本条是对劳动安全卫生制度的总括性的规定。本条中的"劳动安全卫生制度"，主要指：安全生产责任制、安全教育制度、安全检查制度、伤亡事故和职业病调查处理制度。"劳动安全卫生规程"是指以防止和消除劳动过程中伤亡事故的技术规范为基本内容，旨在保护劳动者安全的法律规范。劳动安全卫生标准分三级，即国家标准、行业标准和地方标准。《中华人民共和国安全生产法》、《中华人民共和国矿山安全法》及其实施条例等相关的法律法规中对劳动安全卫生方面的要求都有规定。

保护劳动者健康，用人单位和劳动者双方都有责任，但是主要责任在用人单位。由于用人单位直接组织安排劳动者按照用人单位的意志从事各种劳动或工作，因此，用人单位应当对劳动者的健康负责。根据本条的规定，职业安全卫生制度主要包括以下几项内容：用人单位必须建立、健全职业安全卫生制度；用人单位必须执行国家职业安全卫生规程和标准；用人单位必须对劳动者进行职业安全卫生教育。

参见　《矿山安全法》第7-19条

第五十三条　【劳动安全卫生设施】劳动安全卫生设施必须符合国家规定的标准。

新建、改建、扩建工程的劳动安全卫生设施必须与主体工程同时设计、同时施工、同时投入生产和使用。

第五十四条　【用人单位的劳动保护义务】用人单位必须为劳动者提供符合国家规定的劳动安全卫生条件和必要的劳动防护用品，对从事有职业危害作业的劳动者应当定期进行健康检查。

注释　本条规定的是用人单位的劳动保护义务。用人单位的劳动保护义务，除了上面提到的劳动安全设施方面的要求以外，还要提供必要的劳动安全卫生条件。根据《安全生产法》，用人单位在保障劳动安全条件方面应该做到资金投入、人员投入、技术投入、生产经营场所和员工宿舍符合安全需求等几个方面。

另外，用人单位还必须为劳动者提供"必要的劳动防护用品"。必要的劳动防护用品是指职工在从事某项工作时，为保证其健康与安全，用人单位所应提供的基本劳动保护防护用品。用人单位必须按照国家有关规定发放劳动防护用品。发放劳动防护用品应当根据职工劳动条件发放，属于在生产过程中保护工人的安全与健康的防护用品，必须发给职工本人。用人单位发放劳动防护用品应当依照规定免费发放，并建立健全劳动防护用品的发放、保管、使用和回收等制度。

用人单位对从事有职业危害作业的劳动者应当定期进行健康检查。职业危害是指在生产过程中或者作业场所存在危害职工身体健康的尘毒危害、工业性毒物、辐射、噪声等危害。用人单位对从事有职业危害作业的劳动者必须按照国家有关规定，定期进行健康检查。职工因按照接受职业性健康检查所占用的生产、工作时间，应当按照正常出勤处理。

参见 《使用有毒物品作业场所劳动保护条例》第三章；《职业病防治法》第三章

第五十五条 【**特种作业的上岗要求**】从事特种作业的劳动者必须经过专门培训并取得特种作业资格。

参见 《劳动部关于〈中华人民共和国劳动法〉若干条文的说明》第 55 条

第五十六条 【**劳动者在安全生产中的权利和义务**】劳动者在劳动过程中必须严格遵守安全操作规程。

劳动者对用人单位管理人员违章指挥、强令冒险作业，有权拒绝执行；对危害生命安全和身体健康的行为，有权提出批评、检举和控告。

注释 根据《安全生产法》，劳动者在安全生产中享有如下权利：

1. 生产经营单位的从业人员有权了解其作业场所和工作岗位存在的危险因素、防范措施及事故应急措施，有权对本单位的安全生产工作提出建议。

2. 从业人员有权对本单位安全生产工作中存在的问题提出批评、检举、控告；有权拒绝违章指挥和强令冒险作业。生产经营单位不得因从业人员对本单位安全生产工作提出批评、检举、控告或者拒绝违章指挥、强令冒险作业而降低其工资、福利等待遇或者解除与其订立的劳动合同。

3. 从业人员发现直接危及人身安全的紧急情况时，有权停止作业或者在采取可能的应急措施后撤离作业场所。生产经营单位不得因从业人员在前述紧急情况下停止作业或者采取紧急撤离措施而降低其工资、福利等待遇或者解除与其订立的劳动合同。

4. 生产经营单位发生生产安全事故后，应当及时采取措施救治有关人员。因生产安全事故受到损害的从业人员，除依法享有工伤保险外，依照有关民事法律尚有获得赔偿的权利的，有权提出赔偿要求。

劳动者在安全生产中的义务主要包括以下几个方面的内容：

1. 从业人员在作业过程中，应当严格落实岗位安全责任，遵守本单位的安全生产规章制度和操作规程，服从管理，正确佩戴和使用劳动防护用品。

2. 从业人员应当接受安全生产教育和培训，掌握本职工作所需的安全生产知识，提高安全生产技能，增强事故预防和应急处理能力。

3. 从业人员发现事故隐患或者其他不安全因素，应当立即向现场安全生产管理人员或者本单位负责人报告；接到报告的人员应当及时予以处理。

生产经营单位使用被派遣劳动者的，被派遣劳动者享有本法规定的从业人员的权利，并应当履行本法规定的从业人员的义务。

参见 《劳动合同法》第32条

第五十七条 【伤亡事故和职业病的统计、报告、处理】国家建立伤亡事故和职业病统计报告和处理制度。县级以上各级人民政府劳动行政部门、有关部门和用人单位应当依法对劳动者在劳动过程中发生的伤亡事故和劳动者的职业病状况，进行统计、报告和处理。

注释 本条规定的是伤亡事故和职业病的统计、报告和处理制度。

对于生产安全事故的调查、报告和处理，2007年国务院制定了《生产安全事故报告和调查处理条例》（以下简称《条例》），进行了比较详细的规定。《条例》规定，根据生产安全事故（以下简称事故）造成的人员伤亡或者直接经济损失，事故一般分为以下等级：（一）特别重大事故，是指造成30人以上死亡，或者100人以上重伤（包括急性工业中毒，下同），或者1亿元以上直接经济损失的事故；（二）重大事故，是指造成10人以上30人以下死亡，或者50人以上100人以下重伤，或者5000万元以上1亿元以下直接经济损失的事故；（三）较大事故，是指造成3人以上10人以下死亡，或者10人以上50人以下重伤，或者1000万元以上5000万元以下直接经济损失的事故；（四）一般事故，是指造成3人以下死亡，或者10人以下重伤，或者1000万元以下直接经济损失的事故。

对于事故的报告、调查和处理，《条例》作了以下规定：

1. 报告。事故发生后，事故现场有关人员应当立即向本单位负责人报告；单位负责人接到报告后，应当于1小时内向事故发生地县级以上人民政府安全生产监督管理部门和负有安全生产监督管理职责的有关部门报告。情况紧急时，事故现场有关人员可以直接向事故发生地县级以上人民政府安全生产监督管理部门和负有安全生产监督管理职责的有关部门报告。

2. 调查。特别重大事故由国务院或者国务院授权有关部门组织事故调查组进行调查。重大事故、较大事故、一般事故分别由事故发生地省级人民政府、设区的市级人民政府、县级人民政府负责调查。省级人民政府、设区的市级人民政府、县级人民政府可以直接组织事故调查组进行调查，也可以授权或者委托有关部门组织事故调查组进行调查。未造成人员伤亡的一般事故，县级人民政府也可以委托事故发生单位组织事故调查组进行调查。

3. 处理。重大事故、较大事故、一般事故，负责事故调查的人民政府应当自收到事故调查报告之日起15日内作出批复；特别重大事故，30日内做出批复，特殊情况下，批复时间可以适当延长，但延长的时间最长不超过30日。有关机关应当按照人民政府的批复，依照法律、行政法规规定的权限和程序，对事故发生单位和有关人员进行行政处罚，对负有事故责任的国家工作人员进行处分。事故发生单位应当按照负责事故调查的人民政府的批复，对本单位负有事故责任的人员进行处理。负有事故责任的人员涉嫌犯罪的，依法追究刑事责任。

职业病，是指企业、事业单位和个体经济组织（即用人单位）的劳动者在职业活动中，因接触粉尘、放射性物质和其他有毒、有害物质等因素而引起的疾病。关于职业病的相关内容，《职业病防治法》按照前期预防、劳动过程中的防护与管理、职业病发生后的职业病诊断治疗和职业病病人的保障这三个阶段，对防治职业病分别规定了相应的法律制度和措施。例如：建设项目职业危害预评价和建设时"三同时"制度，对特殊职业危害工作场所的管理制度，工作场所职业危害因素日常监测、定期检测和评价制度，危害警告和告知制度，健康检查、监护制度，禁止产生职业危害作业转移制度，职业病诊断鉴定以及职业病病人的治疗和保障制度等。所有这些法律制度从不同的侧面、不同的环节规范了有关各方的行为，以期达到防治职业病、保护劳动者健康的目的。而 2021 年国家卫生健康委员会公布的《职业病诊断与鉴定管理办法》则对职业病的诊断和管理的相关内容进行了规定。详细内容，可以参考这两部法律文件的规定。

参见 《生产安全事故报告和调查处理条例》；《职业病防治法》；《职业病诊断与鉴定管理办法》

第七章　女职工和未成年工特殊保护

第五十八条 　【**女职工和未成年工的特殊劳动保护**】国家对女职工和未成年工实行特殊劳动保护。

未成年工是指年满十六周岁未满十八周岁的劳动者。

注释 　本条是对女职工和未成年工实行特殊劳动保护的原则性规定。

依据相关法律规定，女职工享有的特殊劳动保护主要有以下两个方面：（1）就业和报酬方面：女性依法享有平等就业的权利；凡适合妇女从事劳动的单位，不得拒绝招收女职工；用人单位不得在女职工怀孕、产期、哺乳期降低其基本工资或者解除劳动合同。（2）女职工一般禁忌从事的劳动包括：矿山井下作业；体力劳动强

38

度分级标准中规定的第四级体力劳动强度的作业；每小时负重 6 次以上、每次负重超过 20 公斤的作业，或者间断负重、每次负重超过 25 公斤的作业。

未成年工在以下几方面享受特殊劳动保护：（1）禁止用人单位招用未满 16 周岁的未成年人。我国的最低就业年龄是 16 周岁，如果文艺、体育和特种工艺单位需要招用未满 16 周岁的未成年人，必须依照国家有关规定，履行审批手续，并保障其接受义务教育的权利。（2）不得安排未成年工从事法定禁忌从事的劳动。（3）用人单位应当对未成年工定期进行健康检查。（4）一般不能给未成年安排夜班工作。

> **参见** 《女职工劳动保护特别规定》第 3、4 条；《妇女权益保障法》第 41－52 条；《未成年人保护法》；《禁止使用童工规定》第 2、13 条；《未成年工特殊保护规定》第 2 条

第五十九条 【女职工禁忌劳动的范围】禁止安排女职工从事矿山井下、国家规定的第四级体力劳动强度的劳动和其他禁忌从事的劳动。

> **参见** 《女职工劳动保护特别规定》第 4 条

第六十条 【女职工经期的保护】不得安排女职工在经期从事高处、低温、冷水作业和国家规定的第三级体力劳动强度的劳动。

第六十一条 【女职工孕期的保护】不得安排女职工在怀孕期间从事国家规定的第三级体力劳动强度的劳动和孕期禁忌从事的劳动。对怀孕七个月以上的女职工，不得安排其延长工作时间和夜班劳动。

> **参见** 《女职工劳动保护特别规定》第 6 条

第六十二条 【女职工产期的保护】女职工生育享受不少于九十天的产假。

> **注释** 根据 2012 年 4 月 28 日国务院公布的《女职工劳动保护特别规定》，女职工生育享受 98 天产假，其中产前可以休假 15 天；

难产的，增加产假 15 天；生育多胞胎的，每多生育 1 个婴儿，增加产假 15 天。女职工怀孕未满 4 个月流产的，享受 15 天产假；怀孕满 4 个月流产的，享受 42 天产假。

> **参见** 《女职工劳动保护特别规定》第 7 条

第六十三条 【女职工哺乳期的保护】不得安排女职工在哺乳未满一周岁的婴儿期间从事国家规定的第三级体力劳动强度的劳动和哺乳期禁忌从事的其他劳动，不得安排其延长工作时间和夜班劳动。

> **注释** 对哺乳未满 1 周岁婴儿的女职工，用人单位不得延长劳动时间或者安排夜班劳动。用人单位应当在每天的劳动时间内为哺乳期女职工安排 1 小时哺乳时间；女职工生育多胞胎的，每多哺乳 1 个婴儿每天增加 1 小时哺乳时间。

> **参见** 《女职工劳动保护特别规定》第 9、10 条

第六十四条 【未成年工禁忌劳动的范围】不得安排未成年工从事矿山井下、有毒有害、国家规定的第四级体力劳动强度的劳动和其他禁忌从事的劳动。

> **参见** 《未成年工特殊保护规定》第 3 - 5 条；《劳动部关于〈中华人民共和国劳动法〉若干条文的说明》第 64 条

第六十五条 【未成年工定期健康检查】用人单位应当对未成年工定期进行健康检查。

> **注释** 本条是关于对未成年工定期进行健康检查的要求，体现了对未成年工身体健康的特殊保护。对未成年工的健康检查，应当注意以下几个方面：
>
> 第一，用人单位应按下列要求对未成年工定期进行健康检查：(1) 安排工作岗位之前；(2) 工作满一年；(3) 年满 18 周岁，距前一次体检时间已超过半年。
>
> 第二，未成年工的健康检查，应按法定《未成年工健康检查表》列出的项目进行。
>
> 第三，用人单位应根据未成年工的健康检查结果安排其从事适

合的劳动；对不能胜任原劳动岗位的，应根据医务部门的证明，予以减轻劳动量或安排其他劳动。

参见　《未成年工特殊保护规定》第6-8条

第八章　职业培训

第六十六条　【国家发展职业培训事业】国家通过各种途径，采取各种措施，发展职业培训事业，开发劳动者的职业技能，提高劳动者素质，增强劳动者的就业能力和工作能力。

参见　《职业教育法》第2、12-14条；《就业促进法》第44条

第六十七条　【各级政府的职责】各级人民政府应当把发展职业培训纳入社会经济发展的规划，鼓励和支持有条件的企业、事业组织、社会团体和个人进行各种形式的职业培训。

参见　《职业教育法》第17、30、36、38条；《就业促进法》第2条

第六十八条　【用人单位建立职业培训制度】用人单位应当建立职业培训制度，按照国家规定提取和使用职业培训经费，根据本单位实际，有计划地对劳动者进行职业培训。

从事技术工种的劳动者，上岗前必须经过培训。

参见　《职业教育法》第20条；《劳动合同法》第22条；《就业促进法》第44-51条

第六十九条　【职业技能资格】国家确定职业分类，对规定的职业制定职业技能标准，实行职业资格证书制度，由经备案的考核鉴定机构负责对劳动者实施职业技能考核鉴定。

第九章　社会保险和福利

第七十条　【社会保险制度】国家发展社会保险事业，建立社

会保险制度，设立社会保险基金，使劳动者在年老、患病、工伤、失业、生育等情况下获得帮助和补偿。

参见 《劳动合同法》第49条；《社会保险法》第2条

第七十一条 **【社会保险水平】**社会保险水平应当与社会经济发展水平和社会承受能力相适应。

注释 本条是关于社会保险水平的规定。所谓"社会保险水平"是指社会保险待遇的给付标准及费率水平。社会保险水平应当与社会经济发展水平和社会承受力相适应。

参见 《社会保险法》第3条；《劳动部关于〈中华人民共和国劳动法〉若干条文的说明》第71条

第七十二条 **【社会保险基金】**社会保险基金按照保险类型确定资金来源，逐步实行社会统筹。用人单位和劳动者必须依法参加社会保险，缴纳社会保险费。

注释 本条规定的是社会保险基金的来源和社会保险费的缴纳。在我国，五种不同社会保险费用，负有缴费义务的主体是不同的，其中养老保险、医疗保险和失业保险这三种保险是由企业和个人共同缴纳的保险费，工伤保险和生育保险费用则完全是由企业承担的，个人不需要缴纳。

对于社会保险费用的缴纳，《社会保险费征缴暂行条例》第12条进行了更为明确的规定：缴费单位和缴费个人应当以货币形式全额缴纳社会保险费。缴费个人应当缴纳的社会保险费，由所在单位从其本人的工资中代扣代缴。社会保险费不得减免。在我国，基本养老保险和基本医疗保险实行社会统筹和个人账户相结合，基本养老保险个人账户和基本医疗保险个人账户是基本养老保险待遇和基本医疗保险待遇的重要组成部分，失业人员的失业保险待遇也要与本人参加失业保险的年限挂钩。所有这些都决定了社会保险费不能减免，也无法减免。如果允许减免社会保险费，个人账户就无法记录，就损害了个人的社会保险权益；同时，如果允许减免社会保险费，就会损害其他缴费单位和缴费个人的权益，等于鼓励其他缴费单位和缴费个人不缴纳社会保险费，因而不利于社会保险费的征缴工作。

参见 　《社会保险法》第6条；《社会保险费征缴暂行条例》第12条

第七十三条 　**【享受社会保险待遇的条件和标准】**劳动者在下列情形下，依法享受社会保险待遇：

（一）退休；

（二）患病、负伤；

（三）因工伤残或者患职业病；

（四）失业；

（五）生育。

劳动者死亡后，其遗属依法享受遗属津贴。

劳动者享受社会保险待遇的条件和标准由法律、法规规定。

劳动者享受的社会保险金必须按时足额支付。

参见 　《社会保险法》；《国务院关于建立城镇职工基本医疗保险制度的决定》；《城镇职工基本医疗保险定点医疗机构管理暂行办法》；《工伤保险条例》；《失业保险条例》

第七十四条 　**【社会保险基金管理】**社会保险基金经办机构依照法律规定收支、管理和运营社会保险基金，并负有使社会保险基金保值增值的责任。

社会保险基金监督机构依照法律规定，对社会保险基金的收支、管理和运营实施监督。

社会保险基金经办机构和社会保险基金监督机构的设立和职能由法律规定。

任何组织和个人不得挪用社会保险基金。

注释 　本条规定的是社会保险基金的监督、管理和使用。社会保险基金是指为了保障保险对象的社会保险待遇，按照国家法律、法规，由缴费单位和缴费个人分别按缴费基数的一定比例缴纳以及通过其他合法方式筹集的专项资金。社会保险基金是国家为举办社会保险事业而筹集的，用于支付劳动者因暂时或永久丧失劳动能力或劳动机会时所享受的保险金和津贴的资金。社会保险基金按照保险类型确定资金来源，逐步实行社会统筹。用人单位和劳动者必须依法参加社会保险，缴纳社会保险费。本条中的"任何组织"作广义理解，既包括党派，也包括了政府和政府部门，还包括了管理和经营社会保险基金的机构，以及其他各种类型的企业、事业单位和社会团体，等等。

参见　《社会保险法》第八章

第七十五条　【补充保险和个人储蓄保险】国家鼓励用人单位根据本单位实际情况为劳动者建立补充保险。

国家提倡劳动者个人进行储蓄性保险。

参见　《企业年金办法》；《劳动部关于贯彻执行〈中华人民共和国劳动法〉若干问题的意见》五

第七十六条　【职工福利】国家发展社会福利事业，兴建公共福利设施，为劳动者休息、休养和疗养提供条件。

用人单位应当创造条件，改善集体福利，提高劳动者的福利待遇。

第十章　劳动争议

第七十七条　【劳动争议的解决途径】用人单位与劳动者发生劳动争议，当事人可以依法申请调解、仲裁、提起诉讼，也可以协商解决。

调解原则适用于仲裁和诉讼程序。

注释　本条是关于劳动争议解决途径的概述。

1. 劳动争议的范围

劳动者与用人单位之间发生的下列纠纷，属于劳动争议，当事人不服劳动争议仲裁机构作出的裁决，依法提起诉讼的，人民法院应予受理：（1）劳动者与用人单位在履行劳动合同过程中发生的纠纷；（2）劳动者与用人单位之间没有订立书面劳动合同，但已形成劳动关系后发生的纠纷；（3）劳动者与用人单位因劳动关系是否已经解除或者终止，以及应否支付解除或者终止劳动关系经济补偿金发生的纠纷；（4）劳动者与用人单位解除或者终止劳动关系后，请求用人单位返还其收取的劳动合同定金、保证金、抵押金、抵押物发生的纠纷，或者办理劳动者的人事档案、社会保险关系等移转手续发生的纠纷；（5）劳动者以用人单位未为其办理社会保险手续，且社会保险经办机构不能补办导致其无法享受社会保险待遇为由，要求用人单位赔偿损失发生的纠纷；（6）劳动者退休后，与尚未参加社会保险统筹的原用人单位因追索养老金、医疗费、工伤保险待遇和其他社会保险待遇而发生的纠纷；（7）劳动者因为工伤、职业病，请求用人单位依法给予工伤保险待遇发生的纠纷；（8）劳动者依据劳动合同法第八十五条规定，要求用人单位支付加付赔偿金发生的纠纷；（9）因企业自主进行改制发生的纠纷。

2. 不属于劳动争议的事项

下列纠纷不属于劳动争议：（1）劳动者请求社会保险经办机构发放社会保险金的纠纷；（2）劳动者与用人单位因住房制度改革产生的公有住房转让纠纷；（3）劳动者对劳动能力鉴定委员会的伤残等级鉴定结论或者对职业病诊断鉴定委员会的职业病诊断鉴定结论的异议纠纷；（4）家庭或者个人与家政服务人员之间的纠纷；（5）个体工匠与帮工、学徒之间的纠纷；（6）农村承包经营户与受雇人之间的纠纷。

3. 劳动争议的解决途径

根据我国现行法律，劳动争议的解决主要有以下几个途径：协商、调解、仲裁及诉讼。几种解决途径之间的关系，第79条会详细介绍。

参见　《劳动争议调解仲裁法》第2、4条；《最高人民法院关于审理劳动争议案件适用法律问题的解释（一）》第1-2条

第七十八条　【劳动争议的处理原则】解决劳动争议，应当根据合法、公正、及时处理的原则，依法维护劳动争议当事人的合法权益。

注释　本条规定了劳动争议处理的基本原则。对于劳动争议的解决原则，根据本条和《劳动争议调解仲裁法》第3条，主要有

以下几个方面的原则：（1）查清事实的基础上，依法处理原则；（2）及时处理原则；（3）着重调解原则；（4）平等保护双方当事人合法权益原则。

参见 《劳动争议调解仲裁法》第3条

第七十九条 【劳动争议的调解、仲裁和诉讼的相互关系】劳动争议发生后，当事人可以向本单位劳动争议调解委员会申请调解；调解不成，当事人一方要求仲裁的，可以向劳动争议仲裁委员会申请仲裁。当事人一方也可以直接向劳动争议仲裁委员会申请仲裁。对仲裁裁决不服的，可以向人民法院提起诉讼。

注释 本条规定的是劳动争议的调解、仲裁和诉讼的相互关系。《劳动争议调解仲裁法》对此进行了细化的规定，根据该法第4、5条的规定，发生劳动争议，劳动者可以与用人单位协商，也可以请工会或者第三方共同与用人单位协商，达成和解协议。当事人不愿协商、协商不成或者达成和解协议后不履行的，可以向调解组织申请调解；不愿调解、调解不成或者达成调解协议后不履行的，可以向劳动争议仲裁委员会申请仲裁；对仲裁裁决不服的，除本法另有规定的外，可以向人民法院提起诉讼。可见，劳动争议的解决，概括起来就是：协商和调解可选、仲裁前置、先裁后审。

参见 《劳动争议调解仲裁法》第4、5条；《最高人民法院关于审理劳动争议案件适用法律问题的解释（一）》

第八十条 【劳动争议的调解】在用人单位内，可以设立劳动争议调解委员会。劳动争议调解委员会由职工代表、用人单位代表和工会代表组成。劳动争议调解委员会主任由工会代表担任。

劳动争议经调解达成协议的，当事人应当履行。

注释 本条是关于劳动争议调解的规定。对于劳动争议的调解，《劳动争议调解仲裁法》有新的规定，主要表现在以下几个方面：

1. 调解组织

劳动法规定的调解组织，只有用人单位内部设立的调解委员会，而《劳动争议调解仲裁法》规定的可以对劳动争议进行调解的调解组织有以下三类：（1）企业劳动争议调解委员会；（2）依法设立的基层人民调解组织；（3）在乡镇、街道设立的具有劳动争议调解职能的组织。其中，对于企业内部的劳动争议调解委员会，《劳动争议调解仲裁法》的规定与《劳动法》的规定基本相同，即企业劳动争议调解委员会由职工代表和企业代表组成。职工代表由工会成员担任或者由全体职工推举产生，企业代表由企业负责人指定。企业劳动争议调解委员会主任由工会成员或者双方推举的人员担任。

2. 调解人员

对于调解人员，《劳动争议调解仲裁法》进行了要求，即劳动争议调解组织的调解员应当由公道正派、联系群众、热心调解工作，并具有一定法律知识、政策水平和文化水平的成年公民担任。

3. 调解的启动

调解需经当事人申请。当事人申请劳动争议调解可以书面申请，也可以口头申请。口头申请的，调解组织应当当场记录申请人基本情况、申请调解的争议事项、理由和时间。

4. 调解期限

对于调解的期限，《劳动争议调解仲裁法》缩短为15天，原来的《企业劳动争议处理条例》中规定的调解期限是30天。自劳动争议调解组织收到调解申请之日起15日内未达成调解协议的，当事人可以依法申请仲裁。

5. 调解协议书的效力

对于调解协议书的效力，应当从以下两个方面来认识：首先，《劳动争议调解仲裁法》规定，经调解达成协议的，应当制作调解协议书，调解协议书由双方当事人签名或者盖章，经调解员签名并加盖调解组织印章后生效，对双方当事人具有约束力，当事人应当履行。但是，调解协议书并不具有强制执行的效力，也就是说，在当事人一方不履行调解协议时，另一方当事人不能申请强制执行，只能在仲裁期限内申请仲裁；其次，根据《劳动争议调解仲裁法》第16条规定，对于特定问题的调解协议，用人单位在协议约定的期限内不履行的，劳动者可以持调解协议书依法向人民法院申请支付令，人民法院应当依法发出支付令。这些特定的调解协议有：因支付拖欠劳动报酬、工伤医疗费、经济补偿或者赔偿金事项达成的调解协议。

参见　《劳动争议调解仲裁法》第 10 - 16 条；《最高人民法院关于审理劳动争议案件适用法律问题的解释（一）》

第八十一条　【劳动争议仲裁委员会的组成】劳动争议仲裁委员会由劳动行政部门代表、同级工会代表、用人单位方面的代表组成。劳动争议仲裁委员会主任由劳动行政部门代表担任。

注释　本条规定的是劳动争议仲裁委员会的组成。对此，《劳动争议调解仲裁法》也有新的规定，主要表现在以下几个方面：

1. 劳动争议仲裁委员会的设立

劳动争议仲裁委员会按照统筹规划、合理布局和适应实际需要的原则设立。省、自治区人民政府可以决定在市、县设立；直辖市人民政府可以决定在区、县设立。直辖市、设区的市也可以设立一个或者若干个劳动争议仲裁委员会。劳动争议仲裁委员会不按行政区划层层设立。

2. 劳动争议仲裁委员会的组成和职责

劳动争议仲裁委员会由劳动行政部门代表、工会代表和企业方面代表组成。劳动争议仲裁委员会组成人员应当是单数。劳动争议仲裁委员会依法履行下列职责：（1）聘任、解聘专职或者兼职仲裁员；（2）受理劳动争议案件；（3）讨论重大或者疑难的劳动争议案件；（4）对仲裁活动进行监督。

3. 对仲裁员的规定

担任劳动争议仲裁委员会的仲裁员应当公道正派并符合下列条件之一：（1）曾任审判员的；（2）从事法律研究、教学工作并具有中级以上职称的；（3）具有法律知识、从事人力资源管理或者工会等专业工作满五年的；（4）律师执业满三年的。

4. 劳动争议仲裁委员会的管辖

劳动争议仲裁委员会负责管辖本区域内发生的劳动争议。劳动争议由劳动合同履行地或者用人单位所在地的劳动争议仲裁委员会管辖。双方当事人分别向劳动合同履行地和用人单位所在地的劳动争议仲裁委员会申请仲裁的，由劳动合同履行地的劳动争议仲裁委员会管辖。

参见 《劳动争议调解仲裁法》第17－21条

第八十二条 【劳动争议仲裁的程序】提出仲裁要求的一方应当自劳动争议发生之日起六十日内向劳动争议仲裁委员会提出书面申请。仲裁裁决一般应在收到仲裁申请的六十日内作出。对仲裁裁决无异议的，当事人必须履行。

注释 本条规定的是劳动争议仲裁的裁决程序。对此，《劳动争议调解仲裁法》有详细的规定。首先需要注意的是，对于本条规定的两个期限，《劳动争议调解仲裁法》都进行了修改：

1. 提请仲裁的期限由《劳动法》规定的劳动争议发生之日起60日延长为一年，而且明确规定了时效期间中断及不受时效期间限制的情形。

《劳动争议调解仲裁法》规定劳动争议申请仲裁的时效期间为一年。仲裁时效期间从当事人知道或者应当知道其权利被侵害之日起计算。上述仲裁时效，因当事人一方向对方当事人主张权利，或者向有关部门请求权利救济，或者对方当事人同意履行义务而中断。从中断时起，仲裁时效期间重新计算。因不可抗力或者有其他正当理由，当事人不能在一年的仲裁时效期间申请仲裁的，仲裁时效中止。从中止时效的原因消除之日起，仲裁时效期间继续计算。劳动关系存续期间因拖欠劳动报酬发生争议的，劳动者申请仲裁不受本条一年仲裁时效期间的限制；但是，劳动关系终止的，应当自劳动关系终止之日起一年内提出。

2. 仲裁裁决作出的时间由60天缩短为45天，只有特殊情形下才适用60天的期限。

仲裁庭裁决劳动争议案件，应当自劳动争议仲裁委员会受理仲裁申请之日起45日内结束。案情复杂需要延期的，经劳动争议仲裁委员会主任批准，可以延期并书面通知当事人，但是延长期限不得超过15日。

另外，《劳动争议调解仲裁法》对劳动争议仲裁的主体（包括当事人、第三人、委托代理人、法定代理人）、仲裁前程序、开庭及裁决程序等都进行了详细的规定，具体可以参考《劳动争议调解仲裁法》第 22 - 46 条的相关规定。

参见 《劳动争议调解仲裁法》第 22 - 46 条；《最高人民法院关于审理劳动争议案件适用法律问题的解释（一）》

第八十三条 【仲裁裁决的效力】劳动争议当事人对仲裁裁决不服的，可以自收到仲裁裁决书之日起十五日内向人民法院提起诉讼。一方当事人在法定期限内不起诉又不履行仲裁裁决的，另一方当事人可以申请人民法院强制执行。

参见 《劳动争议调解仲裁法》第 44、46 - 51 条；《最高人民法院关于审理劳动争议案件适用法律问题的解释（一）》

第八十四条 【集体合同争议的处理】因签订集体合同发生争议，当事人协商解决不成的，当地人民政府劳动行政部门可以组织有关各方协调处理。

因履行集体合同发生争议，当事人协商解决不成的，可以向劳动争议仲裁委员会申请仲裁；对仲裁裁决不服的，可以自收到仲裁裁决书之日起十五日内向人民法院提起诉讼。

参见 《劳动合同法》第 56 条；《集体合同规定》第七章

第十一章 监督检查

第八十五条 【劳动行政部门的监督检查】县级以上各级人民政府劳动行政部门依法对用人单位遵守劳动法律、法规的情况进行监督检查，对违反劳动法律、法规的行为有权制止，并责令改正。

参见 《劳动合同法》第 73、74 条；《劳动保障监察条例》

第八十六条 【劳动监察机构的监察程序】县级以上各级人民政府劳动行政部门监督检查人员执行公务，有权进入用人单位了解执行劳动法律、法规的情况，查阅必要的资料，并对劳动场所进行检查。

县级以上各级人民政府劳动行政部门监督检查人员执行公务，必须出示证件，秉公执法并遵守有关规定。

参见 《劳动合同法》第75条

第八十七条 【政府有关部门的监察】县级以上各级人民政府有关部门在各自职责范围内，对用人单位遵守劳动法律、法规的情况进行监督。

第八十八条 【工会监督、社会监督】各级工会依法维护劳动者的合法权益，对用人单位遵守劳动法律、法规的情况进行监督。

任何组织和个人对于违反劳动法律、法规的行为有权检举和控告。

注释 本条规定的是工会监督和社会监督。工会的监督是劳动监督检查的重要组成部分。但要注意，工会的监督和行政监督是不同的，工会监督是一种广义上的社会监督，行政部门的监督是一种行政执法行为，其职权中包括行政处罚权和强制措施权，而工会的职权不包括这些内容，工会只能就用人单位违反劳动法的行为提出处理意见、建议和要求。

社会组织和个人的监督，是狭义的社会监督，其监督方式具有限定性，即只能采取检举和控告的方式进行监督。

参见 《工会法》第20-29条；《劳动合同法》第78条

第十二章 法律责任

第八十九条 【劳动规章制度违法的法律责任】用人单位制定的劳动规章制度违反法律、法规规定的，由劳动行政部门给予警告，责令改正；对劳动者造成损害的，应当承担赔偿责任。

参见 《劳动合同法》第80条

第九十条 【违法延长工时的法律责任】用人单位违反本法规定，延长劳动者工作时间的，由劳动行政部门给予警告，责令改正，并可以处以罚款。

第九十一条 【用人单位侵权的民事责任】用人单位有下列侵

害劳动者合法权益情形之一的，由劳动行政部门责令支付劳动者的工资报酬、经济补偿，并可以责令支付赔偿金：

（一）克扣或者无故拖欠劳动者工资的；

（二）拒不支付劳动者延长工作时间工资报酬的；

（三）低于当地最低工资标准支付劳动者工资的；

（四）解除劳动合同后，未依照本法规定给予劳动者经济补偿的。

> **注释**　本条规定的是用人单位侵权的民事责任。如果用人单位实施了本条规定的前三项侵权行为之一的，劳动行政部门应责令用人单位支付劳动者的工资报酬和经济补偿，并可以责令支付赔偿金。如果用人单位实施了本条规定的第四项侵权行为，即解除劳动合同后未依法给予劳动者经济补偿的，因不存在支付工资报酬的问题，故劳动行政部门只责令用人单位支付劳动者经济补偿及赔偿金。
>
> 另外，根据《劳动合同法》第85条规定，劳动报酬低于当地最低工资标准的，应当支付其差额部分；逾期不支付的，责令用人单位按应付金额50%以上100%以下的标准向劳动者加付赔偿金。
>
> **参见**　《劳动合同法》第85条

第九十二条　【用人单位违反劳动安全卫生规定的法律责任】用人单位的劳动安全设施和劳动卫生条件不符合国家规定或者未向劳动者提供必要的劳动防护用品和劳动保护设施的，由劳动行政部门或者有关部门责令改正，可以处以罚款；情节严重的，提请县级以上人民政府决定责令停产整顿；对事故隐患不采取措施，致使发生重大事故，造成劳动者生命和财产损失的，对责任人员依照刑法有关规定追究刑事责任。

> **参见**　《刑法》第135条

第九十三条　【强令劳动者违章作业的法律责任】用人单位强令劳动者违章冒险作业，发生重大伤亡事故，造成严重后果的，对责任人员依法追究刑事责任。

第九十四条　【用人单位非法招用未成年工的法律责任】用人单位非法招用未满十六周岁的未成年人的，由劳动行政部门责令改正，处以罚款；情节严重的，由市场监督管理部门吊销营业执照。

第九十五条　【违反女职工和未成年工保护规定的法律责任】用人单位违反本法对女职工和未成年工的保护规定，侵害其合法权益的，由劳动行政部门责令改正，处以罚款；对女职工或者未成年工造成损害的，应当承担赔偿责任。

第九十六条　【侵犯劳动者人身自由的法律责任】用人单位有下列行为之一，由公安机关对责任人员处以十五日以下拘留、罚款或者警告；构成犯罪的，对责任人员依法追究刑事责任：

（一）以暴力、威胁或者非法限制人身自由的手段强迫劳动的；

（二）侮辱、体罚、殴打、非法搜查和拘禁劳动者的。

> **注释**　本条规定的是侵犯劳动者人身权利的法律责任。威胁是指用人单位以某种对劳动者形成要挟的条件和手段，迫使劳动者接受用人单位所提要求和条件的行为；侮辱是指用人单位公然贬低劳动者的人格，损害劳动者名誉的行为；非法搜查是指用人单位非法对劳动者的身体进行搜查的行为。

> **参见**　《劳动合同法》第 88 条；《刑法》第 244 条

第九十七条　【订立无效合同的民事责任】由于用人单位的原因订立的无效合同，对劳动者造成损害的，应当承担赔偿责任。

> **注释**　本条规定的是劳动合同无效的民事责任。对此需要注意，《劳动合同法》第 86 条规定，劳动合同被确认无效，给对方造成损害的，有过错的一方应当承担赔偿责任。也就是说，在由于劳动者的原因导致劳动合同无效的情况下，劳动者对用人单位也承担相应的赔偿责任。另外，劳动合同被确认无效，劳动者已付出劳动的，用人单位应当向劳动者支付劳动报酬。劳动报酬的数额，参照本单位相同或者相近岗位劳动者的劳动报酬确定。

> **参见**　《劳动合同法》第 28、86 条；《最高人民法院关于审理劳动争议案件适用法律问题的解释（一）》第 41 条

第九十八条 【**违法解除或故意拖延不订立劳动合同的法律责任**】用人单位违反本法规定的条件解除劳动合同或者故意拖延不订立劳动合同的，由劳动行政部门责令改正；对劳动者造成损害的，应当承担赔偿责任。

> **参见** 《劳动合同法》第82、87条；《劳动合同法实施条例》第6、7、22、34条；《最高人民法院关于审理劳动争议案件适用法律问题的解释（一）》第1条

第九十九条 【**招用尚未解除劳动合同者的法律责任**】用人单位招用尚未解除劳动合同的劳动者，对原用人单位造成经济损失的，该用人单位应当依法承担连带赔偿责任。

> **参见** 《劳动合同法》第90-91条；《最高人民法院关于审理劳动争议案件适用法律问题的解释（一）》第27条

第一百条 【**用人单位不缴纳社会保险费的法律责任**】用人单位无故不缴纳社会保险费的，由劳动行政部门责令其限期缴纳；逾期不缴的，可以加收滞纳金。

> **注释** 本条规定的是用人单位不缴纳社会保险费的法律责任。对此，《社会保险费征缴暂行条例》规定，缴费单位不按规定缴纳和代扣代缴社会保险费，由劳动保障行政部门或者税务机关责令限期缴纳；逾期仍不缴纳的，除补缴欠缴数额外，从欠缴之日起，按日加收欠缴费额千分之二的滞纳金。滞纳金并入社会保险基金。缴费单位拒不缴纳社会保险费、滞纳金的，由劳动保障行政部门或者税务机关申请人民法院依法强制征缴。

> **参见** 《社会保险费征缴暂行条例》第13、26条

第一百零一条 【**阻挠监督检查、打击报复举报人员的法律责任**】用人单位无理阻挠劳动行政部门、有关部门及其工作人员行使监督检查权，打击报复举报人员的，由劳动行政部门或者有关部门处以罚款；构成犯罪的，对责任人员依法追究刑事责任。

第一百零二条 【**劳动者违法解除劳动合同或违反保密约定的民事责任**】劳动者违反本法规定的条件解除劳动合同或者违反劳动

合同中约定的保密事项，对用人单位造成经济损失的，应当依法承担赔偿责任。

注释 本条规定的是劳动者违法解除劳动合同或违反保密约定的民事责任。

用人单位与劳动者可以在劳动合同中约定保守用人单位的商业秘密和与知识产权相关的保密事项。对负有保密义务的劳动者，用人单位可以在劳动合同或者保密协议中与劳动者约定竞业限制条款，并约定在解除或者终止劳动合同后，在竞业限制期限内按月给予劳动者经济补偿。劳动者违反竞业限制约定的，应当按照约定向用人单位支付违约金。

竞业限制的人员限于用人单位的高级管理人员、高级技术人员和其他负有保密义务的人员。竞业限制的范围、地域、期限由用人单位与劳动者约定，竞业限制的约定不得违反法律、法规的规定。在解除或者终止劳动合同后，前述人员到与本单位生产或者经营同类产品、从事同类业务的有竞争关系的其他用人单位，或者自己开业生产或者经营同类产品、从事同类业务的竞业限制期限，不得超过两年。

参见 《劳动合同法》第23－24、90条

第一百零三条 【劳动行政部门和有关部门工作人员渎职的法律责任】 劳动行政部门或者有关部门的工作人员滥用职权、玩忽职守、徇私舞弊，构成犯罪的，依法追究刑事责任；不构成犯罪的，给予行政处分。

注释 滥用职权，是指劳动行政部门或者有关部门的工作人员利用其国家工作人员的身份，随意超越其职责和法律法规授予的职权，从事损害国家利益和法律权威的违法行为。玩忽职守，是指劳动行政部门或者有关部门工作人员因工作漫不经心、疏忽大意、不履行职责，不遵守法律法规的规定，导致用人单位财产和国家利益遭受损失的行为。徇私舞弊，是指劳动行政部门或者有关部门的工作人员为了私情私利，故意违反法律法规的规定，利用职权枉法处理的行为。

参见 《劳动保障监察条例》第 31 条；《劳动合同法》第 95 条；《就业促进法》第 61 条；《刑法》第 397 条

第一百零四条 【挪用社会保险基金的法律责任】国家工作人员和社会保险基金经办机构的工作人员挪用社会保险基金，构成犯罪的，依法追究刑事责任。

参见 《社会保险费征缴暂行条例》第 28 条；《刑法》第 384 条；《劳动部关于〈中华人民共和国劳动法〉若干条文的说明》第 104 条

第一百零五条 【其他法律、行政法规的处罚效力】违反本法规定侵害劳动者合法权益，其他法律、行政法规已规定处罚的，依照该法律、行政法规的规定处罚。

注释 本条规定的是其他法律、行政法规的处罚。《劳动法》仅对侵害劳动者合法权益的行为予以处罚作了专门规定。但侵害劳动者合法权益的行为是多种多样的，《劳动法》不可能将其穷尽并规定出具体的处罚措施。同时，社会关系是错综复杂的，调整社会关系的法律、法规相互之间也有重合之处，违反本法规定侵害劳动者合法权益的行为，在其他法律、法规中也可能规定了处罚措施。因此，为了与其他法律、法规相衔接，本条规定违反本法规定侵害劳动者合法权益，其他法律、法规已规定处罚的，依照该法律、法规的规定处罚。

第十三章 附 则

第一百零六条 【省级人民政府实施步骤的制定和备案】省、自治区、直辖市人民政府根据本法和本地区的实际情况，规定劳动合同制度的实施步骤，报国务院备案。

第一百零七条 【施行时间】本法自 1995 年 1 月 1 日起施行。

劳动部关于贯彻执行
《中华人民共和国劳动法》
若干问题的意见

（1995 年 8 月 4 日　劳部发〔1995〕309 号）

《中华人民共和国劳动法》（以下简称劳动法）已于 1995 年 1 月 1 日起施行，现就劳动法在贯彻执行中遇到的若干问题提出以下意见。

一、适用范围

1. 劳动法第二条中的"个体经济组织"是指一般雇工在七人以下的个体工商户。

2. 中国境内的企业、个体经济组织与劳动者之间，只要形成劳动关系，即劳动者事实上已成为企业、个体经济组织的成员，并为其提供有偿劳动，适用劳动法。

3. 国家机关、事业组织、社会团体实行劳动合同制度的以及按规定应实行劳动合同制度的工勤人员；实行企业化管理的事业组织的人员；其他通过劳动合同与国家机关、事业组织、社会团体建立劳动关系的劳动者，适用劳动法。

4. 公务员和比照实行公务员制度的事业组织和社会团体的工作人员，以及农村劳动者（乡镇企业职工和进城务工、经商的农民除外）、现役军人和家庭保姆等不适用劳动法。

5. 中国境内的企业、个体经济组织在劳动法中被称为用人单位。国家机关、事业组织、社会团体和与之建立劳动合同关系的劳动者依照劳动法执行。根据劳动法的这一规定，国家机关、事业组织、社会团体应当视为用人单位。

二、劳动合同和集体合同①

（一）劳动合同的订立

6. 用人单位应与其富余人员、放长假的职工，签订劳动合同，但其劳动合同与在岗职工的劳动合同在内容上可以有所区别。用人单位与劳动者经协商一致可以在劳动合同中就不在岗期间的有关事项作出规定。

7. 用人单位应与其长期被外单位借用的人员、带薪上学人员、以及其他非在岗但仍保持劳动关系的人员签订劳动合同，但在外借和上学期间，劳动合同中的某些相关条款经双方协商可以变更。

8. 请长病假的职工，在病假期间与原单位保持着劳动关系，用人单位应与其签订劳动合同。

9. 原固定工中经批准的停薪留职人员，愿意回原单位继续工作的，原单位应与其签订劳动合同；不愿回原单位继续工作的，原单位可以与其解除劳动关系。

10. 根据劳动部《实施〈劳动法〉中有关劳动合同问题的解答》（劳部发〔1995〕202号）的规定，党委书记、工会主席等党群专职人员也是职工的一员，依照劳动法的规定，与用人单位签订劳动合同。对于有特殊规定的，可以按有关规定办理。

11. 根据劳动部《实施〈劳动法〉中有关劳动合同问题的解答》（劳部发〔1995〕202号）的规定，经理由其上级部门聘任（委任）的，应与聘任（委任）部门签订劳动合同。实行公司制的经理和有关经营管理人员，应依据《中华人民共和国公司法》的规定与董事会签订劳动合同。

12. 在校生利用业余时间勤工助学，不视为就业，未建立劳动关系，可以不签订劳动合同。

13. 用人单位发生分立或合并后，分立或合并后的用人单位可依

---

① 本部分内容与《劳动合同法》、《劳动合同法实施条例》冲突的，以《劳动合同法》、《劳动合同法实施条例》为准。

据其实际情况与原用人单位的劳动者遵循平等自愿、协商一致的原则变更原劳动合同。

14. 派出到合资、参股单位的职工如果与原单位仍保持着劳动关系，应当与原单位签订劳动合同，原单位可就劳动合同的有关内容在与合资、参股单位订立的劳务合同时，明确职工的工资、保险、福利、休假等有关待遇。

15. 租赁经营（生产）、承包经营（生产）的企业，所有权并没有发生改变，法人名称未变，在与职工订立劳动合同时，该企业仍为用人单位一方。依据租赁合同或承包合同，租赁人、承包人如果作为该企业的法定代表人或者该法定代表人的授权委托人时，可代表该企业（用人单位）与劳动者订立劳动合同。

16. 用人单位与劳动者签订劳动合同时，劳动合同可以由用人单位拟定，也可以由双方当事人共同拟定，但劳动合同必须经双方当事人协商一致后才能签订，职工被迫签订的劳动合同或未经协商一致签订的劳动合同为无效劳动合同。

17. 用人单位与劳动者之间形成了事实劳动关系，而用人单位故意拖延不订立劳动合同，劳动行政部门应予以纠正。用人单位因此给劳动者造成损害的，应按劳动部《违反〈劳动法〉有关劳动合同规定的赔偿办法》（劳部发〔1995〕223 号）的规定进行赔偿。

（二）劳动合同的内容

18. 劳动者被用人单位录用后，双方可以在劳动合同中约定试用期，试用期应包括在劳动合同期限内。

19. 试用期是用人单位和劳动者为相互了解、选择而约定的不超过六个月的考察期。一般对初次就业或再次就业的职工可以约定。在原固定工进行劳动合同制度的转制过程中，用人单位与原固定工签订劳动合同时，可以不再约定试用期。

20. 无固定期限的劳动合同是指不约定终止日期的劳动合同。按照平等自愿、协商一致的原则，用人单位和劳动者只要达成一致，无论初次就业的，还是由固定工转制的，都可以签订无固定期限的劳动合同。

无固定期限的劳动合同不得将法定解除条件约定为终止条件，以规避解除劳动合同时用人单位应承担支付给劳动者经济补偿的义务。

21. 用人单位经批准招用农民工，其劳动合同期限可以由用人单位和劳动者协商确定。

从事矿山井下以及在其他有害身体健康的工种、岗位工作的农民工，实行定期轮换制度，合同期限最长不超过八年。

22. 劳动法第二十条中的"在同一用人单位连续工作满十年以上"是指劳动者与同一用人单位签订的劳动合同的期限不间断达到十年，劳动合同期满双方同意续订劳动合同时，只要劳动者提出签订无固定期限劳动合同的，用人单位应当与其签订无固定期限的劳动合同。在固定工转制中各地如有特殊规定的，从其规定。

23. 用人单位用于劳动者职业技能培训费用的支付和劳动者违约时培训费的赔偿可以在劳动合同中约定，但约定劳动者违约时负担的培训费和赔偿金的标准不得违反劳动部《违反〈劳动法〉有关劳动合同规定的赔偿办法》（劳部发〔1995〕223 号）等有关规定。

24. 用人单位在与劳动者订立劳动合同时，不得以任何形式向劳动者收取定金、保证金（物）或抵押金（物）。对违反以上规定的，应按照劳动部、公安部、全国总工会《关于加强外商投资企业和私营企业劳动管理切实保障职工合法权益的通知》（劳部发〔1994〕118 号）和劳动部办公厅《对"关于国有企业和集体所有制企业能否参照执行劳部发〔1994〕118 号文件中的有关规定的请示"的复函》（劳办发〔1994〕256 号）的规定，由公安部门和劳动行政部门责令用人单位立即退还给劳动者本人。

（三）经济性裁员

25. 依据劳动法第二十七条和劳动部《企业经济性裁减人员规定》（劳部发〔1994〕447 号）第四条的规定，用人单位确需裁减人员，应按下列程序进行：

（1）提前 30 日向工会或全体职工说明情况，并提供有关生产经营状况的资料；

（2）提出裁减人员方案，内容包括：被裁减人员名单、裁减时间及实施步骤，符合法律、法规规定和集体合同约定的被裁减人员的经济补偿办法；

（3）将裁减人员方案征求工会或者全体职工的意见，并对方案进行修改和完善；

（4）向当地劳动行政部门报告裁减人员方案以及工会或者全体职工的意见，并听取劳动行政部门的意见；

（5）由用人单位正式公布裁减人员方案，与被裁减人员办理解除劳动合同手续，按照有关规定向被裁减人员本人支付经济补偿金，并出具裁减人员证明书。

（四）劳动合同的解除和无效劳动合同

26. 劳动合同的解除是指劳动合同订立后，尚未全部履行以前，由于某种原因导致劳动合同一方或双方当事人提前消灭劳动关系的法律行为。劳动合同的解除分为法定解除和约定解除两种。根据劳动法的规定，劳动合同既可以由单方依法解除，也可以双方协商解除。劳动合同的解除，只对未履行的部分发生效力，不涉及已履行的部分。

27. 无效劳动合同是指所订立的劳动合同不符合法定条件，不能发生当事人预期的法律后果的劳动合同。劳动合同的无效由人民法院或劳动争议仲裁委员会确认，不能由合同双方当事人决定。

28. 劳动者涉嫌违法犯罪被有关机关收容审查、拘留或逮捕的，用人单位在劳动者被限制人身自由期间，可与其暂时停止劳动合同的履行。

暂时停止履行劳动合同期间，用人单位不承担劳动合同规定的相应义务。劳动者经证明被错误限制人身自由的，暂时停止履行劳动合同期间劳动者的损失，可由其依据《国家赔偿法》要求有关部门赔偿。

29. 劳动者被依法追究刑事责任的，用人单位可依据劳动法第二十五条解除劳动合同。

"被依法追究刑事责任"是指：被人民检察院免予起诉的、被人民法院判处刑罚的、被人民法院依据刑法第三十二条免予刑事处分的。

劳动者被人民法院判处拘役、3年以下有期徒刑缓刑的，用人单位可以解除劳动合同。

30. 劳动法第二十五条为用人单位可以解除劳动合同的条款，即使存在第二十九条规定的情况，只要劳动者同时存在第二十五条规定的四种情形之一，用人单位也可以根据第二十五条的规定解除劳动合同。

31. 劳动者被劳动教养的，用人单位可以依据被劳教的事实解除与该劳动者的劳动合同。

32. 按照劳动法第三十一条的规定，劳动者解除劳动合同，应当提前30日以书面形式通知用人单位。超过30日，劳动者可以向用人单位提出办理解除劳动合同手续，用人单位予以办理。如果劳动者违法解除劳动合同给原用人单位造成经济损失，应当承担赔偿责任。

33. 劳动者违反劳动法规定或劳动合同的约定解除劳动合同（如擅自离职），给用人单位造成经济损失的，应当根据劳动法第一百零二条和劳动部《违反〈劳动法〉有关劳动合同规定的赔偿办法》（劳部发〔1995〕223号）的规定，承担赔偿责任。

34. 除劳动法第二十五条规定的情形外，劳动者在医疗期、孕期、产期和哺乳期内，劳动合同期限届满时，用人单位不得终止劳动合同。劳动合同的期限应自动延续至医疗期、孕期、产期和哺乳期期满为止。

35. 请长病假的职工在医疗期满后，能从事原工作的，可以继续履行劳动合同；医疗期满后仍不能从事原工作也不能从事由单位另行安排的工作的，由劳动鉴定委员会参照工伤与职业病致残程度鉴定标准进行劳动能力鉴定。被鉴定为一至四级的，应当退出劳动岗位，解除劳动关系，办理因病或非因工负伤退休退职手续，享受相应的退休退职待遇；被鉴定为五至十级的，用人单位可以解除劳动合同，并按规定支付经济补偿金和医疗补助费。

（五）解除劳动合同的经济补偿

36. 用人单位依据劳动法第二十四条、第二十六条、第二十七条的规定解除劳动合同，应当按照劳动法和劳动部《违反和解除劳动合同的经济补偿办法》（劳部发〔1994〕481号)[①]支付劳动者经济补偿金。

37. 根据《民法通则》第四十四条第二款"企业法人分立、合并，它的权利和义务由变更后的法人享有和承担"的规定，用人单位发生分立或合并后，分立或合并后的用人单位可依据其实际情况与原用人单位的劳动者遵循平等自愿、协商一致的原则变更、解除或重新签订劳动合同。在此种情况下的重新签订劳动合同视为原劳动合同的变更，用人单位变更劳动合同，劳动者不能依据劳动法第二十八条要求经济补偿。

38. 劳动合同期满或者当事人约定的劳动合同终止条件出现，劳动合同即行终止，用人单位可以不支付劳动者经济补偿金。国家另有规定的，可以从其规定。

39. 用人单位依据劳动法第二十五条解除劳动合同，可以不支付劳动者经济补偿金。

40. 劳动者依据劳动法第三十二条第（一）项解除劳动合同，用人单位可以不支付经济补偿金，但应按照劳动者的实际工作天数支付工资。

41. 在原固定工实行劳动合同制度的过程中，企业富余职工辞职，经企业同意可以不与企业签订劳动合同的，企业应根据《国有企业富余职工安置规定》（国务院令第111号，1993年公布）发给劳动者一次性生活补助费。

42. 职工在接近退休年龄（按有关规定一般为五年以内）时因劳动合同到期终止劳动合同的，如果符合退休、退职条件，可以办理退休、退职手续；不符合退休、退职条件的，在终止劳动合同后按规定领取失业救济金。享受失业救济金的期限届满后仍未就业，

---

① 《违反和解除劳动合同的经济补偿办法》已被废止。

符合社会救济条件的，可以按规定领取社会救济金，达到退休年龄时办理退休手续，领取养老保险金。

43. 劳动合同解除后，用人单位对符合规定的劳动者应支付经济补偿金。不能因劳动者领取了失业救济金而拒付或克扣经济补偿金，失业保险机构也不得以劳动者领取了经济补偿金为由，停发或减发失业救济金。

（六）体制改革过程中实行劳动合同制度的有关政策

44. 困难企业签订劳动合同，应区分不同情况，有些亏损企业属政策性亏损，生产仍在进行，还能发出工资，应该按照劳动法的规定签订劳动合同。已经停产半停产的企业，要根据具体情况签订劳动合同，保证这些企业职工的基本生活。

45. 在国有企业固定工转制过程中，劳动者无正当理由不得单方面与用人单位解除劳动关系；用人单位也不得以实行劳动合同制度为由，借机辞退部分职工。

46. 关于在企业内录干、聘干问题，劳动法规定用人单位内的全体职工统称为劳动者，在同一用人单位内，各种不同的身份界限随之打破。应该按照劳动法的规定，通过签订劳动合同来明确劳动者的工作内容、岗位等。用人单位根据工作需要，调整劳动者的工作岗位时，可以与劳动者协商一致，变更劳动合同的相关内容。

47. 由于各用人单位千差万别，对工作内容、劳动报酬的规定也就差异很大，因此，国家不宜制定统一的劳动合同标准文本。目前，各地、各行业制定并向企业推荐的劳动合同文本，对于用人单位和劳动者双方有一定的指导意义，但这些劳动合同文本只能供用人单位和劳动者参考。

48. 按照劳动部办公厅《对全面实行劳动合同制若干问题的请示的复函》（劳办发〔1995〕19号）的规定，各地企业在与原固定工签订劳动合同时，应注意保护老弱病残职工的合法权益。对工作时间较长，年龄较大的职工，各地可以根据劳动法第一百零六条制定一次性的过渡政策，具体办法由各省、自治区、直辖市确定。

49. 在企业全面建立劳动合同制度以后，原合同制工人与本企业内的原固定工应享受同等待遇。是否发给15%的工资性补贴，可以由各省、自治区、直辖市人民政府根据劳动法第一百零六条在制定劳动合同制度的实施步骤时加以规定。

50. 在目前工伤保险和残疾人康复就业制度尚未建立和完善的情况下，对因工部分丧失劳动能力的职工，劳动合同期满也不能终止劳动合同，仍由原单位按照国家有关规定提供医疗等待遇。

（七）集体合同

51. 当前签订集体合同的重点应在非国有企业和现代企业制度试点的企业进行，积累经验，逐步扩大范围。

52. 关于国有企业在承包制条件下签订的"共保合同"，凡内容符合劳动法和有关法律、法规和规章关于集体合同规定的，应按照有关规定办理集体合同送审、备案手续；凡不符合劳动法和有关法律、法规和规章规定的，应积极创造条件逐步向规范的集体合同过渡。

三、工　资

（一）最低工资

53. 劳动法中的"工资"是指用人单位依据国家有关规定或劳动合同的约定，以货币形式直接支付给本单位劳动者的劳动报酬，一般包括计时工资、计件工资、奖金、津贴和补贴、延长工作时间的工资报酬以及特殊情况下支付的工资等。"工资"是劳动者劳动收入的主要组成部分。劳动者的以下劳动收入不属于工资范围：（1）单位支付给劳动者个人的社会保险福利费用，如丧葬抚恤救济费、生活困难补助费、计划生育补贴等；（2）劳动保护方面的费用，如用人单位支付给劳动者的工作服、解毒剂、清凉饮料费用等；（3）按规定未列入工资总额的各种劳动报酬及其他劳动收入，如根据国家规定发放的创造发明奖、国家星火奖、自然科学奖、科学技术进步奖、合理化建议和技术改进奖、中华技能大奖等，以及稿费、讲课费、翻译费等。

54. 劳动法第四十八条中的"最低工资"是指劳动者在法定工

作时间内履行了正常劳动义务的前提下，由其所在单位支付的最低劳动报酬。最低工资不包括延长工作时间的工资报酬，以货币形式支付的住房和用人单位支付的伙食补贴，中班、夜班、高温、低温、井下、有毒、有害等特殊工作环境和劳动条件下的津贴，国家法律、法规、规章规定的社会保险福利待遇。

55. 劳动法第四十四条中的"劳动者正常工作时间工资"是指劳动合同规定的劳动者本人所在工作岗位（职位）相对应的工资。鉴于当前劳动合同制度尚处于推进过程中，按上述规定执行确有困难的用人单位，地方或行业劳动部门可在不违反劳动部《关于工资〈支付暂行规定〉有关问题的补充规定》（劳部发〔1995〕226号）文件所确定的总的原则的基础上，制定过渡办法。

56. 在劳动合同中，双方当事人约定的劳动者在未完成劳动定额或承包任务的情况下，用人单位可低于最低工资标准支付劳动者工资的条款不具有法律效力。

57. 劳动者与用人单位形成或建立劳动关系后，试用、熟练、见习期间，在法定工作时间内提供了正常劳动，其所在的用人单位应当支付其不低于最低工资标准的工资。

58. 企业下岗待工人员，由企业依据当地政府的有关规定支付其生活费，生活费可以低于最低工资标准，下岗待工人员中重新就业的，企业应停发其生活费。女职工因生育、哺乳请长假而下岗的，在其享受法定产假期间，依法领取生育津贴；没有参加生育保险的企业，由企业照发原工资。

59. 职工患病或非因工负伤治疗期间，在规定的医疗期间内由企业按有关规定支付其病假工资或疾病救济费，病假工资或疾病救济费可以低于当地最低工资标准支付，但不能低于最低工资标准的80%。

（二）延长工作时间的工资报酬

60. 实行每天不超过8小时，每周不超过44小时或40小时标准工作时间制度的企业，以及经批准实行综合计算工时工作制的企业，应当按照劳动法的规定支付劳动者延长工作时间的工资报酬。全体职工已实行劳动合同制度的企业，一般管理人员（实行不定时工作制人员除外）经批准延长工作时间的，可以支付延长工作时间的工资报酬。

61. 实行计时工资制的劳动者的日工资，按其本人月工资标准除以平均每月法定工作天数（实行每周 40 小时工作制的为 21.16 天，实行每周 44 小时工作制的为 23.33 天）进行计算。

62. 实行综合计算工时工作制的企业职工，工作日正好是周休息日的，属于正常工作；工作日正好是法定节假日时，要依照劳动法第四十四条第（三）项的规定支付职工的工资报酬。

（三）有关企业工资支付的政策

63. 企业克扣或无故拖欠劳动者工资的，劳动监察部门应根据劳动法第九十一条、劳动部《违反和解除劳动合同的经济补偿办法》第三条、《违反〈中华人民共和国劳动法〉行政处罚办法》第六条予以处理。

64. 经济困难的企业执行劳动部《工资支付暂行规定》（劳部发〔1994〕489 号）确有困难，应根据以下规定执行：

（1）《关于做好国有企业职工和离退休人员基本生活保障工作的通知》（国发〔1993〕76 号）的规定，"企业发放工资确有困难时，应发给职工基本生活费，具体标准由各地区、各部门根据实际情况确定"；

（2）《关于国有企业流动资金贷款的紧急通知》（银传〔1994〕34 号）的规定，"地方政府通过财政补贴，企业主管部门有可能也要拿出一部分资金，银行要拿出一部分贷款，共同保证职工基本生活和社会的稳定"；

（3）《国有企业富余职工安置规定》（国务院令第 111 号，1993 年发布）的规定："企业可以对职工实行有限期的放假。职工放假期间，由企业发给生活费"。

四、工作时间和休假

（一）综合计算工作时间

65. 经批准实行综合计算工作时间的用人单位，分别以周、月、季、年等为周期综合计算工作时间，但其平均日工作时间和平均周工作时间应与法定标准工作时间基本相同。

66. 对于那些在市场竞争中，由于外界因素的影响，生产任务不均衡的企业的部分职工，经劳动行政部门严格审批后，可以参照综合计算工时工作制的办法实施，但用人单位应采取适当方式确保职工的休息休假权利和生产、工作任务的完成。

67. 经批准实行不定时工作制的职工，不受劳动法第四十一条规定的日延长工作时间标准和月延长工作时间标准的限制，但用人单位应采用弹性工作时间等适当的工作和休息方式，确保职工的休息休假权利和生产、工作任务的完成。

68. 实行标准工时制度的企业，延长工作时间应严格按劳动法第四十一条的规定执行，不能按季、年综合计算延长工作时间。

69. 中央直属企业、企业化管理的事业单位实行不定时工作制和综合计算工时工作制等其他工作和休息办法的，须经国务院行业主管部门审核，报国务院劳动行政部门批准。地方企业实行不定时工作制和综合计算工时工作制等其他工作和休息办法的审批办法，由省、自治区、直辖市人民政府劳动行政部门制定，报国务院劳动行政部门备案。

（二）延长工作时间

70. 休息日安排劳动者工作的，应先按同等时间安排其补休，不能安排补休的应按劳动法第四十四条第（二）项的规定支付劳动者延长工作时间的工资报酬。法定节假日（元旦、春节、劳动节、国庆节）安排劳动者工作的，应按劳动法第四十四条第（三）项支付劳动者延长工作时间的工资报酬。

71. 协商是企业决定延长工作时间的程序（劳动法第四十二条和《劳动部贯彻〈国务院关于职工工作时间的规定〉的实施办法》第七条规定除外），企业确因生产经营需要，必须延长工作时间时，应与工会和劳动者协商。协商后，企业可以在劳动法限定的延长工作时数内决定延长工作时间，对企业违反法律、法规强迫劳动者延长工作时间的，劳动者有权拒绝。若由此发生劳动争议，可以提请劳动争议处理机构予以处理。

（三）休假

72. 实行新工时制度后，企业职工原有的年休假制度仍然实行。在国务院尚未作出新的规定之前，企业可以按照 1991 年 6 月 5 日《中共中央国务院关于职工休假问题的通知》，安排职工休假。

五、社 会 保 险

73. 企业实施破产时，按照国家有关企业破产的规定，从其财产清产和土地转让所得中按实际需要划拨出社会保险费用和职工再就业的安置费。其划拨的养老保险费和失业保险费由当地社会保险基金经办机构和劳动部门就业服务机构接收，并负责支付离退休人员的养老保险费用和支付失业人员应享受的失业保险待遇。

74. 企业富余职工、请长假人员、请长病假人员、外借人员和带薪上学人员，其社会保险费仍按规定由原单位和个人继续缴纳，缴纳保险费期间计算为缴费年限。

75. 用人单位全部职工实行劳动合同制度后，职工在用人单位内由转制前的原工人岗位转为原干部（技术）岗位或由原干部（技术）岗位转为原工人岗位，其退休年龄和条件，按现岗位国家规定执行。

76. 依据劳动部《企业职工患病或非因工负伤医疗期的规定》（劳部发〔1994〕479 号）和劳动部《关于贯彻〈企业职工患病或非因工负伤医疗期的规定〉的通知》（劳部发〔1995〕236 号），职工患病或非因工负伤，根据本人实际参加工作的年限和本企业工作年限长短，享受 3 – 24 个月的医疗期。对于某些患特殊疾病（如癌症、精神病、瘫痪等）的职工，在 24 个月内尚不能痊愈的，经企业和当地劳动部门批准，可以适当延长医疗期。

77. 劳动者的工伤待遇在国家尚未颁布新的工伤保险法律、行政法规之前，各类企业仍要执行《劳动保险条例》及相关的政策规定，如果当地政府已实行工伤保险制度改革的，应执行当地的新规定；

个体经济组织的劳动者的工伤保险参照企业职工的规定执行；国家机关、事业组织、社会团体的劳动者的工伤保险，如果包括在地方人民政府的工伤改革规定范围内的，按地方政府的规定执行。

78. 劳动者患职业病按照 1987 年由卫生部等部门发布的《职业病范围和职业病患者处理办法的规定》和所附的"职业病名单"（〔87〕卫防第 60 号）处理，经职业病诊断机构确诊并发给《职业病诊断证明书》，劳动行政部门据此确认工伤，并通知用人单位或者社会保险基金经办机构发给有关工伤保险待遇；劳动者因工负伤的，劳动行政部门根据企业的工伤事故报告和工伤者本人的申请，作出工伤认定，由社会保险基金经办机构或用人单位，发给有关工伤保险待遇。患职业病或工伤致残的，由当地劳动鉴定委员会按照劳动部《职工工伤和职业病致残程度鉴定标准》（劳险字〔1992〕6号）① 评定伤残等级和护理依赖程度。劳动鉴定委员会的伤残等级和护理依赖程度的结论，以医学检查、诊断结果为技术依据。

79. 劳动者因工负伤或患职业病，用人单位应按国家和地方政府的规定进行工伤事故报告，或者经职业病诊断机构确诊进行职业病报告。用人单位和劳动者有权按规定向当地劳动行政部门报告。如果用人单位瞒报、漏报工作或职业病，工会、劳动者可以向劳动行政部门报告。经劳动行政部门确认后，用人单位或社会保险基金经办机构应补发工伤保险待遇。

80. 劳动者对劳动行政部门作出的工伤或职业病的确认意见不服，可依法提起行政复议或行政诉讼。

81. 劳动者被认定患职业病或因工负伤后，对劳动鉴定委员会作出的伤残等级和护理依赖程度鉴定结论不服，可依法提起行政复议或行政诉讼。对劳动能力鉴定结论所依据的医学检查、诊断结果有异议的，可以要求复查诊断，复查诊断按各省、自治区和直辖市劳动鉴定委员会规定的程序进行。

---

① 自 2015 年 1 月 1 日起，劳动能力鉴定适用新标准《劳动能力鉴定 职工工伤与职业病致残等级》（GB/T 16180 – 2014）。

六、劳动争议

82. 用人单位与劳动者发生劳动争议不论是否订立劳动合同，只要存在事实劳动关系，并符合劳动法的适用范围和《中华人民共和国企业劳动争议处理条例》①的受案范围，劳动争议仲裁委员会均应受理。

83. 劳动合同鉴证是劳动行政部门审查、证明劳动合同的真实性、合法性的一项行政监督措施，尤其在劳动合同制度全面实施的初期有其必要性。劳动行政部门鼓励并提倡用人单位和劳动者进行劳动合同鉴证。劳动争议仲裁委员会不能以劳动合同未经鉴证为由不受理相关的劳动争议案件。

84. 国家机关、事业组织、社会团体与本单位工人以及其他与之建立劳动合同关系的劳动者之间，个体工商户与帮工、学徒之间，以及军队、武警部队的事业组织和企业与其无军籍的职工之间发生的劳动争议，只要符合劳动争议的受案范围，劳动争议仲裁委员会应予受理。

85. "劳动争议发生之日"是指当事人知道或者应当知道其权利被侵害之日。

86. 根据《中华人民共和国商业银行法》的规定，商业银行为企业法人。商业银行与其职工适用《劳动法》、《中华人民共和国企业劳动争议处理条例》等劳动法律、法规和规章。商业银行与其职工发生的争议属于劳动争议的受案范围的，劳动争议仲裁委员会应予受理。

87. 劳动法第二十五条第（三）项中的"重大损害"，应由企业内部规章来规定，不便于在全国对其作统一解释。若用人单位以此为由解除劳动合同，与劳动者发生劳动争议，当事人向劳动争议仲裁委员会申请仲裁的，由劳动争议仲裁委员会根据企业类型、规模

---

① 自 2008 年 5 月 1 日起，劳动争议的调解、仲裁程序应按《中华人民共和国劳动争议调解仲裁法》的规定执行。

和损害程度等情况，对企业规章中规定的"重大损害"进行认定。

88. 劳动监察是劳动法授予劳动行政部门的职责，劳动争议仲裁是劳动法授予各级劳动争议仲裁委员会的职能。用人单位或行业部门不能设立劳动监察机构和劳动争议仲裁委员会，也不能设立劳动行政部门劳动监察机构的派出机构和劳动争议仲裁委员会的派出机构。

89. 劳动争议当事人向企业劳动争议调解委员会申请调解，从当事人提出申请之日起，仲裁申诉时效中止，企业劳动争议调解委员会应当在30日内结束调解，即中止期间最长不得超过30日。结束调解之日起，当事人的申诉时效继续计算。调解超过30日的，申诉时效从30日之后的第一天继续计算。

90. 劳动争议仲裁委员会的办事机构对未予受理的仲裁申请，应逐件向仲裁委员会报告并说明情况，仲裁委员会认为应当受理的，应及时通知当事人。当事人从申请至受理的期间应视为时效中止。

七、法律责任

91. 劳动法第九十一条的含义是，如果用人单位实施了本条规定的前三项侵权行为之一的，劳动行政部门应责令用人单位支付劳动者的工资报酬和经济补偿，并可以责令支付赔偿金。如果用人单位实施了本条规定的第四项侵权行为，即解除劳动合同后未依法给予劳动者经济补偿的，因不存在支付工资报酬的问题，故劳动行政部门只责令用人单位支付劳动者经济补偿，还可以支付赔偿金。

92. 用人单位实施下列行为之一的，应认定为劳动法第一百零一条中的"无理阻挠"行为：

（1）阻止劳动监督检查人员进入用人单位内（包括进入劳动现场）进行监督检查的；

（2）隐瞒事实真相，出具伪证，或者隐匿、毁灭证据的；

（3）拒绝提供有关资料的；

（4）拒绝在规定的时间和地点就劳动行政部门所提问题作出解

释和说明的;

（5）法律、法规和规章规定的其他情况。

八、适 用 法 律

93. 劳动部、外经贸部《外商投资企业劳动管理规定》（劳部发〔1994〕246号）① 与劳动部《违反和解除劳动合同的经济补偿办法》（劳部发〔1994〕481号）② 中关于解除劳动合同的经济补偿规定是一致的，246号文中的"生活补助费"是劳动法第二十八条所指经济补偿的具体化，与481号文中的"经济补偿金"可视为同一概念。

94. 劳动部、外经贸部《外商投资企业劳动管理规定》③（劳部发〔1994〕246号）与劳动部《违反〈中华人民共和国劳动法〉行政处罚办法》④（劳部发〔1994〕532号）在企业低于当地最低工资标准支付职工工资应付赔偿金的标准，延长工作时间的罚款标准，阻止劳动监察人员行使监督检查权的罚款标准等方面规定不一致，按照同等效力的法律规范新法优于旧法执行的原则，应执行劳动部劳部发〔1994〕532号规章。

95. 劳动部《企业最低工资规定》（劳部发〔1993〕333号）⑤与劳动部《违反〈中华人民共和国劳动法〉行政处罚办法》（劳部发〔1994〕532号）在拖欠或低于国家最低工资标准支付工资的赔

---

① 该规定已被《关于废止部分劳动和社会保障规章的决定》（2007年11月9日劳动和社会保障部令第29号）废止。

② 该规定已被《人力资源社会保障部关于第五批宣布失效和废止文件的通知》（2017年11月24日 人社部发〔2017〕87号）废止。

③ 该规定已被《劳动和社会保障部关于废止部分劳动和社会保障规章的决定》（2007年11月9日）废止。

④ 该规定已被《人力资源和社会保障部关于废止和修改部分人力资源和社会保障规章的决定》（2010年11月12日）废止。

⑤ 自2004年3月1日起开始执行《最低工资规定》，《企业最低工资规定》同时废止。

偿金标准方面规定不一致，应按劳动部劳部发〔1994〕532号规章执行。

96. 劳动部《违反〈中华人民共和国劳动法〉行政处罚办法》（劳部发〔1994〕532号）对行政处罚行为、处罚标准未作规定，而其他劳动行政规章和地方政府规章作了规定的，按有关规定执行。

97. 对违反劳动法的用人单位，劳动行政部门有权依据劳动法律、法规和规章的规定予以处理，用人单位对劳动行政部门作出的行政处罚决定不服，在法定期限内不提起诉讼或不申请复议又不执行行政处罚决定的，劳动行政部门可以根据行政诉讼法第六十六条申请人民法院强制执行。劳动行政部门依法申请人民法院强制执行时，应当提交申请执行书，据以执行的法律文书和其他必须提交的材料。

98. 适用法律、法规、规章及其他规范性文件遵循下列原则：

（1）法律的效力高于行政法规与地方性法规；行政法规与地方性法规效力高于部门规章和地方政府规章；部门规章和地方政府规章效力高于其他规范性文件。

（2）在适用同一效力层次的文件时，新法律优于旧法律；新法规优于旧法规；新规章优于旧规章；新规范性文件优于旧规范性文件。

99. 依据《法规规章备案规定》（国务院令第48号，1990年发布）"地方人民政府规章同国务院部门规章之间或者国务院部门规章相互之间有矛盾的，由国务院法制局进行协调；经协调不能取得一致意见的，由国务院法制局提出意见，报国务院决定。"地方劳动行政部门在发现劳动部规章与国务院其他部门规章或地方政府规章相矛盾时，可将情况报劳动部，由劳动部报国务院法制局进行协调或决定。

100. 地方或行业劳动部门发现劳动部的规章之间、其他规范性文件之间或规章与其他规范性文件之间相矛盾，一般适用"新文件优于旧文件"的原则，同时可向劳动部请示。

劳动保障监察条例

（2004 年 10 月 26 日国务院第 68 次常务会议通过　2004 年 11 月 1 日中华人民共和国国务院令第 423 号公布　自 2004 年 12 月 1 日起施行）

第一章　总　则

第一条　为了贯彻实施劳动和社会保障（以下称劳动保障）法律、法规和规章，规范劳动保障监察工作，维护劳动者的合法权益，根据劳动法和有关法律，制定本条例。

第二条　对企业和个体工商户（以下称用人单位）进行劳动保障监察，适用本条例。

对职业介绍机构、职业技能培训机构和职业技能考核鉴定机构进行劳动保障监察，依照本条例执行。

第三条　国务院劳动保障行政部门主管全国的劳动保障监察工作。县级以上地方各级人民政府劳动保障行政部门主管本行政区域内的劳动保障监察工作。

县级以上各级人民政府有关部门根据各自职责，支持、协助劳动保障行政部门的劳动保障监察工作。

第四条　县级、设区的市级人民政府劳动保障行政部门可以委托符合监察执法条件的组织实施劳动保障监察。

劳动保障行政部门和受委托实施劳动保障监察的组织中的劳动保障监察员应当经过相应的考核或者考试录用。

劳动保障监察证件由国务院劳动保障行政部门监制。

第五条　县级以上地方各级人民政府应当加强劳动保障监察工作。劳动保障监察所需经费列入本级财政预算。

第六条　用人单位应当遵守劳动保障法律、法规和规章，接受并配合劳动保障监察。

第七条 各级工会依法维护劳动者的合法权益，对用人单位遵守劳动保障法律、法规和规章的情况进行监督。

劳动保障行政部门在劳动保障监察工作中应当注意听取工会组织的意见和建议。

第八条 劳动保障监察遵循公正、公开、高效、便民的原则。

实施劳动保障监察，坚持教育与处罚相结合，接受社会监督。

第九条 任何组织或者个人对违反劳动保障法律、法规或者规章的行为，有权向劳动保障行政部门举报。

劳动者认为用人单位侵犯其劳动保障合法权益的，有权向劳动保障行政部门投诉。

劳动保障行政部门应当为举报人保密；对举报属实，为查处重大违反劳动保障法律、法规或者规章的行为提供主要线索和证据的举报人，给予奖励。

第二章　劳动保障监察职责

第十条 劳动保障行政部门实施劳动保障监察，履行下列职责：

（一）宣传劳动保障法律、法规和规章，督促用人单位贯彻执行；

（二）检查用人单位遵守劳动保障法律、法规和规章的情况；

（三）受理对违反劳动保障法律、法规或者规章的行为的举报、投诉；

（四）依法纠正和查处违反劳动保障法律、法规或者规章的行为。

第十一条 劳动保障行政部门对下列事项实施劳动保障监察：

（一）用人单位制定内部劳动保障规章制度的情况；

（二）用人单位与劳动者订立劳动合同的情况；

（三）用人单位遵守禁止使用童工规定的情况；

（四）用人单位遵守女职工和未成年工特殊劳动保护规定的情况；

（五）用人单位遵守工作时间和休息休假规定的情况；

（六）用人单位支付劳动者工资和执行最低工资标准的情况；

（七）用人单位参加各项社会保险和缴纳社会保险费的情况；

（八）职业介绍机构、职业技能培训机构和职业技能考核鉴定机构遵守国家有关职业介绍、职业技能培训和职业技能考核鉴定的规定的情况；

（九）法律、法规规定的其他劳动保障监察事项。

第十二条 劳动保障监察员依法履行劳动保障监察职责，受法律保护。

劳动保障监察员应当忠于职守，秉公执法，勤政廉洁，保守秘密。

任何组织或者个人对劳动保障监察员的违法违纪行为，有权向劳动保障行政部门或者有关机关检举、控告。

第三章　劳动保障监察的实施

第十三条 对用人单位的劳动保障监察，由用人单位用工所在地的县级或者设区的市级劳动保障行政部门管辖。

上级劳动保障行政部门根据工作需要，可以调查处理下级劳动保障行政部门管辖的案件。劳动保障行政部门对劳动保障监察管辖发生争议的，报请共同的上一级劳动保障行政部门指定管辖。

省、自治区、直辖市人民政府可以对劳动保障监察的管辖制定具体办法。

第十四条 劳动保障监察以日常巡视检查、审查用人单位按照要求报送的书面材料以及接受举报投诉等形式进行。

劳动保障行政部门认为用人单位有违反劳动保障法律、法规或者规章的行为，需要进行调查处理的，应当及时立案。

劳动保障行政部门或者受委托实施劳动保障监察的组织应当设立举报、投诉信箱和电话。

对因违反劳动保障法律、法规或者规章的行为引起的群体性事件，劳动保障行政部门应当根据应急预案，迅速会同有关部门处理。

第十五条 劳动保障行政部门实施劳动保障监察，有权采取下列调查、检查措施：

（一）进入用人单位的劳动场所进行检查；

（二）就调查、检查事项询问有关人员；

（三）要求用人单位提供与调查、检查事项相关的文件资料，并作出解释和说明，必要时可以发出调查询问书；

（四）采取记录、录音、录像、照像或者复制等方式收集有关情况和资料；

（五）委托会计师事务所对用人单位工资支付、缴纳社会保险费的情况进行审计；

（六）法律、法规规定可以由劳动保障行政部门采取的其他调查、检查措施。

劳动保障行政部门对事实清楚、证据确凿、可以当场处理的违反劳动保障法律、法规或者规章的行为有权当场予以纠正。

第十六条　劳动保障监察员进行调查、检查，不得少于 2 人，并应当佩戴劳动保障监察标志、出示劳动保障监察证件。

劳动保障监察员办理的劳动保障监察事项与本人或者其近亲属有直接利害关系的，应当回避。

第十七条　劳动保障行政部门对违反劳动保障法律、法规或者规章的行为的调查，应当自立案之日起 60 个工作日内完成；对情况复杂的，经劳动保障行政部门负责人批准，可以延长 30 个工作日。

第十八条　劳动保障行政部门对违反劳动保障法律、法规或者规章的行为，根据调查、检查的结果，作出以下处理：

（一）对依法应当受到行政处罚的，依法作出行政处罚决定；

（二）对应当改正未改正的，依法责令改正或者作出相应的行政处理决定；

（三）对情节轻微且已改正的，撤销立案。

发现违法案件不属于劳动保障监察事项的，应当及时移送有关部门处理；涉嫌犯罪的，应当依法移送司法机关。

第十九条　劳动保障行政部门对违反劳动保障法律、法规或者规章的行为作出行政处罚或者行政处理决定前，应当听取用人单位的陈述、申辩；作出行政处罚或者行政处理决定，应当告知用人单位依法享有申请行政复议或者提起行政诉讼的权利。

第二十条 违反劳动保障法律、法规或者规章的行为在 2 年内未被劳动保障行政部门发现，也未被举报、投诉的，劳动保障行政部门不再查处。

前款规定的期限，自违反劳动保障法律、法规或者规章的行为发生之日起计算；违反劳动保障法律、法规或者规章的行为有连续或者继续状态的，自行为终了之日起计算。

第二十一条 用人单位违反劳动保障法律、法规或者规章，对劳动者造成损害的，依法承担赔偿责任。劳动者与用人单位就赔偿发生争议的，依照国家有关劳动争议处理的规定处理。

对应当通过劳动争议处理程序解决的事项或者已经按照劳动争议处理程序申请调解、仲裁或者已经提起诉讼的事项，劳动保障行政部门应当告知投诉人依照劳动争议处理或者诉讼的程序办理。

第二十二条 劳动保障行政部门应当建立用人单位劳动保障守法诚信档案。用人单位有重大违反劳动保障法律、法规或者规章的行为的，由有关的劳动保障行政部门向社会公布。

第四章 法 律 责 任

第二十三条 用人单位有下列行为之一的，由劳动保障行政部门责令改正，按照受侵害的劳动者每人 1000 元以上 5000 元以下的标准计算，处以罚款：

（一）安排女职工从事矿山井下劳动、国家规定的第四级体力劳动强度的劳动或者其他禁忌从事的劳动的；

（二）安排女职工在经期从事高处、低温、冷水作业或者国家规定的第三级体力劳动强度的劳动的；

（三）安排女职工在怀孕期间从事国家规定的第三级体力劳动强度的劳动或者孕期禁忌从事的劳动的；

（四）安排怀孕 7 个月以上的女职工夜班劳动或者延长其工作时间的；

（五）女职工生育享受产假少于 90 天的；

（六）安排女职工在哺乳未满 1 周岁的婴儿期间从事国家规定的第三级体力劳动强度的劳动或者哺乳期禁忌从事的其他劳动，以及延长其工作时间或者安排其夜班劳动的；

（七）安排未成年工从事矿山井下、有毒有害、国家规定的第四级体力劳动强度的劳动或者其他禁忌从事的劳动的；

（八）未对未成年工定期进行健康检查的。

第二十四条 用人单位与劳动者建立劳动关系不依法订立劳动合同的，由劳动保障行政部门责令改正。

第二十五条 用人单位违反劳动保障法律、法规或者规章延长劳动者工作时间的，由劳动保障行政部门给予警告，责令限期改正，并可以按照受侵害的劳动者每人 100 元以上 500 元以下的标准计算，处以罚款。

第二十六条 用人单位有下列行为之一的，由劳动保障行政部门分别责令限期支付劳动者的工资报酬、劳动者工资低于当地最低工资标准的差额或者解除劳动合同的经济补偿；逾期不支付的，责令用人单位按照应付金额 50% 以上 1 倍以下的标准计算，向劳动者加付赔偿金：

（一）克扣或者无故拖欠劳动者工资报酬的；

（二）支付劳动者的工资低于当地最低工资标准的；

（三）解除劳动合同未依法给予劳动者经济补偿的。

第二十七条 用人单位向社会保险经办机构申报应缴纳的社会保险费数额时，瞒报工资总额或者职工人数的，由劳动保障行政部门责令改正，并处瞒报工资数额 1 倍以上 3 倍以下的罚款。

骗取社会保险待遇或者骗取社会保险基金支出的，由劳动保障行政部门责令退还，并处骗取金额 1 倍以上 3 倍以下的罚款；构成犯罪的，依法追究刑事责任。

第二十八条 职业介绍机构、职业技能培训机构或者职业技能考核鉴定机构违反国家有关职业介绍、职业技能培训或者职业技能考核鉴定的规定的，由劳动保障行政部门责令改正，没收违法所得，并处 1 万元以上 5 万元以下的罚款；情节严重的，吊销许可证。

未经劳动保障行政部门许可，从事职业介绍、职业技能培训或者职业技能考核鉴定的组织或者个人，由劳动保障行政部门、工商行政管理部门依照国家有关无照经营查处取缔的规定查处取缔。

第二十九条　用人单位违反《中华人民共和国工会法》，有下列行为之一的，由劳动保障行政部门责令改正：

（一）阻挠劳动者依法参加和组织工会，或者阻挠上级工会帮助、指导劳动者筹建工会的；

（二）无正当理由调动依法履行职责的工会工作人员的工作岗位，进行打击报复的；

（三）劳动者因参加工会活动而被解除劳动合同的；

（四）工会工作人员因依法履行职责被解除劳动合同的。

第三十条　有下列行为之一的，由劳动保障行政部门责令改正；对有第（一）项、第（二）项或者第（三）项规定的行为的，处2000元以上2万元以下的罚款：

（一）无理抗拒、阻挠劳动保障行政部门依照本条例的规定实施劳动保障监察的；

（二）不按照劳动保障行政部门的要求报送书面材料，隐瞒事实真相，出具伪证或者隐匿、毁灭证据的；

（三）经劳动保障行政部门责令改正拒不改正，或者拒不履行劳动保障行政部门的行政处理决定的；

（四）打击报复举报人、投诉人的。

违反前款规定，构成违反治安管理行为的，由公安机关依法给予治安管理处罚；构成犯罪的，依法追究刑事责任。

第三十一条　劳动保障监察员滥用职权、玩忽职守、徇私舞弊或者泄露在履行职责过程中知悉的商业秘密的，依法给予行政处分；构成犯罪的，依法追究刑事责任。

劳动保障行政部门和劳动保障监察员违法行使职权，侵犯用人单位或者劳动者的合法权益的，依法承担赔偿责任。

第三十二条　属于本条例规定的劳动保障监察事项，法律、其他行政法规对处罚另有规定的，从其规定。

第五章 附　　则

第三十三条 对无营业执照或者已被依法吊销营业执照，有劳动用工行为的，由劳动保障行政部门依照本条例实施劳动保障监察，并及时通报工商行政管理部门予以查处取缔。

第三十四条 国家机关、事业单位、社会团体执行劳动保障法律、法规和规章的情况，由劳动保障行政部门根据其职责，依照本条例实施劳动保障监察。

第三十五条 劳动安全卫生的监督检查，由卫生部门、安全生产监督管理部门、特种设备安全监督管理部门等有关部门依照有关法律、行政法规的规定执行。

第三十六条 本条例自 2004 年 12 月 1 日起施行。

中华人民共和国工会法

（1992 年 4 月 3 日第七届全国人民代表大会第五次会议通过　根据 2001 年 10 月 27 日第九届全国人民代表大会常务委员会第二十四次会议《关于修改〈中华人民共和国工会法〉的决定》第一次修正　根据 2009 年 8 月 27 日第十一届全国人民代表大会常务委员会第十次会议《关于修改部分法律的决定》第二次修正　根据 2021 年 12 月 24 日第十三届全国人民代表大会常务委员会第三十二次会议《关于修改〈中华人民共和国工会法〉的决定》第三次修正）

目　　录

第一章　总　　则

第一条　为保障工会在国家政治、经济和社会生活中的地位，确定工会的权利与义务，发挥工会在社会主义现代化建设事业中的作用，根据宪法，制定本法。

第二条　工会是中国共产党领导的职工自愿结合的工人阶级群众组织，是中国共产党联系职工群众的桥梁和纽带。

中华全国总工会及其各工会组织代表职工的利益，依法维护职工的合法权益。

第三条　在中国境内的企业、事业单位、机关、社会组织（以下统称用人单位）中以工资收入为主要生活来源的劳动者，不分民族、种族、性别、职业、宗教信仰、教育程度，都有依法参加和组织工会的权利。任何组织和个人不得阻挠和限制。

工会适应企业组织形式、职工队伍结构、劳动关系、就业形态等方面的发展变化，依法维护劳动者参加和组织工会的权利。

第四条　工会必须遵守和维护宪法，以宪法为根本的活动准则，以经济建设为中心，坚持社会主义道路，坚持人民民主专政，坚持中国共产党的领导，坚持马克思列宁主义、毛泽东思想、邓小平理论、"三个代表"重要思想、科学发展观、习近平新时代中国特色社会主义思想，坚持改革开放，保持和增强政治性、先进性、群众性，依照工会章程独立自主地开展工作。

工会会员全国代表大会制定或者修改《中国工会章程》，章程不得与宪法和法律相抵触。

国家保护工会的合法权益不受侵犯。

第五条　工会组织和教育职工依照宪法和法律的规定行使民主

权利，发挥国家主人翁的作用，通过各种途径和形式，参与管理国家事务、管理经济和文化事业、管理社会事务；协助人民政府开展工作，维护工人阶级领导的、以工农联盟为基础的人民民主专政的社会主义国家政权。

第六条 维护职工合法权益、竭诚服务职工群众是工会的基本职责。工会在维护全国人民总体利益的同时，代表和维护职工的合法权益。

工会通过平等协商和集体合同制度等，推动健全劳动关系协调机制，维护职工劳动权益，构建和谐劳动关系。

工会依照法律规定通过职工代表大会或者其他形式，组织职工参与本单位的民主选举、民主协商、民主决策、民主管理和民主监督。

工会建立联系广泛、服务职工的工会工作体系，密切联系职工，听取和反映职工的意见和要求，关心职工的生活，帮助职工解决困难，全心全意为职工服务。

第七条 工会动员和组织职工积极参加经济建设，努力完成生产任务和工作任务。教育职工不断提高思想道德、技术业务和科学文化素质，建设有理想、有道德、有文化、有纪律的职工队伍。

第八条 工会推动产业工人队伍建设改革，提高产业工人队伍整体素质，发挥产业工人骨干作用，维护产业工人合法权益，保障产业工人主人翁地位，造就一支有理想守信念、懂技术会创新、敢担当讲奉献的宏大产业工人队伍。

第九条 中华全国总工会根据独立、平等、互相尊重、互不干涉内部事务的原则，加强同各国工会组织的友好合作关系。

第二章 工 会 组 织

第十条 工会各级组织按照民主集中制原则建立。

各级工会委员会由会员大会或者会员代表大会民主选举产生。企业主要负责人的近亲属不得作为本企业基层工会委员会成员的人选。

各级工会委员会向同级会员大会或者会员代表大会负责并报告工作，接受其监督。

工会会员大会或者会员代表大会有权撤换或者罢免其所选举的代表或者工会委员会组成人员。

上级工会组织领导下级工会组织。

第十一条 用人单位有会员二十五人以上的，应当建立基层工会委员会；不足二十五人的，可以单独建立基层工会委员会，也可以由两个以上单位的会员联合建立基层工会委员会，也可以选举组织员一人，组织会员开展活动。女职工人数较多的，可以建立工会女职工委员会，在同级工会领导下开展工作；女职工人数较少的，可以在工会委员会中设女职工委员。

企业职工较多的乡镇、城市街道，可以建立基层工会的联合会。

县级以上地方建立地方各级总工会。

同一行业或者性质相近的几个行业，可以根据需要建立全国的或者地方的产业工会。

全国建立统一的中华全国总工会。

第十二条 基层工会、地方各级总工会、全国或者地方产业工会组织的建立，必须报上一级工会批准。

上级工会可以派员帮助和指导企业职工组建工会，任何单位和个人不得阻挠。

第十三条 任何组织和个人不得随意撤销、合并工会组织。

基层工会所在的用人单位终止或者被撤销，该工会组织相应撤销，并报告上一级工会。

依前款规定被撤销的工会，其会员的会籍可以继续保留，具体管理办法由中华全国总工会制定。

第十四条 职工二百人以上的企业、事业单位、社会组织的工会，可以设专职工会主席。工会专职工作人员的人数由工会与企业、事业单位、社会组织协商确定。

第十五条 中华全国总工会、地方总工会、产业工会具有社会团体法人资格。

基层工会组织具备民法典规定的法人条件的，依法取得社会团体法人资格。

第十六条　基层工会委员会每届任期三年或者五年。各级地方总工会委员会和产业工会委员会每届任期五年。

第十七条　基层工会委员会定期召开会员大会或者会员代表大会，讨论决定工会工作的重大问题。经基层工会委员会或者三分之一以上的工会会员提议，可以临时召开会员大会或者会员代表大会。

第十八条　工会主席、副主席任期未满时，不得随意调动其工作。因工作需要调动时，应当征得本级工会委员会和上一级工会的同意。

罢免工会主席、副主席必须召开会员大会或者会员代表大会讨论，非经会员大会全体会员或者会员代表大会全体代表过半数通过，不得罢免。

第十九条　基层工会专职主席、副主席或者委员自任职之日起，其劳动合同期限自动延长，延长期限相当于其任职期间；非专职主席、副主席或者委员自任职之日起，其尚未履行的劳动合同期限短于任期的，劳动合同期限自动延长至任期期满。但是，任职期间个人严重过失或者达到法定退休年龄的除外。

第三章　工会的权利和义务

第二十条　企业、事业单位、社会组织违反职工代表大会制度和其他民主管理制度，工会有权要求纠正，保障职工依法行使民主管理的权利。

法律、法规规定应当提交职工大会或者职工代表大会审议、通过、决定的事项，企业、事业单位、社会组织应当依法办理。

第二十一条　工会帮助、指导职工与企业、实行企业化管理的事业单位、社会组织签订劳动合同。

工会代表职工与企业、实行企业化管理的事业单位、社会组织进行平等协商，依法签订集体合同。集体合同草案应当提交职工代表大会或者全体职工讨论通过。

工会签订集体合同，上级工会应当给予支持和帮助。

企业、事业单位、社会组织违反集体合同，侵犯职工劳动权益的，工会可以依法要求企业、事业单位、社会组织予以改正并承担责任；因履行集体合同发生争议，经协商解决不成的，工会可以向劳动争议仲裁机构提请仲裁，仲裁机构不予受理或者对仲裁裁决不服的，可以向人民法院提起诉讼。

第二十二条　企业、事业单位、社会组织处分职工，工会认为不适当的，有权提出意见。

用人单位单方面解除职工劳动合同时，应当事先将理由通知工会，工会认为用人单位违反法律、法规和有关合同，要求重新研究处理时，用人单位应当研究工会的意见，并将处理结果书面通知工会。

职工认为用人单位侵犯其劳动权益而申请劳动争议仲裁或者向人民法院提起诉讼的，工会应当给予支持和帮助。

第二十三条　企业、事业单位、社会组织违反劳动法律法规规定，有下列侵犯职工劳动权益情形，工会应当代表职工与企业、事业单位、社会组织交涉，要求企业、事业单位、社会组织采取措施予以改正；企业、事业单位、社会组织应当予以研究处理，并向工会作出答复；企业、事业单位、社会组织拒不改正的，工会可以提请当地人民政府依法作出处理：

（一）克扣、拖欠职工工资的；

（二）不提供劳动安全卫生条件的；

（三）随意延长劳动时间的；

（四）侵犯女职工和未成年工特殊权益的；

（五）其他严重侵犯职工劳动权益的。

第二十四条　工会依照国家规定对新建、扩建企业和技术改造工程中的劳动条件和安全卫生设施与主体工程同时设计、同时施工、同时投产使用进行监督。对工会提出的意见，企业或者主管部门应当认真处理，并将处理结果书面通知工会。

第二十五条 工会发现企业违章指挥、强令工人冒险作业，或者生产过程中发现明显重大事故隐患和职业危害，有权提出解决的建议，企业应当及时研究答复；发现危及职工生命安全的情况时，工会有权向企业建议组织职工撤离危险现场，企业必须及时作出处理决定。

第二十六条 工会有权对企业、事业单位、社会组织侵犯职工合法权益的问题进行调查，有关单位应当予以协助。

第二十七条 职工因工伤亡事故和其他严重危害职工健康问题的调查处理，必须有工会参加。工会应当向有关部门提出处理意见，并有权要求追究直接负责的主管人员和有关责任人员的责任。对工会提出的意见，应当及时研究，给予答复。

第二十八条 企业、事业单位、社会组织发生停工、怠工事件，工会应当代表职工同企业、事业单位、社会组织或者有关方面协商，反映职工的意见和要求并提出解决意见。对于职工的合理要求，企业、事业单位、社会组织应当予以解决。工会协助企业、事业单位、社会组织做好工作，尽快恢复生产、工作秩序。

第二十九条 工会参加企业的劳动争议调解工作。

地方劳动争议仲裁组织应当有同级工会代表参加。

第三十条 县级以上各级总工会依法为所属工会和职工提供法律援助等法律服务。

第三十一条 工会协助用人单位办好职工集体福利事业，做好工资、劳动安全卫生和社会保险工作。

第三十二条 工会会同用人单位加强对职工的思想政治引领，教育职工以国家主人翁态度对待劳动，爱护国家和单位的财产；组织职工开展群众性的合理化建议、技术革新、劳动和技能竞赛活动，进行业余文化技术学习和职工培训，参加职业教育和文化体育活动，推进职业安全健康教育和劳动保护工作。

第三十三条 根据政府委托，工会与有关部门共同做好劳动模范和先进生产（工作）者的评选、表彰、培养和管理工作。

第三十四条　国家机关在组织起草或者修改直接涉及职工切身利益的法律、法规、规章时，应当听取工会意见。

县级以上各级人民政府制定国民经济和社会发展计划，对涉及职工利益的重大问题，应当听取同级工会的意见。

县级以上各级人民政府及其有关部门研究制定劳动就业、工资、劳动安全卫生、社会保险等涉及职工切身利益的政策、措施时，应当吸收同级工会参加研究，听取工会意见。

第三十五条　县级以上地方各级人民政府可以召开会议或者采取适当方式，向同级工会通报政府的重要的工作部署和与工会工作有关的行政措施，研究解决工会反映的职工群众的意见和要求。

各级人民政府劳动行政部门应当会同同级工会和企业方面代表，建立劳动关系三方协商机制，共同研究解决劳动关系方面的重大问题。

第四章　基层工会组织

第三十六条　国有企业职工代表大会是企业实行民主管理的基本形式，是职工行使民主管理权力的机构，依照法律规定行使职权。

国有企业的工会委员会是职工代表大会的工作机构，负责职工代表大会的日常工作，检查、督促职工代表大会决议的执行。

第三十七条　集体企业的工会委员会，应当支持和组织职工参加民主管理和民主监督，维护职工选举和罢免管理人员、决定经营管理的重大问题的权力。

第三十八条　本法第三十六条、第三十七条规定以外的其他企业、事业单位的工会委员会，依照法律规定组织职工采取与企业、事业单位相适应的形式，参与企业、事业单位民主管理。

第三十九条　企业、事业单位、社会组织研究经营管理和发展的重大问题应当听取工会的意见；召开会议讨论有关工资、福利、劳动安全卫生、工作时间、休息休假、女职工保护和社会保险等涉及职工切身利益的问题，必须有工会代表参加。

企业、事业单位、社会组织应当支持工会依法开展工作，工会应当支持企业、事业单位、社会组织依法行使经营管理权。

第四十条 公司的董事会、监事会中职工代表的产生，依照公司法有关规定执行。

第四十一条 基层工会委员会召开会议或者组织职工活动，应当在生产或者工作时间以外进行，需要占用生产或者工作时间的，应当事先征得企业、事业单位、社会组织的同意。

基层工会的非专职委员占用生产或者工作时间参加会议或者从事工会工作，每月不超过三个工作日，其工资照发，其他待遇不受影响。

第四十二条 用人单位工会委员会的专职工作人员的工资、奖励、补贴，由所在单位支付。社会保险和其他福利待遇等，享受本单位职工同等待遇。

第五章 工会的经费和财产

第四十三条 工会经费的来源：

（一）工会会员缴纳的会费；

（二）建立工会组织的用人单位按每月全部职工工资总额的百分之二向工会拨缴的经费；

（三）工会所属的企业、事业单位上缴的收入；

（四）人民政府的补助；

（五）其他收入。

前款第二项规定的企业、事业单位、社会组织拨缴的经费在税前列支。

工会经费主要用于为职工服务和工会活动。经费使用的具体办法由中华全国总工会制定。

第四十四条 企业、事业单位、社会组织无正当理由拖延或者拒不拨缴工会经费，基层工会或者上级工会可以向当地人民法院申请支付令；拒不执行支付令的，工会可以依法申请人民法院强制执行。

第四十五条　工会应当根据经费独立原则，建立预算、决算和经费审查监督制度。

各级工会建立经费审查委员会。

各级工会经费收支情况应当由同级工会经费审查委员会审查，并且定期向会员大会或者会员代表大会报告，接受监督。工会会员大会或者会员代表大会有权对经费使用情况提出意见。

工会经费的使用应当依法接受国家的监督。

第四十六条　各级人民政府和用人单位应当为工会办公和开展活动，提供必要的设施和活动场所等物质条件。

第四十七条　工会的财产、经费和国家拨给工会使用的不动产，任何组织和个人不得侵占、挪用和任意调拨。

第四十八条　工会所属的为职工服务的企业、事业单位，其隶属关系不得随意改变。

第四十九条　县级以上各级工会的离休、退休人员的待遇，与国家机关工作人员同等对待。

第六章　法　律　责　任

第五十条　工会对违反本法规定侵犯其合法权益的，有权提请人民政府或者有关部门予以处理，或者向人民法院提起诉讼。

第五十一条　违反本法第三条、第十二条规定，阻挠职工依法参加和组织工会或者阻挠上级工会帮助、指导职工筹建工会的，由劳动行政部门责令其改正；拒不改正的，由劳动行政部门提请县级以上人民政府处理；以暴力、威胁等手段阻挠造成严重后果，构成犯罪的，依法追究刑事责任。

第五十二条　违反本法规定，对依法履行职责的工会工作人员无正当理由调动工作岗位，进行打击报复的，由劳动行政部门责令改正、恢复原工作；造成损失的，给予赔偿。

对依法履行职责的工会工作人员进行侮辱、诽谤或者进行人身伤害，构成犯罪的，依法追究刑事责任；尚未构成犯罪的，由公安机关依照治安管理处罚法的规定处罚。

第五十三条　违反本法规定，有下列情形之一的，由劳动行政部门责令恢复其工作，并补发被解除劳动合同期间应得的报酬，或者责令给予本人年收入二倍的赔偿：

（一）职工因参加工会活动而被解除劳动合同的；

（二）工会工作人员因履行本法规定的职责而被解除劳动合同的。

第五十四条　违反本法规定，有下列情形之一的，由县级以上人民政府责令改正，依法处理：

（一）妨碍工会组织职工通过职工代表大会和其他形式依法行使民主权利的；

（二）非法撤销、合并工会组织的；

（三）妨碍工会参加职工因工伤亡事故以及其他侵犯职工合法权益问题的调查处理的；

（四）无正当理由拒绝进行平等协商的。

第五十五条　违反本法第四十七条规定，侵占工会经费和财产拒不返还的，工会可以向人民法院提起诉讼，要求返还，并赔偿损失。

第五十六条　工会工作人员违反本法规定，损害职工或者工会权益的，由同级工会或者上级工会责令改正，或者予以处分；情节严重的，依照《中国工会章程》予以罢免；造成损失的，应当承担赔偿责任；构成犯罪的，依法追究刑事责任。

第七章　附　　则

第五十七条　中华全国总工会会同有关国家机关制定机关工会实施本法的具体办法。

第五十八条　本法自公布之日起施行。1950 年 6 月 29 日中央人民政府颁布的《中华人民共和国工会法》同时废止。

劳动合同管理

中华人民共和国劳动合同法

(2007 年 6 月 29 日第十届全国人民代表大会常务委员会第二十八次会议通过 根据 2012 年 12 月 28 日第十一届全国人民代表大会常务委员会第三十次会议《关于修改〈中华人民共和国劳动合同法〉的决定》修正)

第一章 总 则

第一条 【立法宗旨】为了完善劳动合同制度，明确劳动合同双方当事人的权利和义务，保护劳动者的合法权益，构建和发展和谐稳定的劳动关系，制定本法。

注释 劳动合同是劳动者与用人单位之间建立劳动合同关系的重要依据，也是双方当事人明确各自权利与义务的基本形式。

参见 《劳动法》第 16 条；《劳动争议调解仲裁法》第 4、5、9、47、48、49 条

第二条 【适用范围】中华人民共和国境内的企业、个体经济组织、民办非企业单位等组织（以下称用人单位）与劳动者建立劳动关系，订立、履行、变更、解除或者终止劳动合同，适用本法。

国家机关、事业单位、社会团体和与其建立劳动关系的劳动者，订立、履行、变更、解除或者终止劳动合同，依照本法执行。

第三条 【基本原则】订立劳动合同，应当遵循合法、公平、平等自愿、协商一致、诚实信用的原则。

依法订立的劳动合同具有约束力，用人单位与劳动者应当履行劳动合同约定的义务。

参见 《劳动法》第 17 条

第四条 【规章制度】用人单位应当依法建立和完善劳动规章制度，保障劳动者享有劳动权利、履行劳动义务。

用人单位在制定、修改或者决定有关劳动报酬、工作时间、休息休假、劳动安全卫生、保险福利、职工培训、劳动纪律以及劳动定额管理等直接涉及劳动者切身利益的规章制度或者重大事项时，应当经职工代表大会或者全体职工讨论，提出方案和意见，与工会或者职工代表平等协商确定。

在规章制度和重大事项决定实施过程中，工会或者职工认为不适当的，有权向用人单位提出，通过协商予以修改完善。

用人单位应当将直接涉及劳动者切身利益的规章制度和重大事项决定公示，或者告知劳动者。

注释 用人单位的劳动规章制度是用人单位制定的组织劳动过程和进行劳动管理的规则和制度的总和，也称为企业内部劳动规则。主要包括：劳动合同管理、工资管理、社会保险福利待遇、工时休假、职工奖惩，以及其他劳动管理规定。

用人单位制定规章制度，要严格执行国家法律、法规的规定，保障劳动者的劳动权利，督促劳动者履行劳动义务。制定规章制度应当体现权利与义务一致、奖励与惩罚结合，不得违反法律、法规的规定。否则，就会受到法律的制裁。用人单位直接涉及劳动者切身利益的规章制度违反法律、法规规定的，由劳动行政部门责令改正，给予警告；给劳动者造成损害的，应当承担赔偿责任。

用人单位应当将直接涉及劳动者切身利益的规章制度或重大事项决定公示，或者告知劳动者。关于告知的方式有很多种，实践中，有的用人单位是在企业的告示栏张贴告示，有的用人单位是把规章制度作为劳动合同的附件发给劳动者，有的用人单位是向每个劳动者发放员工手册。无论哪种方式，都应当让劳动者知道，以便遵守执行。

参见 《劳动法》第 4、8 条；《劳动合同法》第 39 条；《工会法》第 39 条；《公司法》第 18 条；《全民所有制工业企业职工代

表大会条例》;《最高人民法院关于审理劳动争议案件适用法律问题的解释（一）第 50 条

第五条　【协调劳动关系三方机制】县级以上人民政府劳动行政部门会同工会和企业方面代表，建立健全协调劳动关系三方机制，共同研究解决有关劳动关系的重大问题。

> **参见**　《工会法》第 35 条

第六条　【集体协商机制】工会应当帮助、指导劳动者与用人单位依法订立和履行劳动合同，并与用人单位建立集体协商机制，维护劳动者的合法权益。

> **注释**　工会是中国共产党领导的职工自愿结合的工人阶级的群众组织，是中国共产党联系职工群众的桥梁和纽带。维护职工合法权益、竭诚服务职工群众是工会的基本职责。根据《工会法》的规定，工会在维护全国人民总体利益的同时，代表和维护职工的合法权益。工会必须建立联系广泛、服务职工的工会工作体系，密切联系职工，听取和反映职工的意见和要求，关心职工的生活，帮助职工解决困难，全心全意为职工服务。工会依照法律规定通过职工代表大会或者其他形式，组织职工参与本单位的民主选举、民主协商、民主决策、民主管理和民主监督。按照《劳动法》、《工会法》等法律规定，各级工会组织享有广泛的权利，如参与民主管理、签订集体合同和帮助、指导和监督劳动合同的订立、履行、解除或者终止以及监督劳动安全卫生法律法规的落实和解决劳动争议等。工会的这些权利也是工会的职责。
>
> 集体协商机制是工会作为职工方代表与企业方就涉及职工权利的事项，为达到一致意见而建立的沟通和协商解决机制。《工会法》规定，工会通过平等协商和集体合同制度，协调劳动关系，维护企业职工的劳动权益。集体协商的内容包括职工的民主管理；签订集体合同和监督集体合同的履行；涉及职工权利的规章制度的制定、修改；企业职工的劳动报酬、工作时间和休息休假、保险福利、劳动安全卫生、女职工和未成年工的特殊保护、职工培训及职工

文化体育生活；劳动争议的预防和处理以及双方认为需要协商的其他事项。企业工会与用人单位建立集体协商机制，定期或不定期地就上述事项进行平等协商，经协商达成一致意见的，工会一方应当向职工传达，要求职工遵守执行；企业方也应当按照协商结果执行。

参见　《劳动法》第 7、30、88 条；《公司法》第 18 条；《工会法》第 21 条

第二章　劳动合同的订立

第七条　【劳动关系的建立】 用人单位自用工之日起即与劳动者建立劳动关系。用人单位应当建立职工名册备查。

注释　《劳动合同法》明确规定建立劳动关系的唯一标准是实际提供劳动。换言之，只要劳动者实际提供劳动，用人单位实际用工，就建立了劳动关系。不论劳动者是否签订了书面劳动合同，都将受到同等的保护。此处分三种情形进行相应的分析：

一、书面劳动合同签订在前，实际用工在后的，劳动关系自实际提供劳动之日起建立。劳动关系的建立后于书面劳动合同的签订日期，劳动关系建立日期之前的书面劳动合同只具有合同效力，如果合同一方违约，按照民事法律规定追究其违约责任。

二、实际用工在前，签订书面劳动合同在后的，劳动关系早于书面劳动合同建立，劳动关系的建立不受未签订书面劳动合同的影响。

三、劳动者在实际提供劳动的同时签订书面劳动合同的，劳动合同签订期、劳动关系建立期和实际提供劳动期三者是一致的。

参见　《劳动法》第 16 条

案例　1. 江苏澳吉尔生态农业科技股份有限公司与曾广峰确认劳动关系纠纷案（《最高人民法院公报》2019 年第 12 期）

案件适用要点：劳动者按用人单位岗位要求提供劳动，受用人单位管理，以自己的劳动获取劳动报酬，符合劳动法律关系的特征，应当认定劳动者与用人单位之间存在劳动关系。即使劳动者与其他单位存在人事关系，但在非因劳动者自身原因导致该人事关系未正

常履行且劳动者从其他单位取得的报酬不足以维持基本生活的情况下，用人单位以劳动者与其他单位存在人事关系为由，否认用人单位与劳动者之间存在劳动关系的，人民法院不予支持。

2. 李林霞诉重庆漫咖文化传播有限公司劳动合同纠纷案（《最高人民法院公报》2020 年第 10 期）

案件适用要点：网络主播与合作公司签订艺人独家合作协议，通过合作公司包装推荐，自行在第三方直播平台上注册，从事网络直播活动，并按合作协议获取直播收入。因合作公司没有对网络主播实施具有人身隶属性的劳动管理行为，网络主播从事的直播活动并非合作公司的业务组成部分，其基于合作协议获得的直播收入亦不是劳动法意义上的具有经济从属性的劳动报酬。因此，二者不符合劳动关系的法律特征，网络主播基于劳动关系提出的各项诉讼请求，不应予以支持。

第八条　【用人单位的告知义务和劳动者的说明义务】 用人单位招用劳动者时，应当如实告知劳动者工作内容、工作条件、工作地点、职业危害、安全生产状况、劳动报酬，以及劳动者要求了解的其他情况；用人单位有权了解劳动者与劳动合同直接相关的基本情况，劳动者应当如实说明。

第九条　【用人单位不得扣押劳动者证件和要求提供担保】 用人单位招用劳动者，不得扣押劳动者的居民身份证和其他证件，不得要求劳动者提供担保或者以其他名义向劳动者收取财物。

　　注释　不得扣押劳动者的居民身份证和其他证件。对个人证件的合法扣押，只限于法定的有扣押权的特定机关，且扣押必须具备法定的条件，并履行法定的程序。而用人单位对劳动者个人证件的扣押，则属于非法扣押。在这里，居民身份证以外的"其他证件"，是指证明个人特定身份、资格或权利的个人证件，实践中有学历证、学位证、从业资格证、暂住证、边防证等。

　　不得要求劳动者提供担保或者以其他名义向劳动者收取财物。这里的"担保"，既包括物的担保，也包括人的担保（如由第三人作保）；既包括正规形式的担保，也包括变相形式的担保（如扣发工资)。这里的"以其他名义向劳动者收取财物",是指以担保以外的名义 (如风险金、服装费等) 出于强迫或诱导劳动者缔结或维持劳动关系的目的向劳动者收取货币或其他财物。

参见 《居民身份证法》第 15、16 条；《就业服务与就业管理规定》第 14 条

第十条 【书面劳动合同】 建立劳动关系，应当订立书面劳动合同。

已建立劳动关系，未同时订立书面劳动合同的，应当自用工之日起一个月内订立书面劳动合同。

用人单位与劳动者在用工前订立劳动合同的，劳动关系自用工之日起建立。

参见 《劳动法》第 16 条；《劳动合同法实施条例》第 5 条；《电子劳动合同订立指引》

案例 北京泛太物流有限公司诉单晶晶劳动争议纠纷案 (《最高人民法院公报》2013 年第 12 期)

案件适用要点：《劳动合同法》第八十二条关于用人单位未与劳动者订立书面劳动合同的，应当向劳动者每月支付二倍工资的规定，是对用人单位违反法律规定的惩戒。如用人单位与劳动者未订立书面劳动合同，但双方之间签署的其他有效书面文件的内容已经具备了劳动合同的各项要件，明确了双方的劳动关系和权利义务，具有了书面劳动合同的性质，则该文件应视为双方的书面劳动合同，对于劳动者提出因未订立书面劳动合同而要求二倍工资的诉讼请求不应予以支持。

第十一条 【劳动报酬不明确】 用人单位未在用工的同时订立书面劳动合同，与劳动者约定的劳动报酬不明确的，新招用的劳动者的劳动报酬按照集体合同规定的标准执行；没有集体合同或者集体合同未规定的，实行同工同酬。

注释 同工同酬是劳动法确立的一项分配原则，就是指用人单位对于同一工作岗位、付出相同劳动的劳动者，应当支付大体

相同的劳动报酬。同工同酬是一个原则，是相对的，不是绝对的，即使是同一工作岗位的劳动者，也有资历、能力、经验等方面的差异，劳动报酬有一些差别，只要大体相同，就不违反同工同酬原则。

参见　《劳动合同法》第7、10、18条；《劳动法》第46条

第十二条　【劳动合同期限】劳动合同分为固定期限劳动合同、无固定期限劳动合同和以完成一定工作任务为期限的劳动合同。

注释　劳动合同期限是指劳动合同的有效时间，是劳动关系当事人双方享有权利和履行义务的时间。它一般始于劳动合同的生效之日，终于劳动合同的终止之时，在实践中，它是表现劳动关系稳定性程度的一个重要标志。

（1）固定期限劳动合同

固定期限劳动合同也称有一定期限的劳动合同，是指用人单位与劳动者约定合同终止时间的劳动合同。具体是指劳动合同双方当事人在劳动合同中明确规定了合同效力的起始和终止的时间。现实中，固定期限劳动合同相对比较常见。这种合同适应性比较强，用工相对灵活，也有利于劳动者的合理流动。同时，对于希望继续留在用人单位工作的劳动者也会激发潜能，提高绩效水平。但是，这种合同也有不利的一面，即劳动者不容易建立归属感，用人单位劳动者队伍相对不稳定。

（2）无固定期限劳动合同

无固定期限劳动合同也称不定期劳动合同，是指没有在合同中约定有效期间的劳动合同。这种合同大多适用于管理人员、从事技术性较强、工龄达到一定年限或者符合法律规定的劳动者。《劳动法》第20条和《劳动合同法》第14条分别规定必须签订无固定期限劳动合同的情形。无固定期限劳动合同的规定主要是保证劳动者工作相对稳定，防止用人单位只用劳动者的最佳年龄，一旦年长力衰就让劳动者离职的不公平现象发生。

（3）以完成一定工作任务为期限的劳动合同

以完成一定工作任务为期限的劳动合同，是指用人单位与劳动

者约定以某项工作的完成为合同期限的劳动合同。

参见 《劳动合同法》第 13 – 15 条；《劳动法》第 20 条

第十三条 【固定期限劳动合同】 固定期限劳动合同，是指用人单位与劳动者约定合同终止时间的劳动合同。

用人单位与劳动者协商一致，可以订立固定期限劳动合同。

注释 固定期限劳动合同，是指用人单位与劳动者约定合同终止时间的劳动合同。具体是指劳动合同双方当事人在劳动合同中明确规定了合同效力的起始和终止的时间。劳动合同期限届满，劳动关系即告终止。如果双方协商一致，还可以续订劳动合同，延长期限。固定期限劳动合同可以是较短时间的，如一年、二年，也可以是较长时间的，如五年、十年，甚至更长时间。不管时间长短，劳动合同的起始和终止日期都是固定的。具体期限由当事人双方根据工作需要实际情况确定。

实践中，固定期限劳动合同运用得较多，许多劳动合同都是一年一签，造成这种情况的原因，主要是有些劳动者还把无固定期限劳动合同当成"铁饭碗"，用人单位解除无固定期限劳动合同比较难，不愿意订立固定期限劳动合同。大量固定期限劳动合同的存在，不利于建立稳定的劳动关系。因此，本法不鼓励用人单位跟劳动者订立固定期限劳动合同。对于那些常年性工作，要求保持连续性、稳定性的工作，技术性强的工作，应当签订较为长期的固定期限劳动合同或者订立无固定期限的劳动合同。

根据本法规定，订立劳动合同应当遵循平等自愿、协商一致的原则。订立哪一种期限的劳动合同，应当由用人单位与劳动者双方共同协商确定。有的用人单位为了保持用工灵活性，愿意与劳动者签订短期的固定期限劳动合同。而有的劳动者为了能有一份稳定的职业和收入，更愿意与用人单位签订无固定期限劳动合同。无论双方的意愿如何，究竟签订哪一种类型的劳动合同，需要由双方协商一致后，作出一个共同的选择。

参见 《劳动法》第 20 条

第十四条 【无固定期限劳动合同】 无固定期限劳动合同，是指用人单位与劳动者约定无确定终止时间的劳动合同。

　　用人单位与劳动者协商一致，可以订立无固定期限劳动合同。有下列情形之一，劳动者提出或者同意续订、订立劳动合同的，除劳动者提出订立固定期限劳动合同外，应当订立无固定期限劳动合同：

　　（一）劳动者在该用人单位连续工作满十年的；

　　（二）用人单位初次实行劳动合同制度或者国有企业改制重新订立劳动合同时，劳动者在该用人单位连续工作满十年且距法定退休年龄不足十年的；

　　（三）连续订立二次固定期限劳动合同，且劳动者没有本法第三十九条和第四十条第一项、第二项规定的情形，续订劳动合同的。

　　用人单位自用工之日起满一年不与劳动者订立书面劳动合同的，视为用人单位与劳动者已订立无固定期限劳动合同。

　　注释　　"无确定终止时间"，是指劳动合同没有一个确切的终止时间，劳动合同的期限长短不能确定，但并不是没有终止时间。只要没有出现法定解除情形或者双方没有协商一致解除的，双方当事人就要继续履行劳动合同。一旦出现了法定情形或者双方协商一致解除的，无固定期限劳动合同同样也能够解除。

　　劳动者在同一用人单位中连续工作满十年，一是与签订劳动合同的次数和劳动合同的期限都没有关系，这十年中从前到后劳动者可以签订多个劳动合同，每个劳动合同的期限都可以不同。如劳动者的劳动合同一年一签，连续签了十次，属于本规定中连续工作满十年的情形。再如，劳动者在用人单位先签订了两年期限的劳动合同，后出于种种原因，接下来一年没有签订书面劳动合同，之后几年又签订了书面劳动合同，只要连续工作满十年，就属于本规定的情形。二是工作必须是连续的，中间不得有间断。如有的劳动者在用人单位工作五年后，离职到别的单位去工作了两年，然后又回到了这个用人单位工作五年。虽然累计时间达到了十年，但是劳动合同期限有所间断，不属于本规定的情形。

　　参见　　《劳动合同法》第82条；《劳动法》第20条

101

第十五条 **【以完成一定工作任务为期限的劳动合同】** 以完成一定工作任务为期限的劳动合同，是指用人单位与劳动者约定以某项工作的完成为合同期限的劳动合同。

用人单位与劳动者协商一致，可以订立以完成一定工作任务为期限的劳动合同。

参见 《劳动法》第 20 条

第十六条 **【劳动合同生效】** 劳动合同由用人单位与劳动者协商一致，并经用人单位与劳动者在劳动合同文本上签字或者盖章生效。

劳动合同文本由用人单位和劳动者各执一份。

注释 劳动合同的生效，是指具备有效要件的劳动合同按其意思表示的内容产生了法律效力，这时劳动合同的内容才对签约双方具有法律约束力。根据本条的规定和合同的一般原理，双方在劳动合同上签字或者盖章，劳动合同即生效。在大多数情况下，劳动合同成立和生效是同时的。但是，在有的情况下，劳动合同成立，但并没有生效。如劳动合同双方在合同中约定合同生效的时间和条件，即订立所谓的附条件或者附期限的劳动合同。在这种情况下，所附条件具备或者所附期限到期，劳动合同生效。本条所规定的是一般情况下劳动合同的生效时间，即"经用人单位与劳动者在劳动合同文本上签字或者盖章生效"。如果双方当事人签字或者盖章时间不一致的，以最后一方签字或者盖章的时间为准。如果有一方没有写签字时间，那么另一方写明的签字时间就是合同的生效时间。

还应当注意的是，劳动合同的生效和劳动关系的建立是两回事，劳动关系的建立是以实际用工为标志，劳动合同生效，如果没有发生实际用工，劳动关系并没有建立。规定劳动合同生效的意义，在于如果用人单位不履行劳动合同，没有给劳动者提供约定的工作，劳动者可以要求用人单位提供，否则用人单位承担违约责任；如果劳动者不履行劳动合同，用人单位也可以要求劳动者提供约定的劳动，否则劳动者也要承担违约责任。如果因对方不履行劳动合同，造成另一方损失的，违约方还要赔偿对方相应的损失。

参见　《劳动合同法》第 26 条；《劳动法》第 64 条

第十七条　【劳动合同的条款】劳动合同应当具备以下条款：

（一）用人单位的名称、住所和法定代表人或者主要负责人；

（二）劳动者的姓名、住址和居民身份证或者其他有效身份证件号码；

（三）劳动合同期限；

（四）工作内容和工作地点；

（五）工作时间和休息休假；

（六）劳动报酬；

（七）社会保险；

（八）劳动保护、劳动条件和职业危害防护；

（九）法律、法规规定应当纳入劳动合同的其他事项。

劳动合同除前款规定的必备条款外，用人单位与劳动者可以约定试用期、培训、保守秘密、补充保险和福利待遇等其他事项。

注释　劳动合同的内容是劳动者与用人单位通过平等协商所达成的关于劳动关系双方权利义务的具体条款。它是劳动合同的重要部分，一经签订，双方当事人必须严格遵守、全面履行。劳动合同的内容包括法定条款和约定条款。前者即依据法律规定劳动合同必须具备的条款，如本条第 1 款所规定的条款；后者即依据当事人一方或双方的要求而必须具备的条款，如本条第 2 款所规定的条款。无论哪种条款，其内容都由双方当事人协商一致确定。本条提供了一个较完备的劳动合同条款体系。

职业危害，是指用人单位的劳动者在职业活动中，因接触职业性有害因素如粉尘、放射性物质和其他有毒、有害物质等而对生命健康所引起的危害。用人单位与劳动者订立劳动合同时，应当将工作过程中可能产生的职业病危害及其后果、职业病防护措施和待遇等如实告知劳动者，并在劳动合同中写明，不得隐瞒或者欺骗。用人单位应当按照有关法律、法规的规定严格履行职业危害防护的义务。

补充保险，是指除了国家基本保险以外，用人单位根据自己的实际情况为劳动者建立的一种保险，它用来满足劳动者高于基本保险需求的愿望，包括补充医疗保险、补充养老保险等。补充保险的建立依用人单位的经济承受能力而定，由用人单位自愿实行，国家不作强制的统一规定。

> **参见** 《劳动法》第19条；《职业病防治法》第34条；《保障农民工工资支付条例》；《集体合同规定》第8-18条

第十八条 【劳动合同条款不明确】劳动合同对劳动报酬和劳动条件等标准约定不明确，引发争议的，用人单位与劳动者可以重新协商；协商不成的，适用集体合同规定；没有集体合同或者集体合同未规定劳动报酬的，实行同工同酬；没有集体合同或者集体合同未规定劳动条件等标准的，适用国家有关规定。

> **注释** 本条是关于由于劳动标准约定不明确而发生争议的处理规定。劳动合同是当事人对劳动权利、劳动义务等内容协商一致的结果。劳动合同依法成立后，就对当事人产生了法律约束力，因此，当事人对合同条款的约定应当具体、明确，以利于劳动合同的履行。但是，由于某些当事人知识的欠缺、认识上的错误或者疏忽大意等原因，在劳动合同的订立过程中，对劳动报酬和劳动条件等劳动标准约定不明确而引发争议也成为一种比较常见的现象。

> **参见** 《劳动法》第46条

第十九条 【试用期】劳动合同期限三个月以上不满一年的，试用期不得超过一个月；劳动合同期限一年以上不满三年的，试用期不得超过二个月；三年以上固定期限和无固定期限的劳动合同，试用期不得超过六个月。

同一用人单位与同一劳动者只能约定一次试用期。

以完成一定工作任务为期限的劳动合同或者劳动合同期限不满三个月的，不得约定试用期。

试用期包含在劳动合同期限内。劳动合同仅约定试用期的，试用期不成立，该期限为劳动合同期限。

注释 试用期，是指用人单位对新招收的职工进行思想品德、劳动态度、实际工作能力、身体情况等进行进一步考察的时间期限。试用期是一个约定的条款，如果双方没有事先约定，用人单位就不能以试用期为由解除劳动合同。

参见 《劳动法》第21条；《劳动合同法》第83条

第二十条 【试用期工资】劳动者在试用期的工资不得低于本单位相同岗位最低档工资或者劳动合同约定工资的百分之八十，并不得低于用人单位所在地的最低工资标准。

注释 最低工资是一种保障制度。它确保了职工在劳动过程中至少领取最低的劳动报酬，维持劳动者个人及其家庭成员的基本生活。最低工资保障制度还将劳动者因探亲、结婚、直系亲属死亡、按规定休假以及依法参加国家和社会活动，视为提供了正常劳动，从法律上排除了企业以非劳动者本人原因没有提供正常劳动为由拒付工资的可能性。

参见 《劳动法》第48条；《劳动合同法实施条例》第15条；《最低工资规定》

第二十一条 【试用期内解除劳动合同】在试用期中，除劳动者有本法第三十九条和第四十条第一项、第二项规定的情形外，用人单位不得解除劳动合同。用人单位在试用期解除劳动合同的，应当向劳动者说明理由。

注释 《劳动合同法》第39条第1项和《劳动法》都规定，劳动者在试用期间被证明不符合录用条件的，用人单位可以解除劳动合同。通常情况下，这是用人单位的权利。试用期是指用人单位对新招用的劳动者思想品德、劳动态度、实际工作能力、身体状况等进行进一步考察的时间期限。根据《劳动法》的规定，劳动合同可以约定试用期，其期限的长短由企业根据劳动合同期限的长短、工种的实际情况确定，但最长不得超过六个月。在试用期内，如果发现职工有不符合录用条件的，如身体条件、受教育程度、实际工作能力不符合录用条件，企业可以解除劳动合同，以保证职工队伍的素质。

> **参见** 《劳动法》第25、32条；《劳动合同法》第37、39条

第二十二条 【服务期】 用人单位为劳动者提供专项培训费用，对其进行专业技术培训的，可以与该劳动者订立协议，约定服务期。

劳动者违反服务期约定的，应当按照约定向用人单位支付违约金。违约金的数额不得超过用人单位提供的培训费用。用人单位要求劳动者支付的违约金不得超过服务期尚未履行部分所应分摊的培训费用。

用人单位与劳动者约定服务期的，不影响按照正常的工资调整机制提高劳动者在服务期期间的劳动报酬。

> **注释** 劳动关系中的服务期，是指当事人双方约定的、对劳动者有特殊约束力的、劳动者因获得特殊的劳动条件而应当与用人单位持续劳动关系的期限。它属于劳动合同中的约定必备条款。
>
> 依设定服务期所依据的前提条件即用人单位给予劳动者的特殊待遇不同，我国实践中的服务期，可分为与出资培训对应的服务期（简称出资培训服务期）和与特殊物质待遇对应的服务期（简称特殊物质待遇服务期）。本法只规定出资培训服务期，而未规定特殊物质待遇服务期。

第二十三条 【商业秘密及竞业限制】 用人单位与劳动者可以在劳动合同中约定保守用人单位的商业秘密和与知识产权相关的保密事项。

对负有保密义务的劳动者，用人单位可以在劳动合同或者保密协议中与劳动者约定竞业限制条款，并约定在解除或者终止劳动合同后，在竞业限制期限内按月给予劳动者经济补偿。劳动者违反竞业限制约定的，应当按照约定向用人单位支付违约金。

> **参见** 《反不正当竞争法》第9、21条；《劳动法》第22、102条；《最高人民法院关于审理劳动争议案件适用法律问题的解释（一）》第36-40条；《最高人民法院关于审理侵犯商业秘密民事案件适用法律若干问题的规定》

第二十四条 **【竞业限制适用范围和期限】**竞业限制的人员限于用人单位的高级管理人员、高级技术人员和其他负有保密义务的人员。竞业限制的范围、地域、期限由用人单位与劳动者约定，竞业限制的约定不得违反法律、法规的规定。

在解除或者终止劳动合同后，前款规定的人员到与本单位生产或者经营同类产品、从事同类业务的有竞争关系的其他用人单位，或者自己开业生产或者经营同类产品、从事同类业务的竞业限制期限，不得超过二年。

注释 实践中，劳动者泄露用人单位商业秘密的事件时有发生，给用人单位造成了较大的损害。为了保护企业的商业秘密，用人单位可以与劳动者订立竞业限制条款。但是，如果劳动者复制或者故意记录或者以任何其他方式掌握客户名单，是为了将来解除劳动合同后使用，这种行为构成对诚信义务的违反，即便没有竞业限制协议，用人单位也可以依据有关法律规定保护自己的商业秘密。

参见 《劳动合同法》第90条

第二十五条 **【违约金】**除本法第二十二条和第二十三条规定的情形外，用人单位不得与劳动者约定由劳动者承担违约金。

注释 违约金，是指合同当事人约定在一方不履行合同时向另一方支付一定数额的货币。在劳动合同中，只允许就劳动者服务期事项和竞业限制事项约定违约金，除此之外，用人单位不得与劳动者约定由劳动者承担的违约金。

第二十六条 **【劳动合同无效】**下列劳动合同无效或者部分无效：

（一）以欺诈、胁迫的手段或者乘人之危，使对方在违背真实意思的情况下订立或者变更劳动合同的；

（二）用人单位免除自己的法定责任、排除劳动者权利的；

（三）违反法律、行政法规强制性规定的。

对劳动合同的无效或者部分无效有争议的，由劳动争议仲裁机构或者人民法院确认。

注释 无效的劳动合同是指由当事人签订成立而国家不予承认其法律效力的劳动合同。

参见 《劳动法》第18条;《劳动合同法》第86条;《禁止使用童工规定》第2条

案例 上海冠龙阀门机械有限公司诉唐茂林劳动合同纠纷案(《最高人民法院公报》2012年第9期)

案件适用要点: 用人单位在招聘时对应聘者学历有明确要求,而应聘者提供虚假学历证明并与用人单位签订劳动合同的,属于《劳动合同法》第26条规定的以欺诈手段订立劳动合同应属无效的情形,用人单位可以根据《劳动合同法》第39条的规定解除该劳动合同。

第二十七条 【劳动合同部分无效】 劳动合同部分无效,不影响其他部分效力的,其他部分仍然有效。

注释 无效的合同可分为部分无效合同和全部无效的合同。部分无效合同是指有些合同条款虽然违反法律规定而无效,但并不影响其他条款效力的合同。有些劳动合同就内容看,不是全部无效,而是部分无效,即劳动合同中的某一部分条款不发生法律效力。在部分无效的劳动合同中,无效条款如果不影响其余部分的效力,其余部分仍然有效,对双方当事人有约束力。

这一规定包含两层意思:

(1)如果认定劳动合同的某些条款无效,该部分内容与劳动合同的其他内容相比较,应当是相对独立的,该部分与劳动合同的其他部分具有可分性,也就是本条所说的,劳动合同无效部分不影响其他部分的效力。如果部分无效的条款与其他条款具有不可分性,或者当事人约定某劳动合同条款为劳动合同成立生效的必要条款,那么该劳动合同的部分无效就会导致整个劳动合同的无效,而不能确认该部分无效时另一部分劳动合同内容又保持其效力。

(2)如果劳动合同的目的是违法的,或者根据诚实信用和公平原则,剩余部分的劳动合同内容的效力对当事人已经没有任何意义或者不公平合理的，劳动合同应当全部确认为无效。

参见 《劳动法》第 18 条

第二十八条 【劳动合同无效后的报酬支付】劳动合同被确认无效，劳动者已付出劳动的，用人单位应当向劳动者支付劳动报酬。劳动报酬的数额，参照本单位相同或者相近岗位劳动者的劳动报酬确定。

第三章 劳动合同的履行和变更

第二十九条 【全面履行义务】用人单位与劳动者应当按照劳动合同的约定，全面履行各自的义务。

注释 合同履行的原则，是合同当事人在履行合同时所应遵循的基本准则。本条将全面履行规定为劳动合同履行的原则。全面履行原则，又称为正确履行原则或适当履行原则。劳动合同的内容是一个整体，合同条款之间的内在联系不能割裂。全面履行原则要求合同当事人必须适当地履行合同的全部条款和各自承担的全部义务，既要按照合同约定的标的及其种类、数量和质量履行，又要按照合同约定的时间、地点和方式履行。

参见 《民法典》第 509 条

第三十条 【支付令】用人单位应当按照劳动合同约定和国家规定，向劳动者及时足额支付劳动报酬。

用人单位拖欠或者未足额支付劳动报酬的，劳动者可以依法向当地人民法院申请支付令，人民法院应当依法发出支付令。

注释 申请支付令是民事诉讼法上的督促程序，民事诉讼法上的督促程序是指对于债权人提出的以给付一定数量的金钱、有价证券为标的的财产上的请求，基层人民法院根据债权人的单方面申请，不经过开庭审理，以他的主张为内容，直接向债务人发出支付命令的非讼程序。用人单位拖欠或者未足额支付劳动报酬的，劳动者与用人单位之间没有其他债务纠纷且支付令能够送达用人单位的，劳动者可以向有管辖权的基层人民法院申请支付令。

参见 《民事诉讼法》第 221－224 条；《企业破产法》第 113 条；《工资支付暂行规定》；《最高人民法院关于适用〈中华人民共和国民事诉讼法〉的解释》第 425－441 条；《最高人民法院关于审理劳动争议案件适用法律问题的解释（一）》第 13 条

第三十一条　【加班】用人单位应当严格执行劳动定额标准，不得强迫或者变相强迫劳动者加班。用人单位安排加班的，应当按照国家有关规定向劳动者支付加班费。

注释　实践中，用人单位变相强迫劳动者加班主要表现为用人单位通过制定不合理、不科学的劳动定额标准，使得该单位大部分劳动者在八小时制的标准工作时间内不可能完成生产任务，而为了完成用人单位规定的工作任务，获得足以维持其基本生活的劳动报酬，劳动者不得不在标准工作时间之外延长工作时间，从而变相迫使劳动者不得不加班。

劳动者主张加班费的，应当就加班事实的存在承担举证责任。但劳动者有证据证明用人单位掌握加班事实存在的证据，用人单位不提供的，由用人单位承担不利后果。

参见　《劳动法》第 44、90、91 条；《劳动合同法》第 4、85 条；《国务院关于职工工作时间的规定》第 2－7 条

第三十二条　【拒绝违章劳动】劳动者拒绝用人单位管理人员违章指挥、强令冒险作业的，不视为违反劳动合同。

劳动者对危害生命安全和身体健康的劳动条件，有权对用人单位提出批评、检举和控告。

注释　对于依法行使批评、检举、举报权的劳动者，用人单位不得因劳动者对本单位安全生产工作提出批评、检举、控告或者拒绝违章指挥、强令冒险作业而降低其工资、福利等待遇或者解除其劳动合同。

参见　《劳动法》第 52－57 条；《工会法》第 25 条；《职业病防治法》

第三十三条　【用人单位的主体变更】用人单位变更名称、法

定代表人、主要负责人或者投资人等事项，不影响劳动合同的履行。

第三十四条 **【用人单位的主体合并和分立】**用人单位发生合并或者分立等情况，原劳动合同继续有效，劳动合同由承继其权利和义务的用人单位继续履行。

注释　用人单位的合并一般指两种情况：一是指用人单位与其他法人或者组织联合成立一个新的法人或者其他组织，承担被合并的用人单位的权利和义务。另一种情况是指一个用人单位被撤销后，将其权利和义务一并转给另一个法人或者其他组织。这两种情况下，原用人单位在合并后均不再存在。为了保护原用人单位劳动者的合法权益，合并后的法人或者其他组织作为一个新的用人单位承继了原用人单位所有的权利和义务，包括原用人单位对其劳动者的权利和义务。

用人单位发生分立是指，在订立劳动合同后，用人单位由一个法人或者其他组织分裂为两个或者两个以上的法人或者其他组织，即由一个用人单位分裂为两个或者两个以上用人单位。用人单位的分立分为两种情况：一种情况是，原用人单位只是分出一部分财产设立了新的用人单位，原用人单位不因分出财产而终止；另一种情况是，原用人单位分解为两个以上的用人单位，原用人单位随之解体终止。

参见　《民法典》第 67 条

第三十五条 **【协商变更劳动合同】**用人单位与劳动者协商一致，可以变更劳动合同约定的内容。变更劳动合同，应当采用书面形式。

变更后的劳动合同文本由用人单位和劳动者各执一份。

注释　劳动合同的变更，是指劳动合同依法订立后，在合同尚未履行或者尚未履行完毕之前，经用人单位和劳动者双方当事人协商同意，对劳动合同内容作部分修改、补充或者删减的法律行为。

参见　《劳动法》第 17 条；《民法典》第 533 条

案例　包利英诉上海申美饮料食品有限公司劳动合同纠纷案（《最高人民法院公报》2016 年第 12 期）

案件适用要点： 劳动者仍在原工作场所、工作岗位工作，劳动合同主体由原用人单位变更为新用人单位的，应当认定属于"劳动者非因本人原因从原用人单位被安排到新用人单位工作"，工作年限应当连续计算。劳动者用人单位发生变动，对于如何界定是否因劳动者本人原因，不应将举证责任简单地归于新用人单位，而应从该变动的原因着手，查清是哪一方主动引起了此次变动。劳务派遣公司亦不应成为工作年限连续计算的阻却因素。

第四章　劳动合同的解除和终止

第三十六条　【协商解除劳动合同】 用人单位与劳动者协商一致，可以解除劳动合同。

> **注释**　劳动合同的解除，是指劳动合同在订立以后，尚未履行完毕或者未全部履行以前，由于合同双方或者单方的法律行为导致双方当事人提前消灭劳动关系的法律行为。

> **参见**　《劳动法》第 24 条；《劳动合同法实施条例》第 18 条；《最高人民法院关于审理劳动争议案件适用法律问题的解释（一）》第 35 条

第三十七条　【劳动者单方面提前通知解除劳动合同】 劳动者提前三十日以书面形式通知用人单位，可以解除劳动合同。劳动者在试用期内提前三日通知用人单位，可以解除劳动合同。

> **注释**　本条规定劳动者可以提前三十日单方面解除合同。需要注意的是，与《劳动法》相比，本条明确劳动者在试用期内解除合同应当提前三日，而《劳动法》第 32 条将试用期内解除合同规定为"劳动者可以随时通知用人单位解除劳动合同"的情形之一。根据新法优于旧法的原则，这里应该适用《劳动合同法》的规定。

第三十八条　【劳动者单方随时解除劳动合同】 用人单位有下列情形之一的，劳动者可以解除劳动合同：

（一）未按照劳动合同约定提供劳动保护或者劳动条件的；

（二）未及时足额支付劳动报酬的；

（三）未依法为劳动者缴纳社会保险费的；

（四）用人单位的规章制度违反法律、法规的规定，损害劳动者权益的；

（五）因本法第二十六条第一款规定的情形致使劳动合同无效的；

（六）法律、行政法规规定劳动者可以解除劳动合同的其他情形。

用人单位以暴力、威胁或者非法限制人身自由的手段强迫劳动者劳动的，或者用人单位违章指挥、强令冒险作业危及劳动者人身安全的，劳动者可以立即解除劳动合同，不需事先告知用人单位。

注释 根据本条第 1 款解除劳动合同，劳动者无需向用人单位预告就可通知用人单位解除劳动合同。这里的"劳动保护"、"劳动条件"与本法第 17 条第 1 款所规定的劳动合同必备条款中的"劳动保护"、"劳动条件"可大致对应，劳动保护即劳动安全卫生；劳动条件主要指生产资料条件，还可包括劳动安全卫生、劳动报酬、社会保险之外的劳动条件。

本条第 2 款规定了劳动者可立即解除劳动合同的情形。即当用人单位存在严重违法行为时，劳动者可以立即解除劳动合同而无需事先告知用人单位。"暴力"是指对劳动者实施捆绑、拉拽、殴打、伤害等行为。"威胁"是指对劳动者施以暴力或者其他强迫手段。"非法限制人身自由"是指采用拘留、禁闭或其他强制方法非法剥夺或限制他人按照自己的意志支配自己的身体活动自由的行为。

参见 《宪法》第 42 条；《劳动法》第 32、52 - 57、70 - 76 条；《社会保险费征缴暂行条例》第 12、13 条；《违反〈劳动法〉有关劳动合同规定的赔偿办法》第 2 条

案例 上海珂帝纸品包装有限责任公司不服上海市人力资源和社会保障局责令补缴外来从业人员综合保险费案（《最高人民法院公报》2013 年第 11 期）

案件适用要点：从事劳务派遣业务的单位应当依法登记设立。

用人单位与未经工商注册登记、不具备劳务派遣经营资质的公司签订用工协议，与派遣人员形成事实劳动关系，应由用人单位依法为其缴纳综合保险费；用人单位与不具备缴费资格的主体的协议约定，不能免除其法定缴费义务。

第三十九条 【用人单位单方随时解除劳动合同】劳动者有下列情形之一的，用人单位可以解除劳动合同：

（一）在试用期间被证明不符合录用条件的；

（二）严重违反用人单位的规章制度的；

（三）严重失职，营私舞弊，给用人单位造成重大损害的；

（四）劳动者同时与其他用人单位建立劳动关系，对完成本单位的工作任务造成严重影响，或者经用人单位提出，拒不改正的；

（五）因本法第二十六条第一款第一项规定的情形致使劳动合同无效的；

（六）被依法追究刑事责任的。

注释 1. 试用期间的确定应当以劳动合同的约定为准；若劳动合同约定的试用期超出法定最长时间，则以法定最长时间为准；若试用期满后仍未办理劳动者转正手续，则不能认为还处在试用期间，用人单位不能以试用期不符合录用条件为由与其解除劳动合同。一般情况下应当以法律、法规规定的基本录用条件和用人单位在招聘时规定的知识文化、技术水平、身体状况、思想品质等条件为准。对于劳动者在试用期间不符合录用条件的，用人单位必须提供有效的证明。如果用人单位没有证据证明劳动者在试用期间不符合录用条件，用人单位就不能解除劳动合同，否则，需承担因违法解除劳动合同所带来的一切法律后果。所谓证据，实践中主要看两方面：一是用人单位对某一岗位的工作职能及要求有没有作出描述；二是用人单位对员工在试用期内的表现有没有客观的记录和评价。

2. 劳动者同时与其他用人单位建立劳动关系，即我们通常所说的"兼职"。我国有关劳动方面的法律、法规虽然没有对"兼职"作禁止性的规定，但作为劳动者而言，完成本职工作，是其应尽的义务。从事兼职工作，在时间上、精力上必然会影响到本职工作。

作为用人单位来讲，对一个不能全心全意为本单位工作，并严重影响工作任务完成的人员，有权与其解除劳动合同。

参见 《劳动法》第21、25条；《劳动部关于贯彻执行〈中华人民共和国劳动法〉若干问题的意见》第29条

第四十条 【用人单位单方提前通知解除劳动合同】有下列情形之一的，用人单位提前三十日以书面形式通知劳动者本人或者额外支付劳动者一个月工资后，可以解除劳动合同：

（一）劳动者患病或者非因工负伤，在规定的医疗期满后不能从事原工作，也不能从事由用人单位另行安排的工作的；

（二）劳动者不能胜任工作，经过培训或者调整工作岗位，仍不能胜任工作的；

（三）劳动合同订立时所依据的客观情况发生重大变化，致使劳动合同无法履行，经用人单位与劳动者协商，未能就变更劳动合同内容达成协议的。

注释 这里的"医疗期"，是指劳动者根据其工龄等条件，依法可以享受的停工医疗并发给病假工资的期间，而不是劳动者病伤治愈实际需要的医疗期。如果劳动者由于身体健康原因不能胜任工作，用人单位有义务为其调动岗位，选择他力所能及的岗位工作。如果劳动者对用人单位重新安排的工作也不能完成，说明劳动者履行合同不能，用人单位可以与其解除劳动合同。

这里所谓"不能胜任工作"，是指不能按要求完成劳动合同中约定的任务或者同工种、同岗位人员的工作量。但用人单位不得故意提高定额标准，使劳动者无法完成。劳动者没有具备从事某项工作的能力，不能完成某一岗位的工作任务，这时用人单位可以对其进行职业培训，提高其职业技能，也可以把其调换到能够胜任的工作岗位上，这是用人单位负有的协助劳动者适应岗位的义务。如果单位尽了这些义务，劳动者仍然不能胜任工作，说明劳动者不具备在该单位工作的职业能力，用人单位可以解除与该劳动者的劳动合同。需要注意的是用人单位不能随意调动劳动者工作岗位或提高工作强度，借口劳动者不能胜任工作而解除劳动合同。

本条第（三）项所说的"客观情况"是指履行原劳动合同所必要的客观条件，因不可抗力或出现致使劳动合同全部或部分条款无法履行的其他情况，如自然条件、企业迁移、被兼并、企业资产转移等，使原劳动合同不能履行或不必要履行的情况。发生上述情况时，为了使劳动合同能够得到继续履行，必须根据变化后的客观情况，由双方当事人对合同进行变更的协商，直到达成一致意见，如果劳动者不同意变更劳动合同，原劳动合同所确立的劳动关系就没有存续的必要，在这种情况下，用人单位也只有解除劳动合同。

参见　《劳动法》第 26 条；《企业职工患病或非因工负伤医疗期规定》第 2、6－8 条

案例　1. 中兴通讯（杭州）有限责任公司诉王鹏劳动合同纠纷案（最高人民法院指导案例 18 号）

案件适用要点：劳动者在用人单位等级考核中居于末位等次，不等同于"不能胜任工作"，不符合单方解除劳动合同的法定条件，用人单位不能据此单方解除劳动合同。另外，根据《劳动合同法》第 40 条的规定，劳动者"不能胜任工作"，用人单位应当首先对劳动者进行培训或者调整其工作岗位，这是解雇的前置程序，也是用人单位应尽的义务。在尽到这些义务后，用人单位方可以单方解除劳动合同。

2. 吴继威诉南京博峰电动工具有限公司劳动合同纠纷案（《最高人民法院公报》2020 年第 9 期）

案件适用要点：因用人单位整体搬迁导致劳动者工作地点变更、通勤时间延长的，是否属于《中华人民共和国劳动合同法》第四十条第三项规定的"劳动合同订立时所依据的客观情况发生重大变化，致使劳动合同无法履行"的情形，需要考量搬迁距离远近、通勤便利程度，结合用人单位是否提供交通工具、是否调整出勤时间、是否增加交通补贴等因素，综合评判工作地点的变更是否给劳动者的工作和生活带来严重不便并足以影响劳动合同的履行。如果用人单位已经采取适当措施降低了搬迁对劳动者的不利影响，搬迁行为不足以导致劳动合同无法履行的，劳动者不得以此为由拒绝提供劳动。

第四十一条 【经济性裁员】有下列情形之一，需要裁减人员二十人以上或者裁减不足二十人但占企业职工总数百分之十以上的，用人单位提前三十日向工会或者全体职工说明情况，听取工会或者职工的意见后，裁减人员方案经向劳动行政部门报告，可以裁减人员：

（一）依照企业破产法规定进行重整的；

（二）生产经营发生严重困难的；

（三）企业转产、重大技术革新或者经营方式调整，经变更劳动合同后，仍需裁减人员的；

（四）其他因劳动合同订立时所依据的客观经济情况发生重大变化，致使劳动合同无法履行的。

裁减人员时，应当优先留用下列人员：

（一）与本单位订立较长期限的固定期限劳动合同的；

（二）与本单位订立无固定期限劳动合同的；

（三）家庭无其他就业人员，有需要扶养的老人或者未成年人的。

用人单位依照本条第一款规定裁减人员，在六个月内重新招用人员的，应当通知被裁减的人员，并在同等条件下优先招用被裁减的人员。

注释 经济性裁员就是指企业由于经营不善等经济性原因，解雇多个劳动者的情形。经济性裁员属于用人单位解除劳动合同的一种情形。经济性裁员只发生在企业中。进行经济性裁员的主要原因是经济性原因，这些经济性原因大致可以分为三大类：一是企业因为经营发生严重困难或者依照《企业破产法》规定进行重整的；二是企业为了寻求生存和更大发展，进行转产、重大技术革新，经营方式调整的；三是兜底条款，即其他因劳动合同订立时所依据的客观经济情况发生重大变化，致使劳动合同无法履行的。

参见 《劳动法》第27条；《企业破产法》第2、70条；《关于〈中华人民共和国劳动法〉若干条文的说明》第27条；《企业经济性裁减人员规定》第2－10条；《劳动部关于贯彻执行〈中华人民共和国劳动法〉若干问题的意见》25；《劳动部关于实行劳动合同制度若干问题的通知》19

第四十二条　【用人单位解除劳动合同的限制】 劳动者有下列情形之一的，用人单位不得依照本法第四十条、第四十一条的规定解除劳动合同：

（一）从事接触职业病危害作业的劳动者未进行离岗前职业健康检查，或者疑似职业病病人在诊断或者医学观察期间的；

（二）在本单位患职业病或者因工负伤并被确认丧失或者部分丧失劳动能力的；

（三）患病或者非因工负伤，在规定的医疗期内的；

（四）女职工在孕期、产期、哺乳期的；

（五）在本单位连续工作满十五年，且距法定退休年龄不足五年的；

（六）法律、行政法规规定的其他情形。

> **注释**　所谓疑似职业病病人在诊断或者医学观察期间，是指有职业病危害接触史或者健康检查发现异常的劳动者经职业病诊断机构受理正处在诊断期间；或者经诊断而不能确诊的疑似职业病病人正处在必要的医学检查或者住院观察等待再次诊断期间。
>
> 所谓孕期，是指妇女怀孕期间。产期，是指妇女生育期间，产假一般为九十八天。哺乳期，是指从婴儿出生到一周岁之间的期间。
>
> **参见**　《劳动法》第 29 条；《职业病防治法》第 33、55 条；《妇女权益保障法》第 47、48 条；《工伤保险条例》第 35、36 条

第四十三条　【工会监督用人单位单方解除劳动合同】 用人单位单方解除劳动合同，应当事先将理由通知工会。用人单位违反法律、行政法规规定或者劳动合同约定的，工会有权要求用人单位纠正。用人单位应当研究工会的意见，并将处理结果书面通知工会。

> **注释**　用人单位单方解除劳动合同，对于劳动者的权益影响极大。单个劳动者处于分散、孤立、弱小、无助的地位，无法与用人单位形成抗衡态势，特别是在用人单位对劳动者进行即时辞退、预告辞退或裁员时。因此，本条将工会干预辞退规定为辞退的必要程序，赋予工会对辞退的参与和监督权。

118

参见　　《工会法》第 22 条；《劳动法》第 30 条；《最高人民法院关于审理劳动争议案件适用法律问题的解释（一）》第 47 条

第四十四条　【劳动合同终止】有下列情形之一的，劳动合同终止：

（一）劳动合同期满的；

（二）劳动者开始依法享受基本养老保险待遇的；

（三）劳动者死亡，或者被人民法院宣告死亡或者宣告失踪的；

（四）用人单位被依法宣告破产的；

（五）用人单位被吊销营业执照、责令关闭、撤销或者用人单位决定提前解散的；

（六）法律、行政法规规定的其他情形。

注释　　劳动合同终止，是指劳动合同的法律效力依法被消灭，即劳动关系由于一定法律事实的出现而终结，劳动者与用人单位之间原有的权利义务不再存在。

劳动合同期满，是指定期劳动合同所约定的期限届满或以完成一定工作任务为期限的劳动合同所约定的工作任务完成。除劳动合同依法续订或依法延期外，劳动合同期满即行终止。

劳动者开始依法享受基本养老保险待遇，是指劳动者因达到退休年龄或丧失劳动能力而办理退休手续，开始依法享受基本养老保险待遇。值得注意的是，劳动者已具备退休条件，但未开始依法享受基本养老保险待遇的，劳动合同可不终止。

自然人下落不明满四年或者因意外事件，下落不明满二年，或者因意外事件下落不明，经有关机关证明该自然人不可能生存的，利害关系人可以向人民法院申请宣告该自然人死亡。自然人下落不明满二年的，利害关系人可以向人民法院申请宣告该自然人为失踪人。

企业破产，是指企业法人不能清偿到期债务，并且资产不足以清偿全部债务或者明显缺乏清偿能力的，依法经一定程序由法院消灭其主体资格。

参见　　《劳动法》第 23 条；《民法典》第 40 – 53 条；《公司法》第 180 条；《民事诉讼法》第 190 – 192 条

第四十五条　【劳动合同的续延】劳动合同期满，有本法第四十二条规定情形之一的，劳动合同应当续延至相应的情形消失时终止。但是，本法第四十二条第二项规定丧失或者部分丧失劳动能力劳动者的劳动合同的终止，按照国家有关工伤保险的规定执行。

注释　按照我国《工伤保险条例》的规定，根据工伤职工评定的伤残等级，劳动合同终止的标准各有不同，具体有如下规定：

第一，职工因工致残被鉴定为一级至四级伤残的，保留劳动关系，退出工作岗位。

第二，职工因工致残被鉴定为五级、六级伤残的，经工伤职工本人提出，该职工可以与用人单位解除或者终止劳动关系。

第三，职工因工致残被鉴定为七级至十级伤残的，劳动合同期满终止。

参见　《工伤保险条例》第35－37条

第四十六条　【支付经济补偿】有下列情形之一的，用人单位应当向劳动者支付经济补偿：

（一）劳动者依照本法第三十八条规定解除劳动合同的；

（二）用人单位依照本法第三十六条规定向劳动者提出解除劳动合同并与劳动者协商一致解除劳动合同的；

（三）用人单位依照本法第四十条规定解除劳动合同的；

（四）用人单位依照本法第四十一条第一款规定解除劳动合同的；

（五）除用人单位维持或者提高劳动合同约定条件续订劳动合同，劳动者不同意续订的情形外，依照本法第四十四条第一项规定终止固定期限劳动合同的；

（六）依照本法第四十四条第四项、第五项规定终止劳动合同的；

（七）法律、行政法规规定的其他情形。

参见　《劳动法》第28条；《劳动合同法实施条例》第23、31条；《工伤保险条例》第36条第2款；《最高人民法院关于审理劳动争议案件适用法律问题的解释（一）》第35－39、41条

第四十七条　【经济补偿支付标准】经济补偿按劳动者在本单

位工作的年限，每满一年支付一个月工资的标准向劳动者支付。六个月以上不满一年的，按一年计算；不满六个月的，向劳动者支付半个月工资的经济补偿。

劳动者月工资高于用人单位所在直辖市、设区的市级人民政府公布的本地区上年度职工月平均工资三倍的，向其支付经济补偿的标准按职工月平均工资三倍的数额支付，向其支付经济补偿的年限最高不超过十二年。

本条所称月工资是指劳动者在劳动合同解除或者终止前十二个月的平均工资。

> **注释** 劳动者在单位工作的年限，应从劳动者向该用人单位提供劳动之日起计算。如果由于各种原因，用人单位与劳动者未及时签订劳动合同的，不影响工作年限的计算。如果劳动者连续为同一用人单位提供劳动，但先后签订了几份劳动合同的，工作年限应从劳动者提供劳动之日起连续计算。
>
> **参见** 《劳动法》第 28 条

第四十八条 【继续履行劳动合同】 用人单位违反本法规定解除或者终止劳动合同，劳动者要求继续履行劳动合同的，用人单位应当继续履行；劳动者不要求继续履行劳动合同或者劳动合同已经不能继续履行的，用人单位应当依照本法第八十七条规定支付赔偿金。

> **注释** 关于赔偿金标准，《劳动合同法》第 87 条规定为经济补偿标准的二倍。经济补偿与经济赔偿是两个性质不同的概念，用人单位违反本法的规定解除或者终止劳动合同，依照本法第 87 条的规定支付了赔偿金的，不再支付经济补偿。

第四十九条 【社会保险跨地区转移】 国家采取措施，建立健全劳动者社会保险关系跨地区转移接续制度。

> **参见** 《劳动法》第 70、73 条

第五十条 【关系转移和工作交接】 用人单位应当在解除或者终止劳动合同时出具解除或者终止劳动合同的证明，并在十五日内

为劳动者办理档案和社会保险关系转移手续。

劳动者应当按照双方约定，办理工作交接。用人单位依照本法有关规定应当向劳动者支付经济补偿的，在办结工作交接时支付。

用人单位对已经解除或者终止的劳动合同的文本，至少保存二年备查。

注释 劳动合同解除或终止之后，当事人也负有善后阶段所承担的义务，即"后合同义务"。所谓后合同义务，是指合同关系消灭后，基于诚实信用原则的要求，缔约双方当事人依法应负有某种作为或不作为义务，以维护给付效果，或协助对方处理合同终了的善后事务的合同附随义务。这是《劳动合同法》中诚实信用原则的要求。在劳动合同解除或终止后，虽然合同约定的权利义务关系已经消灭，但因为过去合同关系的存在，会对当事人双方产生一定的影响，如果一方当事人不顾另一方当事人的利益，滥用权利，就很可能对另一方当事人造成损害。因此，本法规定，在劳动合同解除或终止的善后阶段中，当事人还须履行通知、协助、保密等多项义务。

案例 蔡玉龙诉南京金中建幕墙装饰有限公司劳动合同纠纷案（《最高人民法院公报》2020年第4期）

案件适用要点： 用人单位应依据劳动合同法的规定，在解除或终止劳动合同时出具解除或终止劳动合同的证明，在十五日内为劳动者办理档案和社会保险关系转移手续，并且在合理期限内为劳动者办理专业证件的转移手续。用人单位不及时办理上述事项，致使劳动者在再次就业时无法办理相关入职手续，或者无法出示相关证件，严重影响新用人单位对劳动者工作态度和职业能力的判断，从而导致劳动者不能顺利就业，损害劳动者再就业权益的，应对劳动者的未就业损失进行赔偿。

第五章　特别规定

第一节　集体合同

第五十一条 **【集体合同签订的程序】**企业职工一方与用人单

位通过平等协商，可以就劳动报酬、工作时间、休息休假、劳动安全卫生、保险福利等事项订立集体合同。集体合同草案应当提交职工代表大会或者全体职工讨论通过。

集体合同由工会代表企业职工一方与用人单位订立；尚未建立工会的用人单位，由上级工会指导劳动者推举的代表与用人单位订立。

注释 集体合同，是双方代表根据法律、法规的规定就劳动报酬、工作时间、休息休假、劳动安全卫生、保险福利等事项在平等协商一致基础上签订的书面协议。内容可以包括：有关工资制度和奖励制度的问题；有关加强劳动保护、改善安全卫生状况的问题，确定如何使用劳动保护安全生产基金以及劳动保护的具体措施与计划；有关劳动纪律的问题，制定本企业的厂规，确定对违反劳动纪律的职工给予处分的措施和制度；有关职工技术培训的各种制度，举办技术培训班、技工学校等促进职工不断提高业务、技术水平的措施；有关提高职工生活水平和举办集体福利事业的具体措施，以及实施社会保险的办法。

参见 《劳动法》第 33 条

第五十二条 【**专项集体合同**】企业职工一方与用人单位可以订立劳动安全卫生、女职工权益保护、工资调整机制等专项集体合同。

第五十三条 【**行业性和区域性集体合同**】在县级以下区域内，建筑业、采矿业、餐饮服务业等行业可以由工会与企业方面代表订立行业性集体合同，或者订立区域性集体合同。

第五十四条 【**集体合同的报送和生效**】集体合同订立后，应当报送劳动行政部门；劳动行政部门自收到集体合同文本之日起十五日内未提出异议的，集体合同即行生效。

依法订立的集体合同对用人单位和劳动者具有约束力。行业性、区域性集体合同对当地本行业、本区域的用人单位和劳动者具有约束力。

注释 集体合同订立后应当报送劳动行政部门，这是法定程序，也是集体合同生效条件。劳动行政部门有审查集体合同内容是否合法的责任，如果发现集体合同内容有违法、失实等情况，不予登记或暂缓登记，发回企业对集体合同进行修正。经劳动行政部门确认生效或依法自行生效的集体合同，签约双方应及时以适当方式向各自代表的全体成员公布。

参见 《劳动法》第34、35条

第五十五条 【集体合同的劳动标准】集体合同中劳动报酬和劳动条件等标准不得低于当地人民政府规定的最低标准；用人单位与劳动者订立的劳动合同中劳动报酬和劳动条件等标准不得低于集体合同规定的标准。

注释 先于集体合同订立的劳动合同，其约定的劳动者利益若低于集体合同规定的标准，应当根据集体合同作出相应调整，否则以集体合同的规定为准。

参见 《劳动法》第35条

第五十六条 【集体合同纠纷和法律救济】用人单位违反集体合同，侵犯职工劳动权益的，工会可以依法要求用人单位承担责任；因履行集体合同发生争议，经协商解决不成的，工会可以依法申请仲裁、提起诉讼。

参见 《工会法》第21条

第二节　劳务派遣

第五十七条 【劳务派遣单位设立条件】经营劳务派遣业务应当具备下列条件：

（一）注册资本不得少于人民币二百万元；

（二）有与开展业务相适应的固定的经营场所和设施；

（三）有符合法律、行政法规规定的劳务派遣管理制度；

（四）法律、行政法规规定的其他条件。

经营劳务派遣业务，应当向劳动行政部门依法申请行政许可；经许可的，依法办理相应的公司登记。未经许可，任何单位和个人不得经营劳务派遣业务。

注释 劳务派遣是指劳务派遣单位根据用工单位的实际用工需要，招聘合格人员，并将所聘人员派遣到用工单位工作的一种用工方式，其特点就是"招人不用人"、"用人不招人"的招聘与用人相分离的用工模式。

参见 《劳务派遣暂行规定》

第五十八条 【劳务派遣单位与劳动者的关系】劳务派遣单位是本法所称用人单位，应当履行用人单位对劳动者的义务。劳务派遣单位与被派遣劳动者订立的劳动合同，除应当载明本法第十七条规定的事项外，还应当载明被派遣劳动者的用工单位以及派遣期限、工作岗位等情况。

劳务派遣单位应当与被派遣劳动者订立二年以上的固定期限劳动合同，按月支付劳动报酬；被派遣劳动者在无工作期间，劳务派遣单位应当按照所在地人民政府规定的最低工资标准，向其按月支付报酬。

参见 《劳动合同法实施条例》第30条

第五十九条 【劳务派遣协议】劳务派遣单位派遣劳动者应当与接受以劳务派遣形式用工的单位（以下称用工单位）订立劳务派遣协议。劳务派遣协议应当约定派遣岗位和人员数量、派遣期限、劳动报酬和社会保险费的数额与支付方式以及违反协议的责任。

用工单位应当根据工作岗位的实际需要与劳务派遣单位确定派遣期限，不得将连续用工期限分割订立数个短期劳务派遣协议。

注释 派遣协议的签订、变更、解除、终止均不得损害被派遣员工的合法权益。派遣期限、工作岗位必须明确约定，它将影响派遣单位与劳动者订立的劳动合同的内容。用工单位应当按照派遣协议，及时足额将被派遣劳动者的劳动报酬、社会保险费等费用支付给劳务派遣单位，确保劳动者工资报酬和社会保险待遇的落实。实践中，劳务派遣期限往往与劳动合同期限一致，即劳务派遣协议期限届满终止的，劳动合同亦终止。本条突出强调不得将连续用工期限分割而签订数个短期劳务派遣协议。

参见 《劳务派遣行政许可实施办法》第8、22条;《劳务派遣暂行规定》第5-7条

第六十条 【劳务派遣协议签订的限制事项】劳务派遣单位应当将劳务派遣协议的内容告知被派遣劳动者。

劳务派遣单位不得克扣用工单位按照劳务派遣协议支付给被派遣劳动者的劳动报酬。

劳务派遣单位和用工单位不得向被派遣劳动者收取费用。

注释 被派遣劳动者的劳动报酬的支付方式在实践中存在两种,一是由用工单位直接支付;二是由派遣单位支付,即用工单位按约定将包括工资在内的所有费用支付给派遣单位,再由派遣单位将劳动报酬支付给劳动者。第一种方式较为普遍,且不存在派遣单位克扣问题。出现派遣单位克扣劳动报酬的情况往往是第二种方式,而且多数情况下是用工单位拖欠派遣单位费用所致。

第六十一条 【跨地区派遣劳动者的报酬支付】劳务派遣单位跨地区派遣劳动者的,被派遣劳动者享有的劳动报酬和劳动条件,按照用工单位所在地的标准执行。

第六十二条 【劳务派遣用工单位的义务】用工单位应当履行下列义务:

(一)执行国家劳动标准,提供相应的劳动条件和劳动保护;

(二)告知被派遣劳动者的工作要求和劳动报酬;

(三)支付加班费、绩效奖金,提供与工作岗位相关的福利待遇;

(四)对在岗被派遣劳动者进行工作岗位所必需的培训;

(五)连续用工的,实行正常的工资调整机制。

用工单位不得将被派遣劳动者再派遣到其他用人单位。

参见 《劳动合同法实施条例》第29条

第六十三条 【被派遣劳动者同工同酬】被派遣劳动者享有与用工单位的劳动者同工同酬的权利。用工单位应当按照同工同酬原则,对被派遣劳动者与本单位同类岗位的劳动者实行相同的劳动报

酬分配办法。用工单位无同类岗位劳动者的，参照用工单位所在地相同或者相近岗位劳动者的劳动报酬确定。

劳务派遣单位与被派遣劳动者订立的劳动合同和与用工单位订立的劳务派遣协议，载明或者约定的向被派遣劳动者支付的劳动报酬应当符合前款规定。

注释 同工同酬是指用人单位对于从事相同工作，付出等量劳动且取得相同劳绩的劳动者，应支付同等的劳动报酬。这里的"劳动报酬"即劳动者从用人单位得到的全部工资收入。作为劳动平等尺度的劳动标准，有法定劳动基准和本单位劳动标准之区分，而有的法定劳动基准在我国现阶段存在地区差异，所以，劳动平等主要是本单位范围内的平等和本地区范围内的平等。由于在劳务派遣的情况下，劳动者是在用工单位而非用人单位的岗位上劳动，所以本条规定的同工同酬是针对用工单位说的。

参见 《安全生产法》第61条

第六十四条 【被派遣劳动者参加或组织工会】被派遣劳动者有权在劳务派遣单位或者用工单位依法参加或者组织工会，维护自身的合法权益。

第六十五条 【劳务派遣用工中劳动合同的解除】被派遣劳动者可以依照本法第三十六条、第三十八条的规定与劳务派遣单位解除劳动合同。

被派遣劳动者有本法第三十九条和第四十条第一项、第二项规定情形的，用工单位可以将劳动者退回劳务派遣单位，劳务派遣单位依照本法有关规定，可以与劳动者解除劳动合同。

注释 适用本条时应当注意：第一，被派遣劳动者解除劳动合同要依据本法有关解除劳动合同的规定。比如单方解除劳动合同要履行提前三十日通知的义务，要做好交接工作；负有保密义务的劳动者要注意不得损害用工单位的利益。第二，用人单位与被派遣劳动者解除劳动合同，也要履行相关义务，并应当依法给予劳动者经济补偿。第三，劳动者有《劳动合同法》第39条情形的，用工单位将被派遣劳动者退回劳务派遣单位的，要将相关的证据准备充足、确凿。

第六十六条 【劳动派遣的工作岗位与数量限制】劳动合同用工是我国的企业基本用工形式。劳务派遣用工是补充形式，只能在临时性、辅助性或者替代性的工作岗位上实施。

前款规定的临时性工作岗位是指存续时间不超过六个月的岗位；辅助性工作岗位是指为主营业务岗位提供服务的非主营业务岗位；替代性工作岗位是指用工单位的劳动者因脱产学习、休假等原因无法工作的一定期间内，可以由其他劳动者替代工作的岗位。

用工单位应当严格控制劳务派遣用工数量，不得超过其用工总量的一定比例，具体比例由国务院劳动行政部门规定。

第六十七条 【劳务派遣的限制规定】用人单位不得设立劳务派遣单位向本单位或者所属单位派遣劳动者。

注释 劳务派遣组织的性质属于中介性质，是以营利为目的、从事劳动力交易行为的中介机构。该机构并不从事实际生产，它的作用就在于根据用工单位的用工需求和失业人员的就业需求居间"牵线搭桥"。但是，目前确实存在有的用人单位利用劳务派遣的方式，侵害劳动者合法权益的行为，如用人单位为阻碍劳动者签订无固定期限劳动合同，以劳务派遣形式强迫职工置换身份；有的用人单位通过把本单位职工分流到新组建的劳务派遣组织，再由派遣组织重新派遣到原单位的原岗位工作的方式，大幅降低或削减工资福利待遇等。

第三节 非全日制用工

第六十八条 【非全日制用工】非全日制用工，是指以小时计酬为主，劳动者在同一用人单位一般平均每日工作时间不超过四小时，每周工作时间累计不超过二十四小时的用工形式。

第六十九条 【非全日制用工协议】非全日制用工双方当事人可以订立口头协议。

从事非全日制用工的劳动者可以与一个或者一个以上用人单位

订立劳动合同；但是，后订立的劳动合同不得影响先订立的劳动合同的履行。

第七十条 【非全日制用工试用期禁止】非全日制用工双方当事人不得约定试用期。

第七十一条 【非全日制劳动关系终止】非全日制用工双方当事人任何一方都可以随时通知对方终止用工。终止用工，用人单位不向劳动者支付经济补偿。

> **注释** 由于非全日制劳动合同可以由任何一方当事人随时通知终止，故无需适用劳动合同解除制度。在非全日制用工中，所有解除劳动合同行为，不管是出于什么原因，不管用人单位或者劳动者是否有过错，用人单位都不支付经济补偿。

第七十二条 【非全日制用工劳动报酬】非全日制用工小时计酬标准不得低于用人单位所在地人民政府规定的最低小时工资标准。

非全日制用工劳动报酬结算支付周期最长不得超过十五日。

第六章 监督检查

第七十三条 【劳动合同监督管理】国务院劳动行政部门负责全国劳动合同制度实施的监督管理。

县级以上地方人民政府劳动行政部门负责本行政区域内劳动合同制度实施的监督管理。

县级以上各级人民政府劳动行政部门在劳动合同制度实施的监督管理工作中，应当听取工会、企业方面代表以及有关行业主管部门的意见。

> **参见** 《劳动保障监察条例》第 2 - 7 条

第七十四条 【劳动合同监督检查范围】县级以上地方人民政府劳动行政部门依法对下列实施劳动合同制度的情况进行监督检查：

（一）用人单位制定直接涉及劳动者切身利益的规章制度及其执行的情况；

（二）用人单位与劳动者订立和解除劳动合同的情况；

（三）劳务派遣单位和用工单位遵守劳务派遣有关规定的情况；

（四）用人单位遵守国家关于劳动者工作时间和休息休假规定的情况；

（五）用人单位支付劳动合同约定的劳动报酬和执行最低工资标准的情况；

（六）用人单位参加各项社会保险和缴纳社会保险费的情况；

（七）法律、法规规定的其他劳动监察事项。

> **参见** 《劳动保障监察条例》第 10 - 12 条

第七十五条 【监督检查的内容和工作人员的义务】县级以上地方人民政府劳动行政部门实施监督检查时，有权查阅与劳动合同、集体合同有关的材料，有权对劳动场所进行实地检查，用人单位和劳动者都应当如实提供有关情况和材料。

劳动行政部门的工作人员进行监督检查，应当出示证件，依法行使职权，文明执法。

> **参见** 《劳动保障监察条例》第 13 - 22 条

第七十六条 【其他主管部门的监督管理责任】县级以上人民政府建设、卫生、安全生产监督管理等有关主管部门在各自职责范围内，对用人单位执行劳动合同制度的情况进行监督管理。

第七十七条 【劳动者权利救济途径】劳动者合法权益受到侵害的，有权要求有关部门依法处理，或者依法申请仲裁、提起诉讼。

> **注释** 这里所说的仲裁机构，是指依法设立的，经国家授权依法独立仲裁处理劳动争议案件的专门机构，一般是指劳动争议仲裁委员会。各级劳动争议仲裁委员会相互间不存在行政隶属关系，各自独立仲裁本行政区域内发生的劳动争议案件。
>
> 在法律救济方式中，自行协商解决和申请企业内或社区劳动争议调解机构调解，属于自力救济，其他方式为公力救济。其中，行政部门处理和行政复议为行政救济，行政诉讼和民事诉讼为司法救

济，劳动仲裁为准司法救济；劳动仲裁和劳动诉讼是与劳动合同、集体合同对应的劳动争议处理方式，行政救济和行政诉讼是与劳动基准对应的行政监督方式。

参见 《劳动法》第 77 - 84 条；《劳动争议调解仲裁法》；《最高人民法院关于审理劳动争议案件适用法律问题的解释（一）》第 1 条

第七十八条　【工会监督检查的权利】工会依法维护劳动者的合法权益，对用人单位履行劳动合同、集体合同的情况进行监督。用人单位违反劳动法律、法规和劳动合同、集体合同的，工会有权提出意见或者要求纠正；劳动者申请仲裁、提起诉讼的，工会依法给予支持和帮助。

注释 需要注意的是，工会维护劳动者的合法权益的具体方式，包括监督、提出意见或要求、支持和帮助。对于用人单位履行集体合同的情况，工会本身就是劳动者一方的法定代表。发生集体合同争议时，若工会的意见和要求得不到采纳，工会有权申请仲裁或提起诉讼。但是，对于劳动者个人的争议，若用人单位拒绝采纳工会的意见，则要靠劳动者利用仲裁或诉讼程序解决。而对于劳动者申请仲裁或者提起诉讼的，无论是否明显占理，工会都应当依法支持该行为并在法律允许的范围内给予帮助。实践中，工会对劳动者的帮助，除提供咨询、居间调解、进行指导、在经济上给予支持外，很重要的一点，是向劳动者提供相关证明。包括用人单位的内部规章制度和操作规程及其制定程序、双方交涉过程等劳动者不易取得的证据材料。

参见 《劳动法》第 88 条

第七十九条　【对违法行为的举报】任何组织或者个人对违反本法的行为都有权举报，县级以上人民政府劳动行政部门应当及时核实、处理，并对举报有功人员给予奖励。

注释 举报为专门机关监督提供了有效的渠道和有用的线索。举报既方便了组织和个人行使监督权利，又方便了专门机关履行职能，实行专门监督，实现了群众监督和专门机关监督的有效结合。组织或者个人行使监督权利的方式有很多，如提出建议、当面批评，或者进行工作检查等，举报只是其中的一种。举报可以通过电话举报、信函举报、传真举报、网上举报，也可以当面举报、预约举报或者认为方便的其他形式进行举报。

参见　《宪法》第 41 条；《劳动法》第 88 条

第七章　法律责任

第八十条　【规章制度违法的责任】用人单位直接涉及劳动者切身利益的规章制度违反法律、法规规定的，由劳动行政部门责令改正，给予警告；给劳动者造成损害的，应当承担赔偿责任。

注释　如果用人单位制定的规章制度给劳动者造成损失，用人单位要承担民事赔偿责任。例如，用人单位制定的劳动安全卫生方面的规章制度不符合《劳动法》和《职业病防治法》的规定，因此给劳动者造成损失（包括人身伤害和财产损失）的，要给予劳动者赔偿。

参见　《劳动法》第 89 条；《职业病防治法》第 58 条

第八十一条　【劳动合同缺少法定条款的责任】用人单位提供的劳动合同文本未载明本法规定的劳动合同必备条款或者用人单位未将劳动合同文本交付劳动者的，由劳动行政部门责令改正；给劳动者造成损害的，应当承担赔偿责任。

第八十二条　【不按规定订立书面劳动合同的责任】用人单位自用工之日起超过一个月不满一年未与劳动者订立书面劳动合同的，应当向劳动者每月支付二倍的工资。

用人单位违反本法规定不与劳动者订立无固定期限劳动合同的，自应当订立无固定期限劳动合同之日起向劳动者每月支付二倍的工资。

第八十三条　【违反劳动合同试用期规定的责任】用人单位违反本法规定与劳动者约定试用期的，由劳动行政部门责令改正；违法约定的试用期已经履行的，由用人单位以劳动者试用期满月工资为标准，按已经履行的超过法定试用期的期间向劳动者支付赔偿金。

注释　第一，对于违法约定的试用期，只要劳动者已经实际履行，用人单位要按照已经履行的超过法定试用期的期间向劳动者支付赔偿金，对于劳动者尚未履行的期间，则用人单位不需要支付赔偿金。第二，支付赔偿金不能代替正常的劳动报酬。如果劳动者实际履行的试用期超过了法定的最高时限，则用人单位除了向劳动者支付赔偿金外，还要向劳动者支付劳动合同约定的试用期满后的月工资，实际上等同于在劳动者已经实际履行的超过法定最高时限的期间内，用人单位需要向劳动者支付双倍的月工资，以惩罚用人单位违法约定试用期的行为。第三，用人单位应当向劳动者支付赔偿金的期间为超过法定试用期的期间。

第八十四条　【违法扣押和要求提供担保的责任】用人单位违反本法规定，扣押劳动者居民身份证等证件的，由劳动行政部门责令限期退还劳动者本人，并依照有关法律规定给予处罚。

用人单位违反本法规定，以担保或者其他名义向劳动者收取财物的，由劳动行政部门责令限期退还劳动者本人，并以每人五百元以上二千元以下的标准处以罚款；给劳动者造成损害的，应当承担赔偿责任。

劳动者依法解除或者终止劳动合同，用人单位扣押劳动者档案或者其他物品的，依照前款规定处罚。

参见　《居民身份证法》第15、16条

第八十五条　【限期支付劳动报酬、加班费或者经济补偿】用人单位有下列情形之一的，由劳动行政部门责令限期支付劳动报酬、加班费或者经济补偿；劳动报酬低于当地最低工资标准的，应当支付其差额部分；逾期不支付的，责令用人单位按应付金额百分之五十以上百分之一百以下的标准向劳动者加付赔偿金：

（一）未按照劳动合同的约定或者国家规定及时足额支付劳动者劳动报酬的；

（二）低于当地最低工资标准支付劳动者工资的；

（三）安排加班不支付加班费的；

（四）解除或者终止劳动合同，未依照本法规定向劳动者支付经济补偿的。

注释 责令用人单位加付赔偿金的前提，是用人单位没有按照劳动行政部门规定的履行期限履行其向劳动者支付相关费用的法定义务，如果用人单位发生本条规定的违法行为，在劳动行政部门发出限期支付劳动报酬、加班费或者解除以及终止劳动合同的经济补偿等费用的责令后，该用人单位即在劳动行政部门规定的期限内履行了其支付义务的，则不必再按应付金额50%以上100%以下的标准向劳动者加付赔偿金。

针对恶意欠薪的社会问题，《刑法修正案（八）》增加了对恶意拖欠劳动报酬行为进行刑事处罚的规定：以转移财产、逃匿等方法逃避支付劳动者的劳动报酬或者有能力支付而不支付劳动者的劳动报酬，数额较大，经政府有关部门责令支付仍不支付的，处三年以下有期徒刑或者拘役，并处或者单处罚金；造成严重后果的，处三年以上七年以下有期徒刑，并处罚金。单位犯前款罪的，对单位判处罚金，并对其直接负责的主管人员和其他直接责任人员，依照前款的规定处罚。有前两款行为，尚未造成严重后果，在提起公诉前支付劳动者的劳动报酬，并依法承担相应赔偿责任的，可以减轻或者免除处罚。

参见 《劳动法》第44、48条；《刑法》第276条之一

第八十六条 【劳动合同被确认无效的责任】劳动合同依照本法第二十六条规定被确认无效，给对方造成损害的，有过错的一方应当承担赔偿责任。

注释 1.《劳动合同法》第26条规定："下列劳动合同无效或者部分无效：（一）以欺诈、胁迫的手段或者乘人之危，使对方在违背真实意思的情况下订立或者变更劳动合同的；（二）用人单位免除自己的法定责任、排除劳动者权利的；（三）违反法律、行政法规强制性规定的。""对劳动合同的无效或者部分无效有争议

的，由劳动争议仲裁机构或者人民法院确认。"根据这一规定，如果劳动合同属于上述三种情形之一的，属于无效或者部分无效的劳动合同。

2. 无效劳动合同的法律后果。《劳动法》第18条明确规定，无效的劳动合同，从订立的时候起，就没有法律约束力。因而，无效的劳动合同不受国家法律的承认和保护。对于劳动合同被确认无效的，其法律后果是：第一，根据《劳动合同法》的规定，劳动合同被确认无效，劳动者已付出劳动的，用人单位应当向劳动者支付劳动报酬。劳动报酬的数额，参考本单位相同或者相近岗位劳动者的劳动报酬确定。第二，无效劳动合同是由劳动合同当事人一方或者双方的过错造成的。法律上的过错，是指法律关系主体在主观上有违法错误，包括故意违法和过失违法。过错可能是一方的，也可能是双方的，它是由当事人的主观原因造成的后果，因此，对于无效的劳动合同，在确认其无效的同时，如给对方造成损害的，有过错的一方应当承担赔偿责任。

参见　《劳动法》第18条；《劳动合同法》第26－28条

第八十七条　【用人单位违法解除或者终止劳动合同的责任】
用人单位违反本法规定解除或者终止劳动合同的，应当依照本法第四十七条规定的经济补偿标准的二倍向劳动者支付赔偿金。

注释　用人单位违反本法规定解除或者终止劳动合同的行为主要包括以下两种：

一、用人单位违反本法第42条的规定，在法律明确规定不得解除劳动合同的情形下解除劳动合同，即（1）从事接触职业病危害作业的劳动者未进行离岗前职业健康检查，或者疑似职业病病人在诊断或者医学观察期间的；（2）在本单位患职业病或者因工负伤并被确认丧失或者部分丧失劳动能力的；（3）患病或者非因工负伤，在规定的医疗期内的；（4）女职工在孕期、产期、哺乳期的；（5）在本单位连续工作满十五年，且距法定退休年龄不足五年的；（6）法律、行政法规规定的其他情形。为了保障处于特定情形下劳动者的权益，本法规定用人单位在上述情形下，不得以《劳动合同法》第

40 条、第 41 条为由解除劳动合同，否则就应当按照本条的规定承担相应的法律责任。

二、用人单位在解除劳动合同时，没有遵守法定的程序。《劳动合同法》第 40 条规定，有下列情形之一的，用人单位提前三十日以书面形式通知劳动者本人或者额外支付劳动者一个月工资后，可以解除劳动合同：(1) 劳动者患病或者非因工负伤，在规定的医疗期满后不能从事原工作，也不能从事由用人单位另行安排的工作的；(2) 劳动者不能胜任工作，经过培训或者调整工作岗位，仍不能胜任工作的；(3) 劳动合同订立时所依据的客观情况发生重大变化，致使劳动合同无法履行，经用人单位与劳动者协商，未能就变更劳动合同内容达成协议的。在出现上述三种情形时，用人单位虽有权解除劳动合同，但应提前三十日以书面形式通知劳动者本人或者额外支付劳动者一个月工资。如用人单位解除劳动合同时没有遵守法定程序，未提前三十日以书面形式通知劳动者本人或者额外支付劳动者一个月工资的，仍属于本条规定的"用人单位违反本法规定解除或者终止劳动合同的"情况，应当按照本条的规定承担相应的法律责任。

用人单位违反《劳动合同法》的规定解除或者终止劳动合同的，应当承担的法律责任是，依照《劳动合同法》第 47 条规定的经济补偿标准的二倍向劳动者支付赔偿金，即用人单位应当按照劳动者在该单位工作的年限，每满一年支付两个月工资的标准向劳动者支付。

参见 《劳动法》第 98 条；《劳动合同法实施条例》第 25 条

第八十八条 【用人单位的刑事、行政和民事赔偿责任】用人单位有下列情形之一的，依法给予行政处罚；构成犯罪的，依法追究刑事责任；给劳动者造成损害的，应当承担赔偿责任：

(一) 以暴力、威胁或者非法限制人身自由的手段强迫劳动的；

(二) 违章指挥或者强令冒险作业危及劳动者人身安全的；

(三) 侮辱、体罚、殴打、非法搜查或者拘禁劳动者的；

(四) 劳动条件恶劣、环境污染严重，给劳动者身心健康造成严重损害的。

136

注释 根据本条的规定,用人单位侵害劳动者人身权益的违法行为主要包括四种。用人单位的上述违法行为应当承担的法律责任主要包括行政责任、刑事责任和民事责任。

(1)行政责任。本条所指的行政责任是指用人单位侵犯劳动者人身权益的行政违法行为,应当依法给予的行政处罚。本条中的行政违法行为主要包括违反治安管理的行为以及违反行政管理规定的行为。

(2)刑事责任。刑事责任是指犯罪人实施刑法所禁止的行为(作为或不作为)后向国家担负的刑事法律后果。根据本条的规定,用人单位可能因违反刑法的条款构成犯罪,被依法追究相应的刑事责任。

(3)民事责任。用人单位的行为对劳动者造成损害的,应当承担赔偿责任。这里的赔偿是对劳动者因用人单位违法行为而造成的实际损害的赔偿。

参见 《刑法》第134、135、232-235、238、244、244之一条;《治安管理处罚法》第40、42、43条

第八十九条 【用人单位未出具解除或者终止劳动合同书面证明的责任】用人单位违反本法规定未向劳动者出具解除或者终止劳动合同的书面证明,由劳动行政部门责令改正;给劳动者造成损害的,应当承担赔偿责任。

注释 先合同义务、后合同义务是合同法上的概念。先合同义务,是指当事人为缔约而接触时,基于诚实信用原则而发生的各种说明、告知、注意及保护等义务。合同关系终止后,当事人依诚实信用原则应负有某种作为或不作为义务,以维护给付效果,或协助对方处理合同终了善后事务,称为后合同义务。

对于用人单位不履行后劳动合同义务的法律责任,本法根据对劳动者是否造成损害予以了区别规定。首先,用人单位违反本法规定未向劳动者出具解除或者终止劳动合同的书面证明,未对劳动者造成损害的,应当由劳动行政部门责令改正。其次,用人单位违反本法规定未向劳动者出具解除或者终止劳动合同的书面证明的违法行为对劳动者造成损害的,应当承担赔偿责任。

第九十条 　**【劳动者的责任】**劳动者违反本法规定解除劳动合同，或者违反劳动合同中约定的保密义务或者竞业限制，给用人单位造成损失的，应当承担赔偿责任。

　　参见 　《劳动法》第 102 条

第九十一条 　**【用人单位招用尚未解除劳动合同的劳动者的责任】**用人单位招用与其他用人单位尚未解除或者终止劳动合同的劳动者，给其他用人单位造成损失的，应当承担连带赔偿责任。

　　注释 　该项法律责任的构成要件，包括以下三点：（1）用人单位有招用与其他用人单位尚未解除或者终止劳动合同的劳动者的行为，即用人单位招用劳动者时，该劳动者与其他用人单位仍存在劳动关系。（2）用人单位招用劳动者对其他用人单位造成损失。（3）用人单位招用劳动者的行为与其他用人单位的损失之间存在因果关系。

　　承担连带赔偿责任，即其他用人单位既可以同时请求该用人单位和劳动者承担赔偿责任，也可任意选择该用人单位或劳动者承担赔偿责任。

　　参见 　《劳动法》第 99 条

第九十二条 　**【劳务派遣单位的责任】**违反本法规定，未经许可，擅自经营劳务派遣业务的，由劳动行政部门责令停止违法行为，没收违法所得，并处违法所得一倍以上五倍以下的罚款；没有违法所得的，可以处五万元以下的罚款。

　　劳务派遣单位、用工单位违反本法有关劳务派遣规定的，由劳动行政部门责令限期改正；逾期不改正的，以每人五千元以上一万元以下的标准处以罚款，对劳务派遣单位，吊销其劳务派遣业务经营许可证。用工单位给被派遣劳动者造成损害的，劳务派遣单位与用工单位承担连带赔偿责任。

　　参见 　《劳动合同法实施条例》第 35 条

第九十三条 　**【无营业执照经营的单位的责任】**对不具备合法

经营资格的用人单位的违法犯罪行为，依法追究法律责任；劳动者已经付出劳动的，该单位或者其出资人应当依照本法有关规定向劳动者支付劳动报酬、经济补偿、赔偿金；给劳动者造成损害的，应当承担赔偿责任。

参见 《无证无照经营查处办法》第 2、13 条

第九十四条 【发包组织与个人承包经营者的责任】个人承包经营违反本法规定招用劳动者，给劳动者造成损害的，发包的组织与个人承包经营者承担连带赔偿责任。

注释 个人承包经营是指企业与个人承包经营者通过订立承包经营合同，将企业的全部或者部分经营管理权在一定期限内交给个人承包者，由个人承包者对企业进行经营管理。这里的个人承包经营也包括转包。诉讼中，劳动者既可以单独起诉发包组织或者个人承包经营者，也可将发包组织或者个人承包经营者列为共同被告。

第九十五条 【主管部门及工作人员的责任】劳动行政部门和其他有关主管部门及其工作人员玩忽职守、不履行法定职责，或者违法行使职权，给劳动者或者用人单位造成损害的，应当承担赔偿责任；对直接负责的主管人员和其他直接责任人员，依法给予行政处分；构成犯罪的，依法追究刑事责任。

参见 《劳动法》第 103 条；《劳动保障监察条例》第 31 条

第八章 附 则

第九十六条 【事业单位实行劳动合同制度的规定】事业单位与实行聘用制的工作人员订立、履行、变更、解除或者终止劳动合同，法律、行政法规或者国务院另有规定的，依照其规定；未作规定的，依照本法有关规定执行。

第九十七条 【劳动合同法的溯及力】本法施行前已依法订立且在本法施行之日存续的劳动合同，继续履行；本法第十四条第二款第三项规定连续订立固定期限劳动合同的次数，自本法施行后续订固定期限劳动合同时开始计算。

本法施行前已建立劳动关系，尚未订立书面劳动合同的，应当自本法施行之日起一个月内订立。

本法施行之日存续的劳动合同在本法施行后解除或者终止，依照本法第四十六条规定应当支付经济补偿的，经济补偿年限自本法施行之日起计算；本法施行前按照当时有关规定，用人单位应当向劳动者支付经济补偿的，按照当时有关规定执行。

参见 《劳动法》第 28 条

第九十八条 【施行日期】本法自 2008 年 1 月 1 日起施行。

中华人民共和国劳动合同法实施条例

（2008 年 9 月 3 日国务院第 25 次常务会议通过 2008 年 9 月 18 日中华人民共和国国务院令第 535 号公布 自公布之日起施行）

第一章 总 则

第一条 为了贯彻实施《中华人民共和国劳动合同法》（以下简称劳动合同法），制定本条例。

第二条 各级人民政府和县级以上人民政府劳动行政等有关部门以及工会等组织，应当采取措施，推动劳动合同法的贯彻实施，促进劳动关系的和谐。

第三条 依法成立的会计师事务所、律师事务所等合伙组织和基金会，属于劳动合同法规定的用人单位。

第二章 劳动合同的订立

第四条 劳动合同法规定的用人单位设立的分支机构，依法取得营业执照或者登记证书的，可以作为用人单位与劳动者订立劳动合同；未依法取得营业执照或者登记证书的，受用人单位委托可以与劳动者订立劳动合同。

第五条 自用工之日起一个月内，经用人单位书面通知后，劳动者不与用人单位订立书面劳动合同的，用人单位应当书面通知劳动者终止劳动关系，无需向劳动者支付经济补偿，但是应当依法向劳动者支付其实际工作时间的劳动报酬。

第六条 用人单位自用工之日起超过一个月不满一年未与劳动者订立书面劳动合同的，应当依照劳动合同法第八十二条的规定向劳动者每月支付两倍的工资，并与劳动者补订书面劳动合同；劳动者不与用人单位订立书面劳动合同的，用人单位应当书面通知劳动者终止劳动关系，并依照劳动合同法第四十七条的规定支付经济补偿。

前款规定的用人单位向劳动者每月支付两倍工资的起算时间为用工之日起满一个月的次日，截止时间为补订书面劳动合同的前一日。

第七条 用人单位自用工之日起满一年未与劳动者订立书面劳动合同的，自用工之日起满一个月的次日至满一年的前一日应当依照劳动合同法第八十二条的规定向劳动者每月支付两倍的工资，并视为自用工之日起满一年的当日已经与劳动者订立无固定期限劳动合同，应当立即与劳动者补订书面劳动合同。

第八条 劳动合同法第七条规定的职工名册，应当包括劳动者姓名、性别、公民身份号码、户籍地址及现住址、联系方式、用工形式、用工起始时间、劳动合同期限等内容。

第九条 劳动合同法第十四条第二款规定的连续工作满10年的起始时间，应当自用人单位用工之日起计算，包括劳动合同法施行前的工作年限。

第十条 劳动者非因本人原因从原用人单位被安排到新用人单位工作的，劳动者在原用人单位的工作年限合并计算为新用人单位的工作年限。原用人单位已经向劳动者支付经济补偿的，新用人单位在依法解除、终止劳动合同计算支付经济补偿的工作年限时，不再计算劳动者在原用人单位的工作年限。

第十一条 除劳动者与用人单位协商一致的情形外，劳动者依照劳动合同法第十四条第二款的规定，提出订立无固定期限劳动合同的，用人单位应当与其订立无固定期限劳动合同。对劳动合同的内容，双方应当按照合法、公平、平等自愿、协商一致、诚实信用的原则协商确定；对协商不一致的内容，依照劳动合同法第十八条的规定执行。

第十二条 地方各级人民政府及县级以上地方人民政府有关部门为安置就业困难人员提供的给予岗位补贴和社会保险补贴的公益性岗位，其劳动合同不适用劳动合同法有关无固定期限劳动合同的规定以及支付经济补偿的规定。

第十三条 用人单位与劳动者不得在劳动合同法第四十四条规定的劳动合同终止情形之外约定其他的劳动合同终止条件。

第十四条 劳动合同履行地与用人单位注册地不一致的，有关劳动者的最低工资标准、劳动保护、劳动条件、职业危害防护和本地区上年度职工月平均工资标准等事项，按照劳动合同履行地的有关规定执行；用人单位注册地的有关标准高于劳动合同履行地的有关标准，且用人单位与劳动者约定按照用人单位注册地的有关规定执行的，从其约定。

第十五条 劳动者在试用期的工资不得低于本单位相同岗位最低档工资的80%或者不得低于劳动合同约定工资的80%，并不得低于用人单位所在地的最低工资标准。

第十六条 劳动合同法第二十二条第二款规定的培训费用，包括用人单位为了对劳动者进行专业技术培训而支付的有凭证的培训费用、培训期间的差旅费用以及因培训产生的用于该劳动者的其他直接费用。

第十七条 劳动合同期满，但是用人单位与劳动者依照劳动合同法第二十二条的规定约定的服务期尚未到期的，劳动合同应当续延至服务期满；双方另有约定的，从其约定。

第三章 劳动合同的解除和终止

第十八条 有下列情形之一的，依照劳动合同法规定的条件、程序，劳动者可以与用人单位解除固定期限劳动合同、无固定期限劳动合同或者以完成一定工作任务为期限的劳动合同：

（一）劳动者与用人单位协商一致的；

（二）劳动者提前30日以书面形式通知用人单位的；

（三）劳动者在试用期内提前3日通知用人单位的；

（四）用人单位未按照劳动合同约定提供劳动保护或者劳动条件的；

（五）用人单位未及时足额支付劳动报酬的；

（六）用人单位未依法为劳动者缴纳社会保险费的；

（七）用人单位的规章制度违反法律、法规的规定，损害劳动者权益的；

（八）用人单位以欺诈、胁迫的手段或者乘人之危，使劳动者在违背真实意思的情况下订立或者变更劳动合同的；

（九）用人单位在劳动合同中免除自己的法定责任、排除劳动者权利的；

（十）用人单位违反法律、行政法规强制性规定的；

（十一）用人单位以暴力、威胁或者非法限制人身自由的手段强迫劳动者劳动的；

（十二）用人单位违章指挥、强令冒险作业危及劳动者人身安全的；

（十三）法律、行政法规规定劳动者可以解除劳动合同的其他情形。

第十九条 有下列情形之一的，依照劳动合同法规定的条件、程序，用人单位可以与劳动者解除固定期限劳动合同、无固定期限劳动合同或者以完成一定工作任务为期限的劳动合同：

（一）用人单位与劳动者协商一致的；

（二）劳动者在试用期间被证明不符合录用条件的；

（三）劳动者严重违反用人单位的规章制度的；

（四）劳动者严重失职，营私舞弊，给用人单位造成重大损害的；

（五）劳动者同时与其他用人单位建立劳动关系，对完成本单位的工作任务造成严重影响，或者经用人单位提出，拒不改正的；

（六）劳动者以欺诈、胁迫的手段或者乘人之危，使用人单位在违背真实意思的情况下订立或者变更劳动合同的；

（七）劳动者被依法追究刑事责任的；

（八）劳动者患病或者非因工负伤，在规定的医疗期满后不能从事原工作，也不能从事由用人单位另行安排的工作的；

（九）劳动者不能胜任工作，经过培训或者调整工作岗位，仍不能胜任工作的；

（十）劳动合同订立时所依据的客观情况发生重大变化，致使劳动合同无法履行，经用人单位与劳动者协商，未能就变更劳动合同内容达成协议的；

（十一）用人单位依照企业破产法规定进行重整的；

（十二）用人单位生产经营发生严重困难的；

（十三）企业转产、重大技术革新或者经营方式调整，经变更劳动合同后，仍需裁减人员的；

（十四）其他因劳动合同订立时所依据的客观经济情况发生重大变化，致使劳动合同无法履行的。

第二十条 用人单位依照劳动合同法第四十条的规定，选择额外支付劳动者一个月工资解除劳动合同的，其额外支付的工资应当按照该劳动者上一个月的工资标准确定。

第二十一条 劳动者达到法定退休年龄的，劳动合同终止。

第二十二条 以完成一定工作任务为期限的劳动合同因任务完成而终止的，用人单位应当依照劳动合同法第四十七条的规定向劳动者支付经济补偿。

第二十三条 用人单位依法终止工伤职工的劳动合同的，除依照劳动合同法第四十七条的规定支付经济补偿外，还应当依照国家有关工伤保险的规定支付一次性工伤医疗补助金和伤残就业补助金。

第二十四条 用人单位出具的解除、终止劳动合同的证明，应当写明劳动合同期限、解除或者终止劳动合同的日期、工作岗位、在本单位的工作年限。

第二十五条 用人单位违反劳动合同法的规定解除或者终止劳动合同，依照劳动合同法第八十七条的规定支付了赔偿金的，不再支付经济补偿。赔偿金的计算年限自用工之日起计算。

第二十六条 用人单位与劳动者约定了服务期，劳动者依照劳动合同法第三十八条的规定解除劳动合同的，不属于违反服务期的约定，用人单位不得要求劳动者支付违约金。

有下列情形之一，用人单位与劳动者解除约定服务期的劳动合同的，劳动者应当按照劳动合同的约定向用人单位支付违约金：

（一）劳动者严重违反用人单位的规章制度的；

（二）劳动者严重失职，营私舞弊，给用人单位造成重大损害的；

（三）劳动者同时与其他用人单位建立劳动关系，对完成本单位的工作任务造成严重影响，或者经用人单位提出，拒不改正的；

（四）劳动者以欺诈、胁迫的手段或者乘人之危，使用人单位在违背真实意思的情况下订立或者变更劳动合同的；

（五）劳动者被依法追究刑事责任的。

第二十七条 劳动合同法第四十七条规定的经济补偿的月工资按照劳动者应得工资计算，包括计时工资或者计件工资以及奖金、津贴和补贴等货币性收入。劳动者在劳动合同解除或者终止前 12 个月的平均工资低于当地最低工资标准的，按照当地最低工资标准计算。劳动者工作不满 12 个月的，按照实际工作的月数计算平均工资。

第四章　劳务派遣特别规定

第二十八条 用人单位或者其所属单位出资或者合伙设立的劳务派遣单位，向本单位或者所属单位派遣劳动者的，属于劳动合同法第六十七条规定的不得设立的劳务派遣单位。

第二十九条 用工单位应当履行劳动合同法第六十二条规定的义务，维护被派遣劳动者的合法权益。

第三十条 劳务派遣单位不得以非全日制用工形式招用被派遣劳动者。

第三十一条 劳务派遣单位或者被派遣劳动者依法解除、终止劳动合同的经济补偿，依照劳动合同法第四十六条、第四十七条的规定执行。

第三十二条　劳务派遣单位违法解除或者终止被派遣劳动者的劳动合同的，依照劳动合同法第四十八条的规定执行。

第五章　法律责任

第三十三条　用人单位违反劳动合同法有关建立职工名册规定的，由劳动行政部门责令限期改正；逾期不改正的，由劳动行政部门处 2000 元以上 2 万元以下的罚款。

第三十四条　用人单位依照劳动合同法的规定应当向劳动者每月支付两倍的工资或者应当向劳动者支付赔偿金而未支付的，劳动行政部门应当责令用人单位支付。

第三十五条　用工单位违反劳动合同法和本条例有关劳务派遣规定的，由劳动行政部门和其他有关主管部门责令改正；情节严重的，以每位被派遣劳动者 1000 元以上 5000 元以下的标准处以罚款；给被派遣劳动者造成损害的，劳务派遣单位和用工单位承担连带赔偿责任。

第六章　附　　则

第三十六条　对违反劳动合同法和本条例的行为的投诉、举报，县级以上地方人民政府劳动行政部门依照《劳动保障监察条例》的规定处理。

第三十七条　劳动者与用人单位因订立、履行、变更、解除或者终止劳动合同发生争议的，依照《中华人民共和国劳动争议调解仲裁法》的规定处理。

第三十八条　本条例自公布之日起施行。

集体合同规定

（2004 年 1 月 20 日劳动和社会保障部令第 22 号公布
自 2004 年 5 月 1 日起施行）

第一章 总 则

第一条 为规范集体协商和签订集体合同行为，依法维护劳动者和用人单位的合法权益，根据《中华人民共和国劳动法》和《中华人民共和国工会法》，制定本规定。

第二条 中华人民共和国境内的企业和实行企业化管理的事业单位（以下统称用人单位）与本单位职工之间进行集体协商，签订集体合同，适用本规定。

第三条 本规定所称集体合同，是指用人单位与本单位职工根据法律、法规、规章的规定，就劳动报酬、工作时间、休息休假、劳动安全卫生、职业培训、保险福利等事项，通过集体协商签订的书面协议；所称专项集体合同，是指用人单位与本单位职工根据法律、法规、规章的规定，就集体协商的某项内容签订的专项书面协议。

第四条 用人单位与本单位职工签订集体合同或专项集体合同，以及确定相关事宜，应当采取集体协商的方式。集体协商主要采取协商会议的形式。

第五条 进行集体协商，签订集体合同或专项集体合同，应当遵循下列原则：

（一）遵守法律、法规、规章及国家有关规定；

（二）相互尊重，平等协商；

（三）诚实守信，公平合作；

（四）兼顾双方合法权益；

（五）不得采取过激行为。

第六条 符合本规定的集体合同或专项集体合同，对用人单位和本单位的全体职工具有法律约束力。

　　用人单位与职工个人签订的劳动合同约定的劳动条件和劳动报酬等标准，不得低于集体合同或专项集体合同的规定。

　　第七条　县级以上劳动保障行政部门对本行政区域内用人单位与本单位职工开展集体协商、签订、履行集体合同的情况进行监督，并负责审查集体合同或专项集体合同。

第二章　集体协商内容

　　第八条　集体协商双方可以就下列多项或某项内容进行集体协商，签订集体合同或专项集体合同：

　　（一）劳动报酬；

　　（二）工作时间；

　　（三）休息休假；

　　（四）劳动安全与卫生；

　　（五）补充保险和福利；

　　（六）女职工和未成年工特殊保护；

　　（七）职业技能培训；

　　（八）劳动合同管理；

　　（九）奖惩；

　　（十）裁员；

　　（十一）集体合同期限；

　　（十二）变更、解除集体合同的程序；

　　（十三）履行集体合同发生争议时的协商处理办法；

　　（十四）违反集体合同的责任；

　　（十五）双方认为应当协商的其他内容。

　　第九条　劳动报酬主要包括：

　　（一）用人单位工资水平、工资分配制度、工资标准和工资分配形式；

　　（二）工资支付办法；

（三）加班、加点工资及津贴、补贴标准和奖金分配办法；

（四）工资调整办法；

（五）试用期及病、事假等期间的工资待遇；

（六）特殊情况下职工工资（生活费）支付办法；

（七）其他劳动报酬分配办法。

第十条 工作时间主要包括：

（一）工时制度；

（二）加班加点办法；

（三）特殊工种的工作时间；

（四）劳动定额标准。

第十一条 休息休假主要包括：

（一）日休息时间、周休息日安排、年休假办法；

（二）不能实行标准工时职工的休息休假；

（三）其他假期。

第十二条 劳动安全卫生主要包括：

（一）劳动安全卫生责任制；

（二）劳动条件和安全技术措施；

（三）安全操作规程；

（四）劳保用品发放标准；

（五）定期健康检查和职业健康体检。

第十三条 补充保险和福利主要包括：

（一）补充保险的种类、范围；

（二）基本福利制度和福利设施；

（三）医疗期延长及其待遇；

（四）职工亲属福利制度。

第十四条 女职工和未成年工的特殊保护主要包括：

（一）女职工和未成年工禁忌从事的劳动；

（二）女职工的经期、孕期、产期和哺乳期的劳动保护；

（三）女职工、未成年工定期健康检查；

（四）未成年工的使用和登记制度。

第十五条 职业技能培训主要包括:

(一)职业技能培训项目规划及年度计划;

(二)职业技能培训费用的提取和使用;

(三)保障和改善职业技能培训的措施。

第十六条 劳动合同管理主要包括:

(一)劳动合同签订时间;

(二)确定劳动合同期限的条件;

(三)劳动合同变更、解除、续订的一般原则及无固定期限劳动合同的终止条件;

(四)试用期的条件和期限。

第十七条 奖惩主要包括:

(一)劳动纪律;

(二)考核奖惩制度;

(三)奖惩程序。

第十八条 裁员主要包括:

(一)裁员的方案;

(二)裁员的程序;

(三)裁员的实施办法和补偿标准。

第三章 集体协商代表

第十九条 本规定所称集体协商代表(以下统称协商代表),是指按照法定程序产生并有权代表本方利益进行集体协商的人员。

集体协商双方的代表人数应当对等,每方至少3人,并各确定1名首席代表。

第二十条 职工一方的协商代表由本单位工会选派。未建立工会的,由本单位职工民主推荐,并经本单位半数以上职工同意。

职工一方的首席代表由本单位工会主席担任。工会主席可以书面委托其他协商代表代理首席代表。工会主席空缺的,首席代表由工会主要负责人担任。未建立工会的,职工一方的首席代表从协商代表中民主推举产生。

第二十一条　用人单位一方的协商代表，由用人单位法定代表人指派，首席代表由单位法定代表人担任或由其书面委托的其他管理人员担任。

第二十二条　协商代表履行职责的期限由被代表方确定。

第二十三条　集体协商双方首席代表可以书面委托本单位以外的专业人员作为本方协商代表。委托人数不得超过本方代表的三分之一。

首席代表不得由非本单位人员代理。

第二十四条　用人单位协商代表与职工协商代表不得相互兼任。

第二十五条　协商代表应履行下列职责：

（一）参加集体协商；

（二）接受本方人员质询，及时向本方人员公布协商情况并征求意见；

（三）提供与集体协商有关的情况和资料；

（四）代表本方参加集体协商争议的处理；

（五）监督集体合同或专项集体合同的履行；

（六）法律、法规和规章规定的其他职责。

第二十六条　协商代表应当维护本单位正常的生产、工作秩序，不得采取威胁、收买、欺骗等行为。

协商代表应当保守在集体协商过程中知悉的用人单位的商业秘密。

第二十七条　企业内部的协商代表参加集体协商视为提供了正常劳动。

第二十八条　职工一方协商代表在其履行协商代表职责期间劳动合同期满的，劳动合同期限自动延长至完成履行协商代表职责之时，除出现下列情形之一的，用人单位不得与其解除劳动合同：

（一）严重违反劳动纪律或用人单位依法制定的规章制度的；

（二）严重失职、营私舞弊，对用人单位利益造成重大损害的；

（三）被依法追究刑事责任的。

职工一方协商代表履行协商代表职责期间，用人单位无正当理由不得调整其工作岗位。

第二十九条 职工一方协商代表就本规定第二十七条、第二十八条的规定与用人单位发生争议的，可以向当地劳动争议仲裁委员会申请仲裁。

第三十条 工会可以更换职工一方协商代表；未建立工会的，经本单位半数以上职工同意可以更换职工一方协商代表。

用人单位法定代表人可以更换用人单位一方协商代表。

第三十一条 协商代表因更换、辞任或遇有不可抗力等情形造成空缺的，应在空缺之日起15日内按照本规定产生新的代表。

第四章 集体协商程序

第三十二条 集体协商任何一方均可就签订集体合同或专项集体合同以及相关事宜，以书面形式向对方提出进行集体协商的要求。

一方提出进行集体协商要求的，另一方应当在收到集体协商要求之日起20日内以书面形式给以回应，无正当理由不得拒绝进行集体协商。

第三十三条 协商代表在协商前应进行下列准备工作：

（一）熟悉与集体协商内容有关的法律、法规、规章和制度；

（二）了解与集体协商内容有关的情况和资料，收集用人单位和职工对协商意向所持的意见；

（三）拟定集体协商议题，集体协商议题可由提出协商一方起草，也可由双方指派代表共同起草；

（四）确定集体协商的时间、地点等事项；

（五）共同确定一名非协商代表担任集体协商记录员。记录员应保持中立、公正，并为集体协商双方保密。

第三十四条 集体协商会议由双方首席代表轮流主持，并按下列程序进行：

（一）宣布议程和会议纪律；

（二）一方首席代表提出协商的具体内容和要求，另一方首席代表就对方的要求作出回应；

（三）协商双方就商谈事项发表各自意见，开展充分讨论；

（四）双方首席代表归纳意见。达成一致的，应当形成集体合同草案或专项集体合同草案，由双方首席代表签字。

第三十五条 集体协商未达成一致意见或出现事先未预料的问题时，经双方协商，可以中止协商。中止期限及下次协商时间、地点、内容由双方商定。

第五章 集体合同的订立、变更、解除和终止

第三十六条 经双方协商代表协商一致的集体合同草案或专项集体合同草案应当提交职工代表大会或者全体职工讨论。

职工代表大会或者全体职工讨论集体合同草案或专项集体合同草案，应当有三分之二以上职工代表或者职工出席，且须经全体职工代表半数以上或者全体职工半数以上同意，集体合同草案或专项集体合同草案方获通过。

第三十七条 集体合同草案或专项集体合同草案经职工代表大会或者职工大会通过后，由集体协商双方首席代表签字。

第三十八条 集体合同或专项集体合同期限一般为 1 至 3 年，期满或双方约定的终止条件出现，即行终止。

集体合同或专项集体合同期满前 3 个月内，任何一方均可向对方提出重新签订或续订的要求。

第三十九条 双方协商代表协商一致，可以变更或解除集体合同或专项集体合同。

第四十条 有下列情形之一的，可以变更或解除集体合同或专项集体合同：

（一）用人单位因被兼并、解散、破产等原因，致使集体合同或专项集体合同无法履行的；

（二）因不可抗力等原因致使集体合同或专项集体合同无法履行或部分无法履行的；

（三）集体合同或专项集体合同约定的变更或解除条件出现的；

（四）法律、法规、规章规定的其他情形。

第四十一条 变更或解除集体合同或专项集体合同适用本规定的集体协商程序。

第六章 集体合同审查

第四十二条 集体合同或专项集体合同签订或变更后，应当自双方首席代表签字之日起10日内，由用人单位一方将文本一式三份报送劳动保障行政部门审查。

劳动保障行政部门对报送的集体合同或专项集体合同应当办理登记手续。

第四十三条 集体合同或专项集体合同审查实行属地管辖，具体管辖范围由省级劳动保障行政部门规定。

中央管辖的企业以及跨省、自治区、直辖市的用人单位的集体合同应当报送劳动保障部或劳动保障部指定的省级劳动保障行政部门。

第四十四条 劳动保障行政部门应当对报送的集体合同或专项集体合同的下列事项进行合法性审查：

（一）集体协商双方的主体资格是否符合法律、法规和规章规定；

（二）集体协商程序是否违反法律、法规、规章规定；

（三）集体合同或专项集体合同内容是否与国家规定相抵触。

第四十五条 劳动保障行政部门对集体合同或专项集体合同有异议的，应当自收到文本之日起15日内将《审查意见书》送达双方协商代表。《审查意见书》应当载明以下内容：

（一）集体合同或专项集体合同当事人双方的名称、地址；

（二）劳动保障行政部门收到集体合同或专项集体合同的时间；

（三）审查意见；

（四）作出审查意见的时间。

《审查意见书》应当加盖劳动保障行政部门印章。

第四十六条 用人单位与本单位职工就劳动保障行政部门提出

异议的事项经集体协商重新签订集体合同或专项集体合同的，用人单位一方应当根据本规定第四十二条的规定将文本报送劳动保障行政部门审查。

第四十七条 劳动保障行政部门自收到文本之日起 15 日内未提出异议的，集体合同或专项集体合同即行生效。

第四十八条 生效的集体合同或专项集体合同，应当自其生效之日起由协商代表及时以适当的形式向本方全体人员公布。

第七章　集体协商争议的协调处理

第四十九条 集体协商过程中发生争议，双方当事人不能协商解决的，当事人一方或双方可以书面向劳动保障行政部门提出协调处理申请；未提出申请的，劳动保障行政部门认为必要时也可以进行协调处理。

第五十条 劳动保障行政部门应当组织同级工会和企业组织等三方面的人员，共同协调处理集体协商争议。

第五十一条 集体协商争议处理实行属地管辖，具体管辖范围由省级劳动保障行政部门规定。

中央管辖的企业以及跨省、自治区、直辖市用人单位因集体协商发生的争议，由劳动保障部指定的省级劳动保障行政部门组织同级工会和企业组织等三方面的人员协调处理，必要时，劳动保障部也可以组织有关方面协调处理。

第五十二条 协调处理集体协商争议，应当自受理协调处理申请之日起 30 日内结束协调处理工作。期满未结束的，可以适当延长协调期限，但延长期限不得超过 15 日。

第五十三条 协调处理集体协商争议应当按照以下程序进行：

（一）受理协调处理申请；

（二）调查了解争议的情况；

（三）研究制定协调处理争议的方案；

（四）对争议进行协调处理；

（五）制作《协调处理协议书》。

第五十四条　《协调处理协议书》应当载明协调处理申请、争议的事实和协调结果，双方当事人就某些协商事项不能达成一致的，应将继续协商的有关事项予以载明。《协调处理协议书》由集体协商争议协调处理人员和争议双方首席代表签字盖章后生效。争议双方均应遵守生效后的《协调处理协议书》。

第八章　附　　则

第五十五条　因履行集体合同发生的争议，当事人协商解决不成的，可以依法向劳动争议仲裁委员会申请仲裁。

第五十六条　用人单位无正当理由拒绝工会或职工代表提出的集体协商要求的，按照《工会法》及有关法律、法规的规定处理。

第五十七条　本规定于 2004 年 5 月 1 日起实施。原劳动部 1994 年 12 月 5 日颁布的《集体合同规定》同时废止。

工时、薪酬管理

国务院关于职工工作时间的规定

(1994 年 2 月 3 日中华人民共和国国务院令第 146 号发
布　根据 1995 年 3 月 25 日《国务院关于修改〈国务院关
于职工工作时间的规定〉的决定》修订)

第一条　为了合理安排职工的工作和休息时间，维护职工的休
息权利，调动职工的积极性，促进社会主义现代化建设事业的发展，
根据宪法有关规定，制定本规定。

第二条　本规定适用于在中华人民共和国境内的国家机关、社
会团体、企业事业单位以及其他组织的职工。

第三条　职工每日工作 8 小时，每周工作 40 小时。

第四条　在特殊条件下从事劳动和有特殊情况，需要适当缩短
工作时间的，按照国家有关规定执行。

第五条　因工作性质或者生产特点的限制，不能实行每日工作 8
小时、每周工作 40 小时标准工时制度的，按照国家有关规定，可以
实行其他工作和休息办法。

第六条　任何单位和个人不得擅自延长职工工作时间。因特殊
情况和紧急任务确需延长工作时间的，按照国家有关规定执行。

第七条　国家机关、事业单位实行统一的工作时间，星期六和
星期日为周休息日。

企业和不能实行前款规定的统一工作时间的事业单位，可以根
据实际情况灵活安排周休息日。

第八条　本规定由劳动部、人事部负责解释；实施办法由劳动
部、人事部制定。

第九条　本规定自 1995 年 5 月 1 日起施行。1995 年 5 月 1 日施行有困难的企业、事业单位,可以适当延期;但是,事业单位最迟应当自 1996 年 1 月 1 日起施行,企业最迟应当自 1997 年 5 月 1 日起施行。

最低工资规定

(2004 年 1 月 20 日劳动和社会保障部令第 21 号公布
自 2004 年 3 月 1 日起施行)

第一条　为了维护劳动者取得劳动报酬的合法权益,保障劳动者个人及其家庭成员的基本生活,根据劳动法和国务院有关规定,制定本规定。

第二条　本规定适用于在中华人民共和国境内的企业、民办非企业单位、有雇工的个体工商户(以下统称用人单位)和与之形成劳动关系的劳动者。

国家机关、事业单位、社会团体和与之建立劳动合同关系的劳动者,依照本规定执行。

第三条　本规定所称最低工资标准,是指劳动者在法定工作时间或依法签订的劳动合同约定的工作时间内提供了正常劳动的前提下,用人单位依法应支付的最低劳动报酬。

本规定所称正常劳动,是指劳动者按依法签订的劳动合同约定,在法定工作时间或劳动合同约定的工作时间内从事的劳动。劳动者依法享受带薪年休假、探亲假、婚丧假、生育(产)假、节育手术假等国家规定的假期间,以及法定工作时间内依法参加社会活动期间,视为提供了正常劳动。

第四条　县级以上地方人民政府劳动保障行政部门负责对本行政区域内用人单位执行本规定情况进行监督检查。

各级工会组织依法对本规定执行情况进行监督,发现用人单位支付劳动者工资违反本规定的,有权要求当地劳动保障行政部门处理。

第五条 最低工资标准一般采取月最低工资标准和小时最低工资标准的形式。月最低工资标准适用于全日制就业劳动者，小时最低工资标准适用于非全日制就业劳动者。

第六条 确定和调整月最低工资标准，应参考当地就业者及其赡养人口的最低生活费用、城镇居民消费价格指数、职工个人缴纳的社会保险费和住房公积金、职工平均工资、经济发展水平、就业状况等因素。

确定和调整小时最低工资标准，应在颁布的月最低工资标准的基础上，考虑单位应缴纳的基本养老保险费和基本医疗保险费因素，同时还应适当考虑非全日制劳动者在工作稳定性、劳动条件和劳动强度、福利等方面与全日制就业人员之间的差异。

月最低工资标准和小时最低工资标准具体测算方法见附件。

第七条 省、自治区、直辖市范围内的不同行政区域可以有不同的最低工资标准。

第八条 最低工资标准的确定和调整方案，由省、自治区、直辖市人民政府劳动保障行政部门会同同级工会、企业联合会/企业家协会研究拟订，并将拟订的方案报送劳动保障部。方案内容包括最低工资确定和调整的依据、适用范围、拟订标准和说明。劳动保障部在收到拟订方案后，应征求全国总工会、中国企业联合会/企业家协会的意见。

劳动保障部对方案可以提出修订意见，若在方案收到后 14 日内未提出修订意见的，视为同意。

第九条 省、自治区、直辖市劳动保障行政部门应将本地区最低工资标准方案报省、自治区、直辖市人民政府批准，并在批准后 7 日内在当地政府公报上和至少一种全地区性报纸上发布。省、自治区、直辖市劳动保障行政部门应在发布后 10 日内将最低工资标准报劳动保障部。

第十条 最低工资标准发布实施后，如本规定第六条所规定的相关因素发生变化，应当适时调整。最低工资标准每两年至少调整一次。

第十一条 用人单位应在最低工资标准发布后 10 日内将该标准向本单位全体劳动者公示。

第十二条 在劳动者提供正常劳动的情况下，用人单位应支付给劳动者的工资在剔除下列各项以后，不得低于当地最低工资标准：

（一）延长工作时间工资；

（二）中班、夜班、高温、低温、井下、有毒有害等特殊工作环境、条件下的津贴；

（三）法律、法规和国家规定的劳动者福利待遇等。

实行计件工资或提成工资等工资形式的用人单位，在科学合理的劳动定额基础上，其支付劳动者的工资不得低于相应的最低工资标准。

劳动者由于本人原因造成在法定工作时间内或依法签订的劳动合同约定的工作时间内未提供正常劳动的，不适用于本条规定。

第十三条 用人单位违反本规定第十一条规定的，由劳动保障行政部门责令其限期改正；违反本规定第十二条规定的，由劳动保障行政部门责令其限期补发所欠劳动者工资，并可责令其按所欠工资的 1 至 5 倍支付劳动者赔偿金。

第十四条 劳动者与用人单位之间就执行最低工资标准发生争议，按劳动争议处理有关规定处理。

第十五条 本规定自 2004 年 3 月 1 日起实施。1993 年 11 月 24 日原劳动部发布的《企业最低工资规定》同时废止。

附件：

最低工资标准测算方法

一、确定最低工资标准应考虑的因素

确定最低工资标准一般考虑城镇居民生活费用支出、职工个人缴纳社会保险费、住房公积金、职工平均工资、失业率、经济发展水平等因素。可用公式表示为：

M = f（C、S、A、U、E、a）

M 最低工资标准；

C 城镇居民人均生活费用；

S 职工个人缴纳社会保险费、住房公积金；

A 职工平均工资；

U 失业率；

E 经济发展水平；

a 调整因素。

二、确定最低工资标准的通用方法

1. 比重法即根据城镇居民家计调查资料，确定一定比例的最低人均收入户为贫困户，统计出贫困户的人均生活费用支出水平，乘以每一就业者的赡养系数，再加上一个调整数。

2. 恩格尔系数法即根据国家营养学会提供的年度标准食物谱及标准食物摄取量，结合标准食物的市场价格，计算出最低食物支出标准，除以恩格尔系数，得出最低生活费用标准，再乘以每一就业者的赡养系数，再加上一个调整数。

以上方法计算出月最低工资标准后，再考虑职工个人缴纳社会保险费、住房公积金、职工平均工资水平、社会救济金和失业保险金标准、就业状况、经济发展水平等进行必要的修正。

举例：某地区最低收入组人均每月生活费支出为 210 元，每一就业者赡养系数为 1.87，最低食物费用为 127 元，恩格尔系数为 0.604，平均工资为 900 元。

1. 按比重法计算得出该地区月最低工资标准为：

月最低工资标准 = $210 \times 1.87 + a = 393 + a$（元）（1）

2. 按恩格尔系数法计算得出该地区月最低工资标准为：

月最低工资标准 = $127 \div 0.604 \times 1.87 + a = 393 + a$（元）（2）

公式（1）与（2）中 a 的调整因素主要考虑当地个人缴纳养老、失业、医疗保险费和住房公积金等费用。

另，按照国际上一般月最低工资标准相当于月平均工资的 40—

60%，则该地区月最低工资标准范围应在 360 元—540 元之间。

小时最低工资标准＝〔（月最低工资标准÷20.92÷8）×（1＋单位应当缴纳的基本养老保险费、基本医疗保险费比例之和)〕×（1＋浮动系数)[①]

浮动系数的确定主要考虑非全日制就业劳动者工作稳定性、劳动条件和劳动强度、福利等方面与全日制就业人员之间的差异。

各地可参照以上测算办法，根据当地实际情况合理确定月、小时最低工资标准。

关于工资总额组成的规定

（1989 年 9 月 30 日国务院批准　1990 年 1 月 1 日国家统计局令第 1 号发布）

第一章　总　　则

第一条　为了统一工资总额的计算范围，保证国家对工资进行统一的统计核算和会计核算，有利于编制、检查计划和进行工资管理以及正确地反映职工的工资收入，制定本规定。

第二条　全民所有制和集体所有制企业、事业单位，各种合营单位，各级国家机关、政党机关和社会团体，在计划、统计、会计上有关工资总额范围的计算，均应遵守本规定。

第三条　工资总额是指各单位在一定时期内直接支付给本单位全部职工的劳动报酬总额。

工资总额的计算应以直接支付给职工的全部劳动报酬为根据。

---

①　由于法定节假日的变化（见《全国年节及纪念日放假办法》，国务院令第 644 号），法定月平均工作日也发生相应变化，因而影响到月平均工资与日平均工资的计算。具体方法见《关于职工全年月平均工作时间和工资折算问题的通知》（2008 年 1 月 3 日劳社部发〔2008〕3 号）。

第二章　工资总额的组成

第四条　工资总额由下列 6 个部分组成：

（一）计时工资；

（二）计件工资；

（三）奖金；

（四）津贴和补贴；

（五）加班加点工资；

（六）特殊情况下支付的工资。

第五条　计时工资是指按计时工资标准（包括地区生活费补贴）和工作时间支付给个人的劳动报酬。包括：

（一）对已做工作按计时工资标准支付的工资；

（二）实行结构工资制的单位支付给职工的基础工资和职务（岗位）工资；

（三）新参加工作职工的见习工资（学徒的生活费）；

（四）运动员体育津贴。

第六条　计件工资是指对已做工作按计件单价支付的劳动报酬。包括：

（一）实行超额累进计件、直接无限计件、限额计件、超定额计件等工资制，按劳动部门或主管部门批准的定额和计件单价支付给个人的工资；

（二）按工作任务包干方法支付给个人的工资；

（三）按营业额提成或利润提成办法支付给个人的工资。

第七条　奖金是指支付给职工的超额劳动报酬和增收节支的劳动报酬。包括：

（一）生产奖；

（二）节约奖；

（三）劳动竞赛奖；

（四）机关、事业单位的奖励工资；

（五）其他奖金。

第八条 津贴和补贴是指为了补偿职工特殊或额外的劳动消耗和因其他特殊原因支付给职工的津贴，以及为了保证职工工资水平不受物价影响支付给职工的物价补贴。

（一）津贴。包括：补偿职工特殊或额外劳动消耗的津贴，保健性津贴，技术性津贴，年功性津贴及其他津贴。

（二）物价补贴。包括：为保证职工工资水平不受物价上涨或变动影响而支付的各种补贴。

第九条 加班加点工资是指按规定支付的加班工资和加点工资。

第十条 特殊情况下支付的工资。包括：

（一）根据国家法律、法规和政策规定，因病、工伤、产假、计划生育假、婚丧假、事假、探亲假、定期休假、停工学习、执行国家或社会义务等原因按计时工资标准或计时工资标准的一定比例支付的工资；

（二）附加工资、保留工资。

第三章 工资总额不包括的项目

第十一条 下列各项不列入工资总额的范围：

（一）根据国务院发布的有关规定颁发的创造发明奖、自然科学奖、科学技术进步奖和支付的合理化建议和技术改进奖以及支付给运动员、教练员的奖金；

（二）有关劳动保险和职工福利方面的各项费用；

（三）有关离休、退休、退职人员待遇的各项支出；

（四）劳动保护的各项支出；

（五）稿费、讲课费及其他专门工作报酬；

（六）出差伙食补助费、误餐补助、调动工作的旅费和安家费；

（七）对自带工具、牲畜来企业工作职工所支付的工具、牲畜等的补偿费用；

（八）实行租赁经营单位的承租人的风险性补偿收入；

（九）对购买本企业股票和债券的职工所支付的股息（包括股金分红）和利息；

（十）劳动合同制职工解除劳动合同时由企业支付的医疗补助费、生活补助费等；

（十一）因录用临时工而在工资以外向提供劳动力单位支付的手续费或管理费；

（十二）支付给家庭工人的加工费和按加工订货办法支付给承包单位的发包费用；

（十三）支付给参加企业劳动的在校学生的补贴；

（十四）计划生育独生子女补贴。

第十二条 前条所列各项按照国家规定另行统计。

第四章 附　　则

第十三条 中华人民共和国境内的私营单位、华侨及港、澳、台工商业者经营单位和外商经营单位有关工资总额范围的计算，参照本规定执行。

第十四条 本规定由国家统计局负责解释。

第十五条 各地区、各部门可依据本规定制定有关工资总额组成的具体范围的规定。

第十六条 本规定自发布之日起施行。国务院 1955 年 5 月 21 日批准颁发的《关于工资总额组成的暂行规定》同时废止。

保障农民工工资支付条例

（2019 年 12 月 4 日国务院第 73 次常务会议通过　2019 年 12 月 30 日中华人民共和国国务院令第 724 号公布　自 2020 年 5 月 1 日起施行）

第一章 总　　则

第一条 为了规范农民工工资支付行为，保障农民工按时足额获得工资，根据《中华人民共和国劳动法》及有关法律规定，制定本条例。

第二条　保障农民工工资支付，适用本条例。

本条例所称农民工，是指为用人单位提供劳动的农村居民。

本条例所称工资，是指农民工为用人单位提供劳动后应当获得的劳动报酬。

第三条　农民工有按时足额获得工资的权利。任何单位和个人不得拖欠农民工工资。

农民工应当遵守劳动纪律和职业道德，执行劳动安全卫生规程，完成劳动任务。

第四条　县级以上地方人民政府对本行政区域内保障农民工工资支付工作负责，建立保障农民工工资支付工作协调机制，加强监管能力建设，健全保障农民工工资支付工作目标责任制，并纳入对本级人民政府有关部门和下级人民政府进行考核和监督的内容。

乡镇人民政府、街道办事处应当加强对拖欠农民工工资矛盾的排查和调处工作，防范和化解矛盾，及时调解纠纷。

第五条　保障农民工工资支付，应当坚持市场主体负责、政府依法监管、社会协同监督，按照源头治理、预防为主、防治结合、标本兼治的要求，依法根治拖欠农民工工资问题。

第六条　用人单位实行农民工劳动用工实名制管理，与招用的农民工书面约定或者通过依法制定的规章制度规定工资支付标准、支付时间、支付方式等内容。

第七条　人力资源社会保障行政部门负责保障农民工工资支付工作的组织协调、管理指导和农民工工资支付情况的监督检查，查处有关拖欠农民工工资案件。

住房城乡建设、交通运输、水利等相关行业工程建设主管部门按照职责履行行业监管责任，督办因违法发包、转包、违法分包、挂靠、拖欠工程款等导致的拖欠农民工工资案件。

发展改革等部门按照职责负责政府投资项目的审批管理，依法审查政府投资项目的资金来源和筹措方式，按规定及时安排政府投

166

资，加强社会信用体系建设，组织对拖欠农民工工资失信联合惩戒对象依法依规予以限制和惩戒。

财政部门负责政府投资资金的预算管理，根据经批准的预算按规定及时足额拨付政府投资资金。

公安机关负责及时受理、侦办涉嫌拒不支付劳动报酬刑事案件，依法处置因农民工工资拖欠引发的社会治安案件。

司法行政、自然资源、人民银行、审计、国有资产管理、税务、市场监管、金融监管等部门，按照职责做好与保障农民工工资支付相关的工作。

第八条 工会、共产主义青年团、妇女联合会、残疾人联合会等组织按照职责依法维护农民工获得工资的权利。

第九条 新闻媒体应当开展保障农民工工资支付法律法规政策的公益宣传和先进典型的报道，依法加强对拖欠农民工工资违法行为的舆论监督，引导用人单位增强依法用工、按时足额支付工资的法律意识，引导农民工依法维权。

第十条 被拖欠工资的农民工有权依法投诉，或者申请劳动争议调解仲裁和提起诉讼。

任何单位和个人对拖欠农民工工资的行为，有权向人力资源社会保障行政部门或者其他有关部门举报。

人力资源社会保障行政部门和其他有关部门应当公开举报投诉电话、网站等渠道，依法接受对拖欠农民工工资行为的举报、投诉。对于举报、投诉的处理实行首问负责制，属于本部门受理的，应当依法及时处理；不属于本部门受理的，应当及时转送相关部门，相关部门应当依法及时处理，并将处理结果告知举报、投诉人。

第二章　工资支付形式与周期

第十一条 农民工工资应当以货币形式，通过银行转账或者现金支付给农民工本人，不得以实物或者有价证券等其他形式替代。

第十二条 用人单位应当按照与农民工书面约定或者依法制定

的规章制度规定的工资支付周期和具体支付日期足额支付工资。

第十三条　实行月、周、日、小时工资制的，按照月、周、日、小时为周期支付工资；实行计件工资制的，工资支付周期由双方依法约定。

第十四条　用人单位与农民工书面约定或者依法制定的规章制度规定的具体支付日期，可以在农民工提供劳动的当期或者次期。具体支付日期遇法定节假日或者休息日的，应当在法定节假日或者休息日前支付。

用人单位因不可抗力未能在支付日期支付工资的，应当在不可抗力消除后及时支付。

第十五条　用人单位应当按照工资支付周期编制书面工资支付台账，并至少保存 3 年。

书面工资支付台账应当包括用人单位名称，支付周期，支付日期，支付对象姓名、身份证号码、联系方式，工作时间，应发工资项目及数额，代扣、代缴、扣除项目和数额，实发工资数额，银行代发工资凭证或者农民工签字等内容。

用人单位向农民工支付工资时，应当提供农民工本人的工资清单。

第三章　工资清偿

第十六条　用人单位拖欠农民工工资的，应当依法予以清偿。

第十七条　不具备合法经营资格的单位招用农民工，农民工已经付出劳动而未获得工资的，依照有关法律规定执行。

第十八条　用工单位使用个人、不具备合法经营资格的单位或者未依法取得劳务派遣许可证的单位派遣的农民工，拖欠农民工工资的，由用工单位清偿，并可以依法进行追偿。

第十九条　用人单位将工作任务发包给个人或者不具备合法经营资格的单位，导致拖欠所招用农民工工资的，依照有关法律规定执行。

用人单位允许个人、不具备合法经营资格或者未取得相应资质的单位以用人单位的名义对外经营，导致拖欠所招用农民工工资的，由用人单位清偿，并可以依法进行追偿。

第二十条 合伙企业、个人独资企业、个体经济组织等用人单位拖欠农民工工资的，应当依法予以清偿；不清偿的，由出资人依法清偿。

第二十一条 用人单位合并或者分立时，应当在实施合并或者分立前依法清偿拖欠的农民工工资；经与农民工书面协商一致的，可以由合并或者分立后承继其权利和义务的用人单位清偿。

第二十二条 用人单位被依法吊销营业执照或者登记证书、被责令关闭、被撤销或者依法解散的，应当在申请注销登记前依法清偿拖欠的农民工工资。

未依据前款规定清偿农民工工资的用人单位主要出资人，应当在注册新用人单位前清偿拖欠的农民工工资。

第四章 工程建设领域特别规定

第二十三条 建设单位应当有满足施工所需要的资金安排。没有满足施工所需要的资金安排的，工程建设项目不得开工建设；依法需要办理施工许可证的，相关行业工程建设主管部门不予颁发施工许可证。

政府投资项目所需资金，应当按照国家有关规定落实到位，不得由施工单位垫资建设。

第二十四条 建设单位应当向施工单位提供工程款支付担保。

建设单位与施工总承包单位依法订立书面工程施工合同，应当约定工程款计量周期、工程款进度结算办法以及人工费用拨付周期，并按照保障农民工工资按时足额支付的要求约定人工费用。人工费用拨付周期不得超过 1 个月。

建设单位与施工总承包单位应当将工程施工合同保存备查。

第二十五条 施工总承包单位与分包单位依法订立书面分包合

同，应当约定工程款计量周期、工程款进度结算办法。

第二十六条　施工总承包单位应当按照有关规定开设农民工工资专用账户，专项用于支付该工程建设项目农民工工资。

开设、使用农民工工资专用账户有关资料应当由施工总承包单位妥善保存备查。

第二十七条　金融机构应当优化农民工工资专用账户开设服务流程，做好农民工工资专用账户的日常管理工作；发现资金未按约定拨付等情况的，及时通知施工总承包单位，由施工总承包单位报告人力资源社会保障行政部门和相关行业工程建设主管部门，并纳入欠薪预警系统。

工程完工且未拖欠农民工工资的，施工总承包单位公示 30 日后，可以申请注销农民工工资专用账户，账户内余额归施工总承包单位所有。

第二十八条　施工总承包单位或者分包单位应当依法与所招用的农民工订立劳动合同并进行用工实名登记，具备条件的行业应当通过相应的管理服务信息平台进行用工实名登记、管理。未与施工总承包单位或者分包单位订立劳动合同并进行用工实名登记的人员，不得进入项目现场施工。

施工总承包单位应当在工程项目部配备劳资专管员，对分包单位劳动用工实施监督管理，掌握施工现场用工、考勤、工资支付等情况，审核分包单位编制的农民工工资支付表，分包单位应当予以配合。

施工总承包单位、分包单位应当建立用工管理台账，并保存至工程完工且工资全部结清后至少 3 年。

第二十九条　建设单位应当按照合同约定及时拨付工程款，并将人工费用及时足额拨付至农民工工资专用账户，加强对施工总承包单位按时足额支付农民工工资的监督。

因建设单位未按照合同约定及时拨付工程款导致农民工工资拖欠的，建设单位应当以未结清的工程款为限先行垫付被拖欠的农民工工资。

建设单位应当以项目为单位建立保障农民工工资支付协调机制和工资拖欠预防机制，督促施工总承包单位加强劳动用工管理，妥善处理与农民工工资支付相关的矛盾纠纷。发生农民工集体讨薪事件的，建设单位应当会同施工总承包单位及时处理，并向项目所在地人力资源社会保障行政部门和相关行业工程建设主管部门报告有关情况。

第三十条　分包单位对所招用农民工的实名制管理和工资支付负直接责任。

施工总承包单位对分包单位劳动用工和工资发放等情况进行监督。

分包单位拖欠农民工工资的，由施工总承包单位先行清偿，再依法进行追偿。

工程建设项目转包，拖欠农民工工资的，由施工总承包单位先行清偿，再依法进行追偿。

第三十一条　工程建设领域推行分包单位农民工工资委托施工总承包单位代发制度。

分包单位应当按月考核农民工工作量并编制工资支付表，经农民工本人签字确认后，与当月工程进度等情况一并交施工总承包单位。

施工总承包单位根据分包单位编制的工资支付表，通过农民工工资专用账户直接将工资支付到农民工本人的银行账户，并向分包单位提供代发工资凭证。

用于支付农民工工资的银行账户所绑定的农民工本人社会保障卡或者银行卡，用人单位或者其他人员不得以任何理由扣押或者变相扣押。

第三十二条　施工总承包单位应当按照有关规定存储工资保证金，专项用于支付为所承包工程提供劳动的农民工被拖欠的工资。

工资保证金实行差异化存储办法，对一定时期内未发生工资拖欠的单位实行减免措施，对发生工资拖欠的单位适当提高存储比例。工资保证金可以用金融机构保函替代。

工资保证金的存储比例、存储形式、减免措施等具体办法，由国务院人力资源社会保障行政部门会同有关部门制定。

第三十三条 除法律另有规定外，农民工工资专用账户资金和工资保证金不得因支付为本项目提供劳动的农民工工资之外的原因被查封、冻结或者划拨。

第三十四条 施工总承包单位应当在施工现场醒目位置设立维权信息告示牌，明示下列事项：

（一）建设单位、施工总承包单位及所在项目部、分包单位、相关行业工程建设主管部门、劳资专管员等基本信息；

（二）当地最低工资标准、工资支付日期等基本信息；

（三）相关行业工程建设主管部门和劳动保障监察投诉举报电话、劳动争议调解仲裁申请渠道、法律援助申请渠道、公共法律服务热线等信息。

第三十五条 建设单位与施工总承包单位或者承包单位与分包单位因工程数量、质量、造价等产生争议的，建设单位不得因争议不按照本条例第二十四条的规定拨付工程款中的人工费用，施工总承包单位也不得因争议不按照规定代发工资。

第三十六条 建设单位或者施工总承包单位将建设工程发包或者分包给个人或者不具备合法经营资格的单位，导致拖欠农民工工资的，由建设单位或者施工总承包单位清偿。

施工单位允许其他单位和个人以施工单位的名义对外承揽建设工程，导致拖欠农民工工资的，由施工单位清偿。

第三十七条 工程建设项目违反国土空间规划、工程建设等法律法规，导致拖欠农民工工资的，由建设单位清偿。

第五章 监督检查

第三十八条 县级以上地方人民政府应当建立农民工工资支付监控预警平台，实现人力资源社会保障、发展改革、司法行政、财政、住房城乡建设、交通运输、水利等部门的工程项目审批、资金落实、施工许可、劳动用工、工资支付等信息及时共享。

人力资源社会保障行政部门根据水电燃气供应、物业管理、信贷、税收等反映企业生产经营相关指标的变化情况，及时监控和预警工资支付隐患并做好防范工作，市场监管、金融监管、税务等部门应当予以配合。

第三十九条　人力资源社会保障行政部门、相关行业工程建设主管部门和其他有关部门应当按照职责，加强对用人单位与农民工签订劳动合同、工资支付以及工程建设项目实行农民工实名制管理、农民工工资专用账户管理、施工总承包单位代发工资、工资保证金存储、维权信息公示等情况的监督检查，预防和减少拖欠农民工工资行为的发生。

第四十条　人力资源社会保障行政部门在查处拖欠农民工工资案件时，需要依法查询相关单位金融账户和相关当事人拥有房产、车辆等情况的，应当经设区的市级以上地方人民政府人力资源社会保障行政部门负责人批准，有关金融机构和登记部门应当予以配合。

第四十一条　人力资源社会保障行政部门在查处拖欠农民工工资案件时，发生用人单位拒不配合调查、清偿责任主体及相关当事人无法联系等情形的，可以请求公安机关和其他有关部门协助处理。

人力资源社会保障行政部门发现拖欠农民工工资的违法行为涉嫌构成拒不支付劳动报酬罪的，应当按照有关规定及时移送公安机关审查并作出决定。

第四十二条　人力资源社会保障行政部门作出责令支付被拖欠的农民工工资的决定，相关单位不支付的，可以依法申请人民法院强制执行。

第四十三条　相关行业工程建设主管部门应当依法规范本领域建设市场秩序，对违法发包、转包、违法分包、挂靠等行为进行查处，并对导致拖欠农民工工资的违法行为及时予以制止、纠正。

第四十四条　财政部门、审计机关和相关行业工程建设主管部门按照职责，依法对政府投资项目建设单位按照工程施工合同约定向农民工工资专用账户拨付资金情况进行监督。

第四十五条 司法行政部门和法律援助机构应当将农民工列为法律援助的重点对象，并依法为请求支付工资的农民工提供便捷的法律援助。

公共法律服务相关机构应当积极参与相关诉讼、咨询、调解等活动，帮助解决拖欠农民工工资问题。

第四十六条 人力资源社会保障行政部门、相关行业工程建设主管部门和其他有关部门应当按照"谁执法谁普法"普法责任制的要求，通过以案释法等多种形式，加大对保障农民工工资支付相关法律法规的普及宣传。

第四十七条 人力资源社会保障行政部门应当建立用人单位及相关责任人劳动保障守法诚信档案，对用人单位开展守法诚信等级评价。

用人单位有严重拖欠农民工工资违法行为的，由人力资源社会保障行政部门向社会公布，必要时可以通过召开新闻发布会等形式向媒体公开曝光。

第四十八条 用人单位拖欠农民工工资，情节严重或者造成严重不良社会影响的，有关部门应当将该用人单位及其法定代表人或者主要负责人、直接负责的主管人员和其他直接责任人员列入拖欠农民工工资失信联合惩戒对象名单，在政府资金支持、政府采购、招投标、融资贷款、市场准入、税收优惠、评优评先、交通出行等方面依法依规予以限制。

拖欠农民工工资需要列入失信联合惩戒名单的具体情形，由国务院人力资源社会保障行政部门规定。

第四十九条 建设单位未依法提供工程款支付担保或者政府投资项目拖欠工程款，导致拖欠农民工工资的，县级以上地方人民政府应当限制其新建项目，并记入信用记录，纳入国家信用信息系统进行公示。

第五十条 农民工与用人单位就拖欠工资存在争议，用人单位应当提供依法由其保存的劳动合同、职工名册、工资支付台账和清单等材料；不提供的，依法承担不利后果。

174

第五十一条 工会依法维护农民工工资权益，对用人单位工资支付情况进行监督；发现拖欠农民工工资的，可以要求用人单位改正，拒不改正的，可以请求人力资源社会保障行政部门和其他有关部门依法处理。

第五十二条 单位或者个人编造虚假事实或者采取非法手段讨要农民工工资，或者以拖欠农民工工资为名讨要工程款的，依法予以处理。

第六章 法律责任

第五十三条 违反本条例规定拖欠农民工工资的，依照有关法律规定执行。

第五十四条 有下列情形之一的，由人力资源社会保障行政部门责令限期改正；逾期不改正的，对单位处 2 万元以上 5 万元以下的罚款，对法定代表人或者主要负责人、直接负责的主管人员和其他直接责任人员处 1 万元以上 3 万元以下的罚款：

（一）以实物、有价证券等形式代替货币支付农民工工资；

（二）未编制工资支付台账并依法保存，或者未向农民工提供工资清单；

（三）扣押或者变相扣押用于支付农民工工资的银行账户所绑定的农民工本人社会保障卡或者银行卡。

第五十五条 有下列情形之一的，由人力资源社会保障行政部门、相关行业工程建设主管部门按照职责责令限期改正；逾期不改正的，责令项目停工，并处 5 万元以上 10 万元以下的罚款；情节严重的，给予施工单位限制承接新工程、降低资质等级、吊销资质证书等处罚：

（一）施工总承包单位未按规定开设或者使用农民工工资专用账户；

（二）施工总承包单位未按规定存储工资保证金或者未提供金融机构保函；

（三）施工总承包单位、分包单位未实行劳动用工实名制管理。

第五十六条　有下列情形之一的，由人力资源社会保障行政部门、相关行业工程建设主管部门按照职责责令限期改正；逾期不改正的，处5万元以上10万元以下的罚款：

（一）分包单位未按月考核农民工工作量、编制工资支付表并经农民工本人签字确认；

（二）施工总承包单位未对分包单位劳动用工实施监督管理；

（三）分包单位未配合施工总承包单位对其劳动用工进行监督管理；

（四）施工总承包单位未实行施工现场维权信息公示制度。

第五十七条　有下列情形之一的，由人力资源社会保障行政部门、相关行业工程建设主管部门按照职责责令限期改正；逾期不改正的，责令项目停工，并处5万元以上10万元以下的罚款：

（一）建设单位未依法提供工程款支付担保；

（二）建设单位未按约定及时足额向农民工工资专用账户拨付工程款中的人工费用；

（三）建设单位或者施工总承包单位拒不提供或者无法提供工程施工合同、农民工工资专用账户有关资料。

第五十八条　不依法配合人力资源社会保障行政部门查询相关单位金融账户的，由金融监管部门责令改正；拒不改正的，处2万元以上5万元以下的罚款。

第五十九条　政府投资项目政府投资资金不到位拖欠农民工工资的，由人力资源社会保障行政部门报本级人民政府批准，责令限期足额拨付所拖欠的资金；逾期不拨付的，由上一级人民政府人力资源社会保障行政部门约谈直接责任部门和相关监管部门负责人，必要时进行通报，约谈地方人民政府负责人。情节严重的，对地方人民政府及其有关部门负责人、直接负责的主管人员和其他直接责任人员依法依规给予处分。

第六十条　政府投资项目建设单位未经批准立项建设、擅自扩大建设规模、擅自增加投资概算、未及时拨付工程款等导致拖欠农民工工资的，除依法承担责任外，由人力资源社会保障行政部门、其他有关部门按照职责约谈建设单位负责人，并作为其业绩考核、薪酬分配、评优评先、职务晋升等的重要依据。

第六十一条 对于建设资金不到位、违法违规开工建设的社会投资工程建设项目拖欠农民工工资的，由人力资源社会保障行政部门、其他有关部门按照职责依法对建设单位进行处罚；对建设单位负责人依法依规给予处分。相关部门工作人员未依法履行职责的，由有关机关依法依规给予处分。

第六十二条 县级以上地方人民政府人力资源社会保障、发展改革、财政、公安等部门和相关行业工程建设主管部门工作人员，在履行农民工工资支付监督管理职责过程中滥用职权、玩忽职守、徇私舞弊的，依法依规给予处分；构成犯罪的，依法追究刑事责任。

第七章 附 则

第六十三条 用人单位一时难以支付拖欠的农民工工资或者拖欠农民工工资逃匿的，县级以上地方人民政府可以动用应急周转金，先行垫付用人单位拖欠的农民工部分工资或者基本生活费。对已经垫付的应急周转金，应当依法向拖欠农民工工资的用人单位进行追偿。

第六十四条 本条例自 2020 年 5 月 1 日起施行。

工资支付暂行规定

（1994 年 12 月 6 日 劳部发〔1994〕489 号）

第一条 为维护劳动者通过劳动获得劳动报酬的权利，规范用人单位的工资支付行为，根据《中华人民共和国劳动法》有关规定，制定本规定。

第二条　本规定适用于在中华人民共和国境内的企业、个体经济组织（以下统称用人单位）和与之形成劳动关系的劳动者。

国家机关、事业组织、社会团体和与之建立劳动合同关系的劳动者，依照本规定执行。

第三条　本规定所称工资是指用人单位依据劳动合同的规定，以各种形式支付给劳动者的工资报酬。

第四条　工资支付主要包括：工资支付项目、工资支付水平、工资支付形式、工资支付对象、工资支付时间以及特殊情况下的工资支付。

第五条　工资应当以法定货币支付。不得以实物及有价证券替代货币支付。

第六条　用人单位应将工资支付给劳动者本人。劳动者本人因故不能领取工资时，可由其亲属或委托他人代领。

用人单位可委托银行代发工资。

用人单位必须书面记录支付劳动者工资的数额、时间、领取者的姓名以及签字，并保存两年以上备查。用人单位在支付工资时应向劳动者提供一份其个人的工资清单。

第七条　工资必须在用人单位与劳动者约定的日期支付。如遇节假日或休息日，则应提前在最近的工作日支付。工资至少每月支付一次，实行周、日、小时工资制的可按周、日、小时支付工资。

第八条　对完成一次性临时劳动或某项具体工作的劳动者，用人单位应按有关协议或合同规定在其完成劳动任务后即支付工资。

第九条　劳动关系双方依法解除或终止劳动合同时，用人单位应在解除或终止劳动合同时一次付清劳动者工资。

第十条　劳动者在法定工作时间内依法参加社会活动期间，用人单位应视同其提供了正常劳动而支付工资。社会活动包括：依法行使选举权或被选举权；当选代表出席乡（镇）、区以上政府、党派、工会、青年团、妇女联合会等组织召开的会议；出任人民法院证明人；出席劳动模范、先进工作者大会；《工会法》规定的不脱产工会基层委员会委员因工会活动占用的生产或工作时间；其他依法参加的社会活动。

第十一条 劳动者依法享受年休假、探亲假、婚假、丧假期间，用人单位应按劳动合同规定的标准支付劳动者工资。

第十二条 非因劳动者原因造成单位停工、停产在一个工资支付周期内的，用人单位应按劳动合同规定的标准支付劳动者工资。超过一个工资支付周期的，若劳动者提供了正常劳动，则支付给劳动者的劳动报酬不得低于当地的最低工资标准；若劳动者没有提供正常劳动，应按国家有关规定办理。

第十三条 用人单位在劳动者完成劳动定额或规定的工作任务后，根据实际需要安排劳动者在法定标准工作时间以外工作的，应按以下标准支付工资：

（一）用人单位依法安排劳动者在日法定标准工作时间以外延长工作时间的，按照不低于劳动合同规定的劳动者本人小时工资标准的150%支付劳动者工资；

（二）用人单位依法安排劳动者在休息日工作，而又不能安排补休的，按照不低于劳动合同规定的劳动者本人日或小时工资标准的200%支付劳动者工资；

（三）用人单位依法安排劳动者在法定休假节日工作的，按照不低于劳动合同规定的劳动者本人日或小时工资标准的300%支付劳动者工资。

实行计件工资的劳动者，在完成计件定额任务后，由用人单位安排延长工作时间的，应根据上述规定的原则，分别按照不低于其本人法定工作时间计件单价的150%、200%、300%支付其工资。

经劳动行政部门批准实行综合计算工时工作制的，其综合计算工作时间超过法定标准工作时间的部分，应视为延长工作时间，并应按本规定支付劳动者延长工作时间的工资。

实行不定时工时制度的劳动者，不执行上述规定。

第十四条 用人单位依法破产时，劳动者有权获得其工资。在破产清偿中用人单位应按《中华人民共和国企业破产法》规定的清偿顺序，首先支付欠付本单位劳动者的工资。

第十五条 用人单位不得克扣劳动者工资。有下列情况之一的，用人单位可以代扣劳动者工资：

（一）用人单位代扣代缴的个人所得税；

（二）用人单位代扣代缴的应由劳动者个人负担的各项社会保险费用；

（三）法院判决、裁定中要求代扣的抚养费、赡养费；

（四）法律、法规规定可以从劳动者工资中扣除的其他费用。

第十六条 因劳动者本人原因给用人单位造成经济损失的，用人单位可按照劳动合同的约定要求其赔偿经济损失。经济损失的赔偿，可从劳动者本人的工资中扣除。但每月扣除的部分不得超过劳动者当月工资的20%。若扣除后的剩余工资部分低于当地月最低工资标准，则按最低工资标准支付。

第十七条 用人单位应根据本规定，通过与职工大会、职工代表大会或者其他形式协商制定内部的工资支付制度，并告知本单位全体劳动者，同时抄报当地劳动行政部门备案。

第十八条 各级劳动行政部门有权监察用人单位工资支付的情况。用人单位有下列侵害劳动者合法权益行为的，由劳动行政部门责令其支付劳动者工资和经济补偿，并可责令其支付赔偿金：

（一）克扣或者无故拖欠劳动者工资的；

（二）拒不支付劳动者延长工作时间工资的；

（三）低于当地最低工资标准支付劳动者工资的。

经济补偿和赔偿金的标准，按国家有关规定执行。

第十九条 劳动者与用人单位因工资支付发生劳动争议的，当事人可依法向劳动争议仲裁机关申请仲裁。对仲裁裁决不服的，可以向人民法院提起诉讼。

第二十条 本规定自 1995 年 1 月 1 日起执行。

劳动和社会保障部关于
职工全年月平均工作时间
和工资折算问题的通知

(2008 年 1 月 3 日　劳社部发〔2008〕3 号)

各省、自治区、直辖市劳动和社会保障厅（局）：

根据《全国年节及纪念日放假办法》（国务院令第 513 号）的规定，全体公民的节日假期由原来的 10 天增设为 11 天。据此，职工全年月平均制度工作天数和工资折算办法分别调整如下：

一、制度工作时间的计算

年工作日：365 天 – 104 天（休息日）– 11 天（法定节假日）= 250 天

季工作日：250 天÷4 季 = 62.5 天/季

月工作日：250 天÷12 月 = 20.83 天/月

工作小时数的计算：以月、季、年的工作日乘以每日的 8 小时。

二、日工资、小时工资的折算

按照《劳动法》第五十一条的规定，法定节假日用人单位应当依法支付工资，即折算日工资、小时工资时不剔除国家规定的 11 天法定节假日。据此，日工资、小时工资的折算为：

日工资：月工资收入÷月计薪天数

小时工资：月工资收入÷（月计薪天数×8 小时）。

月计薪天数 =（365 天 – 104 天）÷12 月 = 21.75 天

三、2000 年 3 月 17 日劳动保障部发布的《关于职工全年月平均工作时间和工资折算问题的通知》（劳社部发〔2000〕8 号）同时废止。

全国人民代表大会常务委员会
关于批准《国务院关于工人退休、
退职的暂行办法》的决议

(1978 年 5 月 24 日第五届全国人民代表大会常务委员会第二次会议通过)

第五届全国人民代表大会常务委员会第二次会议决定：原则批准《国务院关于工人退休、退职的暂行办法》。

附:

国务院关于工人退休、退职的暂行办法

(1978 年 5 月 24 日第五届全国人民代表大会常务委员会第二次会议原则批准　1978 年 6 月 2 日国务院发布)

老年工人和因工、因病丧失劳动能力的工人，对社会主义革命和建设做出了应有的贡献。妥善安置他们的生活，使他们愉快地度过晚年，这是社会主义制度优越性的具体体现，同时也有利于工人队伍的精干，对实现我国的四个现代化，必将起促进作用。为了做好这项工作，特制定本办法。

第一条　全民所有制企业、事业单位和党政机关、群众团体的工人，符合下列条件之一的，应该退休。

（一）男年满 60 周岁，女年满 50 周岁，连续工龄满 10 年的。

（二）从事井下、高空、高温、特别繁重体力劳动或者其他有害身体健康的工作，男年满 55 周岁、女年满 45 周岁，连续工龄满 10 年的。

本项规定也适用于工作条件与工人相同的基层干部。

（三）男年满 50 周岁、女年满 45 周岁，连续工龄满 10 年，由医院证明，并经劳动鉴定委员会确认，完全丧失劳动能力的。

（四）因工致残，由医院证明，并经劳动鉴定委员会确认，完全丧失劳动能力的。

第二条 工人退休以后，每月按下列标准发给退休费，直至去世为止。

（一）符合第一条第（一）、（二）、（三）项条件，抗日战争时期参加革命工作的，按本人标准工资的 90% 发给。解放战争时期参加革命工作的，按本人标准工资的 80% 发给。中华人民共和国成立后参加革命工作，连续工龄满 20 年的，按本人标准工资的 75% 发给；连续工龄满 15 年不满 20 年的，按本人标准工资的 70% 发给；连续工龄满 10 年不满 15 年的，按本人标准工资的 60% 发给。退休费低于 25 元的，按 25 元发给。

（二）符合第一条第（四）项条件，饮食起居需要人扶助的，按本人标准工资的 90% 发给，还可以根据实际情况发给一定数额的护理费，护理费标准，一般不得超过一个普通工人的工资；饮食起居不需要人扶助的，按本人标准工资的 80% 发给。同时具备两项以上的退休条件，应当按最高的标准发给。退休费低于 35 元的，按 35 元发给。

第三条 患二、三期矽肺病离职休养的工人，如果本人自愿，也可以退休。退休费按本人标准工资的 90% 发给，并享受原单位矽肺病人在离职休养期间的待遇。

患二、三期矽肺病离职休养的干部，也可以按照本条的办法执行。

第四条 获得全国劳动英雄、劳动模范称号，在退休时仍然保持其荣誉的工人；省、市、自治区革命委员会认为在革命和建设中有特殊贡献的工人；部队军以上单位授予战斗英雄称号的转业、复员军人，在退休时仍保持其荣誉的，其退休费可以酌情高于本办法所定标准的 5% 至 15%，但提高标准后的退休费，不得超过本人原标准工资。

第五条 不具备退休条件，由医院证明，并经劳动鉴定委员会确认，完全丧失劳动能力的工人，应该退职的，退职后，按月发给相当于本人标准工资 40% 的生活费，低于 20 元的，按 20 元发给。

第六条 退休工人易地安家的，一般由原工作单位一次发给 150 元的安家补助费，从大中城市到农村安家的，发给 300 元。

退职工人易地安家的，可以发给相当于本人两个月标准工资的安家补助费。

第七条 工人退休、退职的时候，本人及其给养的直系亲属前往居住地点途中所需的车船费、旅馆费、行李搬运费和伙食补助费，都按照现行的规定办理。

第八条 退休、退职工人本人，可以继续享受公费医疗待遇。

第九条 工人的退休费、退职生活费，企业单位，由企业行政支付；党政机关、群众团体和事业单位，由退休、退职工人居住地方的县级民政部门另列预算支付。

第十条 工人退休、退职后，家庭生活确实困难的，或多子女上山下乡、子女就业少的，原则上可以招收其一名符合招工条件的子女参加工作。招收的子女，可以是按政策规定留城的知识青年，可以是上山下乡知识青年，也可以是城镇应届中学毕业生。

我国农业生产水平还比较低，粮食还没有过关，对增加城镇和其他吃商品粮的人口，必须严加控制。因此，家居农村的退休、退职工人，应尽量回到农村安置，本人户口迁回农村的，也可以招收他们在农村的一名符合招工条件的子女参加工作；退休、退职工人回农村后，其口粮由所在生产队供应。

招收退休、退职工人的子女，应当由当地劳动部门统一安排。招收子女的具体办法，由省、市、自治区根据上述原则结合本地区的实际情况自行规定。

第十一条 工人退休、退职后，不要继续留在全民所有制单位。他们到城镇街道、农村社队后，街道组织和社队要加强对他们的管理教育，关心他们的生活，注意发挥他们的积极作用。街道、社队集体所有制单位如果需要退休、退职工人从事力所能及的工作，可以付给一定的报酬，但连同本人退休费或退职生活费在内，不能超过本人在职时的标准工资。

对于单身在外地工作的工人，退休、退职后要求迁到家属所在地居住的，迁入地区应当准予落户。

第十二条　各地区、各部门、各单位要切实加强对工人退休、退职工作的领导。对应该退休、退职的工人，要做好深入细致的思想政治工作，动员他们退休、退职。退休、退职工作要分期分批进行。要严格掌握退休、退职条件和招工条件，防止因招收退休、退职工人子女而任意扩大退休、退职范围和降低招工质量。

第十三条　集体所有制企业、事业单位工人的退休、退职，由省、市、自治区革命委员会参照本办法，结合本地区集体所有制单位的实际情况，自行制定具体办法，其各项待遇，不得高于本办法所定的标准。

第十四条　过去有关工人退休、退职的规定与本办法不一致的，按本办法执行。已按有关规定办理了退休的工人，其退休费标准低于本办法所定标准的，自本办法下达之月起，改按本办法规定的标准发给，但解放战争时期参加革命工作，连续工龄不满20年的，只按本人标准工资的75%发给。改变退休费标准后的差额部分一律不予补发。已按有关规定办理了退职的工人，其待遇一律不再变动。

企业职工患病或非因工负伤医疗期规定

（1994 年 12 月 1 日　劳部发〔1994〕479 号）

第一条　为了保障企业职工在患病或非因工负伤期间的合法权益，根据《中华人民共和国劳动法》第二十六、二十九条规定，制定本规定。

第二条　医疗期是指企业职工因患病或非因工负伤停止工作治病休息不得解除劳动合同的时限。

第三条　企业职工因患病或非因工负伤，需要停止工作医疗时，根据本人实际参加工作年限和在本单位工作年限，给予3个月到24个月的医疗期：

（一）实际工作年限10年以下的，在本单位工作年限5年以下的为3个月；5年以上的为6个月。

（二）实际工作年限10年以上的，在本单位工作年限5年以下的为6个月；5年以上10年以下的为9个月；10年以上15年以下的为12个月；15年以上20年以下的为18个月；20年以上的为24个月。

第四条 医疗期3个月的按6个月内累计病休时间计算；6个月的按12个月内累计病休时间计算；9个月的按15个月内累计病休时间计算；12个月的按18个月内累计病休时间计算；18个月的按24个月内累计病休时间计算；24个月的按30个月内累计病休时间计算。

第五条 企业职工在医疗期内，其病假工资、疾病救济费和医疗待遇按照有关规定执行。

第六条 企业职工非因工致残和经医生或医疗机构认定患有难以治疗的疾病，在医疗期内医疗终结，不能从事原工作，也不能从事用人单位另行安排的工作的，应当由劳动鉴定委员会参照工伤与职业病致残程度鉴定标准进行劳动能力的鉴定。被鉴定为一至四级的，应当退出劳动岗位，终止劳动关系，办理退休、退职手续，享受退休、退职待遇；被鉴定为五至十级的，医疗期内不得解除劳动合同。

第七条 企业职工非因工致残和经医生或医疗机构认定患有难以治疗的疾病，医疗期满，应当由劳动鉴定委员会参照工伤与职业病致残程度鉴定标准进行劳动能力的鉴定。被鉴定为一至四级的，应当退出劳动岗位，解除劳动关系，并办理退休、退职手续，享受退休、退职待遇。

第八条 医疗期满尚未痊愈者，被解除劳动合同的经济补偿问题按照有关规定执行。

第九条 本规定自1995年1月1日起施行。

国务院关于职工探亲待遇的规定

（1981 年 3 月 6 日第五届全国人民代表大会常务委员会第十七次会议批准 1981 年 3 月 14 日国务院发布）

第一条 为了适当地解决职工同亲属长期远居两地的探亲问题，特制定本规定。

第二条 凡在国家机关、人民团体和全民所有制企业、事业单位工作满一年的固定职工，与配偶不住在一起，又不能在公休假日团聚的，可以享受本规定探望配偶的待遇；与父亲、母亲都不住在一起，又不能在公休假日团聚的，可以享受本规定探望父母的待遇。但是，职工与父亲或与母亲一方能够在公休假日团聚的，不能享受本规定探望父母的待遇。

第三条 职工探亲假期：

（一）职工探望配偶的，每年给予一方探亲假一次，假期为 30 天。

（二）未婚职工探望父母，原则上每年给假一次，假期为 20 天。如果因为工作需要，本单位当年不能给予假期，或者职工自愿两年探亲一次的，可以两年给假一次，假期为 45 天。

（三）已婚职工探望父母的，每四年给假一次，假期为 20 天。

探亲假期是指职工与配偶、父、母团聚的时间，另外，根据实际需要给予路程假。上述假期均包括公休假日和法定节日在内。

第四条 凡实行休假制度的职工（例如学校的教职工），应该在休假期间探亲；如果休假期较短，可由本单位适当安排，补足其探亲假的天数。

第五条 职工在规定的探亲假期和路程假期内，按照本人的标准工资发给工资。

第六条 职工探望配偶和未婚职工探望父母的往返路费，由所在单位负担。已婚职工探望父母的往返路费，在本人月标准工资

30% 以内的，由本人自理，超过部分由所在单位负担。

第七条　各省、直辖市人民政府可以根据本规定制定实施细则，并抄送国家劳动总局备案。

自治区可以根据本规定的精神制定探亲规定；报国务院批准执行。

第八条　集体所有制企业、事业单位职工的探亲待遇，由各省、自治区、直辖市人民政府根据本地区的实际情况自行规定。

第九条　本规定自发布之日起施行。1958 年 2 月 9 日《国务院关于工人、职员回家探亲的假期和工资待遇的暂行规定》同时废止。

职工带薪年休假条例

（2007 年 12 月 7 日国务院第 198 次常务会议通过
2007 年 12 月 14 日中华人民共和国国务院令第 514 号公布
自 2008 年 1 月 1 日起施行）

第一条　为了维护职工休息休假权利，调动职工工作积极性，根据劳动法和公务员法，制定本条例。

第二条　机关、团体、企业、事业单位、民办非企业单位、有雇工的个体工商户等单位的职工连续工作 1 年以上的，享受带薪年休假（以下简称年休假）。单位应当保证职工享受年休假。

职工在年休假期间享受与正常工作期间相同的工资收入。

第三条　职工累计工作已满 1 年不满 10 年的，年休假 5 天；已满 10 年不满 20 年的，年休假 10 天；已满 20 年的，年休假 15 天。

国家法定休假日、休息日不计入年休假的假期。

第四条　职工有下列情形之一的，不享受当年的年休假：

（一）职工依法享受寒暑假，其休假天数多于年休假天数的；

（二）职工请事假累计 20 天以上且单位按照规定不扣工资的；

（三）累计工作满 1 年不满 10 年的职工，请病假累计 2 个月以

188

上的；

（四）累计工作满 10 年不满 20 年的职工，请病假累计 3 个月以上的；

（五）累计工作满 20 年以上的职工，请病假累计 4 个月以上的。

第五条 单位根据生产、工作的具体情况，并考虑职工本人意愿，统筹安排职工年休假。

年休假在 1 个年度内可以集中安排，也可以分段安排，一般不跨年度安排。单位因生产、工作特点确有必要跨年度安排职工年休假的，可以跨 1 个年度安排。

单位确因工作需要不能安排职工休年休假的，经职工本人同意，可以不安排职工休年休假。对职工应休未休的年休假天数，单位应当按照该职工日工资收入的 300% 支付年休假工资报酬。

第六条 县级以上地方人民政府人事部门、劳动保障部门应当依据职权对单位执行本条例的情况主动进行监督检查。

工会组织依法维护职工的年休假权利。

第七条 单位不安排职工休年休假又不依照本条例规定给予年休假工资报酬的，由县级以上地方人民政府人事部门或者劳动保障部门依据职权责令限期改正；对逾期不改正的，除责令该单位支付年休假工资报酬外，单位还应当按照年休假工资报酬的数额向职工加付赔偿金；对拒不支付年休假工资报酬、赔偿金的，属于公务员和参照公务员法管理的人员所在单位的，对直接负责的主管人员以及其他直接责任人员依法给予处分；属于其他单位的，由劳动保障部门、人事部门或者职工申请人民法院强制执行。

第八条 职工与单位因年休假发生的争议，依照国家有关法律、行政法规的规定处理。

第九条 国务院人事部门、国务院劳动保障部门依据职权，分别制定本条例的实施办法。

第十条 本条例自 2008 年 1 月 1 日起施行。

企业职工带薪年休假实施办法

（2008 年 9 月 18 日人力资源和社会保障部令第 1 号公布　自公布之日起施行）

第一条　为了实施《职工带薪年休假条例》（以下简称条例），制定本实施办法。

第二条　中华人民共和国境内的企业、民办非企业单位、有雇工的个体工商户等单位（以下称用人单位）和与其建立劳动关系的职工，适用本办法。

第三条　职工连续工作满 12 个月以上的，享受带薪年休假（以下简称年休假）。

第四条　年休假天数根据职工累计工作时间确定。职工在同一或者不同用人单位工作期间，以及依照法律、行政法规或者国务院规定视同工作期间，应当计为累计工作时间。

第五条　职工新进用人单位且符合本办法第三条规定的，当年度年休假天数，按照在本单位剩余日历天数折算确定，折算后不足 1 整天的部分不享受年休假。

前款规定的折算方法为：（当年度在本单位剩余日历天数÷365天）×职工本人全年应当享受的年休假天数。

第六条　职工依法享受的探亲假、婚丧假、产假等国家规定的假期以及因工伤停工留薪期间不计入年休假假期。

第七条　职工享受寒暑假天数多于其年休假天数的，不享受当年的年休假。确因工作需要，职工享受的寒暑假天数少于其年休假天数的，用人单位应当安排补足年休假天数。

第八条　职工已享受当年的年休假，年度内又出现条例第四条第（二）、（三）、（四）、（五）项规定情形之一的，不享受下一年度的年休假。

第九条　用人单位根据生产、工作的具体情况，并考虑职工本人意愿，统筹安排年休假。用人单位确因工作需要不能安排职工年休假或者跨1个年度安排年休假的，应征得职工本人同意。

　　第十条　用人单位经职工同意不安排年休假或者安排职工休假天数少于应休年休假天数的，应当在本年度内对职工应休未休年休假天数，按照其日工资收入的300%支付未休年休假工资报酬，其中包含用人单位支付职工正常工作期间的工资收入。

　　用人单位安排职工休年休假，但是职工因本人原因且书面提出不休年休假的，用人单位可以只支付其正常工作期间的工资收入。

　　第十一条　计算未休年休假工资报酬的日工资收入按照职工本人的月工资除以月计薪天数（21.75天）进行折算。

　　前款所称月工资是指职工在用人单位支付其未休年休假工资报酬前12个月剔除加班工资后的月平均工资。在本用人单位工作时间不满12个月的，按实际月份计算月平均工资。

　　职工在年休假期间享受与正常工作期间相同的工资收入。实行计件工资、提成工资或者其他绩效工资制的职工，日工资收入的计发办法按照本条第一款、第二款的规定执行。

　　第十二条　用人单位与职工解除或者终止劳动合同时，当年度未安排职工休满应休年休假天数的，应当按照职工当年已工作时间折算应休未休年休假天数并支付未休年休假工资报酬，但折算后不足1整天的部分不支付未休年休假工资报酬。

　　前款规定的折算方法为：（当年度在本单位已过日历天数÷365天）×职工本人全年应当享受的年休假天数－当年度已安排年休假天数。

　　用人单位当年已安排职工年休假的，多于折算应休年休假的天数不再扣回。

　　第十三条　劳动合同、集体合同约定的或者用人单位规章制度规定的年休假天数、未休年休假工资报酬高于法定标准的，用人单位应当按照有关约定或者规定执行。

　　第十四条　劳务派遣单位的职工符合本办法第三条规定条件的，享受年休假。

被派遣职工在劳动合同期限内无工作期间由劳务派遣单位依法支付劳动报酬的天数多于其全年应当享受的年休假天数的，不享受当年的年休假；少于其全年应当享受的年休假天数的，劳务派遣单位、用工单位应当协商安排补足被派遣职工年休假天数。

第十五条 县级以上地方人民政府劳动行政部门应当依法监督检查用人单位执行条例及本办法的情况。

用人单位不安排职工休年休假又不依照条例及本办法规定支付未休年休假工资报酬的，由县级以上地方人民政府劳动行政部门依据职权责令限期改正；对逾期不改正的，除责令该用人单位支付未休年休假工资报酬外，用人单位还应当按照未休年休假工资报酬的数额向职工加付赔偿金；对拒不执行支付未休年休假工资报酬、赔偿金行政处理决定的，由劳动行政部门申请人民法院强制执行。

第十六条 职工与用人单位因年休假发生劳动争议的，依照劳动争议处理的规定处理。

第十七条 除法律、行政法规或者国务院另有规定外，机关、事业单位、社会团体和与其建立劳动关系的职工，依照本办法执行。

船员的年休假按《中华人民共和国船员条例》执行。

第十八条 本办法中的"年度"是指公历年度。

第十九条 本办法自发布之日起施行。

女职工劳动保护特别规定

(2012 年 4 月 18 日国务院第 200 次常务会议通过　2012 年 4 月 28 日中华人民共和国国务院令第 619 号公布　自公布之日起施行)

第一条 为了减少和解决女职工在劳动中因生理特点造成的特殊困难，保护女职工健康，制定本规定。

第二条 中华人民共和国境内的国家机关、企业、事业单位、社会团体、个体经济组织以及其他社会组织等用人单位及其女职工，适用本规定。

第三条 用人单位应当加强女职工劳动保护，采取措施改善女职工劳动安全卫生条件，对女职工进行劳动安全卫生知识培训。

第四条 用人单位应当遵守女职工禁忌从事的劳动范围的规定。用人单位应当将本单位属于女职工禁忌从事的劳动范围的岗位书面告知女职工。

女职工禁忌从事的劳动范围由本规定附录列示。国务院安全生产监督管理部门会同国务院人力资源社会保障行政部门、国务院卫生行政部门根据经济社会发展情况，对女职工禁忌从事的劳动范围进行调整。

第五条 用人单位不得因女职工怀孕、生育、哺乳降低其工资、予以辞退、与其解除劳动或者聘用合同。

第六条 女职工在孕期不能适应原劳动的，用人单位应当根据医疗机构的证明，予以减轻劳动量或者安排其他能够适应的劳动。

对怀孕 7 个月以上的女职工，用人单位不得延长劳动时间或者安排夜班劳动，并应当在劳动时间内安排一定的休息时间。

怀孕女职工在劳动时间内进行产前检查，所需时间计入劳动时间。

第七条 女职工生育享受 98 天产假，其中产前可以休假 15 天；难产的，增加产假 15 天；生育多胞胎的，每多生育 1 个婴儿，增加产假 15 天。

女职工怀孕未满 4 个月流产的，享受 15 天产假；怀孕满 4 个月流产的，享受 42 天产假。

第八条 女职工产假期间的生育津贴，对已经参加生育保险的，按照用人单位上年度职工月平均工资的标准由生育保险基金支付；对未参加生育保险的，按照女职工产假前工资的标准由用人单位支付。

女职工生育或者流产的医疗费用，按照生育保险规定的项目和标准，对已经参加生育保险的，由生育保险基金支付；对未参加生育保险的，由用人单位支付。

第九条 对哺乳未满 1 周岁婴儿的女职工，用人单位不得延长劳动时间或者安排夜班劳动。

用人单位应当在每天的劳动时间内为哺乳期女职工安排 1 小时哺乳时间；女职工生育多胞胎的，每多哺乳 1 个婴儿每天增加 1 小时哺乳时间。

第十条 女职工比较多的用人单位应当根据女职工的需要，建立女职工卫生室、孕妇休息室、哺乳室等设施，妥善解决女职工在生理卫生、哺乳方面的困难。

第十一条 在劳动场所，用人单位应当预防和制止对女职工的性骚扰。

第十二条 县级以上人民政府人力资源社会保障行政部门、安全生产监督管理部门按照各自职责负责对用人单位遵守本规定的情况进行监督检查。

工会、妇女组织依法对用人单位遵守本规定的情况进行监督。

第十三条 用人单位违反本规定第六条第二款、第七条、第九条第一款规定的，由县级以上人民政府人力资源社会保障行政部门责令限期改正，按照受侵害女职工每人 1000 元以上 5000 元以下的标准计算，处以罚款。

用人单位违反本规定附录第一条、第二条规定的，由县级以上人民政府安全生产监督管理部门责令限期改正，按照受侵害女职工每人 1000 元以上 5000 元以下的标准计算，处以罚款。用人单位违反本规定附录第三条、第四条规定的，由县级以上人民政府安全生产监督管理部门责令限期治理，处 5 万元以上 30 万元以下的罚款；情节严重的，责令停止有关作业，或者提请有关人民政府按照国务院规定的权限责令关闭。

第十四条 用人单位违反本规定，侵害女职工合法权益的，女职工可以依法投诉、举报、申诉，依法向劳动人事争议调解仲裁机构申请调解仲裁，对仲裁裁决不服的，依法向人民法院提起诉讼。

第十五条 用人单位违反本规定，侵害女职工合法权益，造成女职工损害的，依法给予赔偿；用人单位及其直接负责的主管人员和其他直接责任人员构成犯罪的，依法追究刑事责任。

第十六条　本规定自公布之日起施行。1988 年 7 月 21 日国务院发布的《女职工劳动保护规定》同时废止。

附录:

女职工禁忌从事的劳动范围

一、女职工禁忌从事的劳动范围:

(一)矿山井下作业;

(二)体力劳动强度分级标准中规定的第四级体力劳动强度的作业;

(三)每小时负重 6 次以上、每次负重超过 20 公斤的作业,或者间断负重、每次负重超过 25 公斤的作业。

二、女职工在经期禁忌从事的劳动范围:

(一)冷水作业分级标准中规定的第二级、第三级、第四级冷水作业;

(二)低温作业分级标准中规定的第二级、第三级、第四级低温作业;

(三)体力劳动强度分级标准中规定的第三级、第四级体力劳动强度的作业;

(四)高处作业分级标准中规定的第三级、第四级高处作业。

三、女职工在孕期禁忌从事的劳动范围:

(一)作业场所空气中铅及其化合物、汞及其化合物、苯、镉、铍、砷、氰化物、氮氧化物、一氧化碳、二硫化碳、氯、己内酰胺、氯丁二烯、氯乙烯、环氧乙烷、苯胺、甲醛等有毒物质浓度超过国家职业卫生标准的作业;

(二)从事抗癌药物、己烯雌酚生产,接触麻醉剂气体等的作业;

(三)非密封源放射性物质的操作,核事故与放射事故的应急处置;

(四)高处作业分级标准中规定的高处作业;

(五)冷水作业分级标准中规定的冷水作业;

（六）低温作业分级标准中规定的低温作业；

（七）高温作业分级标准中规定的第三级、第四级的作业；

（八）噪声作业分级标准中规定的第三级、第四级的作业；

（九）体力劳动强度分级标准中规定的第三级、第四级体力劳动强度的作业；

（十）在密闭空间、高压室作业或者潜水作业，伴有强烈振动的作业，或者需要频繁弯腰、攀高、下蹲的作业。

四、女职工在哺乳期禁忌从事的劳动范围：

（一）孕期禁忌从事的劳动范围的第一项、第三项、第九项；

（二）作业场所空气中锰、氟、溴、甲醇、有机磷化合物、有机氯化合物等有毒物质浓度超过国家职业卫生标准的作业。

劳务派遣

劳务派遣行政许可实施办法

（2013 年 6 月 20 日人力资源和社会保障部令第 19 号公布　自 2013 年 7 月 1 日起施行）

第一章　总　　则

第一条　为了规范劳务派遣，根据《中华人民共和国劳动合同法》《中华人民共和国行政许可法》等法律，制定本办法。

第二条　劳务派遣行政许可的申请受理、审查批准以及相关的监督检查等，适用本办法。

第三条　人力资源社会保障部负责对全国的劳务派遣行政许可工作进行监督指导。

县级以上地方人力资源社会保障行政部门按照省、自治区、直辖市人力资源社会保障行政部门确定的许可管辖分工，负责实施本行政区域内劳务派遣行政许可工作以及相关的监督检查。

第四条　人力资源社会保障行政部门实施劳务派遣行政许可，应当遵循权责统一、公开公正、优质高效的原则。

第五条　人力资源社会保障行政部门应当在本行政机关办公场所、网站上公布劳务派遣行政许可的依据、程序、期限、条件和需要提交的全部材料目录以及监督电话，并在本行政机关网站和至少一种全地区性报纸上向社会公布获得许可的劳务派遣单位名单及其许可变更、延续、撤销、吊销、注销等情况。

第二章　劳务派遣行政许可

第六条　经营劳务派遣业务，应当向所在地有许可管辖权的人力资源社会保障行政部门（以下称许可机关）依法申请行政许可。

未经许可，任何单位和个人不得经营劳务派遣业务。

第七条 申请经营劳务派遣业务应当具备下列条件：

（一）注册资本不得少于人民币 200 万元；

（二）有与开展业务相适应的固定的经营场所和设施；

（三）有符合法律、行政法规规定的劳务派遣管理制度；

（四）法律、行政法规规定的其他条件。

第八条 申请经营劳务派遣业务的，申请人应当向许可机关提交下列材料：

（一）劳务派遣经营许可申请书；

（二）营业执照或者《企业名称预先核准通知书》；

（三）公司章程以及验资机构出具的验资报告或者财务审计报告；

（四）经营场所的使用证明以及与开展业务相适应的办公设施设备、信息管理系统等清单；

（五）法定代表人的身份证明；

（六）劳务派遣管理制度，包括劳动合同、劳动报酬、社会保险、工作时间、休息休假、劳动纪律等与劳动者切身利益相关的规章制度文本；拟与用工单位签订的劳务派遣协议样本。

第九条 许可机关收到申请材料后，应当根据下列情况分别作出处理：

（一）申请材料存在可以当场更正的错误的，应当允许申请人当场更正；

（二）申请材料不齐全或者不符合法定形式的，应当当场或者在 5 个工作日内一次告知申请人需要补正的全部内容，逾期不告知的，自收到申请材料之日起即为受理；

（三）申请材料齐全、符合法定形式，或者申请人按照要求提交了全部补正申请材料的，应当受理行政许可申请。

第十条 许可机关对申请人提出的申请决定受理的，应当出具《受理决定书》；决定不予受理的，应当出具《不予受理决定书》，说明不予受理的理由，并告知申请人享有依法申请行政复议或者提起行政诉讼的权利。

第十一条 许可机关决定受理申请的，应当对申请人提交的申请材料进行审查。根据法定条件和程序，需要对申请材料的实质内容进行核实的，许可机关应当指派 2 名以上工作人员进行核查。

第十二条 许可机关应当自受理之日起 20 个工作日内作出是否准予行政许可的决定。20 个工作日内不能作出决定的，经本行政机关负责人批准，可以延长 10 个工作日，并应当将延长期限的理由告知申请人。

第十三条 申请人的申请符合法定条件的，许可机关应当依法作出准予行政许可的书面决定，并自作出决定之日起 5 个工作日内通知申请人领取《劳务派遣经营许可证》。

申请人的申请不符合法定条件的，许可机关应当依法作出不予行政许可的书面决定，说明不予行政许可的理由，并告知申请人享有依法申请行政复议或者提起行政诉讼的权利。

第十四条 《劳务派遣经营许可证》应当载明单位名称、住所、法定代表人、注册资本、许可经营事项、有效期限、编号、发证机关以及发证日期等事项。《劳务派遣经营许可证》分为正本、副本。正本、副本具有同等法律效力。

《劳务派遣经营许可证》有效期为 3 年。

《劳务派遣经营许可证》由人力资源社会保障部统一制定样式，由各省、自治区、直辖市人力资源社会保障行政部门负责印制、免费发放和管理。

第十五条 劳务派遣单位取得《劳务派遣经营许可证》后，应当妥善保管，不得涂改、倒卖、出租、出借或者以其他形式非法转让。

第十六条 劳务派遣单位名称、住所、法定代表人或者注册资本等改变的，应当向许可机关提出变更申请。符合法定条件的，许可机关应当自收到变更申请之日起 10 个工作日内依法办理变更手续，并换发新的《劳务派遣经营许可证》或者在原《劳务派遣经营许可证》

上予以注明；不符合法定条件的，许可机关应当自收到变更申请之日起 10 个工作日内作出不予变更的书面决定，并说明理由。

第十七条　劳务派遣单位分立、合并后继续存续，其名称、住所、法定代表人或者注册资本等改变的，应当按照本办法第十六条规定执行。

劳务派遣单位分立、合并后设立新公司的，应当按照本办法重新申请劳务派遣行政许可。

第十八条　劳务派遣单位需要延续行政许可有效期的，应当在有效期届满 60 日前向许可机关提出延续行政许可的书面申请，并提交 3 年以来的基本经营情况；劳务派遣单位逾期提出延续行政许可的书面申请的，按照新申请经营劳务派遣行政许可办理。

第十九条　许可机关应当根据劳务派遣单位的延续申请，在该行政许可有效期届满前作出是否准予延续的决定；逾期未作决定的，视为准予延续。

准予延续行政许可的，应当换发新的《劳务派遣经营许可证》。

第二十条　劳务派遣单位有下列情形之一的，许可机关应当自收到延续申请之日起 10 个工作日内作出不予延续书面决定，并说明理由：

（一）逾期不提交劳务派遣经营情况报告或者提交虚假劳务派遣经营情况报告，经责令改正，拒不改正的；

（二）违反劳动保障法律法规，在一个行政许可期限内受到 2 次以上行政处罚的。

第二十一条　劳务派遣单位设立子公司经营劳务派遣业务的，应当由子公司向所在地许可机关申请行政许可；劳务派遣单位设立分公司经营劳务派遣业务的，应当书面报告许可机关，并由分公司向所在地人力资源社会保障行政部门备案。

第三章　监督检查

第二十二条　劳务派遣单位应当于每年 3 月 31 日前向许可机关提交上一年度劳务派遣经营情况报告，如实报告下列事项：

（一）经营情况以及上年度财务审计报告；

（二）被派遣劳动者人数以及订立劳动合同、参加工会的情况；

（三）向被派遣劳动者支付劳动报酬的情况；

（四）被派遣劳动者参加社会保险、缴纳社会保险费的情况；

（五）被派遣劳动者派往的用工单位、派遣数量、派遣期限、用工岗位的情况；

（六）与用工单位订立的劳务派遣协议情况以及用工单位履行法定义务的情况；

（七）设立子公司、分公司等情况。

劳务派遣单位设立的子公司或者分公司，应当向办理许可或者备案手续的人力资源社会保障行政部门提交上一年度劳务派遣经营情况报告。

第二十三条 许可机关应当对劳务派遣单位提交的年度经营情况报告进行核验，依法对劳务派遣单位进行监督，并将核验结果和监督情况载入企业信用记录。

第二十四条 有下列情形之一的，许可机关或者其上级行政机关，可以撤销劳务派遣行政许可：

（一）许可机关工作人员滥用职权、玩忽职守，给不符合条件的申请人发放《劳务派遣经营许可证》的；

（二）超越法定职权发放《劳务派遣经营许可证》的；

（三）违反法定程序发放《劳务派遣经营许可证》的；

（四）依法可以撤销行政许可的其他情形。

第二十五条 申请人隐瞒真实情况或者提交虚假材料申请行政许可的，许可机关不予受理、不予行政许可。

劳务派遣单位以欺骗、贿赂等不正当手段和隐瞒真实情况或者提交虚假材料取得行政许可的，许可机关应当予以撤销。被撤销行政许可的劳务派遣单位在1年内不得再次申请劳务派遣行政许可。

第二十六条 有下列情形之一的，许可机关应当依法办理劳务派遣行政许可注销手续：

（一）《劳务派遣经营许可证》有效期届满，劳务派遣单位未申请延续的，或者延续申请未被批准的；

（二）劳务派遣单位依法终止的；

（三）劳务派遣行政许可依法被撤销，或者《劳务派遣经营许可证》依法被吊销的；

（四）法律、法规规定的应当注销行政许可的其他情形。

第二十七条 劳务派遣单位向许可机关申请注销劳务派遣行政许可的，应当提交已经依法处理与被派遣劳动者的劳动关系及其社会保险权益等材料，许可机关应当在核实有关情况后办理注销手续。

第二十八条 当事人对许可机关作出的有关劳务派遣行政许可的行政决定不服的，可以依法申请行政复议或者提起行政诉讼。

第二十九条 任何组织和个人有权对实施劳务派遣行政许可中的违法违规行为进行举报，人力资源社会保障行政部门应当及时核实、处理。

第四章　法律责任

第三十条 人力资源社会保障行政部门有下列情形之一的，由其上级行政机关或者监察机关责令改正，对直接负责的主管人员和其他直接责任人员依法给予处分；构成犯罪的，依法追究刑事责任：

（一）向不符合法定条件的申请人发放《劳务派遣经营许可证》，或者超越法定职权发放《劳务派遣经营许可证》的；

（二）对符合法定条件的申请人不予行政许可或者不在法定期限内作出准予行政许可决定的；

（三）在办理行政许可、实施监督检查工作中，玩忽职守、徇私舞弊，索取或者收受他人财物或者谋取其他利益的；

（四）不依法履行监督职责或者监督不力，造成严重后果的。

许可机关违法实施行政许可，给当事人的合法权益造成损害的，应当依照国家赔偿法的规定给予赔偿。

第三十一条 任何单位和个人违反《中华人民共和国劳动合同法》的规定，未经许可，擅自经营劳务派遣业务的，由人力资源社会保障行政部门责令停止违法行为，没收违法所得，并处违法所得1倍以上5倍以下的罚款；没有违法所得的，可以处5万元以下的罚款。

第三十二条 劳务派遣单位违反《中华人民共和国劳动合同法》有关劳务派遣规定的，由人力资源社会保障行政部门责令限期改正；逾期不改正的，以每人5000元以上1万元以下的标准处以罚款，并吊销其《劳务派遣经营许可证》。

第三十三条 劳务派遣单位有下列情形之一的，由人力资源社会保障行政部门处1万元以下的罚款；情节严重的，处1万元以上3万元以下的罚款：

（一）涂改、倒卖、出租、出借《劳务派遣经营许可证》，或者以其他形式非法转让《劳务派遣经营许可证》的；

（二）隐瞒真实情况或者提交虚假材料取得劳务派遣行政许可的；

（三）以欺骗、贿赂等不正当手段取得劳务派遣行政许可的。

第五章　附　　则

第三十四条 劳务派遣单位在2012年12月28日至2013年6月30日之间订立的劳动合同和劳务派遣协议，2013年7月1日后应当按照《全国人大常委会关于修改〈中华人民共和国劳动合同法〉的决定》执行。

本办法施行前经营劳务派遣业务的单位，应当按照本办法取得劳务派遣行政许可后，方可经营新的劳务派遣业务；本办法施行后未取得劳务派遣行政许可的，不得经营新的劳务派遣业务。

第三十五条 本办法自2013年7月1日起施行。

劳务派遣暂行规定

（2014 年 1 月 24 日人力资源和社会保障部令第 22 号公布　自 2014 年 3 月 1 日起施行）

第一章　总　则

第一条　为规范劳务派遣，维护劳动者的合法权益，促进劳动关系和谐稳定，依据《中华人民共和国劳动合同法》（以下简称劳动合同法）和《中华人民共和国劳动合同法实施条例》（以下简称劳动合同法实施条例）等法律、行政法规，制定本规定。

第二条　劳务派遣单位经营劳务派遣业务，企业（以下称用工单位）使用被派遣劳动者，适用本规定。

依法成立的会计师事务所、律师事务所等合伙组织和基金会以及民办非企业单位等组织使用被派遣劳动者，依照本规定执行。

第二章　用工范围和用工比例

第三条　用工单位只能在临时性、辅助性或者替代性的工作岗位上使用被派遣劳动者。

前款规定的临时性工作岗位是指存续时间不超过 6 个月的岗位；辅助性工作岗位是指为主营业务岗位提供服务的非主营业务岗位；替代性工作岗位是指用工单位的劳动者因脱产学习、休假等原因无法工作的一定期间内，可以由其他劳动者替代工作的岗位。

用工单位决定使用被派遣劳动者的辅助性岗位，应当经职工代表大会或者全体职工讨论，提出方案和意见，与工会或者职工代表平等协商确定，并在用工单位内公示。

第四条　用工单位应当严格控制劳务派遣用工数量，使用的被派遣劳动者数量不得超过其用工总量的 10%。

前款所称用工总量是指用工单位订立劳动合同人数与使用的被派遣劳动者人数之和。

计算劳务派遣用工比例的用工单位是指依照劳动合同法和劳动合同法实施条例可以与劳动者订立劳动合同的用人单位。

第三章　劳动合同、劳务派遣协议的订立和履行

第五条　劳务派遣单位应当依法与被派遣劳动者订立 2 年以上的固定期限书面劳动合同。

第六条　劳务派遣单位可以依法与被派遣劳动者约定试用期。劳务派遣单位与同一被派遣劳动者只能约定一次试用期。

第七条　劳务派遣协议应当载明下列内容：

（一）派遣的工作岗位名称和岗位性质；

（二）工作地点；

（三）派遣人员数量和派遣期限；

（四）按照同工同酬原则确定的劳动报酬数额和支付方式；

（五）社会保险费的数额和支付方式；

（六）工作时间和休息休假事项；

（七）被派遣劳动者工伤、生育或者患病期间的相关待遇；

（八）劳动安全卫生以及培训事项；

（九）经济补偿等费用；

（十）劳务派遣协议期限；

（十一）劳务派遣服务费的支付方式和标准；

（十二）违反劳务派遣协议的责任；

（十三）法律、法规、规章规定应当纳入劳务派遣协议的其他事项。

第八条　劳务派遣单位应当对被派遣劳动者履行下列义务：

（一）如实告知被派遣劳动者劳动合同法第八条规定的事项、应遵守的规章制度以及劳务派遣协议的内容；

（二）建立培训制度，对被派遣劳动者进行上岗知识、安全教育

培训；

（三）按照国家规定和劳务派遣协议约定，依法支付被派遣劳动者的劳动报酬和相关待遇；

（四）按照国家规定和劳务派遣协议约定，依法为被派遣劳动者缴纳社会保险费，并办理社会保险相关手续；

（五）督促用工单位依法为被派遣劳动者提供劳动保护和劳动安全卫生条件；

（六）依法出具解除或者终止劳动合同的证明；

（七）协助处理被派遣劳动者与用工单位的纠纷；

（八）法律、法规和规章规定的其他事项。

第九条 用工单位应当按照劳动合同法第六十二条规定，向被派遣劳动者提供与工作岗位相关的福利待遇，不得歧视被派遣劳动者。

第十条 被派遣劳动者在用工单位因工作遭受事故伤害的，劳务派遣单位应当依法申请工伤认定，用工单位应当协助工伤认定的调查核实工作。劳务派遣单位承担工伤保险责任，但可以与用工单位约定补偿办法。

被派遣劳动者在申请进行职业病诊断、鉴定时，用工单位应当负责处理职业病诊断、鉴定事宜，并如实提供职业病诊断、鉴定所需的劳动者职业史和职业危害接触史、工作场所职业病危害因素检测结果等资料，劳务派遣单位应当提供被派遣劳动者职业病诊断、鉴定所需的其他材料。

第十一条 劳务派遣单位行政许可有效期未延续或者《劳务派遣经营许可证》被撤销、吊销的，已经与被派遣劳动者依法订立的劳动合同应当履行至期限届满。双方经协商一致，可以解除劳动合同。

第十二条 有下列情形之一的，用工单位可以将被派遣劳动者退回劳务派遣单位：

（一）用工单位有劳动合同法第四十条第三项、第四十一条规定情形的；

（二）用工单位被依法宣告破产、吊销营业执照、责令关闭、撤销、决定提前解散或者经营期限届满不再继续经营的；

（三）劳务派遣协议期满终止的。

被派遣劳动者退回后在无工作期间，劳务派遣单位应当按照不低于所在地人民政府规定的最低工资标准，向其按月支付报酬。

第十三条 被派遣劳动者有劳动合同法第四十二条规定情形的，在派遣期限届满前，用工单位不得依据本规定第十二条第一款第一项规定将被派遣劳动者退回劳务派遣单位；派遣期限届满的，应当延续至相应情形消失时方可退回。

第四章　劳动合同的解除和终止

第十四条 被派遣劳动者提前30日以书面形式通知劳务派遣单位，可以解除劳动合同。被派遣劳动者在试用期内提前3日通知劳务派遣单位，可以解除劳动合同。劳务派遣单位应当将被派遣劳动者通知解除劳动合同的情况及时告知用工单位。

第十五条 被派遣劳动者因本规定第十二条规定被用工单位退回，劳务派遣单位重新派遣时维持或者提高劳动合同约定条件，被派遣劳动者不同意的，劳务派遣单位可以解除劳动合同。

被派遣劳动者因本规定第十二条规定被用工单位退回，劳务派遣单位重新派遣时降低劳动合同约定条件，被派遣劳动者不同意的，劳务派遣单位不得解除劳动合同。但被派遣劳动者提出解除劳动合同的除外。

第十六条 劳务派遣单位被依法宣告破产、吊销营业执照、责令关闭、撤销、决定提前解散或者经营期限届满不再继续经营的，劳动合同终止。用工单位应当与劳务派遣单位协商妥善安置被派遣劳动者。

第十七条 劳务派遣单位因劳动合同法第四十六条或者本规定第十五条、第十六条规定的情形，与被派遣劳动者解除或者终止劳动合同的，应当依法向被派遣劳动者支付经济补偿。

第五章　跨地区劳务派遣的社会保险

第十八条　劳务派遣单位跨地区派遣劳动者的，应当在用工单位所在地为被派遣劳动者参加社会保险，按照用工单位所在地的规定缴纳社会保险费，被派遣劳动者按照国家规定享受社会保险待遇。

第十九条　劳务派遣单位在用工单位所在地设立分支机构的，由分支机构为被派遣劳动者办理参保手续，缴纳社会保险费。

劳务派遣单位未在用工单位所在地设立分支机构的，由用工单位代劳务派遣单位为被派遣劳动者办理参保手续，缴纳社会保险费。

第六章　法 律 责 任

第二十条　劳务派遣单位、用工单位违反劳动合同法和劳动合同法实施条例有关劳务派遣规定的，按照劳动合同法第九十二条规定执行。

第二十一条　劳务派遣单位违反本规定解除或者终止被派遣劳动者劳动合同的，按照劳动合同法第四十八条、第八十七条规定执行。

第二十二条　用工单位违反本规定第三条第三款规定的，由人力资源社会保障行政部门责令改正，给予警告；给被派遣劳动者造成损害的，依法承担赔偿责任。

第二十三条　劳务派遣单位违反本规定第六条规定的，按照劳动合同法第八十三条规定执行。

第二十四条　用工单位违反本规定退回被派遣劳动者的，按照劳动合同法第九十二条第二款规定执行。

第七章　附　　　则

第二十五条　外国企业常驻代表机构和外国金融机构驻华代表机构等使用被派遣劳动者的，以及船员用人单位以劳务派遣形式使用国际远洋海员的，不受临时性、辅助性、替代性岗位和劳务派遣用工比例的限制。

　　第二十六条　用人单位将本单位劳动者派往境外工作或者派往家庭、自然人处提供劳动的，不属于本规定所称劳务派遣。

　　第二十七条　用人单位以承揽、外包等名义，按劳务派遣用工形式使用劳动者的，按照本规定处理。

　　第二十八条　用工单位在本规定施行前使用被派遣劳动者数量超过其用工总量10%的，应当制定调整用工方案，于本规定施行之日起2年内降至规定比例。但是，《全国人民代表大会常务委员会关于修改〈中华人民共和国劳动合同法〉的决定》公布前已依法订立的劳动合同和劳务派遣协议期限届满日期在本规定施行之日起2年后的，可以依法继续履行至期限届满。

　　用工单位应当将制定的调整用工方案报当地人力资源社会保障行政部门备案。

　　用工单位未将本规定施行前使用的被派遣劳动者数量降至符合规定比例之前，不得新用被派遣劳动者。

　　第二十九条　本规定自2014年3月1日起施行。

劳动争议处理

中华人民共和国
劳动争议调解仲裁法

(2007 年 12 月 29 日第十届全国人民代表大会常务委员会第三十一次会议通过 2007 年 12 月 29 日中华人民共和国主席令第 80 号公布 自 2008 年 5 月 1 日起施行)

第一章 总 则

第一条 【立法目的】为了公正及时解决劳动争议，保护当事人合法权益，促进劳动关系和谐稳定，制定本法。

注释 劳动争议，也称"劳动纠纷"、"劳资争议"，是指劳动关系当事人之间在执行劳动方面的法律法规和劳动合同、集体合同的过程中，就劳动权利义务发生分歧而引起的争议。劳动争议不同于一般的民事争议，用人单位和劳动者之间在一定程度上存在管理和被管理的关系，而且劳动关系还涉及执行劳动法规等多方面的关系，如各种社会保险、劳动保护等，而不限于单纯的民事关系。

劳动争议的特点是：第一，劳动争议的主体是劳动关系双方，即发生在用人单位和劳动者之间，二者之间形成了劳动关系，因而所发生的争议称为劳动争议；第二，劳动争议必须是因为执行劳动法律、法规或者订立、履行、变更、解除和终止劳动合同而引起的争议。有的争议虽然发生在用人单位和劳动者之间，但也可能不属于劳动争议。如劳动者一方因为与用人单位发生买卖合同方面的纠纷，其争议的内容不涉及劳动合同和其他执行劳动法规方面的问题，因而属于民事纠纷，不是劳动争议。

第二条 【适用范围】中华人民共和国境内的用人单位与劳动者发生的下列劳动争议，适用本法：

（一）因确认劳动关系发生的争议；

（二）因订立、履行、变更、解除和终止劳动合同发生的争议；

（三）因除名、辞退和辞职、离职发生的争议；

（四）因工作时间、休息休假、社会保险、福利、培训以及劳动保护发生的争议；

（五）因劳动报酬、工伤医疗费、经济补偿或者赔偿金等发生的争议；

（六）法律、法规规定的其他劳动争议。

注释 一、本法适用于下列劳动争议事项的处理：

（一）因确认劳动关系发生的争议。

劳动关系是指用人单位招用劳动者为其成员，劳动者在用人单位的管理下提供有报酬的劳动而产生的权利义务关系。因确认劳动关系是否存在而产生的争议属于劳动争议，适用劳动争议调解仲裁法。在实践中，一些用人单位不与劳动者签订劳动合同，一旦发生纠纷，劳动者往往因为拿不出劳动合同这一确定劳动关系存在的凭证而难以维权。为了更好地维护劳动者的合法权益，劳动争议调解仲裁法将因确认劳动关系发生的争议纳入了劳动争议处理范围，劳动者可以就确认劳动关系是否存在这一事由，依法向劳动争议调解仲裁机构申请权利救济。

（二）因订立、履行、变更、解除和终止劳动合同发生的争议。

劳动合同，是指劳动者与用人单位确立劳动关系、明确双方权利和义务的协议。用人单位与劳动者的劳动关系，涉及订立、履行、变更、解除和终止劳动合同的全过程。对于在这一过程中任何一个环节发生的争议，都可以适用劳动争议调解仲裁法来解决。

（三）因除名、辞退和辞职、离职发生的争议。

《劳动合同法》第39条、第40条规定了过失性辞退和无过失性辞退的情形。劳动者有下列情形之一的，用人单位可以解除劳动合同：1. 在试用期间被证明不符合录用条件的；2. 严重违反用人单位的规章制度的；3. 严重失职，营私舞弊，给用人单位造成重大损害的；4. 劳动者同时与其他用人单位建立劳动关系，对完成本单位的工作任务造成严重影响，或者经用人单位提出，拒不改正的；5. 因以欺诈、胁迫的手段或者乘人之危，使对方在违背真实意思的情况下订立或者变更劳动合同致使劳动合同无效的；6. 被依法追究刑事责任的。

有下列情形之一的，用人单位提前30日以书面形式通知劳动者本人或者额外支付劳动者一个月工资后，可以解除劳动合同：1. 劳动者患病或者非因工负伤，在规定的医疗期满后不能从事原工作，也不能从事由用人单位另行安排的工作的；2. 劳动者不能胜任工作，经过培训或者调整工作岗位，仍不能胜任工作的；3. 劳动合同订立时所依据的客观情况发生重大变化，致使劳动合同无法履行，经用人单位与劳动者协商，未能就变更劳动合同内容达成协议的。

（四）因工作时间、休息休假、社会保险、福利、培训以及劳动保护发生的争议。

因工作时间、休息休假发生的争议，主要涉及用人单位规定的工作时间是否符合有关法律的规定，劳动者是否能够享受到国家的法定节假日和带薪休假的权利等而引起的争议。因社会保险发生的劳动争议，主要涉及用人单位是否依照有关法律、法规的规定为劳动者缴纳养老、工伤、医疗、失业、生育等社会保险费用而引起的争议。因福利、培训发生的劳动争议，主要涉及用人单位与劳动者在订立的劳动合同中规定的有关福利待遇、培训等约定事项的履行而产生的争议。因劳动保护发生的劳动争议，主要涉及用人单位是否为劳动者提供符合法律规定的劳动安全卫生条件等标准而产生的争议。

（五）因劳动报酬、工伤医疗费、经济补偿或者赔偿金等发生的争议。

经济补偿，是指根据劳动合同法的规定，用人单位解除和终止劳动合同时，应给予劳动者的补偿。根据劳动合同法的规定，劳动者因用人单位的过错而单方提出与用人单位解除劳动合同的；或者用人单位因为劳动者存在过错之外的原因而单方决定与劳动者解除劳动合同的；或者用人单位提出动议，与劳动者协商一致解除劳动合同的，应当向劳动者支付经济补偿等。同时，在用人单位与劳动者终止固定期限劳动合同或者企业破产、被责令关闭、吊销执照、提前解散等情形时，也应当向劳动者支付经济补偿。

赔偿金，是指根据劳动法律法规的规定，用人单位应当向劳动者支付的赔偿金和劳动者应当向用人单位支付的赔偿金。

（六）法律、法规规定的其他劳动争议。

这是一项兜底的规定。除了上述劳动争议事项外，法律、行政法规或者地方性法规规定的其他劳动争议，也要纳入劳动争议调解仲裁法的调整范围。

二、劳动者与用人单位之间发生的下列纠纷，属于劳动争议，当事人不服劳动争议仲裁机构作出的裁决，依法提起诉讼的，人民法院应予受理：

（一）劳动者与用人单位在履行劳动合同过程中发生的纠纷；

（二）劳动者与用人单位之间没有订立书面劳动合同，但已形成劳动关系后发生的纠纷；

（三）劳动者与用人单位因劳动关系是否已经解除或者终止，以及应否支付解除或者终止劳动关系经济补偿金发生的纠纷；

（四）劳动者与用人单位解除或者终止劳动关系后，请求用人单位返还其收取的劳动合同定金、保证金、抵押金、抵押物发生的纠纷，或者办理劳动者的人事档案、社会保险关系等移转手续发生的纠纷；

（五）劳动者以用人单位未为其办理社会保险手续，且社会保险经办机构不能补办导致其无法享受社会保险待遇为由，要求用人单位赔偿损失发生的纠纷；

（六）劳动者退休后，与尚未参加社会保险统筹的原用人单位因追索养老金、医疗费、工伤保险待遇和其他社会保险待遇而发生的纠纷；

（七）劳动者因为工伤、职业病，请求用人单位依法给予工伤保险待遇发生的纠纷；

（八）劳动者依据劳动合同法第八十五条规定，要求用人单位支付加付赔偿金发生的纠纷；

(九) 因企业自主进行改制发生的纠纷。

参见 《最高人民法院关于审理劳动争议案件适用法律问题的解释 (一)》第1条

第三条 【基本原则】解决劳动争议，应当根据事实，遵循合法、公正、及时、着重调解的原则，依法保护当事人的合法权益。

第四条 【协商】发生劳动争议，劳动者可以与用人单位协商，也可以请工会或者第三方共同与用人单位协商，达成和解协议。

注释 劳动争议的协商是指发生争议的劳动者与用人单位通过自行协商，或者劳动者请工会或者其他第三方共同与用人单位进行协商，从而使当事人的矛盾得以化解，自愿就争议事项达成协议，使劳动争议及时得到解决的一种活动。

根据本条的规定，这里的"第三方"可以是本单位的人员，也可以是本单位以外的、双方都信任的人员。

协商和解成功后，当事人双方应当签订和解协议。这里应当指出的是，和解这一程序，完全是建立在双方自愿的基础上，任何一方，或者第三方都不得强迫另一方当事人进行协商。如果当事人不愿协商、协商不成或者达成和解协议后不履行的，另一方当事人仍然可以向劳动争议调解组织申请调解，或者向劳动争议仲裁机构申请仲裁。

第五条 【调解、仲裁、诉讼】发生劳动争议，当事人不愿协商、协商不成或者达成和解协议后不履行的，可以向调解组织申请调解；不愿调解、调解不成或者达成调解协议后不履行的，可以向劳动争议仲裁委员会申请仲裁；对仲裁裁决不服的，除本法另有规定的外，可以向人民法院提起诉讼。

注释 劳动争议的调解是指在劳动争议调解组织的主持下，在双方当事人自愿的基础上，通过宣传法律、法规、规章和政策，劝导当事人化解矛盾，自愿就争议事项达成协议，使劳动争议及时得到解决的一种活动。

劳动仲裁是指劳动争议仲裁机构对劳动争议当事人争议的事项，根据劳动方面的法律、法规、规章和政策等的规定，依法作出裁决，从而解决劳动争议的一项劳动法律制度。劳动争议诉讼，是处理劳动争议的最终程序，它通过司法程序保证了劳动争议的最终彻底解决。由人民法院参与处理劳动争议，有利于保障当事人的诉讼权，有利于生效的调解协议、仲裁裁决和法院判决的执行。

《劳动法》第83条规定，劳动争议当事人对仲裁裁决不服的，可以自收到仲裁裁决书之日起十五日内向人民法院提起诉讼。

《最高人民法院关于审理劳动争议案件适用法律问题的解释（一）》第4条规定："劳动者与用人单位均不服劳动争议仲裁机构的同一裁决，向同一人民法院起诉的，人民法院应当并案审理，双方当事人互为原告和被告，对双方的诉讼请求，人民法院应当一并作出裁决。在诉讼过程中，一方当事人撤诉的，人民法院应当根据另一方当事人的诉讼请求继续审理。双方当事人就同一仲裁裁决分别向有管辖权的人民法院起诉的，后受理的人民法院应当将案件移送给先受理的人民法院。"

参见 《最高人民法院关于审理劳动争议案件适用法律问题的解释（一）》第4条

第六条 【举证责任】 发生劳动争议，当事人对自己提出的主张，有责任提供证据。与争议事项有关的证据属于用人单位掌握管理的，用人单位应当提供；用人单位不提供的，应当承担不利后果。

注释 举证责任，又称证明责任，是指当事人对自己提出的主张，有提出证据并加以证明的责任。如果当事人未能尽到上述责任，则有可能承担对其不利的法律后果。举证责任的基本含义包括以下三层：第一，当事人对自己提出的主张，应当提出证据；第二，当事人对自己提供的证据，应当予以证明，以表明自己所提供的证据能够证明其主张；第三，若当事人对自己的主张不能提供证据或提供证据后不能证明自己的主张，将可能导致对自己不利的法律后果。

参见 《最高人民法院关于审理劳动争议案件适用法律问题的解释（一）》第42条

第七条 **【推举代表参加调解、仲裁或诉讼】**发生劳动争议的劳动者一方在十人以上，并有共同请求的，可以推举代表参加调解、仲裁或者诉讼活动。

> **注释** 关于代表人的推选，本条规定 10 名以上的劳动者可以推举代表参加调解、仲裁或者诉讼活动。当事人必须推举他们之中的人作代表，而不能选当事人之外的人。需要注意的是，关于劳动者推举出的代表人行为的效力，劳动争议调解仲裁法没有明确规定。根据民事诉讼法原理，推举代表人是当事人的意思表示，因此代表人一旦产生，其参加调解、仲裁、诉讼的行为对其所代表的当事人发生效力。但是在某些方面，代表人的行为对其所代表的当事人是无效的，可以参照《民事诉讼法》第 56 条、第 57 条的规定执行。

第八条 **【三方机制】**县级以上人民政府劳动行政部门会同工会和企业方面代表建立协调劳动关系三方机制，共同研究解决劳动争议的重大问题。

第九条 **【拖欠劳动报酬等争议的行政救济】**用人单位违反国家规定，拖欠或者未足额支付劳动报酬，或者拖欠工伤医疗费、经济补偿或者赔偿金的，劳动者可以向劳动行政部门投诉，劳动行政部门应当依法处理。

> **注释** 这里应当指出的是，劳动争议调解组织、劳动争议仲裁委员会在受理劳动争议案件时，如果发现案件属于上述用人单位违反国家规定，拖欠或者未足额支付劳动报酬，拖欠工伤医疗费、经济补偿或者赔偿金的，可以建议劳动者直接向劳动行政部门进行投诉，由劳动行政部门进行处理，以节省劳动者维权的时间和成本，使劳动者能在一个相对短的时间内拿到被拖欠的劳动报酬、工伤医疗费、经济补偿或者赔偿金，从而解决其个人和家庭的生计等问题，但是如果劳动者对上述案件不愿意向劳动行政部门进行投诉，仍坚持走调解、仲裁等劳动争议处理程序的，劳动争议调解组织、劳动争议仲裁委员会应当依法予以受理，不能推诿。

参见 《劳动合同法》第73、74条；《保障农民工工资支付条例》

第二章　调　解

第十条　【调解组织】发生劳动争议，当事人可以到下列调解组织申请调解：

（一）企业劳动争议调解委员会；

（二）依法设立的基层人民调解组织；

（三）在乡镇、街道设立的具有劳动争议调解职能的组织。

企业劳动争议调解委员会由职工代表和企业代表组成。职工代表由工会成员担任或者由全体职工推举产生，企业代表由企业负责人指定。企业劳动争议调解委员会主任由工会成员或者双方推举的人员担任。

注释　人民调解委员会是依法设立的调解民间纠纷的群众性组织。

村民委员会、居民委员会设立人民调解委员会。企业事业单位根据需要设立人民调解委员会。

人民调解委员会由委员三至九人组成，设主任一人，必要时，可以设副主任若干人。

人民调解委员会应当有妇女成员，多民族居住的地区应当有人数较少民族的成员。

村民委员会、居民委员会的人民调解委员会委员由村民会议或者村民代表会议、居民会议推选产生；企业事业单位设立的人民调解委员会委员由职工大会、职工代表大会或者工会组织推选产生。

参见　《人力资源社会保障部 最高人民法院关于劳动人事争议仲裁与诉讼衔接有关问题的意见（一）》

第十一条　【调解员】劳动争议调解组织的调解员应当由公道正派、联系群众、热心调解工作，并具有一定法律知识、政策水平和文化水平的成年公民担任。

注释　公民担任调解员，首先自己应当是成年人，具有完全的民事行为能力。根据我国《民法典》的规定，十八周岁以上的自然人为成年人，成年人为完全民事行为能力人。一般情况下，调解员都是年龄较长、社会阅历丰富的公民。

第十二条 **【申请调解的形式】**当事人申请劳动争议调解可以书面申请，也可以口头申请。口头申请的，调解组织应当当场记录申请人基本情况、申请调解的争议事项、理由和时间。

第十三条 **【调解的基本原则】**调解劳动争议，应当充分听取双方当事人对事实和理由的陈述，耐心疏导，帮助其达成协议。

注释 调解劳动争议，就是要做劳资双方的思想工作，以事实为依据，根据法律、法规和政策，陈述利害，晓之以理，动之以情，帮助双方解决分歧，就争议事项达成共识。

第十四条 **【调解协议书】**经调解达成协议的，应当制作调解协议书。

调解协议书由双方当事人签名或者盖章，经调解员签名并加盖调解组织印章后生效，对双方当事人具有约束力，当事人应当履行。

自劳动争议调解组织收到调解申请之日起十五日内未达成调解协议的，当事人可以依法申请仲裁。

注释 从实践中看，调解协议主要应当载明争议双方达成的权利和义务的内容、履行协议的期限等。

调解不是解决劳动争议的必经程序，调解的期限是 15 天，在 15 天内未达成协议的视为调解不成，当事人任何一方都可以向劳动争议仲裁委员会申请仲裁。

参见 《人民调解法》第 31 条

第十五条 **【不履行调解协议可申请仲裁】**达成调解协议后，一方当事人在协议约定期限内不履行调解协议的，另一方当事人可以依法申请仲裁。

注释 达成调解协议后，一方当事人在协议约定期限内不履行调解协议的，当事人既可以以原劳动争议申请仲裁，也可以以调解协议申请仲裁。当事人一方以原劳动争议申请仲裁，对方当事人以调解协议抗辩的，应当提供调解协议书；当事人一方申请仲裁委员会裁决对方当事人履行调解协议，对方当事人反驳的，有责任对反驳所依据的事实提供证据予以证明。当事人一方请求仲裁变更或者撤销调解协议，或者请求确认调解协议无效的，有责任对自己的请求所依据的事实提供证据予以证明。

第十六条　【劳动者可以调解协议书申请支付令的情形】因支付拖欠劳动报酬、工伤医疗费、经济补偿或者赔偿金事项达成调解协议，用人单位在协议约定期限内不履行的，劳动者可以持调解协议书依法向人民法院申请支付令。人民法院应当依法发出支付令。

注释　支付令是人民法院根据债权人的申请，督促债务人履行债务的程序，是民事诉讼法规定的一种法律制度。

根据民事诉讼法的规定，申请支付令的程序是：

（一）向人民法院提交申请书。劳动者向人民法院提交的申请书应当写明请求给付劳动报酬、工伤医疗费、经济补偿或者赔偿金的数额和所根据的事实、证据。由于劳动者申请支付令的前提是达成了调解协议，因此，劳动者一般只需要提供调解协议书就可以。

（二）向有管辖权的基层人民法院申请。《民事诉讼法》第24条规定："因合同纠纷提起的诉讼，由被告住所地或者合同履行地人民法院管辖。"调解协议具有合同的性质，因此，劳动者可以按照这一条确定申请支付令的管辖法院，选择用人单位所在地或者合同履行地基层人民法院管辖。

（三）受理。一般来说，申请支付令属于本法列举的因支付拖欠劳动报酬、工伤医疗费、经济补偿或者赔偿金事项达成调解协议范围的，法院都应当受理。

（四）审查和决定。劳动者申请支付令的依据是其与用人单位达成的调解协议，双方权利义务关系比较明确，因此，法院只要审查调解协议是否合法就可以了。如果人民法院经过审查，认为调解协议合法的，应当在15日内向用人单位发出支付令；如果调解协议不合法的，就裁定予以驳回。比如调解协议违反国家法律、法规的强制性规定，属于无效的，就不能发出支付令，应当驳回。

（五）清偿或者提出书面异议。支付令发出后，用人单位要么按照支付令的要求向劳动者支付拖欠的劳动报酬、工伤医疗费、经济补偿或者赔偿金，要么提出书面异议。如果异议成立，法院就会裁定终结督促程序，支付令自行失效。

（六）申请执行。如果用人单位既不提出异议，又不履行支付令，劳动者可以向人民法院申请执行，人民法院应当按照民事诉讼法规定的执行程序强制执行。

参见　《最高人民法院关于审理劳动争议案件适用法律问题的解释（一）》第13条；《人力资源社会保障部 最高人民法院关于劳动人事争议仲裁与诉讼衔接有关问题的意见（一）》

第三章　仲　裁

第一节　一 般 规 定

第十七条　【劳动争议仲裁委员会的设立】劳动争议仲裁委员会按照统筹规划、合理布局和适应实际需要的原则设立。省、自治区人民政府可以决定在市、县设立；直辖市人民政府可以决定在区、县设立。直辖市、设区的市也可以设立一个或者若干个劳动争议仲裁委员会。劳动争议仲裁委员会不按行政区划层层设立。

注释　劳动争议仲裁委员会是指依法设立，由法律授权依法独立对劳动争议案件进行仲裁的专门机构。劳动争议仲裁委员会的设立和组成决定了其由法律授权、代表国家行使仲裁权的国家仲裁机构的性质。

参见　《劳动人事争议仲裁组织规则》第2条

第十八条　【政府的职责】国务院劳动行政部门依照本法有关规定制定仲裁规则。省、自治区、直辖市人民政府劳动行政部门对本行政区域的劳动争议仲裁工作进行指导。

注释　劳动争议仲裁的仲裁规则，是指劳动争议仲裁进行的具体程序及此程序中相应的劳动争议仲裁法律关系的规则。劳动争议仲裁的仲裁规则不是由劳动争议仲裁委员会自行制定或者当事人另外选定，而是由本法直接授权国务院劳动行政部门依照本法的有关规定制定，并且不得违反法律中对劳动争议仲裁程序方面的强制性规定。劳动争议仲裁的仲裁规则为具体的劳动争议仲裁活动提供了行为规则，直接影响着劳动争议仲裁活动的顺利进行，任何不遵守仲裁规则的情势，均会影响仲裁裁决的效力。

劳动争议仲裁的仲裁规则的主要内容一般包括：仲裁管辖、仲裁组织、仲裁申请和答辩、仲裁庭组成程序、审理程序、裁决程序，以及在相应程序中劳动争议仲裁委员会、仲裁员、当事人和其他劳动争议仲裁参加人的相关权利义务等。

参见 《劳动人事争议仲裁组织规则》第3条

第十九条 【劳动争议仲裁委员会的组成与职责】劳动争议仲裁委员会由劳动行政部门代表、工会代表和企业方面代表组成。劳动争议仲裁委员会组成人员应当是单数。

劳动争议仲裁委员会依法履行下列职责：

（一）聘任、解聘专职或者兼职仲裁员；

（二）受理劳动争议案件；

（三）讨论重大或者疑难的劳动争议案件；

（四）对仲裁活动进行监督。

劳动争议仲裁委员会下设办事机构，负责办理劳动争议仲裁委员会的日常工作。

第二十条 【仲裁员】劳动争议仲裁委员会应当设仲裁员名册。仲裁员应当公道正派并符合下列条件之一：

（一）曾任审判员的；

（二）从事法律研究、教学工作并具有中级以上职称的；

（三）具有法律知识、从事人力资源管理或者工会等专业工作满五年的；

（四）律师执业满三年的。

注释 仲裁员是由仲裁委员会聘任、依法调解和仲裁争议案件的专业工作人员。仲裁员分为专职仲裁员和兼职仲裁员。专职仲裁员和兼职仲裁员在调解仲裁活动中享有同等权利，履行同等义务。兼职仲裁员进行仲裁活动，所在单位应当予以支持。

仲裁员享有以下权利：（1）履行职责应当具有的职权和工作条件；（2）处理争议案件不受干涉；（3）人身、财产安全受到保护；（4）参加聘前培训和在职培训；（5）法律、法规规定的其他权利。

仲裁员应当履行以下义务：（1）依法处理争议案件；（2）维护国家利益和公共利益，保护当事人合法权益；（3）严格执行廉政规定，恪守职业道德；（4）自觉接受监督；（5）法律、法规规定的其他义务。

参见 《劳动人事争议仲裁组织规则》第四章

第二十一条 【劳动争议仲裁案件的管辖】 劳动争议仲裁委员会负责管辖本区域内发生的劳动争议。

劳动争议由劳动合同履行地或者用人单位所在地的劳动争议仲裁委员会管辖。双方当事人分别向劳动合同履行地和用人单位所在地的劳动争议仲裁委员会申请仲裁的，由劳动合同履行地的劳动争议仲裁委员会管辖。

注释 劳动争议仲裁管辖，是指确定各个劳动争议仲裁委员会审理劳动争议案件的分工和权限，明确当事人应当到哪一个劳动争议仲裁委员会申请劳动争议仲裁，由哪一个劳动争议仲裁委员会受理的法律制度。

我国的劳动争议仲裁实行的是特殊地域管辖，不实行级别管辖或者协定管辖。特殊地域管辖是指依照当事人之间的某一个特殊的联结点确定的管辖。本法以劳动合同履行地和用人单位所在地作为联结点确定劳动争议仲裁管辖，因此是特殊地域管辖。同时本法不允许双方当事人协议选择劳动合同履行地或者用人单位所在地以外的其他劳动争议仲裁委员会进行管辖。

劳动争议的管辖还存在移送管辖情形。移送管辖即劳动争议仲裁委员会将已经受理的无管辖权的劳动争议案件移送给有管辖权的劳动争议仲裁委员会。劳动争议仲裁委员会发现受理的劳动争议案件不属于本仲裁委员会管辖时，应当移送有管辖权的劳动争议仲裁委员会。

参见 《最高人民法院关于审理劳动争议案件适用法律问题的解释（一）》第5条

第二十二条 【劳动争议仲裁案件的当事人】 发生劳动争议的劳动者和用人单位为劳动争议仲裁案件的双方当事人。

劳务派遣单位或者用工单位与劳动者发生劳动争议的，劳务派遣单位和用工单位为共同当事人。

注释 劳动争议仲裁当事人是指因劳动权益纠纷，以自己的名义参加劳动争议仲裁活动，请求保护自己的合法权益，并受劳动争议仲裁委员会仲裁裁决约束的直接利害关系人。劳动争议仲裁当事人具有以下特点：（1）为劳动争议的一方。（2）以自己的名义参加劳动争议仲裁活动，如果不是以自己的名义而是以他人的名义参加到仲裁程序中的，如仲裁代理人等都不是劳动争议仲裁的当事人。（3）与案件有直接利害关系，即指劳动争议仲裁当事人是劳动权益纠纷的法律关系的主体，是权利享有者和义务承担者。与案件没有直接利害关系的人，如支持劳动者仲裁的工会等，不是劳动争议仲裁的当事人。（4）受劳动争议仲裁委员会裁决的约束。劳动争议仲裁委员会作出的裁决，对当事人具有法律上的约束力。虽以自己的名义参加劳动争议仲裁，但不受劳动争议仲裁委员会的仲裁裁决直接约束的人，如证人、鉴定人，不是劳动争议仲裁的当事人。

本条第2款明确规定了劳务派遣单位或者用工单位与劳动者发生劳动争议的，劳务派遣单位和用工单位为共同当事人。劳务派遣的最大特点是劳动力雇佣与劳动力使用相分离，被派遣劳动者不与被派遣的单位（即真正的用工单位）签订劳动合同，发生劳动关系，而是与派遣机构（即劳务派遣单位）签订劳动合同，存在劳动关系，但却要被派遣到用工单位并在用工单位的监督管理下劳动，形成"有关系没劳动，有劳动没关系"的特殊用工形态。

参见 《劳动合同法》第92条；《劳动人事争议仲裁办案规则》第6条、第7条；《最高人民法院关于审理劳动争议案件适用法律问题的解释（一）》第26－31条

第二十三条 【有利害关系的第三人】与劳动争议案件的处理结果有利害关系的第三人，可以申请参加仲裁活动或者由劳动争议仲裁委员会通知其参加仲裁活动。

注释 一般来说，劳动争议必须有两方当事人，申请人和被申请人，但在个别情况下，也可能出现第三人参加劳动争议仲裁活动。如劳动者在执行职务过程中受到第三方的侵害致伤或者死亡，侵权第三方与其案件的处理具有法律上的利害关系，涉及如何区分劳动者所在单位与侵权第三方的法律责任承担问题。再如，借用职工在借用单位发生工伤事故致残或者死亡，涉及原工作单位和借用单位对职工工伤待遇给付问题，以及工伤争议中涉及未成年子女抚养问题等。上述情况中的侵权第三方、借用单位、未成年子女与案件的处理结果具有法律上的利害关系，应作为第三人参加仲裁活动。第三人参加仲裁活动对查明事实，及时公正处理案件有利。

在第三人参加仲裁活动中应注意以下几个方面的问题：

第一，第三人与案件处理结果有法律上的利害关系是指实体权利义务上的关系。

第二，第三人参加仲裁活动有两种方式：第三人申请参加仲裁，或者由劳动争议仲裁委员会通知第三人参加仲裁。

第三，第三人参加仲裁的时间应是在劳动争议仲裁程序开始后且尚未作出仲裁裁决之前。

第四，凡是涉及第三人利益的劳动争议案件，第三人未参加仲裁的，仲裁裁决对其不发生法律效力。

第五，参加仲裁活动的第三人，如对仲裁裁决要求其承担责任不服，可以依法向人民法院提起诉讼。

第六，在仲裁中，第三人的具体权利义务主要表现为：有权了解申请人申诉、被申请人答辩的事实和理由；有权要求查阅和复制案卷的有关材料，了解仲裁的进展情况；有权陈述自己的意见，并向劳动争议仲裁委员会递交自己对该争议的意见书；无权对案件的管辖权提出异议；无权放弃或者变更申请人或者被申请人的仲裁请求；不得撤回仲裁申请等。

第二十四条 **【委托代理人参加仲裁活动】**当事人可以委托代理人参加仲裁活动。委托他人参加仲裁活动，应当向劳动争议仲裁委员会提交有委托人签名或者盖章的委托书，委托书应当载明委托事项和权限。

注释 代理是代理人在代理权的范围内，以被代理人的名义或者自己的名义独立与第三人为民事行为，由此产生的法律效果直接或者间接归属于被代理人的法律制度。仲裁代理是指根据法律规定或者当事人的委托，代理人以被代理人的名义代为参加仲裁活动。

关于委托代理的终止，本法没有作出明确规定，一般认为，委托代理产生后，出现下列情形之一的，委托代理权即归于消灭：（1）仲裁程序终结。（2）委托代理人死亡或者丧失行为能力。（3）委托人解除委托或者代理人辞去委托。

参见 《民法典》第 161 – 175 条

第二十五条 **【法定代理人、指定代理人或近亲属参加仲裁的情形】**丧失或者部分丧失民事行为能力的劳动者，由其法定代理人代为参加仲裁活动；无法定代理人的，由劳动争议仲裁委员会为其指定代理人。劳动者死亡的，由其近亲属或者代理人参加仲裁活动。

注释 由于劳动者一般为成年人，用人单位一方多为法人或其他组织，所以本条对法定代理的规定主要目的是保护丧失或者部分丧失民事行为能力的劳动者的利益。因此，本条所指的法定代理人是根据法律的规定行使代理权，代理当事人参加仲裁活动的人，适用于被代理人虽为成年人但因疾病、伤害等情况丧失或者部分丧失民事行为能力的人。一般认为，在劳动争议仲裁中，丧失或者部分丧失民事行为能力的劳动者的监护人是他的法定代理人。实践中，最常见的法定仲裁代理人主要有父母、配偶、成年的兄姐等。

法定代理是法律为保护被代理人合法权益而设立的一项法律制度。法定代理人没有充分理由，不得拒绝代理。有下列情形之一的，法定代理终止：（1）被代理人取得或者恢复完全民事行为能力；

（2）代理人丧失民事行为能力；（3）代理人或者被代理人死亡；（4）法律规定的其他情形。

参见　《民法典》第175条

第二十六条　【仲裁公开原则及例外】劳动争议仲裁公开进行，但当事人协议不公开进行或者涉及国家秘密、商业秘密和个人隐私的除外。

注释　我国《保守国家秘密法》中规定，国家秘密是关系国家的安全和利益，依照法定程序确定，在一定时间内只限一定范围的人员知悉的事项。国家秘密主要包括：（一）国家事务的重大决策中的秘密事项；（二）国防建设和武装力量活动中的秘密事项；（三）外交和外事活动中的秘密事项以及对外承担保密义务的秘密事项；（四）国民经济和社会发展中的秘密事项；（五）科学技术中的秘密事项；（六）维护国家安全活动和追查刑事犯罪中的秘密事项；（七）经国家保密行政管理部门确定的其他秘密事项。

商业秘密，是指不为公众所知悉、具有商业价值并经权利人采取相应保密措施的技术信息、经营信息等商业信息。

隐私是自然人的私人生活安宁和不愿为他人知晓的私密空间、私密活动、私密信息。规定涉及个人隐私的案件不进行公开裁决，有利于对当事人合法权益的保护，是对个人隐私权的尊重。

第二节　申请和受理

第二十七条　【仲裁时效】劳动争议申请仲裁的时效期间为一年。仲裁时效期间从当事人知道或者应当知道其权利被侵害之日起计算。

前款规定的仲裁时效，因当事人一方向对方当事人主张权利，或者向有关部门请求权利救济，或者对方当事人同意履行义务而中断。从中断时起，仲裁时效期间重新计算。

因不可抗力或者有其他正当理由，当事人不能在本条第一款规定的仲裁时效期间申请仲裁的，仲裁时效中止。从中止时效的原因消除之日起，仲裁时效期间继续计算。

劳动关系存续期间因拖欠劳动报酬发生争议的，劳动者申请仲裁不受本条第一款规定的仲裁时效期间的限制；但是，劳动关系终止的，应当自劳动关系终止之日起一年内提出。

注释 劳动仲裁时效是指权利人在一定期间内不行使请求劳动争议仲裁机构保护其权利的请求权，就丧失该请求权的法律制度。

仲裁时效期间从当事人知道或者应当知道其权利被侵害之日起计算。权利人知道自己的权利遭到了侵害，这是其请求劳动争议仲裁机构保护其权利的基础。知道权利遭受了侵害，指权利人主观上已了解自己权利被侵害事实的发生；应当知道权利遭受了侵害，指权利人尽管主观上不了解其权利已被侵害的事实，但根据他所处的环境，有理由认为他已了解权利已被侵害的事实，规定在这种情况下起算时效，是为防止权利人因对自己的权利未尽必要的注意义务而急于履行权利，但却借口其不知权利受侵害而推延仲裁时效起算点的情况发生。

注意，权利人主观上认为自己的权利受到了侵害，而事实上其权利并未受到侵害的，不能使仲裁时效期间开始计算。

仲裁时效的中断，是指在仲裁时效进行期间，因发生法定事由致使已经经过的仲裁时效期间统归无效，待时效中断事由消除后，重新开始计算仲裁时效期间。仲裁时效中断的法定事由有三种情形：(1) 向对方当事人主张权利。如劳动者向用人单位讨要被拖欠的工资或者经济补偿。(2) 向有关部门请求权利救济。如劳动者向劳动监察部门或者工会反映用人单位违法要求加班，请求保护休息权利；也可以是向劳动争议调解组织申请调解。(3) 对方当事人同意履行义务。如劳动者向用人单位讨要被拖欠的工资，用人单位答应支付。需要注意，认定时效是否中断，需要由请求确认仲裁时效中断的一方当事人提供有上述三种情形之一的证据。

本条第2款规定"从中断时起，仲裁时效期间重新计算"。这里的"中断时起"应理解为中断事由消除时起。如权利人申请调解的，经调解达不成协议的，应自调解不成之日起重新计算；如达成调解协议，自义务人应当履行义务的期限届满之日起计算等。

仲裁时效的中止，是指在仲裁时效进行中的某一阶段，因发生法定事由致使权利人不能行使请求权，暂停计算仲裁时效，待阻碍时效进行的事由消除后，继续进行仲裁时效期间的计算。仲裁时效中止的事由：（1）"不可抗力"，是指不能预见、不能避免并且不能克服的客观情况。如发生特大自然灾害、地震等。（2）"其他正当理由"，是指除不可抗力外阻碍权利人行使请求权的客观事实。如：权利人为无民事行为能力人或限制民事行为能力人而无法定代理人，或其法定代理人死亡或丧失民事行为能力等。注意，在发生仲裁时效中止时，已经进行的仲裁时效仍然有效，而仅是将时效中止的时间不计入仲裁时效期间，也就是将时效中止前后时效进行的时间合并计算仲裁时效期间。

参见 《最高人民法院关于人事争议申请仲裁的时效期间如何计算的批复》

案例 郝某与河南省建材厂劳动争议纠纷上诉案［河南省郑州市中级人民法院（2013）郑民一终字第 1678 号］

案件适用要点：根据《劳动争议调解仲裁法》第 27 条的规定，劳动争议申请仲裁的时效期间为 1 年，从当事人知道或应当知道其权利被侵害之日起计算。上诉人于 2011 年 4 月被上诉人对外公示企业改制补偿名单时，即知道其被除名，权利被侵害。而上诉人时隔近两年，于 2013 年 3 月 5 日申请劳动争议仲裁，确已超过仲裁时效，一审判决驳回其诉讼请求，合法有据，并无不当。

第二十八条　【申请仲裁的形式】申请人申请仲裁应当提交书面仲裁申请，并按照被申请人人数提交副本。

仲裁申请书应当载明下列事项：

（一）劳动者的姓名、性别、年龄、职业、工作单位和住所，用人单位的名称、住所和法定代表人或者主要负责人的姓名、职务；

（二）仲裁请求和所根据的事实、理由；

（三）证据和证据来源、证人姓名和住所。

书写仲裁申请确有困难的，可以口头申请，由劳动争议仲裁委员会记入笔录，并告知对方当事人。

第二十九条 【仲裁的受理】劳动争议仲裁委员会收到仲裁申请之日起五日内，认为符合受理条件的，应当受理，并通知申请人；认为不符合受理条件的，应当书面通知申请人不予受理，并说明理由。对劳动争议仲裁委员会不予受理或者逾期未作出决定的，申请人可以就该劳动争议事项向人民法院提起诉讼。

注释 这里规定的"五日"的劳动争议仲裁受理的期限较短，如果这些期间内还包含双休日或者法定节假日，除去双休日或者法定节假日占用的时间，则劳动争议仲裁机构很难在一两天时间内完成劳动争议案件仲裁受理所必需的一些前期准备工作，这将给劳动争议处理工作造成被动局面。因此，本条"五日"应指工作日，不含法定节假日。

参见 《最高人民法院关于审理劳动争议案件适用法律问题的解释（一）》第5-12条

第三十条 【被申请人答辩书】劳动争议仲裁委员会受理仲裁申请后，应当在五日内将仲裁申请书副本送达被申请人。

被申请人收到仲裁申请书副本后，应当在十日内向劳动争议仲裁委员会提交答辩书。劳动争议仲裁委员会收到答辩书后，应当在五日内将答辩书副本送达申请人。被申请人未提交答辩书的，不影响仲裁程序的进行。

注释 仲裁答辩是仲裁案件的被申请人为维护自己的权益，就申请人在仲裁申请书中提出的仲裁请求及所依据的事实、理由所作出的答复与反驳。

第三节　开庭和裁决

第三十一条 【仲裁庭】劳动争议仲裁委员会裁决劳动争议案件实行仲裁庭制。仲裁庭由三名仲裁员组成，设首席仲裁员。简单劳动争议案件可以由一名仲裁员独任仲裁。

注释 简单劳动争议案件可以理解为事实清楚，权利义务关系明确，争议不大，适用法律法规明确的劳动争议案件。如事实清楚，是指当事人双方对争议的事实陈述基本一致，并能提供相应的证据，仲裁委员会即可判明事实、分清是非。权利义务关系明确，是指谁是责任的承担者，谁是权利的享有者，关系明确。争议不大，是指当事人对案件的是非、责任以及争议标的无原则分歧。

参见 《劳动人事争议仲裁组织规则》第三章

第三十二条 【**通知仲裁庭的组成情况**】劳动争议仲裁委员会应当在受理仲裁申请之日起五日内将仲裁庭的组成情况书面通知当事人。

第三十三条 【**回避**】仲裁员有下列情形之一，应当回避，当事人也有权以口头或者书面方式提出回避申请：

（一）是本案当事人或者当事人、代理人的近亲属的；

（二）与本案有利害关系的；

（三）与本案当事人、代理人有其他关系，可能影响公正裁决的；

（四）私自会见当事人、代理人，或者接受当事人、代理人的请客送礼的。

劳动争议仲裁委员会对回避申请应当及时作出决定，并以口头或者书面方式通知当事人。

注释 仲裁员回避是指仲裁委员会在仲裁劳动争议案件时，仲裁庭成员认为自己不适宜参加本案审理的，依照法律的规定，自行申请退出仲裁，或者当事人认为由于某种原因仲裁庭成员可能存在裁决不公的情形，申请要求其退出仲裁活动。方式主要有两种：一是"自行回避"，二是"当事人提出回避"。

本条规定回避的情形主要包括以下几个方面：

1. 是本案的当事人或者当事人、代理人的近亲属。这种情形主要指仲裁员本人是本案的当事人一方或当事人一方的代理人或者是他们的近亲属。近亲属主要是指当事人的配偶、父母、子女、兄弟姐妹、祖父母、外祖父母、孙子女、外孙子女。

2. 与本案有利害关系。这是指审理本案的仲裁员或者其近亲属与本案有某种利害关系，处理结果会涉及他们在法律上的利益。例如：王某为仲裁员，李某为申请人，张某为被申请人，李某要求张某支付工伤医疗费，而李某又与承办此案的王某发生过矛盾，若此案由王某审理，王某就有可能不顾事实和法律，作出对李某不利的裁决，从而达到个人的目的。为了仲裁活动的公正进行，与本案有利害关系的王某就应当回避，而李某也有权要求其回避。

3. 与本案当事人、代理人有其他关系，可能影响公正仲裁的。"其他关系"主要指以下几种情况：是当事人的朋友、亲戚、同学、同事等，或者曾经与当事人有过恩怨、与当事人有借贷关系等。"可能影响公正仲裁的"是"与本案当事人、代理人有其他关系"而应当回避的必要条件，即只有在可能影响公正处理案件的情况下，才适用回避。如仲裁员是当事人的朋友，则要看这种关系是否影响案件的公正审理，来决定是否回避。

4. 私自会见当事人、代理人，或者接受当事人、代理人的请客送礼的。案件当事人及其代理人有证据证明办理此案的人员有上述行为，就有权要求他们回避，维护自己的合法权益。

参见 《劳动人事争议仲裁办案规则》第 12 条

第三十四条 【仲裁员承担责任的情形】仲裁员有本法第三十三条第四项规定情形，或者有索贿受贿、徇私舞弊、枉法裁决行为的，应当依法承担法律责任。劳动争议仲裁委员会应当将其解聘。

注释 法律责任分为民事责任、刑事责任、行政责任和违宪责任。目前，我国劳动争议案件仲裁员承担的法律责任主要是刑事责任。

依据我国《刑法》第 399 条之一的规定，依法承担仲裁职责的人员，在仲裁活动中故意违背事实和法律作枉法裁决，情节严重的，处 3 年以下有期徒刑或者拘役；情节特别严重的，处 3 年以上 7 年以下有期徒刑。

参见 《劳动人事争议仲裁组织规则》第 33 条

第三十五条 【开庭通知及延期】仲裁庭应当在开庭五日前，将开庭日期、地点书面通知双方当事人。当事人有正当理由的，可以在开庭三日前请求延期开庭。是否延期，由劳动争议仲裁委员会决定。

注释 延期开庭，是指当事人在仲裁庭通知其开庭审理日期后且开庭 3 日前，由于出现法定事由，导致仲裁审理程序无法按期进行的，提出延期审理的请求，经仲裁委员会同意，将仲裁审理推延到另一日期进行的行为。

参照《民事诉讼法》相关规定，一般认为，申请延期开庭的正当理由主要包括以下几种情形：（1）当事人由于不可抗力的事由或其他特殊情况不能到庭的，例如当事人患重大疾病或遭受其他身体伤害影响其行使权利的；劳动者身边的条件存在紧急情形，如重大自然灾害、战争等对当事人出庭行使权利形成障碍的。（2）当事人在仲裁审理中临时提出回避申请的。申请回避是当事人的一项重要权利，一般来说，当事人应当在知道仲裁庭成员名单后，开庭前提出回避，但有时，可能当事人当时并不知道仲裁员存在应当回避的情形或者当事人可以申请回避的情形。（3）需要通知新的证人到庭，调取新的证据，重新鉴定、勘验或需要补充调查的。实践中，劳动争议仲裁委员会应当参照有关法律法规的规定，结合实际情况，判断当事人的申请是否有正当理由。

第三十六条 【申请人、被申请人无故不到庭或中途退庭】申请人收到书面通知，无正当理由拒不到庭或者未经仲裁庭同意中途退庭的，可以视为撤回仲裁申请。

被申请人收到书面通知，无正当理由拒不到庭或者未经仲裁庭同意中途退庭的，可以缺席裁决。

注释 视为撤回仲裁申请，是指劳动争议仲裁的申请人虽然未主动提出撤回仲裁的申请，但是，申请人出现法律规定的情形且其行为已经表明其不愿意继续进行仲裁的，可以按照申请人撤回仲裁申请处理，从而终结劳动争议案件仲裁。

缺席裁决，是指只有一方当事人到庭参与仲裁审理时，仲裁庭仅就到庭的一方当事人进行调查、审查核实证据，听取意见，并对未到庭一方当事人提供的书面资料进行审查后，即作出仲裁裁决的仲裁活动。

参见 《劳动人事争议仲裁办案规则》第 39 条

第三十七条 【鉴定】仲裁庭对专门性问题认为需要鉴定的，可以交由当事人约定的鉴定机构鉴定；当事人没有约定或者无法达成约定的，由仲裁庭指定的鉴定机构鉴定。

根据当事人的请求或者仲裁庭的要求，鉴定机构应当派鉴定人参加开庭。当事人经仲裁庭许可，可以向鉴定人提问。

注释 在诉讼及仲裁过程中，经常会遇到与案件有关的专门性问题，如文书的真伪、签名的真假、物品的价值、产品的质量、伤残等级等，这些问题法官或者仲裁员无法运用自己的知识和经验来作出判断，必须由专业机构、专业人员运用专门知识、专业技能和职业经验进行鉴定。鉴定就是指鉴定主体根据司法机关、仲裁机构或者当事人的申请，通过对鉴定材料的观察、比较、检验、鉴别等专业性、技术性活动，对案件涉及的专门性问题进行分析、判断，作出鉴定意见的活动。常见的鉴定包括医学鉴定、痕迹鉴定、文书鉴定、会计鉴定、产品质量鉴定、伤残鉴定等。劳动争议仲裁案件经常涉及的鉴定包括劳动能力鉴定、职业病鉴定等。

第三十八条 【质证和辩论】当事人在仲裁过程中有权进行质证和辩论。质证和辩论终结时，首席仲裁员或者独任仲裁员应当征询当事人的最后意见。

注释 质证是指当事人在仲裁庭的主持下，对对方当事人提供的证据的真实性、关联性和合法性提出质疑，否定其证明力的活动。质证通常按下列顺序进行：（一）申请人出示证据，被申请人、第三人与申请人进行质证；（二）被申请人出示证据，申请人、第三人与被申请人进行质证；（三）第三人出示证据，申请人、被申请人与第三人进行质证。案件有两个以上独立的请求的，当事人可以逐个出示证据进行质证。仲裁庭应当将当事人的质证情况记入笔录，并由当事人核对后签名或者盖章。

这里的辩论是指在仲裁庭的主持下，双方当事人就争议的事实认定问题和法律适用问题，各自陈述己方的主张和根据，挑战对方的主张和根据，对对方的挑战进行反驳，以维护己方的合法权益的活动。通过双方当事人的辩论，仲裁庭可以进一步查清事实，确定定案的根据，正确适用法律，最终作出公正的裁决。

第三十九条　【举证】当事人提供的证据经查证属实的，仲裁庭应当将其作为认定事实的根据。

劳动者无法提供由用人单位掌握管理的与仲裁请求有关的证据，仲裁庭可以要求用人单位在指定期限内提供。用人单位在指定期限内不提供的，应当承担不利后果。

注释　证据是指证明主体提供的用来证明案件事实的材料。证据经查证属实的，才能作为仲裁庭认定事实的根据。所谓查证属实是指证据在仲裁庭的主持下，经当事人出示、对方质证和仲裁庭认证，认为证据具有真实性、关联性和合法性。

下列证据不能单独作为认定案件事实的依据：（一）未成年人所作的与其年龄和智力状况不相当的证言；（二）与一方当事人或者其代理人有利害关系的证人出具的证言；（三）存有疑点的视听资料；（四）无法与原件、原物核对的复印件、复制品；（五）无正当理由未出庭作证的证人证言。当事人对自己的主张，只有本人陈述而不能提出其他相关证据的，其主张不予支持，但对方当事人认可的除外。

劳动争议仲裁涉及的证据种类包括书证、物证、视听资料、证人证言、当事人陈述、鉴定意见、勘验笔录等。

参见　《最高人民法院关于审理劳动争议案件适用法律问题的解释（一）》第42条

第四十条　【开庭笔录】仲裁庭应当将开庭情况记入笔录。当事人和其他仲裁参加人认为对自己陈述的记录有遗漏或者差错的，有权申请补正。如果不予补正，应当记录该申请。

笔录由仲裁员、记录人员、当事人和其他仲裁参加人签名或者盖章。

注释　开庭笔录是仲裁庭记录人员制作的，如实反映仲裁庭开庭审理劳动争议案件过程中仲裁员、当事人以及其他仲裁参加人

陈述意见、互相质证、进行辩论、变更请求、庭前调解等活动的书
面记录。

第四十一条 【申请仲裁后自行和解】当事人申请劳动争议仲
裁后，可以自行和解。达成和解协议的，可以撤回仲裁申请。

注释 劳动争议仲裁当事人自行和解，是指在劳动争议案件
中，一方当事人申请劳动争议仲裁后，当事人之间通过协商就已经
提交仲裁的劳动争议自行达成解决方案的行为。

第四十二条 【先行调解】仲裁庭在作出裁决前，应当先行
调解。

调解达成协议的，仲裁庭应当制作调解书。

调解书应当写明仲裁请求和当事人协议的结果。调解书由仲裁
员签名，加盖劳动争议仲裁委员会印章，送达双方当事人。调解书
经双方当事人签收后，发生法律效力。

调解不成或者调解书送达前，一方当事人反悔的，仲裁庭应当
及时作出裁决。

注释 调解书是指仲裁庭制作的记载对当事人劳动争议进行调
解的过程和结果的具有约束力的法律文书。调解书应当载明仲裁请求
和当事人协议的结果。调解书并非作出后马上生效，而是要等到当事
人签收后才生效，而且要求双方当事人签收，也就是说，既不是一方
当事人签收就对该方生效，也不是一方签收就对双方生效，而是只要
一方未签收就对双方都无效，只有双方都签收，才对双方都有效。

调解书的法律效力主要表现在：（1）使仲裁程序终结。调解书
一经生效，仲裁程序即告结束，仲裁机构便不再对该案进行审理。
这是调解书在程序上的法律后果。（2）纠纷当事人的权利义务关系
被确定。这是调解书在实体上的法律后果。（3）任何机关或组织都
要在重新处理该案方面受调解书约束。也就是说，对于仲裁机构已
出具调解书的争议，任何机关或组织一般都不得再做处理。

参见 《最高人民法院关于审理劳动争议案件适用法律问题的
解释（一）》第11条；《劳动人事争议仲裁办案规则》第四章第一节

第四十三条　【仲裁案件审理期限】仲裁庭裁决劳动争议案件，应当自劳动争议仲裁委员会受理仲裁申请之日起四十五日内结束。案情复杂需要延期的，经劳动争议仲裁委员会主任批准，可以延期并书面通知当事人，但是延长期限不得超过十五日。逾期未作出仲裁裁决的，当事人可以就该劳动争议事项向人民法院提起诉讼。

仲裁庭裁决劳动争议案件时，其中一部分事实已经清楚，可以就该部分先行裁决。

注释　本条中的先行裁决是通过行使部分裁决权作出的裁决，从性质上来说与最终裁决的效力是一样的，具有同样的法律效力。因此，仲裁庭在仲裁程序中已经作出的部分裁决即约束其在以后的终局裁决中不得对该已作出的裁决部分的结果进行变更。先行裁决是在仲裁权行使过程中先行作出的，因此，在对争议事项终局裁决时，也不得对部分裁决中的事项再进行裁决。另外，先行裁决与最终裁决的内容不能相互矛盾，而应保持一致。

根据《劳动人事争议仲裁办案规则》第47条的规定，有下列情形的，仲裁期限按照下列规定计算：

（一）仲裁庭追加当事人或者第三人的，仲裁期限从决定追加之日起重新计算；

（二）申请人需要补正材料的，仲裁委员会收到仲裁申请的时间从材料补正之日起重新计算；

（三）增加、变更仲裁请求的，仲裁期限从受理增加、变更仲裁请求之日起重新计算；

（四）仲裁申请和反申请合并处理的，仲裁期限从受理反申请之日起重新计算；

（五）案件移送管辖的，仲裁期限从接受移送之日起重新计算；

（六）中止审理期间、公告送达期间不计入仲裁期限内；

（七）法律、法规规定应当另行计算的其他情形。

参见　《最高人民法院关于审理劳动争议案件适用法律问题的解释（一）》第12条

第四十四条　【可以裁决先予执行的案件】仲裁庭对追索劳动

报酬、工伤医疗费、经济补偿或者赔偿金的案件，根据当事人的申请，可以裁决先予执行，移送人民法院执行。

仲裁庭裁决先予执行的，应当符合下列条件：

（一）当事人之间权利义务关系明确；

（二）不先予执行将严重影响申请人的生活。

劳动者申请先予执行的，可以不提供担保。

注释 先予执行的着眼点是满足申请人的迫切需要。执行本应在仲裁裁决发生法律效力之后，先予执行是为了解决一部分当事人由于生活或生产的迫切需要，在裁决之前采取措施以解燃眉之急。例如，申请人因高度危险作业遭受工伤，造成严重的身体伤害，急需住院治疗，申请人无力负担医疗费用，而与负有承担医疗费用义务的被申诉人不能协商解决，申请人向劳动争议仲裁委员会申请劳动争议仲裁。仲裁庭裁决劳动争议案件，应当自劳动争议仲裁委员会收到仲裁申请之日起45日内结束，这段时间，如果不先予执行，必然使申请人的治疗耽误时间，或者造成严重后果。在这样的案件中，如果不先予执行，等仲裁庭作出生效裁决后再由义务人履行义务，就会使权利人不能得到及时治疗。仲裁庭裁决先予执行就可以解决这个问题。

本法所规定的先予执行，有以下几点需要注意：（1）仅对特定类型案件可以申请先予执行。这些特定类型案件是指追索劳动报酬、工伤医疗费、经济补偿或者赔偿金的案件。其他类型的案件不适用先予执行。（2）必须根据当事人的申请。只有当事人申请，仲裁庭才能作出先予执行的裁定。如果当事人不申请，仲裁庭不能主动作出先予执行的裁决。

参见 《劳动人事争议仲裁办案规则》第51条；《最高人民法院关于审理劳动争议案件适用法律问题的解释（一）》第10条

第四十五条 【作出裁决意见】裁决应当按照多数仲裁员的意见作出，少数仲裁员的不同意见应当记入笔录。仲裁庭不能形成多数意见时，裁决应当按照首席仲裁员的意见作出。

注释 首席仲裁员是合议庭的主持者，要负责整个仲裁庭的审理工作，但对于仲裁裁决的表决权，他与其他仲裁员是平等的，只有投票的权力，没有特权。在实践中，当无法形成多数意见时，首席仲裁员首先应当组织仲裁员重新对案件进行评议，以形成多数意见。当无法形成多数意见时，可按法律规定由首席仲裁员决定。另外，如果形成的多数意见是两名仲裁员的一致意见，首席仲裁员也应服从多数意见，不同意见应当记入笔录。

第四十六条　【裁决书】裁决书应当载明仲裁请求、争议事实、裁决理由、裁决结果和裁决日期。裁决书由仲裁员签名，加盖劳动争议仲裁委员会印章。对裁决持不同意见的仲裁员，可以签名，也可以不签名。

注释 仲裁裁决书由仲裁员签名，加盖劳动争议仲裁委员会的印章，这就意味着仲裁庭虽然是案件的具体审理者，但裁决却不能以仲裁庭的名义作出，而是统一以劳动争议仲裁委员会的名义作出。

参见　《劳动人事争议仲裁办案规则》第 53 条

第四十七条　【一裁终局的案件】下列劳动争议，除本法另有规定的外，仲裁裁决为终局裁决，裁决书自作出之日起发生法律效力：

（一）追索劳动报酬、工伤医疗费、经济补偿或者赔偿金，不超过当地月最低工资标准十二个月金额的争议；

（二）因执行国家的劳动标准在工作时间、休息休假、社会保险等方面发生的争议。

注释 本法规定的劳动争议调解仲裁的基本模式是：（1）一调一裁两审制。即本法第 5 条的规定。（2）一裁终局制。即本条的规定。

一裁终局制度是劳动争议经仲裁庭裁决后即行终结的制度。适用一裁终局的劳动争议仲裁案件有两类：一是小额仲裁案件，二是标准明确的仲裁案件。

（一）小额仲裁案件

1. 追索劳动报酬的案件。劳动报酬是指劳动者从用人单位得到的全部工资收入。这类案件具有案件频发、涉及人数众多、社会影响大等特点，因此能否及时高效地解决这类案件直接关系到社会的和谐稳定。

2. 追索工伤医疗费的案件。工伤医疗费是指职工因工负伤治疗，享受工伤医疗费，工伤医疗费是工伤保险待遇的一项，主要包括以下内容：（1）工伤职工治疗工伤或者职业病所需的挂号费、住院费、医疗费、药费、就医路费等。（2）工伤职工需要住院治疗的，按照法定标准发给的住院伙食补助费；经批准转外地治疗的，所需交通、食宿费用按照法定标准支付。

3. 追索经济补偿的案件。主要参见《劳动合同法》第46、47条。

4. 追索赔偿金的案件。主要参见《劳动合同法》第48、83、85、87条。

（二）标准明确的仲裁案件

国家劳动标准是指国家对劳动领域内规律性出现的事物或行为进行规范，以定量或定性形式所作出的统一规定。我国对劳动标准建设一直相当重视，初步形成了以《劳动法》为核心的劳动标准体系，基本涵盖了劳动领域的主要方面。国家劳动标准包括工作时间、休息休假、社会保险等方面。

国家劳动标准具有以下特点：1. 通过规范性文件加以规定。2. 标准明确。往往是用定量的方式加以规定。3. 适用范围广泛。涵盖了劳动领域的主要方面。

根据《人力资源社会保障部 最高人民法院关于劳动人事争议仲裁与诉讼衔接有关问题的意见（一）》，仲裁裁决涉及下列事项，对单项裁决金额不超过当地月最低工资标准十二个月金额的，劳动人事争议仲裁委员会应当适用终局裁决：（一）劳动者在法定标准工作时间内提供正常劳动的工资；（二）停工留薪期工资或者病假工资；（三）用人单位未提前通知劳动者解除劳动合同的一个月工资；（四）工伤医疗费；（五）竞业限制的经济补偿；（六）解除或者终止劳动合同的经济补偿；（七）《中华人民共和国劳动合同法》第八十二条规定的第二倍工资；（八）违法约定试用期的赔偿金；（九）违法解除或者终止劳动合同的赔偿金；（十）其他劳动报酬、经济补偿或者赔偿金。裁决事项涉及确认劳动关系的，劳动人事争议仲裁委员会就同一案件应当作出非终局裁决。

参见 《最高人民法院关于审理劳动争议案件适用法律问题的解释（一）》第18条；《人力资源社会保障部 最高人民法院关于劳动人事争议仲裁与诉讼衔接有关问题的意见（一）》

第四十八条 【劳动者不服一裁终局案件的裁决提起诉讼的期限】 劳动者对本法第四十七条规定的仲裁裁决不服的，可以自收到仲裁裁决书之日起十五日内向人民法院提起诉讼。

注释 对于一裁终局的劳动争议案件，本法对用人单位和劳动者规定了不同的救济途径：（1）关于用人单位，本法第49条规定了用人单位可以申请撤销仲裁裁决；（2）关于劳动者，对本法第47条规定的仲裁裁决不服的，可以向法院提起诉讼。

本条关于劳动者诉权的规定应注意以下几个方面：（1）诉讼申请人只能是劳动者，用人单位不能直接提起诉讼。（2）本条对劳动者提起诉讼没有法定条件的限制，只规定了劳动者对本法第47条规定的仲裁裁决不服的，就可以提起诉讼。劳动者对诉与不诉有选择权。劳动者认为仲裁裁决对其有利，可以选择仲裁生效；劳动者认为仲裁裁决对其不利，可以继续提起诉讼。（3）本条规定的诉讼期间是自收到仲裁裁决书之日起15日内。（4）劳动者期满不起诉的，视为放弃诉权，裁决书对劳动者发生法律效力。

参见 《最高人民法院关于审理劳动争议案件适用法律问题的解释（一）》第21条

第四十九条 【用人单位不服一裁终局案件的裁决可诉请撤销的条件】 用人单位有证据证明本法第四十七条规定的仲裁裁决有下列情形之一，可以自收到仲裁裁决书之日起三十日内向劳动争议仲裁委员会所在地的中级人民法院申请撤销裁决：

（一）适用法律、法规确有错误的；

（二）劳动争议仲裁委员会无管辖权的；

（三）违反法定程序的；

（四）裁决所根据的证据是伪造的；

（五）对方当事人隐瞒了足以影响公正裁决的证据的；

（六）仲裁员在仲裁该案时有索贿受贿、徇私舞弊、枉法裁决行为的。

人民法院经组成合议庭审查核实裁决有前款规定情形之一的，应当裁定撤销。

仲裁裁决被人民法院裁定撤销的，当事人可以自收到裁定书之日起十五日内就该劳动争议事项向人民法院提起诉讼。

注释　一裁终局的裁决发生法律效力后，用人单位不得就同一争议事项再向仲裁委员会申请仲裁或向法院起诉。为了保护用人单位的救济权利，本条规定了用人单位可以向法院申请撤销仲裁裁决。

申请撤销仲裁裁决的情形：

1. 适用法律、法规确有错误的。主要是指：（1）适用已失效或尚未生效的法律法规的；（2）援引法条错误的；（3）违反法律关于溯及力规定的。

2. 劳动争议仲裁委员会无管辖权的。本法第21条规定，劳动争议仲裁委员会负责管辖本区域内发生的劳动争议。劳动争议由劳动合同履行地或者用人单位所在地的劳动争议仲裁委员会管辖。

3. 违反法定程序的。主要是指：（1）仲裁组织的组成不合法的；（2）违反了有关回避规定的；（3）违反了有关期间规定的；（4）审理程序违法等。

4. 裁决所根据的证据是伪造的。伪造证据是指制造虚假的证据，对证据内容进行篡改，使其与真实不符。如：制造虚假的书证、物证、鉴定意见等。

5. 对方当事人隐瞒了足以影响公正裁决的证据的。足以影响公正裁决的证据包括证明案件基本事实的证据、证明主体之间权利义务关系的证据等。

6. 仲裁员在仲裁该案时有索贿受贿、徇私舞弊、枉法裁决行为的。受贿是指仲裁员利用职务上的便利，收受他人财物并为他人谋取利益的行为。索贿是受贿人以公开或暗示的方法，主动向行贿人索取贿赂，有的甚至是公然以要挟的方式，迫使当事人行贿。徇私舞弊是指仲裁员利用职务上的便利，为他人谋利。枉法裁决是指依法承担仲裁职责的人员，在仲裁活动中故意违背事实和法律作枉法裁决。

参见 《最高人民法院关于审理劳动争议案件适用法律问题的解释（一）》第22条；《人力资源社会保障部 最高人民法院关于劳动人事争议仲裁与诉讼衔接有关问题的意见（一）》

第五十条 【其他不服仲裁裁决提起诉讼的期限】 当事人对本法第四十七条规定以外的其他劳动争议案件的仲裁裁决不服的，可以自收到仲裁裁决书之日起十五日内向人民法院提起诉讼；期满不起诉的，裁决书发生法律效力。

注释 除一裁终局的情况以外，"一调一裁两审"是劳动争议处理的一般模式。仲裁裁决作出后，并不立即发生法律效力；当事人对仲裁裁决不服的，可以自收到裁决书之日起15日内向人民法院提起诉讼；期满不起诉的，裁决书发生法律效力。

裁决书发生法律效力后的法律后果表现在两个方面：1. 裁决书具有既判力。当事人不能就同一争议事项再向人民法院起诉，也不能再申请仲裁机构仲裁。2. 裁决书具有执行力。当事人对发生法律效力的裁决书，应当依照规定的期限履行。一方当事人逾期不履行的，另一方当事人可以依照民事诉讼法的有关规定向法院申请执行。

案例 王某与陕西某建筑工程有限公司劳动争议纠纷上诉案〔陕西省西安市中级人民法院（2014）西中民二终字第00048号〕

案件适用要点：王某仲裁申请的事项属于劳动争议范畴，其于2013年8月9日收到《不予受理案件通知书》，直至2013年8月30日才起诉至西安市未央区人民法院，已超过法律规定的15日起诉期限，依法应予驳回。

第五十一条 【生效调解书、裁决书的执行】 当事人对发生法律效力的调解书、裁决书，应当依照规定的期限履行。一方当事人逾期不履行的，另一方当事人可以依照民事诉讼法的有关规定向人民法院申请执行。受理申请的人民法院应当依法执行。

注释 发生法律效力的调解书、裁决书当事人必须履行。一方拒绝履行的，对方当事人可以向人民法院申请执行。当事人申请人民法院执行劳动争议仲裁机构作出的发生法律效力的裁决书、调解书，被申请人提出证据证明劳动争议仲裁裁决书、调解书有下列情形之一，并经审查核实的，人民法院可以根据民事诉讼法第二百四十四条规定，裁定不予执行：（1）裁决的事项不属于劳动争议仲裁范围，或者劳动争议仲裁机构无权仲裁的；（2）适用法律、法规确有错误的；（3）违反法定程序的；（4）裁决所根据的证据是伪造的；（5）对方当事人隐瞒了足以影响公正裁决的证据的；（6）仲裁员在仲裁该案时有索贿受贿、徇私舞弊、枉法裁决行为的；（7）人民法院认定执行该劳动争议仲裁裁决违背社会公共利益的。

参见 《最高人民法院关于审理劳动争议案件适用法律问题的解释（一）》第24条

第四章 附　　则

第五十二条 【人事争议处理的法律适用】事业单位实行聘用制的工作人员与本单位发生劳动争议的，依照本法执行；法律、行政法规或者国务院另有规定的，依照其规定。

注释 事业单位是指为了社会公益目的，由国家机关举办或者其他组织利用国有资产举办的，从事教育、科技、文化、卫生等活动的社会服务组织。

参见 《劳动法》第2条；《劳动合同法》第96条；《最高人民法院关于人民法院审理事业单位人事争议案件若干问题的规定》第1、3条；《人力资源和社会保障部办公厅关于人事争议仲裁适用有关法律问题的答复意见的函》

第五十三条 【劳动争议仲裁不收费】劳动争议仲裁不收费。劳动争议仲裁委员会的经费由财政予以保障。

参见 《人力资源和社会保障部办公厅关于转发湖南省劳动保障厅、财政厅关于保障劳动争议仲裁经费的通知的通知》

第五十四条 【实施日期】本法自 2008 年 5 月 1 日起施行。

企业劳动争议协商调解规定

(2011 年 11 月 30 日人力资源和社会保障部令第 17 号公布 自 2012 年 1 月 1 日起施行)

第一章 总 则

第一条 为规范企业劳动争议协商、调解行为，促进劳动关系和谐稳定，根据《中华人民共和国劳动争议调解仲裁法》，制定本规定。

第二条 企业劳动争议协商、调解，适用本规定。

第三条 企业应当依法执行职工大会、职工代表大会、厂务公开等民主管理制度，建立集体协商、集体合同制度，维护劳动关系和谐稳定。

第四条 企业应当建立劳资双方沟通对话机制，畅通劳动者利益诉求表达渠道。

劳动者认为企业在履行劳动合同、集体合同，执行劳动保障法律、法规和企业劳动规章制度等方面存在问题的，可以向企业劳动争议调解委员会（以下简称调解委员会）提出。调解委员会应当及时核实情况，协调企业进行整改或者向劳动者做出说明。

劳动者也可以通过调解委员会向企业提出其他合理诉求。调解委员会应当及时向企业转达，并向劳动者反馈情况。

第五条 企业应当加强对劳动者的人文关怀，关心劳动者的诉求，关注劳动者的心理健康，引导劳动者理性维权，预防劳动争议发生。

第六条 协商、调解劳动争议，应当根据事实和有关法律法规的规定，遵循平等、自愿、合法、公正、及时的原则。

第七条 人力资源和社会保障行政部门应当指导企业开展劳动争议预防调解工作，具体履行下列职责：

（一）指导企业遵守劳动保障法律、法规和政策；

（二）督促企业建立劳动争议预防预警机制；

（三）协调工会、企业代表组织建立企业重大集体性劳动争议应急调解协调机制，共同推动企业劳动争议预防调解工作；

（四）检查辖区内调解委员会的组织建设、制度建设和队伍建设情况。

第二章 协　　商

第八条 发生劳动争议，一方当事人可以通过与另一方当事人约见、面谈等方式协商解决。

第九条 劳动者可以要求所在企业工会参与或者协助其与企业进行协商。工会也可以主动参与劳动争议的协商处理，维护劳动者合法权益。

劳动者可以委托其他组织或者个人作为其代表进行协商。

第十条 一方当事人提出协商要求后，另一方当事人应当积极做出口头或者书面回应。5日内不做出回应的，视为不愿协商。

协商的期限由当事人书面约定，在约定的期限内没有达成一致的，视为协商不成。当事人可以书面约定延长期限。

第十一条 协商达成一致，应当签订书面和解协议。和解协议对双方当事人具有约束力，当事人应当履行。

经仲裁庭审查，和解协议程序和内容合法有效的，仲裁庭可以将其作为证据使用。但是，当事人为达成和解的目的作出妥协所涉及的对争议事实的认可，不得在其后的仲裁中作为对其不利的证据。

第十二条 发生劳动争议，当事人不愿协商、协商不成或者达成和解协议后，一方当事人在约定的期限内不履行和解协议的，可以依法向调解委员会或者乡镇、街道劳动就业社会保障服务所（中心）等其他依法设立的调解组织申请调解，也可以依法向劳动人事争议仲裁委员会（以下简称仲裁委员会）申请仲裁。

第三章　调　　解

第十三条　大中型企业应当依法设立调解委员会，并配备专职或者兼职工作人员。

有分公司、分店、分厂的企业，可以根据需要在分支机构设立调解委员会。总部调解委员会指导分支机构调解委员会开展劳动争议预防调解工作。

调解委员会可以根据需要在车间、工段、班组设立调解小组。

第十四条　小微型企业可以设立调解委员会，也可以由劳动者和企业共同推举人员，开展调解工作。

第十五条　调解委员会由劳动者代表和企业代表组成，人数由双方协商确定，双方人数应当对等。劳动者代表由工会委员会成员担任或者由全体劳动者推举产生，企业代表由企业负责人指定。调解委员会主任由工会委员会成员或者双方推举的人员担任。

第十六条　调解委员会履行下列职责：

（一）宣传劳动保障法律、法规和政策；

（二）对本企业发生的劳动争议进行调解；

（三）监督和解协议、调解协议的履行；

（四）聘任、解聘和管理调解员；

（五）参与协调履行劳动合同、集体合同、执行企业劳动规章制度等方面出现的问题；

（六）参与研究涉及劳动者切身利益的重大方案；

（七）协助企业建立劳动争议预防预警机制。

第十七条　调解员履行下列职责：

（一）关注本企业劳动关系状况，及时向调解委员会报告；

（二）接受调解委员会指派，调解劳动争议案件；

（三）监督和解协议、调解协议的履行；

（四）完成调解委员会交办的其他工作。

第十八条　调解员应当公道正派、联系群众、热心调解工作，具有一定劳动保障法律政策知识和沟通协调能力。调解员由调解委员会聘任的本企业工作人员担任，调解委员会成员均为调解员。

第十九条　调解员的聘期至少为 1 年，可以续聘。调解员不能履行调解职责时，调解委员会应当及时调整。

第二十条　调解员依法履行调解职责，需要占用生产或者工作时间的，企业应当予以支持，并按照正常出勤对待。

第二十一条　发生劳动争议，当事人可以口头或者书面形式向调解委员会提出调解申请。

申请内容应当包括申请人基本情况、调解请求、事实与理由。

口头申请的，调解委员会应当当场记录。

第二十二条　调解委员会接到调解申请后，对属于劳动争议受理范围且双方当事人同意调解的，应当在 3 个工作日内受理。对不属于劳动争议受理范围或者一方当事人不同意调解的，应当做好记录，并书面通知申请人。

第二十三条　发生劳动争议，当事人没有提出调解申请，调解委员会可以在征得双方当事人同意后主动调解。

第二十四条　调解委员会调解劳动争议一般不公开进行。但是，双方当事人要求公开调解的除外。

第二十五条　调解委员会根据案件情况指定调解员或者调解小组进行调解，在征得当事人同意后，也可以邀请有关单位和个人协助调解。

调解员应当全面听取双方当事人的陈述，采取灵活多样的方式方法，开展耐心、细致的说服疏导工作，帮助当事人自愿达成调解协议。

第二十六条　经调解达成调解协议的，由调解委员会制作调解协议书。调解协议书应当写明双方当事人基本情况、调解请求事项、调解的结果和协议履行期限、履行方式等。

调解协议书由双方当事人签名或者盖章，经调解员签名并加盖调解委员会印章后生效。

调解协议书一式三份，双方当事人和调解委员会各执一份。

第二十七条 生效的调解协议对双方当事人具有约束力，当事人应当履行。

双方当事人可以自调解协议生效之日起 15 日内共同向仲裁委员会提出仲裁审查申请。仲裁委员会受理后，应当对调解协议进行审查，并根据《劳动人事争议仲裁办案规则》第五十四条规定，对程序和内容合法有效的调解协议，出具调解书。

第二十八条 双方当事人未按前条规定提出仲裁审查申请，一方当事人在约定的期限内不履行调解协议的，另一方当事人可以依法申请仲裁。

仲裁委员会受理仲裁申请后，应当对调解协议进行审查，调解协议合法有效且不损害公共利益或者第三人合法利益的，在没有新证据出现的情况下，仲裁委员会可以依据调解协议作出仲裁裁决。

第二十九条 调解委员会调解劳动争议，应当自受理调解申请之日起 15 日内结束。但是，双方当事人同意延期的可以延长。

在前款规定期限内未达成调解协议的，视为调解不成。

第三十条 当事人不愿调解、调解不成或者达成调解协议后，一方当事人在约定的期限内不履行调解协议的，调解委员会应当做好记录，由双方当事人签名或者盖章，并书面告知当事人可以向仲裁委员会申请仲裁。

第三十一条 有下列情形之一的，按照《劳动人事争议仲裁办案规则》第十条的规定属于仲裁时效中断，从中断时起，仲裁时效期间重新计算：

（一）一方当事人提出协商要求后，另一方当事人不同意协商或者在 5 日内不做出回应的；

（二）在约定的协商期限内，一方或者双方当事人不同意继续协商的；

（三）在约定的协商期限内未达成一致的；

（四）达成和解协议后，一方或者双方当事人在约定的期限内不履行和解协议的；

（五）一方当事人提出调解申请后，另一方当事人不同意调解的；

（六）调解委员会受理调解申请后，在第二十九条规定的期限内一方或者双方当事人不同意调解的；

（七）在第二十九条规定的期限内未达成调解协议的；

（八）达成调解协议后，一方当事人在约定期限内不履行调解协议的。

第三十二条 调解委员会应当建立健全调解登记、调解记录、督促履行、档案管理、业务培训、统计报告、工作考评等制度。

第三十三条 企业应当支持调解委员会开展调解工作，提供办公场所，保障工作经费。

第三十四条 企业未按照本规定成立调解委员会，劳动争议或者群体性事件频发，影响劳动关系和谐，造成重大社会影响的，由县级以上人力资源和社会保障行政部门予以通报；违反法律法规规定的，依法予以处理。

第三十五条 调解员在调解过程中存在严重失职或者违法违纪行为，侵害当事人合法权益的，调解委员会应当予以解聘。

第四章 附 则

第三十六条 民办非企业单位、社会团体开展劳动争议协商、调解工作参照本规定执行。

第三十七条 本规定自 2012 年 1 月 1 日起施行。

最高人民法院关于审理劳动争议案件适用法律问题的解释（一）

（2020 年 12 月 25 日最高人民法院审判委员会第 1825
次会议通过 2020 年 12 月 29 日最高人民法院公告公布
自 2021 年 1 月 1 日起施行 法释〔2020〕26 号）

为正确审理劳动争议案件，根据《中华人民共和国民法典》《中华人民共和国劳动法》《中华人民共和国劳动合同法》《中华人民共和国劳动争议调解仲裁法》《中华人民共和国民事诉讼法》等相关法律规定，结合审判实践，制定本解释。

第一条 劳动者与用人单位之间发生的下列纠纷，属于劳动争议，当事人不服劳动争议仲裁机构作出的裁决，依法提起诉讼的，人民法院应予受理：

（一）劳动者与用人单位在履行劳动合同过程中发生的纠纷；

（二）劳动者与用人单位之间没有订立书面劳动合同，但已形成劳动关系后发生的纠纷；

（三）劳动者与用人单位因劳动关系是否已经解除或者终止，以及应否支付解除或者终止劳动关系经济补偿金发生的纠纷；

（四）劳动者与用人单位解除或者终止劳动关系后，请求用人单位返还其收取的劳动合同定金、保证金、抵押金、抵押物发生的纠纷，或者办理劳动者的人事档案、社会保险关系等移转手续发生的纠纷；

（五）劳动者以用人单位未为其办理社会保险手续，且社会保险经办机构不能补办导致其无法享受社会保险待遇为由，要求用人单位赔偿损失发生的纠纷；

（六）劳动者退休后，与尚未参加社会保险统筹的原用人单位因追索养老金、医疗费、工伤保险待遇和其他社会保险待遇而发生的

纠纷;

（七）劳动者因为工伤、职业病，请求用人单位依法给予工伤保险待遇发生的纠纷;

（八）劳动者依据劳动合同法第八十五条规定，要求用人单位支付加付赔偿金发生的纠纷;

（九）因企业自主进行改制发生的纠纷。

第二条　下列纠纷不属于劳动争议:

（一）劳动者请求社会保险经办机构发放社会保险金的纠纷;

（二）劳动者与用人单位因住房制度改革产生的公有住房转让纠纷;

（三）劳动者对劳动能力鉴定委员会的伤残等级鉴定结论或者对职业病诊断鉴定委员会的职业病诊断鉴定结论的异议纠纷;

（四）家庭或者个人与家政服务人员之间的纠纷;

（五）个体工匠与帮工、学徒之间的纠纷;

（六）农村承包经营户与受雇人之间的纠纷。

第三条　劳动争议案件由用人单位所在地或者劳动合同履行地的基层人民法院管辖。

劳动合同履行地不明确的，由用人单位所在地的基层人民法院管辖。

法律另有规定的，依照其规定。

第四条　劳动者与用人单位均不服劳动争议仲裁机构的同一裁决，向同一人民法院起诉的，人民法院应当并案审理，双方当事人互为原告和被告，对双方的诉讼请求，人民法院应当一并作出裁决。在诉讼过程中，一方当事人撤诉的，人民法院应当根据另一方当事人的诉讼请求继续审理。双方当事人就同一仲裁裁决分别向有管辖权的人民法院起诉的，后受理的人民法院应当将案件移送给先受理的人民法院。

第五条　劳动争议仲裁机构以无管辖权为由对劳动争议案件不予受理，当事人提起诉讼的，人民法院按照以下情形分别处理:

（一）经审查认为该劳动争议仲裁机构对案件确无管辖权的，应当告知当事人向有管辖权的劳动争议仲裁机构申请仲裁;

（二）经审查认为该劳动争议仲裁机构有管辖权的，应当告知当事人申请仲裁，并将审查意见书面通知该劳动争议仲裁机构；劳动争议仲裁机构仍不受理，当事人就该劳动争议事项提起诉讼的，人民法院应予受理。

第六条　劳动争议仲裁机构以当事人申请仲裁的事项不属于劳动争议为由，作出不予受理的书面裁决、决定或者通知，当事人不服依法提起诉讼的，人民法院应当分别情况予以处理：

（一）属于劳动争议案件的，应当受理；

（二）虽不属于劳动争议案件，但属于人民法院主管的其他案件，应当依法受理。

第七条　劳动争议仲裁机构以申请仲裁的主体不适格为由，作出不予受理的书面裁决、决定或者通知，当事人不服依法提起诉讼，经审查确属主体不适格的，人民法院不予受理；已经受理的，裁定驳回起诉。

第八条　劳动争议仲裁机构为纠正原仲裁裁决错误重新作出裁决，当事人不服依法提起诉讼的，人民法院应当受理。

第九条　劳动争议仲裁机构仲裁的事项不属于人民法院受理的案件范围，当事人不服依法提起诉讼的，人民法院不予受理；已经受理的，裁定驳回起诉。

第十条　当事人不服劳动争议仲裁机构作出的预先支付劳动者劳动报酬、工伤医疗费、经济补偿或者赔偿金的裁决，依法提起诉讼的，人民法院不予受理。

用人单位不履行上述裁决中的给付义务，劳动者依法申请强制执行的，人民法院应予受理。

第十一条　劳动争议仲裁机构作出的调解书已经发生法律效力，一方当事人反悔提起诉讼的，人民法院不予受理；已经受理的，裁定驳回起诉。

第十二条　劳动争议仲裁机构逾期未作出受理决定或仲裁裁决，当事人直接提起诉讼的，人民法院应予受理，但申请仲裁的案件存在下列事由的除外：

（一）移送管辖的；

（二）正在送达或者送达延误的；

（三）等待另案诉讼结果、评残结论的；

（四）正在等待劳动争议仲裁机构开庭的；

（五）启动鉴定程序或者委托其他部门调查取证的；

（六）其他正当事由。

当事人以劳动争议仲裁机构逾期未作出仲裁裁决为由提起诉讼的，应当提交该仲裁机构出具的受理通知书或者其他已接受仲裁申请的凭证、证明。

第十三条 劳动者依据劳动合同法第三十条第二款和调解仲裁法第十六条规定向人民法院申请支付令，符合民事诉讼法第十七章督促程序规定的，人民法院应予受理。

依据劳动合同法第三十条第二款规定申请支付令被人民法院裁定终结督促程序后，劳动者就劳动争议事项直接提起诉讼的，人民法院应当告知其先向劳动争议仲裁机构申请仲裁。

依据调解仲裁法第十六条规定申请支付令被人民法院裁定终结督促程序后，劳动者依据调解协议直接提起诉讼的，人民法院应予受理。

第十四条 人民法院受理劳动争议案件后，当事人增加诉讼请求的，如该诉讼请求与讼争的劳动争议具有不可分性，应当合并审理；如属独立的劳动争议，应当告知当事人向劳动争议仲裁机构申请仲裁。

第十五条 劳动者以用人单位的工资欠条为证据直接提起诉讼，诉讼请求不涉及劳动关系其他争议的，视为拖欠劳动报酬争议，人民法院按照普通民事纠纷受理。

第十六条 劳动争议仲裁机构作出仲裁裁决后，当事人对裁决中的部分事项不服，依法提起诉讼的，劳动争议仲裁裁决不发生法律效力。

第十七条 劳动争议仲裁机构对多个劳动者的劳动争议作出仲裁裁决后，部分劳动者对仲裁裁决不服，依法提起诉讼的，仲裁裁决对提起诉讼的劳动者不发生法律效力；对未提起诉讼的部分劳动者，发生法律效力，如其申请执行的，人民法院应当受理。

第十八条 仲裁裁决的类型以仲裁裁决书确定为准。仲裁裁决书未载明该裁决为终局裁决或者非终局裁决，用人单位不服该仲裁裁决向基层人民法院提起诉讼的，应当按照以下情形分别处理：

（一）经审查认为该仲裁裁决为非终局裁决的，基层人民法院应予受理；

（二）经审查认为该仲裁裁决为终局裁决的，基层人民法院不予受理，但应告知用人单位可以自收到不予受理裁定书之日起三十日内向劳动争议仲裁机构所在地的中级人民法院申请撤销该仲裁裁决；已经受理的，裁定驳回起诉。

第十九条 仲裁裁决书未载明该裁决为终局裁决或者非终局裁决，劳动者依据调解仲裁法第四十七条第一项规定，追索劳动报酬、工伤医疗费、经济补偿或者赔偿金，如果仲裁裁决涉及数项，每项确定的数额均不超过当地月最低工资标准十二个月金额的，应当按照终局裁决处理。

第二十条 劳动争议仲裁机构作出的同一仲裁裁决同时包含终局裁决事项和非终局裁决事项，当事人不服该仲裁裁决向人民法院提起诉讼的，应当按照非终局裁决处理。

第二十一条 劳动者依据调解仲裁法第四十八条规定向基层人民法院提起诉讼，用人单位依据调解仲裁法第四十九条规定向劳动争议仲裁机构所在地的中级人民法院申请撤销仲裁裁决的，中级人民法院应当不予受理；已经受理的，应当裁定驳回申请。

被人民法院驳回起诉或者劳动者撤诉的，用人单位可以自收到裁定书之日起三十日内，向劳动争议仲裁机构所在地的中级人民法院申请撤销仲裁裁决。

第二十二条 用人单位依据调解仲裁法第四十九条规定向中级人民法院申请撤销仲裁裁决，中级人民法院作出的驳回申请或者撤销仲裁裁决的裁定为终审裁定。

第二十三条 中级人民法院审理用人单位申请撤销终局裁决的

案件，应当组成合议庭开庭审理。经过阅卷、调查和询问当事人，对没有新的事实、证据或者理由，合议庭认为不需要开庭审理的，可以不开庭审理。

中级人民法院可以组织双方当事人调解。达成调解协议的，可以制作调解书。一方当事人逾期不履行调解协议的，另一方可以申请人民法院强制执行。

第二十四条 当事人申请人民法院执行劳动争议仲裁机构作出的发生法律效力的裁决书、调解书，被申请人提出证据证明劳动争议仲裁裁决书、调解书有下列情形之一，并经审查核实的，人民法院可以根据民事诉讼法第二百三十七条规定，裁定不予执行：

（一）裁决的事项不属于劳动争议仲裁范围，或者劳动争议仲裁机构无权仲裁的；

（二）适用法律、法规确有错误的；

（三）违反法定程序的；

（四）裁决所根据的证据是伪造的；

（五）对方当事人隐瞒了足以影响公正裁决的证据的；

（六）仲裁员在仲裁该案时有索贿受贿、徇私舞弊、枉法裁决行为的；

（七）人民法院认定执行该劳动争议仲裁裁决违背社会公共利益的。

人民法院在不予执行的裁定书中，应当告知当事人在收到裁定书之次日起三十日内，可以就该劳动争议事项向人民法院提起诉讼。

第二十五条 劳动争议仲裁机构作出终局裁决，劳动者向人民法院申请执行，用人单位向劳动争议仲裁机构所在地的中级人民法院申请撤销的，人民法院应当裁定中止执行。

用人单位撤回撤销终局裁决申请或者其申请被驳回的，人民法院应当裁定恢复执行。仲裁裁决被撤销的，人民法院应当裁定终结执行。

用人单位向人民法院申请撤销仲裁裁决被驳回后，又在执行程序中以相同理由提出不予执行抗辩的，人民法院不予支持。

第二十六条　用人单位与其它单位合并的，合并前发生的劳动争议，由合并后的单位为当事人；用人单位分立为若干单位的，其分立前发生的劳动争议，由分立后的实际用人单位为当事人。

用人单位分立为若干单位后，具体承受劳动权利义务的单位不明确的，分立后的单位均为当事人。

第二十七条　用人单位招用尚未解除劳动合同的劳动者，原用人单位与劳动者发生的劳动争议，可以列新的用人单位为第三人。

原用人单位以新的用人单位侵权为由提起诉讼的，可以列劳动者为第三人。

原用人单位以新的用人单位和劳动者共同侵权为由提起诉讼的，新的用人单位和劳动者列为共同被告。

第二十八条　劳动者在用人单位与其他平等主体之间的承包经营期间，与发包方和承包方双方或者一方发生劳动争议，依法提起诉讼的，应当将承包方和发包方作为当事人。

第二十九条　劳动者与未办理营业执照、营业执照被吊销或者营业期限届满仍继续经营的用人单位发生争议的，应当将用人单位或者其出资人列为当事人。

第三十条　未办理营业执照、营业执照被吊销或者营业期限届满仍继续经营的用人单位，以挂靠等方式借用他人营业执照经营的，应当将用人单位和营业执照出借方列为当事人。

第三十一条　当事人不服劳动争议仲裁机构作出的仲裁裁决，依法提起诉讼，人民法院审查认为仲裁裁决遗漏了必须共同参加仲裁的当事人的，应当依法追加遗漏的人为诉讼当事人。

被追加的当事人应当承担责任的，人民法院应当一并处理。

第三十二条　用人单位与其招用的已经依法享受养老保险待遇或者领取退休金的人员发生用工争议而提起诉讼的，人民法院应当按劳务关系处理。

企业停薪留职人员、未达到法定退休年龄的内退人员、下岗待岗人员以及企业经营性停产放长假人员，因与新的用人单位发生用工争议而提起诉讼的，人民法院应当按劳动关系处理。

第三十三条　外国人、无国籍人未依法取得就业证件即与中华人民共和国境内的用人单位签订劳动合同，当事人请求确认与用人单位存在劳动关系的，人民法院不予支持。

持有《外国专家证》并取得《外国人来华工作许可证》的外国人，与中华人民共和国境内的用人单位建立用工关系的，可以认定为劳动关系。

第三十四条　劳动合同期满后，劳动者仍在原用人单位工作，原用人单位未表示异议的，视为双方同意以原条件继续履行劳动合同。一方提出终止劳动关系的，人民法院应予支持。

根据劳动合同法第十四条规定，用人单位应当与劳动者签订无固定期限劳动合同而未签订的，人民法院可以视为双方之间存在无固定期限劳动合同关系，并以原劳动合同确定双方的权利义务关系。

第三十五条　劳动者与用人单位就解除或者终止劳动合同办理相关手续、支付工资报酬、加班费、经济补偿或者赔偿金等达成的协议，不违反法律、行政法规的强制性规定，且不存在欺诈、胁迫或者乘人之危情形的，应当认定有效。

前款协议存在重大误解或者显失公平情形，当事人请求撤销的，人民法院应予支持。

第三十六条　当事人在劳动合同或者保密协议中约定了竞业限制，但未约定解除或者终止劳动合同后给予劳动者经济补偿，劳动者履行了竞业限制义务，要求用人单位按照劳动者在劳动合同解除或者终止前十二个月平均工资的30%按月支付经济补偿的，人民法院应予支持。

前款规定的月平均工资的30%低于劳动合同履行地最低工资标准的，按照劳动合同履行地最低工资标准支付。

第三十七条　当事人在劳动合同或者保密协议中约定了竞业限制和经济补偿，当事人解除劳动合同时，除另有约定外，用人单位要求劳动者履行竞业限制义务，或者劳动者履行了竞业限制义务后要求用人单位支付经济补偿的，人民法院应予支持。

第三十八条　当事人在劳动合同或者保密协议中约定了竞业限制和经济补偿，劳动合同解除或者终止后，因用人单位的原因导致三个月未支付经济补偿，劳动者请求解除竞业限制约定的，人民法院应予支持。

　　第三十九条　在竞业限制期限内，用人单位请求解除竞业限制协议的，人民法院应予支持。

　　在解除竞业限制协议时，劳动者请求用人单位额外支付劳动者三个月的竞业限制经济补偿的，人民法院应予支持。

　　第四十条　劳动者违反竞业限制约定，向用人单位支付违约金后，用人单位要求劳动者按照约定继续履行竞业限制义务的，人民法院应予支持。

　　第四十一条　劳动合同被确认为无效，劳动者已付出劳动的，用人单位应当按照劳动合同法第二十八条、第四十六条、第四十七条的规定向劳动者支付劳动报酬和经济补偿。

　　由于用人单位原因订立无效劳动合同，给劳动者造成损害的，用人单位应当赔偿劳动者因合同无效所造成的经济损失。

　　第四十二条　劳动者主张加班费的，应当就加班事实的存在承担举证责任。但劳动者有证据证明用人单位掌握加班事实存在的证据，用人单位不提供的，由用人单位承担不利后果。

　　第四十三条　用人单位与劳动者协商一致变更劳动合同，虽未采用书面形式，但已经实际履行了口头变更的劳动合同超过一个月，变更后的劳动合同内容不违反法律、行政法规且不违背公序良俗，当事人以未采用书面形式为由主张劳动合同变更无效的，人民法院不予支持。

　　第四十四条　因用人单位作出的开除、除名、辞退、解除劳动合同、减少劳动报酬、计算劳动者工作年限等决定而发生的劳动争议，用人单位负举证责任。

　　第四十五条　用人单位有下列情形之一，迫使劳动者提出解除劳动合同的，用人单位应当支付劳动者的劳动报酬和经济补偿，并可支付赔偿金：

258

（一）以暴力、威胁或者非法限制人身自由的手段强迫劳动的；

（二）未按照劳动合同约定支付劳动报酬或者提供劳动条件的；

（三）克扣或者无故拖欠劳动者工资的；

（四）拒不支付劳动者延长工作时间工资报酬的；

（五）低于当地最低工资标准支付劳动者工资的。

第四十六条 劳动者非因本人原因从原用人单位被安排到新用人单位工作，原用人单位未支付经济补偿，劳动者依据劳动合同法第三十八条规定与新用人单位解除劳动合同，或者新用人单位向劳动者提出解除、终止劳动合同，在计算支付经济补偿或赔偿金的工作年限时，劳动者请求把在原用人单位的工作年限合并计算为新用人单位工作年限的，人民法院应予支持。

用人单位符合下列情形之一的，应当认定属于"劳动者非因本人原因从原用人单位被安排到新用人单位工作"：

（一）劳动者仍在原工作场所、工作岗位工作，劳动合同主体由原用人单位变更为新用人单位；

（二）用人单位以组织委派或任命形式对劳动者进行工作调动；

（三）因用人单位合并、分立等原因导致劳动者工作调动；

（四）用人单位及其关联企业与劳动者轮流订立劳动合同；

（五）其他合理情形。

第四十七条 建立了工会组织的用人单位解除劳动合同符合劳动合同法第三十九条、第四十条规定，但未按照劳动合同法第四十三条规定事先通知工会，劳动者以用人单位违法解除劳动合同为由请求用人单位支付赔偿金的，人民法院应予支持，但起诉前用人单位已经补正有关程序的除外。

第四十八条 劳动合同法施行后，因用人单位经营期限届满不再继续经营导致劳动合同不能继续履行，劳动者请求用人单位支付经济补偿的，人民法院应予支持。

第四十九条 在诉讼过程中，劳动者向人民法院申请采取财产保全措施，人民法院经审查认为申请人经济确有困难，或者有证据证明用人单位存在欠薪逃匿可能的，应当减轻或者免除劳动者提供担保的义务，及时采取保全措施。

人民法院作出的财产保全裁定中，应当告知当事人在劳动争议仲裁机构的裁决书或者在人民法院的裁判文书生效后三个月内申请强制执行。逾期不申请的，人民法院应当裁定解除保全措施。

第五十条 用人单位根据劳动合同法第四条规定，通过民主程序制定的规章制度，不违反国家法律、行政法规及政策规定，并已向劳动者公示的，可以作为确定双方权利义务的依据。

用人单位制定的内部规章制度与集体合同或者劳动合同约定的内容不一致，劳动者请求优先适用合同约定的，人民法院应予支持。

第五十一条 当事人在调解仲裁法第十条规定的调解组织主持下达成的具有劳动权利义务内容的调解协议，具有劳动合同的约束力，可以作为人民法院裁判的根据。

当事人在调解仲裁法第十条规定的调解组织主持下仅就劳动报酬争议达成调解协议，用人单位不履行调解协议确定的给付义务，劳动者直接提起诉讼的，人民法院可以按照普通民事纠纷受理。

第五十二条 当事人在人民调解委员会主持下仅就给付义务达成的调解协议，双方认为有必要的，可以共同向人民调解委员会所在地的基层人民法院申请司法确认。

第五十三条 用人单位对劳动者作出的开除、除名、辞退等处理，或者因其他原因解除劳动合同确有错误的，人民法院可以依法判决予以撤销。

对于追索劳动报酬、养老金、医疗费以及工伤保险待遇、经济补偿金、培训费及其他相关费用等案件，给付数额不当的，人民法院可以予以变更。

第五十四条 本解释自 2021 年 1 月 1 日起施行。

人力资源社会保障部 最高人民法院
关于劳动人事争议仲裁与诉讼衔接
有关问题的意见（一）

（2022年2月21日　人社部发〔2022〕9号）

各省、自治区、直辖市人力资源社会保障厅（局）、高级人民法院，解放军军事法院，新疆生产建设兵团人力资源社会保障局、新疆维吾尔自治区高级人民法院生产建设兵团分院：

为贯彻党中央关于健全社会矛盾纠纷多元预防调处化解综合机制的要求，落实《人力资源社会保障部　最高人民法院关于加强劳动人事争议仲裁与诉讼衔接机制建设的意见》（人社部发〔2017〕70号），根据相关法律规定，结合工作实践，现就完善劳动人事争议仲裁与诉讼衔接有关问题，提出如下意见。

一、劳动人事争议仲裁委员会对调解协议仲裁审查申请不予受理或者经仲裁审查决定不予制作调解书的，当事人可依法就协议内容中属于劳动人事争议仲裁受理范围的事项申请仲裁。当事人直接向人民法院提起诉讼的，人民法院不予受理，但下列情形除外：

（一）依据《中华人民共和国劳动争议调解仲裁法》第十六条规定申请支付令被人民法院裁定终结督促程序后，劳动者依据调解协议直接提起诉讼的；

（二）当事人在《中华人民共和国劳动争议调解仲裁法》第十条规定的调解组织主持下仅就劳动报酬争议达成调解协议，用人单位不履行调解协议约定的给付义务，劳动者直接提起诉讼的；

（三）当事人在经依法设立的调解组织主持下就支付拖欠劳动报酬、工伤医疗费、经济补偿或者赔偿金事项达成调解协议，双方当事人依据《中华人民共和国民事诉讼法》第二百零一条的规定共同向人民法院申请司法确认，人民法院不予确认，劳动者依据调解协议直接提起诉讼的。

二、经依法设立的调解组织调解达成的调解协议生效后，当事人可以共同向有管辖权的人民法院申请确认调解协议效力。

三、用人单位根据《中华人民共和国劳动合同法》第九十条规定，要求劳动者承担赔偿责任的，劳动人事争议仲裁委员会应当依法受理。

四、申请人撤回仲裁申请后向人民法院起诉的，人民法院应当裁定不予受理；已经受理的，应当裁定驳回起诉。

申请人再次申请仲裁的，劳动人事争议仲裁委员会应当受理。

五、劳动者请求用人单位支付违法解除或者终止劳动合同赔偿金，劳动人事争议仲裁委员会、人民法院经审查认为用人单位系合法解除劳动合同应当支付经济补偿的，可以依法裁决或者判决用人单位支付经济补偿。

劳动者基于同一事实在仲裁辩论终结前或者人民法院一审辩论终结前将仲裁请求、诉讼请求由要求用人单位支付经济补偿变更为支付赔偿金的，劳动人事争议仲裁委员会、人民法院应予准许。

六、当事人在仲裁程序中认可的证据，经审判人员在庭审中说明后，视为质证过的证据。

七、依法负有举证责任的当事人，在诉讼期间提交仲裁中未提交的证据的，人民法院应当要求其说明理由。

八、在仲裁或者诉讼程序中，一方当事人陈述的于己不利的事实，或者对于己不利的事实明确表示承认的，另一方当事人无需举证证明，但下列情形不适用有关自认的规定：

（一）涉及可能损害国家利益、社会公共利益的；

（二）涉及身份关系的；

（三）当事人有恶意串通损害他人合法权益可能的；

（四）涉及依职权追加当事人、中止仲裁或者诉讼、终结仲裁或者诉讼、回避等程序性事项的。

当事人自认的事实与已经查明的事实不符的，劳动人事争议仲裁委员会、人民法院不予确认。

九、当事人在诉讼程序中否认在仲裁程序中自认事实的，人民法院不予支持，但下列情形除外：

（一）经对方当事人同意的；

（二）自认是在受胁迫或者重大误解情况下作出的。

十、仲裁裁决涉及下列事项，对单项裁决金额不超过当地月最低工资标准十二个月金额的，劳动人事争议仲裁委员会应当适用终局裁决：

（一）劳动者在法定标准工作时间内提供正常劳动的工资；

（二）停工留薪期工资或者病假工资；

（三）用人单位未提前通知劳动者解除劳动合同的一个月工资；

（四）工伤医疗费；

（五）竞业限制的经济补偿；

（六）解除或者终止劳动合同的经济补偿；

（七）《中华人民共和国劳动合同法》第八十二条规定的第二倍工资；

（八）违法约定试用期的赔偿金；

（九）违法解除或者终止劳动合同的赔偿金；

（十）其他劳动报酬、经济补偿或者赔偿金。

十一、裁决事项涉及确认劳动关系的，劳动人事争议仲裁委员会就同一案件应当作出非终局裁决。

十二、劳动人事争议仲裁委员会按照《劳动人事争议仲裁办案规则》第五十条第四款规定对不涉及确认劳动关系的案件分别作出终局裁决和非终局裁决，劳动者对终局裁决向基层人民法院提起诉讼、用人单位向中级人民法院申请撤销终局裁决、劳动者或者用人单位对非终局裁决向基层人民法院提起诉讼的，有管辖权的人民法院应当依法受理。

审理申请撤销终局裁决案件的中级人民法院认为该案件必须以非终局裁决案件的审理结果为依据，另案尚未审结的，可以中止诉讼。

十三、劳动者不服终局裁决向基层人民法院提起诉讼，中级人民法院对用人单位撤销终局裁决的申请不予受理或者裁定驳回申请，用人单位主张终局裁决存在《中华人民共和国劳动争议调解仲裁法》第四十九条第一款规定情形的，基层人民法院应当一并审理。

十四、用人单位申请撤销终局裁决，当事人对部分终局裁决事项达成调解协议的，中级人民法院可以对达成调解协议的事项出具调解书；对未达成调解协议的事项进行审理，作出驳回申请或者撤销仲裁裁决的裁定。

十五、当事人就部分裁决事项向人民法院提起诉讼的，仲裁裁决不发生法律效力。当事人提起诉讼的裁决事项属于人民法院受理的案件范围的，人民法院应当进行审理。当事人未提起诉讼的裁决事项属于人民法院受理的案件范围的，人民法院应当在判决主文中予以确认。

十六、人民法院根据案件事实对劳动关系是否存在及相关合同效力的认定与当事人主张、劳动人事争议仲裁委员会裁决不一致的，人民法院应当将法律关系性质或者民事行为效力作为焦点问题进行审理，但法律关系性质对裁判理由及结果没有影响，或者有关问题已经当事人充分辩论的除外。

当事人根据法庭审理情况变更诉讼请求的，人民法院应当准许并可以根据案件的具体情况重新指定举证期限。

不存在劳动关系且当事人未变更诉讼请求的，人民法院应当判决驳回诉讼请求。

十七、对符合简易处理情形的案件，劳动人事争议仲裁委员会按照《劳动人事争议仲裁办案规则》第六十条规定，已经保障当事人陈述意见的权利，根据案件情况确定举证期限、开庭日期、审理程序、文书制作等事项，作出终局裁决，用人单位以违反法定程序为由申请撤销终局裁决的，人民法院不予支持。

十八、劳动人事争议仲裁委员会认为已经生效的仲裁处理结果确有错误，可以依法启动仲裁监督程序，但当事人提起诉讼，人民法院已经受理的除外。

劳动人事争议仲裁委员会重新作出处理结果后，当事人依法提起诉讼的，人民法院应当受理。

十九、用人单位因劳动者违反诚信原则，提供虚假学历证书、个人履历等与订立劳动合同直接相关的基本情况构成欺诈解除劳动合同，劳动者主张解除劳动合同经济补偿或者赔偿金的，劳动人事争议仲裁委员会、人民法院不予支持。

二十、用人单位自用工之日起满一年未与劳动者订立书面劳动合同，视为自用工之日起满一年的当日已经与劳动者订立无固定期限劳动合同。

存在前款情形，劳动者以用人单位未订立书面劳动合同为由要求用人单位支付自用工之日起满一年之后的第二倍工资的，劳动人事争议仲裁委员会、人民法院不予支持。

二十一、当事人在劳动合同或者保密协议中约定了竞业限制和经济补偿，劳动合同解除或者终止后，因用人单位的原因导致三个月未支付经济补偿，劳动者请求解除竞业限制约定的，劳动人事争议仲裁委员会、人民法院应予支持。

最高人民法院关于审理拒不支付劳动报酬刑事案件适用法律若干问题的解释

（2013 年 1 月 14 日最高人民法院审判委员会第 1567 次会议通过　2013 年 1 月 16 日最高人民法院公告公布　自 2013 年 1 月 23 日起施行　法释〔2013〕3 号）

为依法惩治拒不支付劳动报酬犯罪，维护劳动者的合法权益，根据《中华人民共和国刑法》有关规定，现就办理此类刑事案件适用法律的若干问题解释如下：

第一条　劳动者依照《中华人民共和国劳动法》和《中华人民共和国劳动合同法》等法律的规定应得的劳动报酬，包括工资、奖金、津贴、补贴、延长工作时间的工资报酬及特殊情况下支付的工资等，应当认定为刑法第二百七十六条之一第一款规定的"劳动者的劳动报酬"。

第二条 以逃避支付劳动者的劳动报酬为目的，具有下列情形之一的，应当认定为刑法第二百七十六条之一第一款规定的"以转移财产、逃匿等方法逃避支付劳动者的劳动报酬"：

（一）隐匿财产、恶意清偿、虚构债务、虚假破产、虚假倒闭或者以其他方法转移、处分财产的；

（二）逃跑、藏匿的；

（三）隐匿、销毁或者篡改账目、职工名册、工资支付记录、考勤记录等与劳动报酬相关的材料的；

（四）以其他方法逃避支付劳动报酬的。

第三条 具有下列情形之一的，应当认定为刑法第二百七十六条之一第一款规定的"数额较大"：

（一）拒不支付一名劳动者三个月以上的劳动报酬且数额在五千元至二万元以上的；

（二）拒不支付十名以上劳动者的劳动报酬且数额累计在三万元至十万元以上的。

各省、自治区、直辖市高级人民法院可以根据本地区经济社会发展状况，在前款规定的数额幅度内，研究确定本地区执行的具体数额标准，报最高人民法院备案。

第四条 经人力资源社会保障部门或者政府其他有关部门依法以限期整改指令书、行政处理决定书等文书责令支付劳动者的劳动报酬后，在指定的期限内仍不支付的，应当认定为刑法第二百七十六条之一第一款规定的"经政府有关部门责令支付仍不支付"，但有证据证明行为人有正当理由未知悉责令支付或者未及时支付劳动报酬的除外。

行为人逃匿，无法将责令支付文书送交其本人、同住成年家属或者所在单位负责收件的人的，如果有关部门已通过在行为人的住所地、生产经营场所等地张贴责令支付文书等方式责令支付，并采用拍照、录像等方式记录的，应当视为"经政府有关部门责令支付"。

266

第五条 拒不支付劳动者的劳动报酬，符合本解释第三条的规定，并具有下列情形之一的，应当认定为刑法第二百七十六条之一第一款规定的"造成严重后果"：

（一）造成劳动者或者其被赡养人、被扶养人、被抚养人的基本生活受到严重影响、重大疾病无法及时医治或者失学的；

（二）对要求支付劳动报酬的劳动者使用暴力或者进行暴力威胁的；

（三）造成其他严重后果的。

第六条 拒不支付劳动者的劳动报酬，尚未造成严重后果，在刑事立案前支付劳动者的劳动报酬，并依法承担相应赔偿责任的，可以认定为情节显著轻微危害不大，不认为是犯罪；在提起公诉前支付劳动者的劳动报酬，并依法承担相应赔偿责任的，可以减轻或者免除刑事处罚；在一审宣判前支付劳动者的劳动报酬，并依法承担相应赔偿责任的，可以从轻处罚。

对于免除刑事处罚的，可以根据案件的不同情况，予以训诫、责令具结悔过或者赔礼道歉。

拒不支付劳动者的劳动报酬，造成严重后果，但在宣判前支付劳动者的劳动报酬，并依法承担相应赔偿责任的，可以酌情从宽处罚。

第七条 不具备用工主体资格的单位或者个人，违法用工且拒不支付劳动者的劳动报酬，数额较大，经政府有关部门责令支付仍不支付的，应当依照刑法第二百七十六条之一的规定，以拒不支付劳动报酬罪追究刑事责任。

第八条 用人单位的实际控制人实施拒不支付劳动报酬行为，构成犯罪的，应当依照刑法第二百七十六条之一的规定追究刑事责任。

第九条 单位拒不支付劳动报酬，构成犯罪的，依照本解释规定的相应个人犯罪的定罪量刑标准，对直接负责的主管人员和其他直接责任人员定罪处罚，并对单位判处罚金。

社会保障

中华人民共和国社会保险法

(2010年10月28日第十一届全国人民代表大会常务委员会第十七次会议通过 根据2018年12月29日第十三届全国人民代表大会常务委员会第七次会议《关于修改〈中华人民共和国社会保险法〉的决定》修正)

第一章 总 则

第一条 【立法宗旨】为了规范社会保险关系，维护公民参加社会保险和享受社会保险待遇的合法权益，使公民共享发展成果，促进社会和谐稳定，根据宪法，制定本法。

> **注释** 社会保险是国家通过立法建立起的一种社会保障制度，其目的是使劳动者在由于生、老、病、死、伤、残等原因丧失劳动能力或者失业，本人或者家庭失去收入的情况下，从社会获得必要的物质帮助。

第二条 【建立社会保险制度】国家建立基本养老保险、基本医疗保险、工伤保险、失业保险、生育保险等社会保险制度，保障公民在年老、疾病、工伤、失业、生育等情况下依法从国家和社会获得物质帮助的权利。

第三条 【社会保险制度的方针和社会保险水平】社会保险制度坚持广覆盖、保基本、多层次、可持续的方针，社会保险水平应当与经济社会发展水平相适应。

> **注释** [社会保险制度的方针有哪些?]
> 健全和完善社会保险制度，是构建社会主义和谐社会、实现国

家长治久安的重要保证。社会保险制度必须坚持"广覆盖、保基本、多层次、可持续"的十二字方针。

（1）广覆盖。就是要扩大社会保险的覆盖面，使尽可能多的人纳入社会保险制度。公民在年老、疾病、失业、生育等情形下，享有从国家和社会获得物质帮助的权利，这是宪法赋予公民的权利。社会保险是社会保障的重要组成部分，坚持广覆盖的方针，是维护公民参加社会保险和享受社会保险待遇的合法权益，是构建社会主义和谐社会的内在要求。从我国保险制度的建立和发展看，我国社会保险范围是逐渐扩大的：从城镇人口到农村人口，从国有单位到非国有单位，从就业相关人员到非从业人员。基本养老保险和基本医疗保险的覆盖范围最广，其目标是做到"老有所养，病有所医"。工伤保险、失业保险、生育保险是与就业相关的保险制度，其覆盖范围限于职工和与职工相关的其他人员。

（2）保基本。我国社会保险待遇以保障公民基本生活和需要为主。较低水平的社会保险待遇，是由我国经济发展水平相对落后决定的。除了客观条件的制约外，保基本还有两个功能：一方面可以防止高标准的社会保险造成国家财政、用人单位和个人的负担过重；另一方面就某些保险而言，如失业保险，可以避免有劳动能力的人过分依赖社会保险，而放弃以劳动为本的生存方式。

（3）多层次。社会保险的多层次表现在除了基本养老保险、基本医疗保险外，还有补充养老保险、补充医疗保险，以及补充性的商业保险。

（4）可持续。就是建立社会保险可持续发展的长效机制，实现社会保险制度稳定运行。主要是社会保险基金收支能够平衡，自身能够良性运行。在人口老龄化来临时基本养老保险制度能够持续，不给财政造成过大的压力，不给企业和个人造成太大缴费压力。

［社会保险水平该如何确定？］

社会保险水平应当与经济社会发展水平相适应。《宪法》第14条第4款规定，国家建立健全同经济发展水平相适应的社会保障制度。经济社会发展是社会保险赖以存在的基础，社会保险不可能超越经济社会发展阶段。经济社会发展水平制约着社会保险发展水平。

269

这两者的关系是只有经济社会持续发展，社会保险才能有发展的基础，社会保险水平必须与经济社会发展水平相适应；反之，社会保险能够为经济社会发展创造稳定的环境，减少个人的后顾之忧，提高消费预期，从而扩大内需，促进经济社会发展。

必须把握适当的社会保险发展水平。一方面有利于劳动保护并推进经济社会持续发展；另一方面如果保障水平超过适度上限，就会导致政府、用人单位负担加重，制约经济社会健康发展。

总之，社会保险事业的发展和经济社会发展之间是相互依存、相互协调、相互补充、相互促进的关系。社会保险水平应当与经济社会发展水平相适应。

参见 《劳动法》第71条

第四条 【用人单位和个人的权利义务】中华人民共和国境内的用人单位和个人依法缴纳社会保险费，有权查询缴费记录、个人权益记录，要求社会保险经办机构提供社会保险咨询等相关服务。

个人依法享受社会保险待遇，有权监督本单位为其缴费情况。

注释 [社会保险关系中用人单位如何行使权利和义务？]

（1）用人单位的权利。用人单位可以向社会保险经办机构查询、核对其缴费记录，要求社会保险经办机构提供社会保险咨询等相关服务。

（2）用人单位主要有以下义务：一是缴费义务。职工基本养老保险、职工基本医疗保险、失业保险的缴费义务由用人单位与职工共同承担；工伤保险、生育保险的缴费义务全部由用人单位承担。二是登记义务。用人单位应当自成立之日起30日内凭营业执照、登记证书或者单位印章，向当地社会保险经办机构申请办理社会保险登记；用人单位应当自用工之日起30日内为其职工向社会保险经办机构申请办理社会保险登记。三是申报和代扣代缴义务。用人单位应当自行申报、按时足额缴纳社会保险费，非因不可抗力等法定事由不得缓缴、减免。职工应当缴纳的社会保险费由用人单位代扣代缴，用人单位应当按月将缴纳社会保险费的明细情况告知本人。

[社会保险关系中个人享有哪些权利和义务?]

(1) 个人主要有以下权利:一是依法享受社会保险待遇。二是有权监督本单位为其缴费情况。三是个人可以向社会保险经办机构查询、核对其缴费和享受社会保险待遇记录,要求社会保险经办机构提供社会保险咨询等相关服务。

(2) 个人主要有以下义务:一是缴费义务。职工要承担职工基本养老保险、职工基本医疗保险、失业保险的缴费义务;无雇工的个体工商户、未在用人单位参加基本养老保险(基本医疗保险)的非全日制从业人员以及其他灵活就业人员可以参加基本养老保险、职工基本医疗保险,由个人缴纳基本养老保险和基本医疗保险费;农村居民参加新型农村社会养老保险、新型农村合作医疗,要承担缴费义务;城镇居民参加城镇居民社会养老保险、城镇居民基本医疗保险,要承担缴费义务。二是登记义务。自愿参加社会保险的无雇工的个体工商户、未在用人单位参加社会保险的非全日制从业人员以及其他灵活就业人员,应当向社会保险经办机构申请办理社会保险登记;失业人员应当持本单位为其出具的终止或者解除劳动关系的证明,及时到指定的公共就业服务机构办理失业登记。

参见 《社会保险费征缴暂行条例》第5条

第五条 【社会保险财政保障】县级以上人民政府将社会保险事业纳入国民经济和社会发展规划。

国家多渠道筹集社会保险资金。县级以上人民政府对社会保险事业给予必要的经费支持。

国家通过税收优惠政策支持社会保险事业。

第六条 【社会保险基金监督】国家对社会保险基金实行严格监管。

国务院和省、自治区、直辖市人民政府建立健全社会保险基金监督管理制度,保障社会保险基金安全、有效运行。

县级以上人民政府采取措施,鼓励和支持社会各方面参与社会保险基金的监督。

注释 ［社会保险基金监督的主体有哪些?］

(1) 人大监督

各级人民代表大会常务委员会依据宪法和有关法律的规定，行使监督职权。人大监督是国家监督中最具有权威性和法律效力的监督。本法第76条规定，各级人民代表大会常务委员会听取和审议本级人民政府对社会保险基金的收支、管理、投资运营以及监督检查情况的专项工作报告，组织对本法实施情况的执法检查等，依法行使监督职权。

(2) 行政监督

行政监督是指行政机关内部上下级之间，以及专设的财政部门、审计机关等对行政机关及其工作人员的监督。①财政部门、审计机关按照各自职责，对社会保险基金的收支、管理和投资运营情况实施监督。财政部门负责拟订社会保险资金的财务管理制度，审核社会保险基金预算、决算草案，组织实施对社会保险资金财政监督。审计是指由专设机关依照法律对国务院各部门和地方各级政府的财政收支，对国家的财政金融机构和企业事业组织的财务收支，进行事前和事后的审查。②社会保险行政部门对社会保险基金的收支、管理和投资运营情况进行监督检查，发现存在问题的，应当提出整改建议，依法作出处理决定或者向有关行政部门提出处理建议。社会保险行政系统在部、省、市、县四级均设有监督机构。人力资源和社会保障部负责总体部署全国社会保险基金监督工作，对各地监督工作进行业务指导，受理群众举报，直接查处重大案件等。省级以下社会保险行政部门负责本辖区内的基金监督工作，根据当地情况开展有针对性的检查活动。③其他行政机关对社会保险基金的监督。

(3) 社会监督

①社会保险监督委员会的监督。本法第80条规定，统筹地区政府成立由用人单位代表、参保人员代表，以及工会代表、专家等组成的社会保险监督委员会，掌握、分析社会保险基金的收支、管理和投资运营情况，对社会保险工作提出咨询意见和建议，实施社会监督。社会保险经办机构应当定期向社会保险监督委员会汇报社会

保险基金的收支、管理和投资运营情况。社会保险监督委员会可以聘请会计师事务所对社会保险基金的收支、管理和投资运营情况进行年度审计和专项审计。审计结果应当向社会公开。社会保险监督委员会发现社会保险基金收支、管理和投资运营中存在问题的，有权提出改正建议；对社会保险经办机构及其工作人员的违法行为，有权向有关部门提出依法处理建议。②任何组织或者个人有权对有关社会保险基金的违法行为进行举报、投诉。行政机关对举报、投诉应当予以支持。行政机关对属于职责范围的举报、投诉，应当依法处理；对不属于职责范围的，应当书面通知并移交有权处理的行政机关处理。有关行政机关应当及时处理，不得推诿。

第七条 【社会保险行政管理职责分工】国务院社会保险行政部门负责全国的社会保险管理工作，国务院其他有关部门在各自的职责范围内负责有关的社会保险工作。

县级以上地方人民政府社会保险行政部门负责本行政区域的社会保险管理工作，县级以上地方人民政府其他有关部门在各自的职责范围内负责有关的社会保险工作。

第八条 【社会保险经办机构职责】社会保险经办机构提供社会保险服务，负责社会保险登记、个人权益记录、社会保险待遇支付等工作。

第九条 【工会的职责】工会依法维护职工的合法权益，有权参与社会保险重大事项的研究，参加社会保险监督委员会，对与职工社会保险权益有关的事项进行监督。

注释 ［工会如何具体参与社会保险重大事项的研究？］

参与社会保险重大事项的研究包括以下几个方面：（1）国家机关在组织起草或者修改直接涉及职工切身利益的有关社会保险的法律、法规、规章时，应当听取工会意见。（2）县级以上各级人民政府制定国民经济和社会发展计划，对涉及职工利益的有关社会保险的重大问题，应当听取同级工会的意见。（3）县级以上各级人民政府及其有关部门研究制定劳动就业、工资、劳动安全卫生、社会保险等涉及职工切身利益的政策、措施时，应当吸收同级工会参加研究，听取工会意见。县级以上地方各级人民政府可以召开会议或者采取适当方式，向同级工会通报政府的有关社会保险的重要工作部署和工会工作有关的行政措施，研究解决工会反映的职工群众的意见和要求。

根据工会法和相关法律的规定，工会对用人单位违反社会保险法律、法规，侵犯职工社会保险权利的行为进行监督：（1）通过职工代表大会或者其他形式进行监督。工会依照法律规定通过职工代表大会或者其他形式，组织职工参与本单位的民主选举、民主协商、民主决策、民主管理和民主监督。企业、事业单位、社会组织违反职工代表大会制度和其他民主管理制度，工会有权要求纠正，保障职工依法行使民主管理的权利。工会通过组织职工参与本单位的民主监督，监督用人单位的各项管理活动，其中包括对用人单位的社会保险登记、社会保险缴费等情况的监督。（2）监督劳动合同的履行。社会保险是劳动合同的必备条款。工会依法维护劳动者的合法权益，对用人单位履行劳动合同、集体合同的情况进行监督。（3）对侵犯职工社会保险合法权益的问题进行调查。工会有权对企业、事业单位、社会组织侵犯职工社会保险合法权益的问题进行调查，有关单位应当予以协助。职工因工伤亡事故合法权益的问题进行调查，有关单位应当予以协助。职工因工伤亡事故和其他严重危害职工健康问题的调查处理，必须有工会参加。工会应当向有关部门提出处理意见，并有权要求追究直接负责的主管人员和有关责任人员的责任。对工会提出的意见，有关部门应当及时研究，给予答复。（4）法律救济协助。职工认为企业侵犯其社会保险权益而申请劳动争议仲裁或者向人民法院提起诉讼的，工会应当给予支持和帮助。

第二章　基本养老保险

第十条　【覆盖范围】职工应当参加基本养老保险，由用人单位和职工共同缴纳基本养老保险费。

无雇工的个体工商户、未在用人单位参加基本养老保险的非全日制从业人员以及其他灵活就业人员可以参加基本养老保险，由个人缴纳基本养老保险费。

公务员和参照公务员法管理的工作人员养老保险的办法由国务院规定。

参见　《劳动法》第 75 条
案例　广东省某进出口集团公司与何某劳动争议纠纷上诉案（广东省广州市中级人民法院民事判决书〔2009〕穗中法民一终字第 3512 号）

案件适用要点：养老保险属于强制性的社会保险，用人单位承担社会保险费用缴纳应属其法定义务，不按时缴纳，不仅会影响劳动者的个人权益，还会影响社会保险的统筹问题。应当承担社会保险费用缴纳义务的企业没有按照相关规定履行义务的，应当承担相应的法律责任，补缴其应缴的相关社会保险费用。

第十一条　**【制度模式和基金筹资方式】**基本养老保险实行社会统筹与个人账户相结合。

基本养老保险基金由用人单位和个人缴费以及政府补贴等组成。

第十二条　**【缴费基数和缴费比例】**用人单位应当按照国家规定的本单位职工工资总额的比例缴纳基本养老保险费，记入基本养老保险统筹基金。

职工应当按照国家规定的本人工资的比例缴纳基本养老保险费，记入个人账户。

无雇工的个体工商户、未在用人单位参加基本养老保险的非全日制从业人员以及其他灵活就业人员参加基本养老保险的，应当按照国家规定缴纳基本养老保险费，分别记入基本养老保险统筹基金和个人账户。

参见　《国务院关于建立统一的企业职工基本养老保险制度的决定》

第十三条　**【政府财政补贴】**国有企业、事业单位职工参加基本养老保险前，视同缴费年限期间应当缴纳的基本养老保险费由政府承担。

基本养老保险基金出现支付不足时，政府给予补贴。

第十四条 **【个人账户养老金】**个人账户不得提前支取，记账利率不得低于银行定期存款利率，免征利息税。个人死亡的，个人账户余额可以继承。

注释 我国基本养老保险实行的是社会统筹和个人账户相结合的模式，个人缴纳的基本养老保险费记入个人账户，作为退休后养老金的一部分，补充退休养老费用。建立个人账户实际上是强制个人储蓄，体现养老保险的个人责任，主要目的是通过养老费用的部分积累应对人口老龄化的压力。

[个人账户养老金是否可以提前支取?]

个人账户养老金不得提前支取。根据国家规定，目前职工按照工资收入的8%缴纳养老保险费，记入个人账户。个人账户养老金是个人工作期间为退休后养老积蓄的资金，是基本养老保险待遇的重要组成部分，是国家强制提取的，退休前个人不得提前支取，尤其是在目前名义账户下，这部分资金实际上用于支付当期退休人员的基本养老待遇，如果提前支取，养老保险基金会有很大的资金缺口，基金支出会出现困难。

[个人账户养老金余额是否可以继承?]

个人账户养老金虽具有强制储蓄性质，但属于个人所有，个人死亡的（包括退休前和退休后），个人账户养老金余额可以继承。需要说明的是，2006年1月1日后个人账户资金全部由个人缴纳形成，在此以前，个人账户中一部分资金是个人缴纳，一部分是由单位缴费中划入的。根据国家规定，个人死亡的，其个人账户余额中的个人缴费部分可以继承，单位缴费部分不能继承，应当并入统筹基金。

第十五条 **【基本养老金构成】**基本养老金由统筹养老金和个人账户养老金组成。

基本养老金根据个人累计缴费年限、缴费工资、当地职工平均工资、个人账户金额、城镇人口平均预期寿命等因素确定。

注释 [统筹养老金]

统筹养老金来自由用人单位缴费和财政补贴等构成的社会统筹

基金，根据个人累计缴费年限、缴费工资、当地职工平均工资等因素确定。

[个人账户养老金]

个人账户养老金是基本养老金的重要组成部分，是个人为自己养老储蓄的资金，体现养老保险中的个人责任。按照现行的制度规定，个人账户养老金月标准为个人账户储存额除以计发月数，计发月数根据职工退休时个人账户金额、城镇人口平均预期寿命和本人退休年龄等因素确定。

第十六条　【享受基本养老保险待遇的条件】参加基本养老保险的个人，达到法定退休年龄时累计缴费满十五年的，按月领取基本养老金。

参加基本养老保险的个人，达到法定退休年龄时累计缴费不足十五年的，可以缴费至满十五年，按月领取基本养老金；也可以转入新型农村社会养老保险或者城镇居民社会养老保险，按照国务院规定享受相应的养老保险待遇。

注释　本条是关于基本养老保险待遇的条件的规定。参加基本养老保险的个人，履行了缴费义务，就应当享受相应的养老保险待遇。我国养老保险制度实行的是缴费模式，享受基本养老待遇与缴费年限挂钩。在我国享受养老保险待遇必须符合两个条件：一是必须达到法定退休年龄；二是累计最低缴费满十五年。达到退休年龄是享受基本养老保险待遇的基本条件之一。退休年龄根据劳动力资源的状况、人口平均预期寿命、劳动人口的抚养比以及养老保险的承担能力等多重因素确定。

[享受基本养老保险待遇的缴费年限是多少年?]

缴费满15年是享受基本养老保险待遇的基本条件之一。注意，规定最低缴费年限为15年，并不是缴满15年就可以不缴费。对职工来说，缴费是法律规定的强制性义务，只要与用人单位建立劳动关系，就应当按照国家规定缴费。同时，个人享受基本养老保险待遇与个人缴费年限直接相关，缴费年限越长、缴费基数越大，退休后领取的养老金就越多。

案例 浦某某与上海市某街道办事处养老金纠纷上诉案［上海市第二中级人民法院民事判决书〔2010〕沪二中民三（民）终字第795号］

案件适用要点：我国职工退休后的养老保险待遇，系由国家社会保障机构根据相关法规、政策，并结合职工的工作情况、工作年限、缴费年限等进行核定后予以发放。因此，涉及工龄认定、养老金核定等方面的争议并不属于人民法院受理民事诉讼的范围。当事人若认为其养老金的计发标准以及工龄认定有误，应向有关行政部门提出。

第十七条 【参保个人因病或非因工致残、死亡待遇】 参加基本养老保险的个人，因病或者非因工死亡的，其遗属可以领取丧葬补助金和抚恤金；在未达到法定退休年龄时因病或者非因工致残完全丧失劳动能力的，可以领取病残津贴。所需资金从基本养老保险基金中支付。

注释 ［丧葬补助金和抚恤金］

丧葬补助金是职工死亡后安葬和处理后事的补助费用。抚恤金是职工死亡后给予其家属的经济补偿和精神安慰。个人参加基本养老保险，单位和自己缴纳基本养老保险费，主要是为了其退休后能够享受基本养老待遇，个人退休前和退休后因病或者非因工死亡的，其个人账户的余额可以作为遗产由遗属继承，单位缴纳的基本养老保险费并入统筹基金，作为社会互济资金，遗属不能主张继承权。但是，为了体现参保人员对统筹基金的贡献，本法规定，其遗属可以领取丧葬补助金和抚恤金，作为参保人员死亡的丧葬补助费用和遗属抚恤费用。遗属的范围一般包括死者的配偶、子女、依靠死者生前供养的父母，以及依靠死者生活的其他亲属。

［病残津贴］

病残津贴是基本养老保险基金对未达到法定退休年龄时因病或者非因工致残完全丧失劳动能力的参保人员的经济补偿。参保人员未达到法定退休年龄，不能享受养老保险待遇，如果完全丧失劳动能力，不能工作，生活就失去了经济来源，只能依靠其他家庭成员，如果参保人员同时是家庭的主要经济来源，整个家庭就会陷入困境。因此，参保人员参加了基本养老保险，缴纳了保险费，对养老保险基金作出了贡献，在其失去生活来源时，养老保险基金应当承担一定的责任。

第十八条　**【基本养老金调整机制】**国家建立基本养老金正常调整机制。根据职工平均工资增长、物价上涨情况，适时提高基本养老保险待遇水平。

> **注释**　[基本养老保险待遇水平的调整取决于哪些因素?]
>
> 国家建立基本养老金正常调整机制。根据职工平均工资增长、物价上涨情况，适时提高基本养老保险待遇水平。
>
> 工资是劳动者参与社会财富分配的主要形式，职工平均工资增长情况反映了劳动者分配的社会财富增加水平。基本养老保险是养老责任的代际转移，建立基本养老保险的目的，就是让退休人员与在职职工一样也能够参与社会财富分配，分享经济发展成果。因此，职工平均工资增长情况是调整基本养老金标准的重要指标。
>
> 物价上涨情况是调整基本养老金的另一个重要考虑因素，因为物价上涨尤其是居民生活消费品的价格上涨直接影响养老金的购买力，进而影响退休人员的生活水平。

第十九条　**【基本养老保险关系转移接续制度】**个人跨统筹地区就业的，其基本养老保险关系随本人转移，缴费年限累计计算。个人达到法定退休年龄时，基本养老金分段计算、统一支付。具体办法由国务院规定。

> **注释**　[基本养老金如何分段计算?]
>
> 分段计算是指参保人员以本人各年度缴费工资、缴费年限和待遇取得地对应的各年度在岗职工平均工资计算其基本养老保险金。为了方便参保人员领取基本养老金，本法规定了统一支付的原则，就是无论参保人员在哪里退休，退休地社会保险经办机构应当将各统筹地区的缴费年限和相应的养老保险待遇分段计算出来，将养老金统一支付给参保人员。

参见　　《人力资源社会保障部关于城镇企业职工基本养老保险关系转移接续若干问题的通知》

第二十条　【新型农村社会养老保险及其筹资方式】国家建立和完善新型农村社会养老保险制度。

新型农村社会养老保险实行个人缴费、集体补助和政府补贴相结合。

注释　新型农村社会养老保险是与 20 世纪 90 年代开展的以个人缴费为主、完全个人账户的农村社会养老保险相对而言的，是指在基本模式上实行社会统筹与个人账户相结合，在筹资方式上实行个人缴费、集体补助、政府补贴相结合的社会养老保险制度。

第二十一条　【新型农村社会养老保险待遇】新型农村社会养老保险待遇由基础养老金和个人账户养老金组成。

参加新型农村社会养老保险的农村居民，符合国家规定条件的，按月领取新型农村社会养老保险待遇。

第二十二条　【城镇居民社会养老保险】国家建立和完善城镇居民社会养老保险制度。

省、自治区、直辖市人民政府根据实际情况，可以将城镇居民社会养老保险和新型农村社会养老保险合并实施。

注释　根据《国务院关于建立统一的城乡居民基本养老保险制度的意见》，依据《中华人民共和国社会保险法》有关规定，在总结新型农村社会养老保险（以下简称新农保）和城镇居民社会养老保险（以下简称城居保）试点经验的基础上，国务院决定，将新农保和城居保两项制度合并实施，在全国范围内建立统一的城乡居民基本养老保险（以下简称城乡居民养老保险）制度。

城乡居民养老保险基金由个人缴费、集体补助、政府补贴构成。城乡居民养老保险待遇由基础养老金和个人账户养老金构成，支付终身。参加城乡居民养老保险的个人，年满 60 周岁、累计缴费满 15 年，且未领取国家规定的基本养老保障待遇的，可以按月领取城乡居民养老保险待遇。参加城乡居民养老保险的人员，在缴费期间户籍迁移，需要跨地区转移城乡居民养老保险关系的，可在迁入地申请转移养老保险关系，一次性转移个人账户全部储存额，并按迁入地规定继续参保缴费，缴费年限累计计算；已经按规定领取城乡居民养老保险待遇的，无论户籍是否迁移，其养老保险关系不转移。

参见 《国务院关于建立统一的城乡居民基本养老保险制度的意见》

第三章 基本医疗保险

第二十三条 **【职工基本医疗保险覆盖范围和缴费】**职工应当参加职工基本医疗保险，由用人单位和职工按照国家规定共同缴纳基本医疗保险费。

无雇工的个体工商户、未在用人单位参加职工基本医疗保险的非全日制从业人员以及其他灵活就业人员可以参加职工基本医疗保险，由个人按照国家规定缴纳基本医疗保险费。

注释 ［灵活就业人员如何参加职工基本医疗保险？］

灵活就业人员参加职工基本医疗保险实行自愿原则。原劳动和社会保障部办公厅于 2003 年出台的《关于城镇灵活就业人员参加基本医疗保险的指导意见》中指出，灵活就业人员参加基本医疗保险要坚持权利和义务相对应、缴费水平与待遇水平相挂钩的原则。在参保政策和管理办法上既要与城镇职工基本医疗保险制度相衔接，又要适应灵活就业人员的特点。已与用人单位建立明确劳动关系的灵活就业人员，要按照用人单位参加基本医疗保险的方法缴费参保。其他灵活就业人员，要以个人身份缴费参保。灵活就业人员参加基本医疗保险的缴费率原则上按照当地的缴费率确定。从统筹基金起步的地区，可参照当地基本医疗保险建立统筹基金的缴费水平确定。缴费基数可参照当地上一年职工年平均工资核定。灵活就业人员缴纳的医疗保险费纳入统筹地区基本医疗保险基金统一管理。

［全面推进生育保险和职工基本医疗保险合并实施的主要政策有哪些？］

根据《国务院办公厅关于全面推进生育保险和职工基本医疗保

险合并实施的意见》，主要政策包括：

（一）统一参保登记。参加职工基本医疗保险的在职职工同步参加生育保险。实施过程中要完善参保范围，结合全民参保登记计划摸清底数，促进实现应保尽保。

（二）统一基金征缴和管理。生育保险基金并入职工基本医疗保险基金，统一征缴，统筹层次一致。按照用人单位参加生育保险和职工基本医疗保险的缴费比例之和确定新的用人单位职工基本医疗保险费率，个人不缴纳生育保险费。同时，根据职工基本医疗保险基金支出情况和生育待遇的需求，按照收支平衡的原则，建立费率确定和调整机制。

职工基本医疗保险基金严格执行社会保险基金财务制度，不再单列生育保险基金收入，在职工基本医疗保险统筹基金待遇支出中设置生育待遇支出项目。探索建立健全基金风险预警机制，坚持基金运行情况公开，加强内部控制，强化基金行政监督和社会监督，确保基金安全运行。

（三）统一医疗服务管理。两项保险合并实施后实行统一定点医疗服务管理。医疗保险经办机构与定点医疗机构签订相关医疗服务协议时，要将生育医疗服务有关要求和指标增加到协议内容中，并充分利用协议管理，强化对生育医疗服务的监控。执行基本医疗保险、工伤保险、生育保险药品目录以及基本医疗保险诊疗项目和医疗服务设施范围。

促进生育医疗服务行为规范。将生育医疗费用纳入医保支付方式改革范围，推动住院分娩等医疗费用按病种、产前检查按人头等方式付费。生育医疗费用原则上实行医疗保险经办机构与定点医疗机构直接结算。充分利用医保智能监控系统，强化监控和审核，控制生育医疗费用不合理增长。

（四）统一经办和信息服务。两项保险合并实施后，要统一经办管理，规范经办流程。经办管理统一由基本医疗保险经办机构负责，经费列入同级财政预算。充分利用医疗保险信息系统平台，实行信息系统一体化运行。原有生育保险医疗费用结算平台可暂时保留，待条件成熟后并入医疗保险结算平台。完善统计信息系统，确保及时全面准确反映生育保险基金运行、待遇享受人员、待遇支付等方面情况。

（五）确保职工生育期间的生育保险待遇不变。生育保险待遇包括《中华人民共和国社会保险法》规定的生育医疗费用和生育津贴，所需资金从职工基本医疗保险基金中支付。生育津贴支付期限按照《女职工劳动保护特别规定》等法律法规规定的产假期限执行。

（六）确保制度可持续。各地要通过整合两项保险基金增强基金统筹共济能力；研判当前和今后人口形势对生育保险支出的影响，增强风险防范意识和制度保障能力；按照"尽力而为、量力而行"的原则，坚持从实际出发，从保障基本权益做起，合理引导预期；跟踪分析合并实施后基金运行情况和支出结构，完善生育保险监测指标；根据生育保险支出需求，建立费率动态调整机制，防范风险转嫁，实现制度可持续发展。

> **参见** 《国务院关于建立城镇职工基本医疗保险制度的决定》；《国务院办公厅关于全面推进生育保险和职工基本医疗保险合并实施的意见》；《劳动和社会保障部关于城镇灵活就业人员参加基本医疗保险的指导意见》

第二十四条 【新型农村合作医疗制度】国家建立和完善新型农村合作医疗制度。

新型农村合作医疗的管理办法，由国务院规定。

> **注释** 根据《国务院关于整合城乡居民基本医疗保险制度的意见》，整合城镇居民基本医疗保险（以下简称城镇居民医保）和新型农村合作医疗（以下简称新农合）两项制度，建立统一的城乡居民基本医疗保险（以下简称城乡居民医保）制度，是推进医药卫生体制改革、实现城乡居民公平享有基本医疗保险权益、促进社会公平正义、增进人民福祉的重大举措，对促进城乡经济社会协调发展、全面建成小康社会具有重要意义。

> **参见** 《国务院关于整合城乡居民基本医疗保险制度的意见》

第二十五条 【城镇居民基本医疗保险制度】国家建立和完善

城镇居民基本医疗保险制度。

城镇居民基本医疗保险实行个人缴费和政府补贴相结合。

享受最低生活保障的人、丧失劳动能力的残疾人、低收入家庭六十周岁以上的老年人和未成年人等所需个人缴费部分，由政府给予补贴。

> **注释** 根据《国务院关于整合城乡居民基本医疗保险制度的意见》，整合城镇居民基本医疗保险和新型农村合作医疗两项制度，建立统一的城乡居民基本医疗保险制度。

第二十六条 【医疗保险待遇标准】职工基本医疗保险、新型农村合作医疗和城镇居民基本医疗保险的待遇标准按照国家规定执行。

第二十七条 【退休时享受基本医疗保险待遇】参加职工基本医疗保险的个人，达到法定退休年龄时累计缴费达到国家规定年限的，退休后不再缴纳基本医疗保险费，按照国家规定享受基本医疗保险待遇；未达到国家规定年限的，可以缴费至国家规定年限。

> **注释** 本条是参加职工基本医疗保险的个人退休时享受基本医疗保险待遇的规定。对于参加职工基本医疗保险的个人，在其达到法定退休年龄时，如果累计缴费达到国家规定年限的，退休后可以不再缴纳基本医疗保险费，按照国家规定享受基本医疗保险待遇。确立这一制度既体现了职工基本医疗保险互助共济的特点，也体现了权利与义务相一致的原则。职工在年轻、健康时参加医疗保险，由其个人和所在单位共同缴纳医疗保险费，一方面是承担了社会责任，为医疗保险基金能够发挥统筹调剂，均衡医疗费用负担，分散医疗风险的功能做出了贡献；另一方面也为自己在年老、多病时积累了医疗保险基金，其退休后有权享受相应的医疗保险待遇，不需要再尽缴费的义务。此外，职工由于各种原因，可能在达到法定退休年龄时，其缴纳基本医疗保险的年限未达到最低缴费年限。对这样的职工，为了更好地保障他们在退休后的医疗待遇，有必要从法律制度的层面规定一个能够使其进入"制度内"的补救渠道，允许其缴费至国家规定年限。

第二十八条 【基本医疗保险基金支付制度】符合基本医疗保险药品目录、诊疗项目、医疗服务设施标准以及急诊、抢救的医疗费用，按照国家规定从基本医疗保险基金中支付。

第二十九条 【基本医疗保险费用结算制度】参保人员医疗费用中应当由基本医疗保险基金支付的部分，由社会保险经办机构与医疗机构、药品经营单位直接结算。

社会保险行政部门和卫生行政部门应当建立异地就医医疗费用结算制度，方便参保人员享受基本医疗保险待遇。

第三十条 【不纳入基本医疗保险基金支付范围的医疗费用】下列医疗费用不纳入基本医疗保险基金支付范围：

（一）应当从工伤保险基金中支付的；

（二）应当由第三人负担的；

（三）应当由公共卫生负担的；

（四）在境外就医的。

医疗费用依法应当由第三人负担，第三人不支付或者无法确定第三人的，由基本医疗保险基金先行支付。基本医疗保险基金先行支付后，有权向第三人追偿。

注释 ［第三人负担］

这主要是指由于第三人侵权，导致参保人员的人身受到伤害而产生的医疗费用。如参保人员被第三人打伤而入院治疗，由此产生的医疗费用，按照我国《民法典》等的规定，应由侵权人负担，基本医疗保险基金不予支付。如果此种情况下，侵权人（第三人）不支付该参保人员的医疗费，或者因侵权人逃逸等无法确定侵权人是谁的，为了保证受害的参保人员能够获得及时的医疗救治，本条规定由基本医疗保险基金先行支付该参保人员的医疗费用。基本医疗保险基金先行支付后，医疗保险经办机构从受害的参保人员那里取得代位追偿权，有权向第三人即侵权人，就其应当支付的医疗费用进行追偿。注意：一是这里规定的"第三人"既包括自然人，也包括法人或者其他组织。二是这里规定的"第三人不支付"的情形既包括第三人有能力支付而拒不支付的，也包括第三人没有能力或者暂时没有能力而不能支付或者不能立即支付的。

[境外就医]

这里所说的"境外"包括我国大陆以外的其他国家或地区，以及香港、澳门特别行政区和台湾地区。

第三十一条 【服务协议】社会保险经办机构根据管理服务的需要，可以与医疗机构、药品经营单位签订服务协议，规范医疗服务行为。

医疗机构应当为参保人员提供合理、必要的医疗服务。

注释 医疗保障经办机构应当与定点医药机构建立集体谈判协商机制，合理确定定点医药机构的医疗保障基金预算金额和拨付时限，并根据保障公众健康需求和管理服务的需要，与定点医药机构协商签订服务协议，规范医药服务行为，明确违反服务协议的行为及其责任。医疗保障经办机构应当及时向社会公布签订服务协议的定点医药机构名单。医疗保障行政部门应当加强对服务协议订立、履行等情况的监督。

[定点医药机构违反服务协议的，如何处理?]

定点医药机构违反服务协议的，医疗保障经办机构可以督促其履行服务协议，按照服务协议约定暂停或者不予拨付费用、追回违规费用、中止相关责任人员或者所在部门涉及医疗保障基金使用的医药服务，直至解除服务协议；定点医药机构及其相关责任人员有权进行陈述、申辩。

[医疗保障经办机构违反服务协议的，如何处理?]

医疗保障经办机构违反服务协议的，定点医药机构有权要求纠正或者提请医疗保障行政部门协调处理、督促整改，也可以依法申请行政复议或者提起行政诉讼。

[定点医药机构及其工作人员如何执行就医和购药管理规定?]

定点医药机构及其工作人员应当执行实名就医和购药管理规定，核验参保人员医疗保障凭证，按照诊疗规范提供合理、必要的医药服务，向参保人员如实出具费用单据和相关资料，不得分解住院、挂床住院，不得违反诊疗规范过度诊疗、过度检查、分解处方、超量开药、重复开药，不得重复收费、超标准收费、分解项目收费，不得串换药品、医用耗材、诊疗项目和服务设施，不得诱导、协助他人冒名或者虚假就医、购药。定点医药机构应当确保医疗保障基金支付的费用符合规定的支付范围；除急诊、抢救等特殊情形外，提供医疗保障基金支付范围以外的医药服务的，应当经参保人员或者其近亲属、监护人同意。

[医疗保障行政部门如何开展对医疗保障基金使用行为的检查？]

医疗保障行政部门可以会同卫生健康、中医药、市场监督管理、财政、公安等部门开展联合检查。对跨区域的医疗保障基金使用行为，由共同的上一级医疗保障行政部门指定的医疗保障行政部门检查。

医疗保障行政部门实施监督检查，可以采取下列措施：（1）进入现场检查；（2）询问有关人员；（3）要求被检查对象提供与检查事项相关的文件资料，并作出解释和说明；（4）采取记录、录音、录像、照相或者复制等方式收集有关情况和资料；（5）对可能被转移、隐匿或者灭失的资料等予以封存；（6）聘请符合条件的会计师事务所等第三方机构和专业人员协助开展检查；（7）法律、法规规定的其他措施。

参见 《医疗保障基金使用监督管理条例》；《医疗机构医疗保障定点管理暂行办法》；《零售药店医疗保障定点管理暂行办法》

第三十二条 【基本医疗保险关系转移接续制度】个人跨统筹地区就业的，其基本医疗保险关系随本人转移，缴费年限累计计算。

参见 《流动就业人员基本医疗保障关系转移接续暂行办法》；《关于做好进城落户农民参加基本医疗保险和关系转移接续工作的办法》；《关于做好基本医疗保险跨省异地就医住院医疗费用直接结算工作的通知》

第四章　工　伤　保　险

第三十三条 【参保范围和缴费】职工应当参加工伤保险，由用人单位缴纳工伤保险费，职工不缴纳工伤保险费。

注释 ［哪些人可以参加工伤保险？］

中华人民共和国境内的企业、事业单位、社会团体、民办非企业单位、基金会、律师事务所、会计师事务所等组织和有雇工的个体工商户应当依照《工伤保险条例》规定参加工伤保险，为本单位全部职工或者雇工缴纳工伤保险费。

中华人民共和国境内的企业、事业单位、社会团体、民办非企业单位、基金会、律师事务所、会计师事务所等组织的职工和个体工商户的雇工，均有依照《工伤保险条例》的规定享受工伤保险待遇的权利。

参见 《工伤保险条例》第2条；《关于农民工参加工伤保险有关问题的通知》二

第三十四条 【工伤保险费率】国家根据不同行业的工伤风险程度确定行业的差别费率，并根据使用工伤保险基金、工伤发生率等情况在每个行业内确定费率档次。行业差别费率和行业内费率档次由国务院社会保险行政部门制定，报国务院批准后公布施行。

社会保险经办机构根据用人单位使用工伤保险基金、工伤发生率和所属行业费率档次等情况，确定用人单位缴费费率。

注释 按照《国民经济行业分类》（GB/T 4754—2017）对行业的划分，根据不同行业的工伤风险程度，由低到高，依次将行业工伤风险类别划分为一类至八类。不同工伤风险类别的行业执行不同的工伤保险行业基准费率。各行业工伤风险类别对应的全国工伤保险行业基准费率为，一类至八类分别控制在该行业用人单位职工工资总额的 0.2%、0.4%、0.7%、0.9%、1.1%、1.3%、1.6%、1.9% 左右。

参见 《人力资源社会保障部、财政部关于调整工伤保险费率政策的通知》

第三十五条 【工伤保险费缴费基数和费率】用人单位应当按照本单位职工工资总额，根据社会保险经办机构确定的费率缴纳工伤保险费。

注释 缴费基数和缴费费率是工伤保险制度的核心内容，是计算用人单位缴纳工伤保险费数额的依据，缴费基数与缴费费率之积，即为用人单位应当缴纳的工伤保险费数额。

[如何确定本单位职工工资总额？]

本单位职工工资总额是指用人单位直接支付给本单位全部职工的劳动报酬的总额。根据国家统计局《关于工资总额组成的规定》，单位的工资总额包括计时工资、计件工资、奖金、津贴、补贴、加班加点工资以及特殊情况下支付的工资，但不包括下列费用：（1）单位支付给劳动者个人的社会保险福利费用，如丧葬抚恤费、生活困难补助费、计划生育补贴等；（2）劳动保护方面的费用，如用人单位支付给劳动者的工作服、解毒剂、清凉饮料费用等；（3）按规定未列入工资总额的各种劳动报酬及其他劳动收入，如根据国家规定发放的发明创造奖、自然科学奖、科学技术进步奖以及稿费、讲课费、翻译费等。

第三十六条 【享受工伤保险待遇的条件】职工因工作原因受到事故伤害或者患职业病，且经工伤认定的，享受工伤保险待遇；其中，经劳动能力鉴定丧失劳动能力的，享受伤残待遇。

工伤认定和劳动能力鉴定应当简捷、方便。

注释 本条是关于职工享受工伤保险待遇的规定。工伤保险待遇是工伤保险制度的重要内容，其目的是保障工伤职工的就医和生活。工伤保险待遇的高低，项目的多少，直接关系着工伤职工的利益。

[符合哪些条件才能享受工伤保险待遇？]

职工因工作原因受到事故伤害或者患职业病的，经过工伤认定可以享受工伤保险待遇。因工作原因受到事故伤害、患职业病是职工进行工伤认定，享受工伤保险待遇的条件：

第一，工作原因。因工作原因受到事故伤害，是最为普遍的工伤情形。根据人力资源社会保障部《关于执行〈工伤保险条例〉若干问题的意见（二）》的规定，职工在参加用人单位组织或者受用人单位指派参加其他单位组织的活动中受到事故伤害的，应当视为工作原因，但参加与工作无关的活动除外。职工因工作原因驻外，有固定的住所、有明确的作息时间，工伤认定时按照在驻在地当地正常工作的情形处理。工作原因、工作时间和工作地点是工伤认定的三个基本要素。判定是否因工作原因，应当从是否属于本岗工作、是否属于与工作有关的预备性或者收尾性工作、是否属于单位临时指派的工作等方面考虑。

第二，事故伤害。主要是指职工在工作过程中发生的人身伤害和急性中毒等事故。

第三，患职业病。职业病是指企业、事业单位和个体经济组织等用人单位的劳动者在职业活动中，因接触粉尘、放射性物质和其他有毒、有害因素而引起的疾病。职业病的范围是由国家主管部门明文规定的，具体可参见《职业病分类和目录》。

> **参见** 《工伤保险条例》第三、四章；《工伤认定办法》；《工伤职工劳动能力鉴定管理办法》；《关于执行〈工伤保险条例〉若干问题的意见》；《关于执行〈工伤保险条例〉若干问题的意见（二）》；《职业病分类和目录》

第三十七条　【不认定工伤的情形】职工因下列情形之一导致本人在工作中伤亡的，不认定为工伤：

（一）故意犯罪；

（二）醉酒或者吸毒；

（三）自残或者自杀；

（四）法律、行政法规规定的其他情形。

第三十八条　【工伤保险基金负担的工伤保险待遇】因工伤发生的下列费用，按照国家规定从工伤保险基金中支付：

（一）治疗工伤的医疗费用和康复费用；

（二）住院伙食补助费；

（三）到统筹地区以外就医的交通食宿费；

（四）安装配置伤残辅助器具所需费用；

（五）生活不能自理的，经劳动能力鉴定委员会确认的生活护理费；

（六）一次性伤残补助金和一至四级伤残职工按月领取的伤残津贴；

290

（七）终止或者解除劳动合同时，应当享受的一次性医疗补助金；

（八）因工死亡的，其遗属领取的丧葬补助金、供养亲属抚恤金和因工死亡补助金；

（九）劳动能力鉴定费。

注释 由工伤保险基金负担的工伤保险待遇大体分为四类，即工伤医疗康复类待遇、辅助器具配置待遇、伤残待遇、死亡待遇。

参见 《工伤保险条例》第 30 – 40 条；《因工死亡职工供养亲属范围规定》

第三十九条 【用人单位负担的工伤保险待遇】 因工伤发生的下列费用，按照国家规定由用人单位支付：

（一）治疗工伤期间的工资福利；

（二）五级、六级伤残职工按月领取的伤残津贴；

（三）终止或者解除劳动合同时，应当享受的一次性伤残就业补助金。

注释 治疗工伤期间的工资福利，即职工享受停工留薪待遇。根据《工伤保险条例》的规定，职工因工作遭受事故伤害或者患职业病需要暂停工作接受工伤医疗的，在停工留薪期内，原工资福利待遇不变，由所在单位按月支付。

职工因工致残被鉴定为五级、六级伤残的，经工伤职工本人提出，该职工可以与用人单位解除或者终止劳动关系，由用人单位支付一次性伤残就业补助金；职工因工致残被鉴定为七至十级伤残的，劳动合同期满终止，或者职工本人提出解除劳动合同的，由用人单位支付一次性伤残就业补助金。

第四十条 【伤残津贴和基本养老保险待遇的衔接】 工伤职工符合领取基本养老金条件的，停发伤残津贴，享受基本养老保险待遇。基本养老保险待遇低于伤残津贴的，从工伤保险基金中补足差额。

注释 依法领取伤残津贴的伤残职工在退休时如果未达到领取基本养老保险待遇条件的，就继续享受工伤保险伤残津贴；如果达到领取基本养老保险待遇条件的，就享受基本养老保险待遇。但是因为工伤职工被鉴定为一至四级伤残后，只需要继续缴纳基本医疗保险费，不再缴纳基本养老保险费，因此他们的基本养老保险缴费年限一般较短；而难以安排工作的五、六级伤残职工以伤残津贴为缴费基数缴纳基本养老保险费，因此缴费一般比较少。按照少缴少得的原则，他们的养老保险待遇较低，可能会低于伤残津贴。为了保障他们在退休后能够维持原来的生活水平，本法规定对于工伤职工退休后享受的基本养老保险待遇低于伤残津贴的，由工伤保险基金补足差额。

第四十一条 **【未参保单位职工发生工伤时的待遇】**职工所在用人单位未依法缴纳工伤保险费，发生工伤事故的，由用人单位支付工伤保险待遇。用人单位不支付的，从工伤保险基金中先行支付。

从工伤保险基金中先行支付的工伤保险待遇应当由用人单位偿还。用人单位不偿还的，社会保险经办机构可以依照本法第六十三条的规定追偿。

注释 本条在明确用人单位不缴纳工伤保险费应承担工伤保险待遇责任的同时，对用人单位不支付或者无力支付职工工伤待遇的，规定由工伤保险基金先行支付，保证工伤职工能够及时得到医疗救治，享受工伤保险待遇。

[应当参加而未参加工伤保险的应该如何处理？]

根据《工伤保险条例》第六十二条的规定，用人单位应当参加工伤保险而未参加的，由社会保险行政部门责令限期参加，补缴应当缴纳的工伤保险费，并自欠缴之日起，按日加收万分之五的滞纳金；逾期仍不缴纳的，处欠缴数额1倍以上3倍以下的罚款。应当参加工伤保险而未参加工伤保险的用人单位职工发生工伤的，由该用人单位按照本条例规定的工伤保险待遇项目和标准支付费用。用人单位参加工伤保险并补缴应当缴纳的工伤保险费、滞纳金后，由工伤保险基金和用人单位依照本条例的规定支付新发生的费用。

案例 北京奥德清洁服务有限公司上海分公司诉上海市长宁区人力资源和社会保障局工伤认定案（《最高人民法院公报》2020年第1期）

案件适用要点：职工应当参加工伤保险，缴纳工伤保险费是用人单位的法定义务，不能由职工和用人单位协商排除用人单位的法定缴纳义务。认定工伤并不以用人单位是否缴纳工伤保险费为前提。用人单位未依法缴纳工伤保险费的，职工在被认定为工伤后可以依法请求用人单位承担相应的工伤保险待遇。

第四十二条 【民事侵权责任和工伤保险责任竞合】由于第三人的原因造成工伤，第三人不支付工伤医疗费用或者无法确定第三人的，由工伤保险基金先行支付。工伤保险基金先行支付后，有权向第三人追偿。

注释 由于第三人侵权导致职工工伤的，同时违反了《民法典》和《社会保险法》，根据两个法律的规定，职工可以向侵权的第三人要求民事侵权赔偿，也可以向工伤保险基金要求享受工伤保险待遇，出现民事侵权责任和工伤保险责任的竞合。

《社会保险法》对这一问题仅规定由于第三人的原因造成工伤的，应当由第三人承担医疗费用，第三人不支付工伤医疗费用或者无法确定第三人的，由工伤保险基金先行支付。工伤保险基金先行支付后，有权向第三人追偿。其中，"第三人不支付"既包括拒不支付的情形，也包括不能支付的情形。

第四十三条 【停止享受工伤保险待遇的情形】工伤职工有下列情形之一的，停止享受工伤保险待遇：

（一）丧失享受待遇条件的；

（二）拒不接受劳动能力鉴定的；

（三）拒绝治疗的。

第五章　失业保险

第四十四条 【参保范围和失业保险费负担】职工应当参加失业保险，由用人单位和职工按照国家规定共同缴纳失业保险费。

注释 失业保险是指国家通过立法强制缴费建立基金，对因失业而暂时中断生活来源的劳动者提供物质帮助的制度。目前，根据《失业保险条例》第6条规定，城镇企业事业单位按照本单位工资总额的2%缴纳失业保险费。城镇企业事业单位职工按照本人工资的1%缴纳失业保险费。

参见 《失业保险条例》第2、6条

第四十五条 【领取失业保险金的条件】 失业人员符合下列条件的，从失业保险基金中领取失业保险金：

（一）失业前用人单位和本人已经缴纳失业保险费满一年的；

（二）非因本人意愿中断就业的；

（三）已经进行失业登记，并有求职要求的。

注释 失业人员是指在劳动年龄内有劳动能力，目前无工作但正以某种方式在寻找工作的人员，包括就业转失业的人员和新生劳动力中未实现就业的人员。本法所指失业人员只限定为就业转失业的人员。

一般来讲，中断就业的原因分为两种：非自愿中断就业，即失业人员不愿意中断就业，但因本人无法控制的原因而被迫中断就业；自愿中断就业，即失业人员因自愿离职而导致失业。

办理失业登记是失业人员领取保险金的必须程序，目的是掌握失业人员的基本情况，确认其资格，失业人员必须同时满足上述条件，才能领取失业保险金。

参见 《失业保险条例》第14条

第四十六条 【领取失业保险金的期限】 失业人员失业前用人单位和本人累计缴费满一年不足五年的，领取失业保险金的期限最长为十二个月；累计缴费满五年不足十年的，领取失业保险金的期限最长为十八个月；累计缴费十年以上的，领取失业保险金的期限最长为二十四个月。重新就业后，再次失业的，缴费时间重新计算，领取失业保险金的期限与前次失业应当领取而尚未领取的失业保险金的期限合并计算，最长不超过二十四个月。

注释 失业保险金是社会保险经办机构按规定支付给符合条件的失业人员的基本生活费用，是最主要的失业保险待遇，领取失业保险金是参加失业保险的职工的权利。

根据失业人员失业前用人单位和本人累计缴费期限，本条规定了三档领取失业保险金的期限，分别为12个月、18个月和24个月。这三档期限为最长期限，不是实际领取期限，实际期限根据失业人员的重新就业情况确定，可以少于或等于最长期限。例如，本条规定累计缴费满一年不足五年的，领取失业保险金的期限最长为12个月，如果在6个月内重新就业，就只能领6个月。不能理解为累计缴费时间满1年不足5年的失业人员不论其是否存在重新就业等情况，都能领取12个月的失业保险金。

　　参见　《失业保险条例》第17条

　　第四十七条　**【失业保险金标准】**失业保险金的标准，由省、自治区、直辖市人民政府确定，不得低于城市居民最低生活保障标准。

　　注释　《失业保险条例》规定："失业保险金的标准，按照低于当地最低工资标准、高于城市居民最低生活保障标准的水平，由省、自治区、直辖市人民政府确定"。确定失业保险金具体标准，要统筹考虑失业人员及其家庭基本生活需要和失业保险基金运行安全，坚持"保生活"和"促就业"相统一，既要保障失业人员基本生活需要，又要防止待遇水平过高影响就业积极性。各省要在确保基金可持续前提下，随着经济社会的发展，适当提高失业保障水平，分步实施，循序渐进，逐步将失业保险金标准提高到最低工资标准的90%。各省要发挥省级调剂金的作用，加大对基金支撑能力弱的统筹地区的支持力度。

　　参见　《人力资源社会保障部、财政部关于调整失业保险金标准的指导意见》

　　第四十八条　**【享受基本医疗保险待遇】**失业人员在领取失业保险金期间，参加职工基本医疗保险，享受基本医疗保险待遇。

　　失业人员应当缴纳的基本医疗保险费从失业保险基金中支付，个人不缴纳基本医疗保险费。

　　第四十九条　**【在领取失业保险金期间死亡时的待遇】**失业人员在领取失业保险金期间死亡的，参照当地对在职职工死亡的规定，向其遗属发给一次性丧葬补助金和抚恤金。所需资金从失业保险基金中支付。

个人死亡同时符合领取基本养老保险丧葬补助金、工伤保险丧葬补助金和失业保险丧葬补助金条件的，其遗属只能选择领取其中的一项。

注释 关于丧葬补助金待遇竞合的处理。除了失业保险规定了丧葬补助金外，基本养老保险、工伤保险也规定了丧葬补助金：即本法第17条和第38条。在此情况下，就可能发生失业人员死亡同时符合领取基本养老保险丧葬补助金和失业保险丧葬补助金，或者同时符合领取工伤保险丧葬补助金和失业保险丧葬补助金，或者同时符合领取基本养老保险丧葬补助金、工伤保险丧葬补助金、失业保险丧葬补助金三种情形。如果死亡失业人员的遗属同时符合领取多个险种的丧葬补助金的条件，根据本条规定，可以通过比较，自主选择一项社会保险基金的丧葬补助金。

第五十条 【领取失业保险金的程序】用人单位应当及时为失业人员出具终止或者解除劳动关系的证明，并将失业人员的名单自终止或者解除劳动关系之日起十五日内告知社会保险经办机构。

失业人员应当持本单位为其出具的终止或者解除劳动关系的证明，及时到指定的公共就业服务机构办理失业登记。

失业人员凭失业登记证明和个人身份证明，到社会保险经办机构办理领取失业保险金的手续。失业保险金领取期限自办理失业登记之日起计算。

注释 ［领取失业保险金需要遵循哪些程序规定？］

1. 用人单位出具证明。在有关失业保障以及促进就业的法律、法规及政策日益完善的情况下，失业人员在寻求失业保障时往往需要证明自己的失业人员身份，但在实践中，许多用人单位出于私利拒绝出具其职工失业证明材料。为了保障职工及时获得有关社会保险权益，我国法律早已明确用人单位的提供劳动关系证明材料的义务。《劳动合同法》第50条规定，用人单位应当在解除或者终止劳动合同时出具解除或者终止劳动合同的证明，并在 15 日内为劳动者办理档案和社会保险关系转移手续。本条第 1 款进一步明确，及时为失业人员出具终止或者解除劳动关系的证明，并将失业人员的名单告知社会保险经办机构是用人单位的应尽义务。如果用人单位拒不出具终止或者解除劳动关系证明，依照本法可以适用劳动合同法的有关法律责任规定，即由劳动行政部门责令改正，给劳动者造成损害的，承担赔偿责任。

2. 失业人员办理失业登记。办理失业登记是领取失业保险金的重要条件，一是为了让公共就业服务机构掌握失业人员情况，及时提供就业指导，促进再就业；二是为发放失业保险待遇提供依据和信息。失业登记的主要内容有失业人员的个人情况，原就业情况，失业时间、原因等失业情况。

职工失业后，应当积极到公共就业服务机构办理失业登记，享受国家有关失业保障及鼓励就业政策。根据目前一些地方的实践，办理失业登记后，失业人员可以接受公共职业介绍机构提供的免费职业介绍、职业指导服务；参加适应市场需求的职业培训并按规定减免培训费用；按规定享受各项就业扶持政策；符合失业保险金申领条件的，按规定申领失业保险金和其他的失业保险待遇。当然，在享受这些权利的同时，还应履行一些义务，应该如实向失业登记机构反映积极求职情况；积极应聘公共职业介绍机构推荐的就业岗位，接受职业指导；积极参加劳动保障部门组织的免费职业培训和各类就业促进项目；接受和配合地区就业援助机构关于失业登记人员求职活动，求职意愿，参加培训等情况调查。

3. 办理领取失业保险金手续。

失业人员申领失业保险金应填写《失业保险金申领表》，并出示下列证明材料：本人身份证明；所在单位出具的终止或者解除劳动合同的证明；失业登记；省级劳动保障行政部门规定的其他材料。

经办机构自受理失业人员领取失业保险金申请之日起 10 日内，对申领者的资格进行审核认定，并将结果及有关事项告知本人。经审核合格者，从其办理失业登记之日起计发失业保险金。失业保险金应按月发放，由经办机构开具单证，失业人员凭单证到指定银行领取。对领取失业保险金期限即将届满的失业人员，经办机构应提前一个月告知本人。

参见　《失业保险金申领发放办法》第 7、14、17、18 条

第五十一条　【停止领取失业保险待遇的情形】 失业人员在领取失业保险金期间有下列情形之一的，停止领取失业保险金，并同时停止享受其他失业保险待遇：

（一）重新就业的；

（二）应征服兵役的；

（三）移居境外的；

（四）享受基本养老保险待遇的；

（五）无正当理由，拒不接受当地人民政府指定部门或者机构介绍的适当工作或者提供的培训的。

注释　重新就业。职工失业享受失业保险待遇的一个重要条件就是要有求职要求而找不到工作。失业期间，通过加强学习、接受就业培训、接受就业服务机构的职业介绍等，失业人员大多会重新就业。对个人而言，重新就业后，其身份便转变为从业人员，不再属于失业保险的保障范围，不能再继续享受失业保险待遇。

应征服兵役。在我国，公民不分民族、种族、职业、家庭出身、宗教信仰和教育程度，都有服兵役义务。失业人员在享受失业保险待遇期间，符合条件的，可以应征服兵役，根据有关军事法律、法规、条令享受服役和生活保障。

移居境外。随着全球化时代的到来和国际交往日益密切，我国公民移居其他国家的数量逐年增多。失业人员移居境外，表明其在国内没有就业意愿，不符合领取失业保险待遇条件，而且其在国外是否就业不好证明。

享受基本养老保险待遇。根据本法规定，基本养老保险实行累计缴费，失业人员失业前参加基本养老保险并按规定缴费的，在其享受失业保险待遇期间，基本养老保险关系暂时中断，其缴费年限和个人账户可以存续，待重新就业后，应当接续基本养老保险关系。

失业人员达到退休年龄时缴费满 15 年可以从享受失业保险直接过渡到享受基本养老保险，按其缴费年限享受养老保险待遇，基本生活由基本养老保险金予以保障，在这种情况下，应当停止其享受失业保险待遇。

无正当理由，拒不接受当地人民政府指定部门或者机构介绍的适当工作或者提供的培训。建立失业保险制度的目的是保障失业人员的基本生活，促进失业人员再就业。在保障失业人员基本生活的同时，政府和社会还应根据失业人员自身特点、求职意愿和市场需求，为其提供就业服务、创造就业条件。在这种情况下，失业人员应主动接受政府和社会提供的就业岗位和培训，尽快实现再就业。这不仅可以从根本上解决失业人员的基本生活问题，也可以减轻失业保险基金的支出。为了鼓励失业人员尽快实现再就业，对无正当理由，拒不接受当地人民政府指定部门或者机构介绍的适当的工作或者提供的培训的，停止其享受失业保险待遇。另外，把握此项规定，关键是要明确什么情况属于无正当理由。一般来讲，无正当理由拒绝介绍的工作应为与失业人员的年龄、身体状况、受教育程度、工作经历、工作能力及求职意愿基本相符的工作。

参见 《失业保险条例》第 15 条

第五十二条 【失业保险关系的转移接续】职工跨统筹地区就业的，其失业保险关系随本人转移，缴费年限累计计算。

参见 《失业保险条例》第 22 条

第六章 生育保险

第五十三条 【参保范围和缴费】职工应当参加生育保险，由用人单位按照国家规定缴纳生育保险费，职工不缴纳生育保险费。

第五十四条 【生育保险待遇】用人单位已经缴纳生育保险费的，其职工享受生育保险待遇；职工未就业配偶按照国家规定享受生育医疗费用待遇。所需资金从生育保险基金中支付。

生育保险待遇包括生育医疗费用和生育津贴。

第五十五条 【生育医疗费的项目】生育医疗费用包括下列各项：

（一）生育的医疗费用；

（二）计划生育的医疗费用；

（三）法律、法规规定的其他项目费用。

第五十六条 【享受生育津贴的情形】职工有下列情形之一的，可以按照国家规定享受生育津贴：

（一）女职工生育享受产假；

（二）享受计划生育手术休假；

（三）法律、法规规定的其他情形。

生育津贴按照职工所在用人单位上年度职工月平均工资计发。

第七章 社会保险费征缴

第五十七条 【用人单位社会保险登记】用人单位应当自成立之日起三十日内凭营业执照、登记证书或者单位印章，向当地社会保险经办机构申请办理社会保险登记。社会保险经办机构应当自收到申请之日起十五日内予以审核，发给社会保险登记证件。

用人单位的社会保险登记事项发生变更或者用人单位依法终止的，应当自变更或者终止之日起三十日内，到社会保险经办机构办理变更或者注销社会保险登记。

市场监督管理部门、民政部门和机构编制管理机关应当及时向社会保险经办机构通报用人单位的成立、终止情况，公安机关应当及时向社会保险经办机构通报个人的出生、死亡以及户口登记、迁移、注销等情况。

第五十八条 【个人社会保险登记】用人单位应当自用工之日起三十日内为其职工向社会保险经办机构申请办理社会保险登记。未办理社会保险登记的，由社会保险经办机构核定其应当缴纳的社会保险费。

自愿参加社会保险的无雇工的个体工商户、未在用人单位参加社会保险的非全日制从业人员以及其他灵活就业人员，应当向社会保险经办机构申请办理社会保险登记。

国家建立全国统一的个人社会保障号码。个人社会保障号码为公民身份号码。

第五十九条 【社会保险费征收】县级以上人民政府加强社会保险费的征收工作。

社会保险费实行统一征收，实施步骤和具体办法由国务院规定。

第六十条 【社会保险费的缴纳】用人单位应当自行申报、按时足额缴纳社会保险费，非因不可抗力等法定事由不得缓缴、减免。职工应当缴纳的社会保险费由用人单位代扣代缴，用人单位应当按月将缴纳社会保险费的明细情况告知本人。

无雇工的个体工商户、未在用人单位参加社会保险的非全日制从业人员以及其他灵活就业人员，可以直接向社会保险费征收机构缴纳社会保险费。

第六十一条 【社会保险费征收机构的义务】社会保险费征收机构应当依法按时足额征收社会保险费，并将缴费情况定期告知用人单位和个人。

> **注释** 本条是关于社会保险费征收机构义务的规定。社会保险基金是社会保险制度能够正常运行的物质基础。如果社会保险费征缴不到位，钱收不上来，社会保险待遇就难以按时足额发放。只有社会保险费征收机构加强社会保险费征收工作，依法按时足额征收社会保险费，增强社会保险基金的支撑能力，保证社会保险基金资金充足，才能确保社会保险待遇依法按时足额发放。本条规定征收机构的告知义务，一是保障用人单位和个人的知情权，二是便于职工监督用人单位缴费和征收机构征收行为。了解缴纳社会保险费的数额、时间等有关情况，是用人单位和个人作为缴费人的一项最基本权利；告知用人单位和个人缴费情况，也是对征收机构最基本的要求。

第六十二条 【用人单位未按规定申报应缴数额】用人单位未按规定申报应当缴纳的社会保险费数额的，按照该单位上月缴费额的百分之一百一十确定应当缴纳数额；缴费单位补办申报手续后，由社会保险费征收机构按照规定结算。

> **注释**　本条是关于用人单位未按规定申报应该缴纳的社会保险费数额如何处理的规定。用人单位应当按照规定的时间和要求，自行向社会保险费征收机构申报本单位依法应缴纳的社会保险费。自行申报是用人单位按时足额缴纳社会保险费的基础，用人单位未按规定申报应当缴纳的社会保险费数额，将影响社会保险费的按时征缴。为了防止用人单位故意不按规定申报应当缴纳的社会保险费而逃避缴费义务，必须规定用人单位未按规定申报如何处理。

第六十三条　【用人单位未按时足额缴费】用人单位未按时足额缴纳社会保险费的，由社会保险费征收机构责令其限期缴纳或者补足。

用人单位逾期仍未缴纳或者补足社会保险费的，社会保险费征收机构可以向银行和其他金融机构查询其存款账户；并可以申请县级以上有关行政部门作出划拨社会保险费的决定，书面通知其开户银行或者其他金融机构划拨社会保险费。用人单位账户余额少于应当缴纳的社会保险费的，社会保险费征收机构可以要求该用人单位提供担保，签订延期缴费协议。

用人单位未足额缴纳社会保险费且未提供担保的，社会保险费征收机构可以申请人民法院扣押、查封、拍卖其价值相当于应当缴纳社会保险费的财产，以拍卖所得抵缴社会保险费。

第八章　社会保险基金

第六十四条　【社会保险基金类别、管理原则和统筹层次】社会保险基金包括基本养老保险基金、基本医疗保险基金、工伤保险基金、失业保险基金和生育保险基金。除基本医疗保险基金与生育保险基金合并建账及核算外，其他各项社会保险基金按照社会保险险种分别建账，分账核算。社会保险基金执行国家统一的会计制度。

社会保险基金专款专用，任何组织和个人不得侵占或者挪用。

基本养老保险基金逐步实行全国统筹，其他社会保险基金逐步实行省级统筹，具体时间、步骤由国务院规定。

注释 ［专款专用］

社会保险基金作为国家强制性基金，专款专用是对所有组织和个人提出的要求，社会保险经办机构、社会保险行政主管部门乃至各级人民政府及其工作人员，都不得违反社会保险基金专款专用的基本原则，社会保险基金主要用于社会保险待遇支出，除了有关国家规定的支出项目外，一律不得支出。除了依照法律法规规定做一定的投资运行外，不得挪作他用，更不得侵占。

［社会保险基金是否可以认定为"特定款物"？］

《最高人民检察院关于贪污养老、医疗等社会保险基金能否适用〈最高人民法院最高人民检察院关于办理贪污贿赂刑事案件适用法律若干问题的解释〉第一条第二款第一项规定的批复》规定：养老、医疗、工伤、失业、生育等社会保险基金可以认定为《最高人民法院、最高人民检察院关于办理贪污贿赂刑事案件适用法律若干问题的解释》第一条第二款第一项规定的"特定款物"。根据刑法和有关司法解释规定，贪污罪和挪用公款罪中的"特定款物"的范围有所不同，实践中应注意区分，依法适用。

参见 《会计法》；《社会保险费征缴暂行条例》；《社会保险基金财务制度》

第六十五条 **【社会保险基金的收支平衡和政府补贴责任】** 社会保险基金通过预算实现收支平衡。

县级以上人民政府在社会保险基金出现支付不足时，给予补贴。

第六十六条 **【社会保险基金按照统筹层次设立预算】** 社会保险基金按照统筹层次设立预算。除基本医疗保险基金与生育保险基金预算合并编制外，其他社会保险基金预算按照社会保险项目分别编制。

注释　根据《国务院关于试行社会保险基金预算的意见》，社会保险基金预算是根据国家社会保险和预算管理法律法规建立、反映各项社会保险基金收支的年度计划。

参见　《预算法》第 11 条；《国务院关于试行社会保险基金预算的意见》

第六十七条　【社会保险基金预算制定程序】社会保险基金预算、决算草案的编制、审核和批准，依照法律和国务院规定执行。

第六十八条　【社会保险基金财政专户】社会保险基金存入财政专户，具体管理办法由国务院规定。

第六十九条　【社会保险基金的保值增值】社会保险基金在保证安全的前提下，按照国务院规定投资运营实现保值增值。

社会保险基金不得违规投资运营，不得用于平衡其他政府预算，不得用于兴建、改建办公场所和支付人员经费、运行费用、管理费用，或者违反法律、行政法规规定挪作其他用途。

注释　[挪用失业保险基金和下岗职工基本生活保障资金的法律责任?]

挪用失业保险基金和下岗职工基本生活保障资金属于挪用救济款物。挪用失业保险基金和下岗职工基本生活保障资金，情节严重，致使国家和人民群众利益遭受重大损害的，对直接责任人员，应当依照《刑法》第二百七十三条的规定，以挪用特定款物罪追究刑事责任；国家工作人员利用职务上的便利，挪用失业保险基金和下岗职工基本生活保障资金归个人使用，构成犯罪的，应当依照《刑法》第三百八十四条的规定，以挪用公款罪追究刑事责任。

第七十条　【社会保险基金信息公开】社会保险经办机构应当定期向社会公布参加社会保险情况以及社会保险基金的收入、支出、结余和收益情况。

第七十一条　【全国社会保障基金】国家设立全国社会保障基金，由中央财政预算拨款以及国务院批准的其他方式筹集的资金构成，用于社会保障支出的补充、调剂。全国社会保障基金由全国社会保障基金管理运营机构负责管理运营，在保证安全的前提下实现保值增值。

全国社会保障基金应当定期向社会公布收支、管理和投资运营的情况。国务院财政部门、社会保险行政部门、审计机关对全国社会保障基金的收支、管理和投资运营情况实施监督。

第九章　社会保险经办

第七十二条　【社会保险经办机构的设置及经费保障】统筹地区设立社会保险经办机构。社会保险经办机构根据工作需要，经所在地的社会保险行政部门和机构编制管理机关批准，可以在本统筹地区设立分支机构和服务网点。

社会保险经办机构的人员经费和经办社会保险发生的基本运行费用、管理费用，由同级财政按照国家规定予以保障。

第七十三条　【管理制度和支付社会保险待遇职责】社会保险经办机构应当建立健全业务、财务、安全和风险管理制度。

社会保险经办机构应当按时足额支付社会保险待遇。

第七十四条　【获取社会保险数据、建档、权益记录等服务】社会保险经办机构通过业务经办、统计、调查获取社会保险工作所需的数据，有关单位和个人应当及时、如实提供。

社会保险经办机构应当及时为用人单位建立档案，完整、准确地记录参加社会保险的人员、缴费等社会保险数据，妥善保管登记、申报的原始凭证和支付结算的会计凭证。

社会保险经办机构应当及时、完整、准确地记录参加社会保险的个人缴费和用人单位为其缴费，以及享受社会保险待遇等个人权益记录，定期将个人权益记录单免费寄送本人。

用人单位和个人可以免费向社会保险经办机构查询、核对其缴费和享受社会保险待遇记录，要求社会保险经办机构提供社会保险咨询等相关服务。

注释 本条是关于社会保险经办机构获取社会保险数据、为用人单位和参保人员建立档案和权益记录等服务的规定。为进一步明确社会保险经办机构和参保对象在办理社会保险业务过程中双方的权利和义务，特作本条规定。

社会保险工作数据包括社会保险登记情况、用人单位和参保人员缴费记录、参保人员享受待遇记录、社会保险基金的收支情况等。是经办社会保险业务必须的基础情况，社会保险经办机构需要通过业务经办、统计、调查等手段，获取这些数据。当社会保险经办机构向有关单位和个人进行调查时，有关单位和个人具有配合义务，应当及时、如实提供。

第七十五条 【社会保险信息系统的建设】全国社会保险信息系统按照国家统一规划，由县级以上人民政府按照分级负责的原则共同建设。

第十章 社会保险监督

第七十六条 【人大监督】各级人民代表大会常务委员会听取和审议本级人民政府对社会保险基金的收支、管理、投资运营以及监督检查情况的专项工作报告，组织对本法实施情况的执法检查等，依法行使监督职权。

第七十七条 【行政部门监督】县级以上人民政府社会保险行政部门应当加强对用人单位和个人遵守社会保险法律、法规情况的监督检查。

社会保险行政部门实施监督检查时，被检查的用人单位和个人应当如实提供与社会保险有关的资料，不得拒绝检查或者谎报、瞒报。

第七十八条 【财政监督、审计监督】财政部门、审计机关按照各自职责，对社会保险基金的收支、管理和投资运营情况实施监督。

第七十九条 【社会保险行政部门对基金的监督】社会保险行

政部门对社会保险基金的收支、管理和投资运营情况进行监督检查，发现存在问题的，应当提出整改建议，依法作出处理决定或者向有关行政部门提出处理建议。社会保险基金检查结果应当定期向社会公布。

社会保险行政部门对社会保险基金实施监督检查，有权采取下列措施：

（一）查阅、记录、复制与社会保险基金收支、管理和投资运营相关的资料，对可能被转移、隐匿或者灭失的资料予以封存；

（二）询问与调查事项有关的单位和个人，要求其对与调查事项有关的问题作出说明、提供有关证明材料；

（三）对隐匿、转移、侵占、挪用社会保险基金的行为予以制止并责令改正。

第八十条　【社会保险监督委员会】统筹地区人民政府成立由用人单位代表、参保人员代表，以及工会代表、专家等组成的社会保险监督委员会，掌握、分析社会保险基金的收支、管理和投资运营情况，对社会保险工作提出咨询意见和建议，实施社会监督。

社会保险经办机构应当定期向社会保险监督委员会汇报社会保险基金的收支、管理和投资运营情况。社会保险监督委员会可以聘请会计师事务所对社会保险基金的收支、管理和投资运营情况进行年度审计和专项审计。审计结果应当向社会公开。

社会保险监督委员会发现社会保险基金收支、管理和投资运营中存在问题的，有权提出改正建议；对社会保险经办机构及其工作人员的违法行为，有权向有关部门提出依法处理建议。

第八十一条　【为用人单位和个人信息保密】社会保险行政部门和其他有关行政部门、社会保险经办机构、社会保险费征收机构及其工作人员，应当依法为用人单位和个人的信息保密，不得以任何形式泄露。

注释　本条是关于为用人单位和个人信息保密的规定。随着信息技术的发展，信息交流的速度和方式发生了巨大的变化，但随之而来，非法泄露、收集、利用、公开个人信息的案件也频频出现，如何保护个人信息不被泄露越来越得到社会的普遍关注。社会保险行政部门和其他有关行政部门、社会保险经办机构、社会保险费征收机构及其工作人员在办理社会保险登记、社会保险费征收和社会保险监督过程中，掌握了用人单位和参保人员的大量信息。如用人单位的职工总数、工资总额、个人工资、个人的身份证号码、家庭住址等情况。这些信息涉及用人单位的商业机密和个人隐私，如果泄露，不仅可能会给用人单位、个人带来很多困扰，甚至可能被不法分子利用，使其合法权益受到侵害。

第八十二条　【违法行为的举报、投诉】任何组织或者个人有权对违反社会保险法律、法规的行为进行举报、投诉。

社会保险行政部门、卫生行政部门、社会保险经办机构、社会保险费征收机构和财政部门、审计机关对属于本部门、本机构职责范围的举报、投诉，应当依法处理；对不属于本部门、本机构职责范围的，应当书面通知并移交有权处理的部门、机构处理。有权处理的部门、机构应当及时处理，不得推诿。

第八十三条　【社会保险权利救济途径】用人单位或者个人认为社会保险费征收机构的行为侵害自己合法权益的，可以依法申请行政复议或者提起行政诉讼。

用人单位或者个人对社会保险经办机构不依法办理社会保险登记、核定社会保险费、支付社会保险待遇、办理社会保险转移接续手续或者侵害其他社会保险权益的行为，可以依法申请行政复议或者提起行政诉讼。

个人与所在用人单位发生社会保险争议的，可以依法申请调解、仲裁、提起诉讼。用人单位侵害个人社会保险权益的，个人也可以要求社会保险行政部门或者社会保险费征收机构依法处理。

注释　[行政复议]

行政复议是指行政相对人认为行政主体的行政行为侵犯其合法权益，依法向行政复议机关提出复查该行政行为的申请，行政复议机关依照法定程序对被申请的行政行为进行合法、适当性审查，并作出行政复议决定的一种法律制度。根据《行政复议法》第9条的规定，公民、法人或者其他组织认为具体行政行为侵犯其合法权益的，可以自知道该具体行政行为之日起60日内提出行政复议申请；但是法律规定的申请期限超过60日的除外。

[公民、法人或者其他组织可以就社会保险经办机构的哪些行为申请行政复议？]

根据《社会保险行政争议处理办法》，有下列情形之一的，公民、法人或者其他组织可以申请行政复议：（一）认为经办机构未依法为其办理社会保险登记、变更或者注销手续的；（二）认为经办机构未按规定审核社会保险缴费基数的；（三）认为经办机构未按规定记录社会保险费缴费情况或者拒绝其查询缴费记录的；（四）认为经办机构违法收取费用或者违法要求履行义务的；（五）对经办机构核定其社会保险待遇标准有异议的；（六）认为经办机构不依法支付其社会保险待遇或者对经办机构停止其享受社会保险待遇有异议的；（七）认为经办机构未依法为其调整社会保险待遇的；（八）认为经办机构未依法为其办理社会保险关系转移或者接续手续的；（九）认为经办机构的其他具体行政行为侵犯其合法权益的。属于前款第（二）、（五）、（六）、（七）项情形之一的，公民、法人或者其他组织可以直接向劳动保障行政部门申请行政复议，也可以先向作出该具体行政行为的经办机构申请复查，对复查决定不服，再向劳动保障行政部门申请行政复议。

[行政诉讼]

对属于人民法院受案范围的行政案件，公民、法人或者其他组织可以先向行政机关申请复议，对复议决定不服的，再向人民法院提起诉讼；也可以直接向人民法院提起诉讼。法律、法规规定应当先向行政机关申请复议，对复议决定不服再向人民法院提起诉讼的，依照法律、法规的规定。公民、法人或者其他组织不服复议决定的，可以在收到复议决定书之日起十五日内向人民法院提起诉讼。复议机关逾期不作决定，申请人可以在复议期满之日起十五日内向人民法院提起诉讼。法律另有规定的除外。公民、法人或者其他组织直接向人民法院提起诉讼的，应当自知道或者应当知道作出行政行为之日起六个月内提出。法律另有规定的除外。

[个人与所在用人单位发生社会保险争议的如何救济?]

依照《劳动争议调解仲裁法》的规定,用人单位与劳动者因社会保险发生争议,当事人不愿协商、协商不成或者达成和解协议后不履行的,可以向调解组织申请调解;不愿调解、调解不成或者达成调解协议后不履行的,可以向劳动争议仲裁委员会申请仲裁;对仲裁裁决不服的,可以向人民法院提起诉讼。劳动争议申请仲裁的时效期间为一年。仲裁时效期间从当事人知道或者应当知道其权利被侵害之日起计算。

注意,根据《劳动争议调解仲裁法》第 47 条的规定,因执行国家的劳动标准在社会保险方面发生的争议,仲裁裁决为终局裁决,裁决书自作出之日起发生法律效力。用人单位可以自收到仲裁裁决书之日起 30 日内向劳动争议仲裁委员会所在地的中级人民法院申请撤销裁决;劳动者对仲裁裁决不服的,可以自收到仲裁裁决书之日起 15 日内向人民法院提起诉讼。

案例 王明德诉乐山市人力资源和社会保障局工伤认定案(最高人民法院指导案例 69 号)

案件适用要点:当事人认为行政机关作出的程序性行政行为侵犯其人身权、财产权等合法权益,对其权利义务产生明显的实际影响,且无法通过提起针对相关的实体性行政行为的诉讼获得救济,而对该程序性行政行为提起行政诉讼的,人民法院应当依法受理。

第十一章 法律责任

第八十四条 【不办理社会保险登记的法律责任】用人单位不办理社会保险登记的,由社会保险行政部门责令限期改正;逾期不改正的,对用人单位处应缴社会保险费数额一倍以上三倍以下的罚款,对其直接负责的主管人员和其他直接责任人员处五百元以上三千元以下的罚款。

第八十五条 【拒不出具终止或者解除劳动关系证明的处理】用人单位拒不出具终止或者解除劳动关系证明的,依照《中华人民共和国劳动合同法》的规定处理。

注释 ［用人单位拒不出具终止或者解除劳动关系的证明应如何处理?］

终止或者解除劳动关系证明是失业人员领取失业保险待遇的条件之一。《劳动合同法》第50条第1款规定，用人单位应当在解除或者终止劳动合同时出具解除或者终止劳动合同的证明，并在15日内为劳动者办理档案和社会保险关系转移手续。本法第50条第1款也作了类似的规定。本法第50条第2款、第3款规定，失业人员应当持本单位为其出具的终止或者解除劳动关系的证明，及时到指定的公共就业服务机构办理失业登记；失业人员凭失业登记证明和个人身份证明，到社会保险经办机构办理领取失业保险金的手续。但在实践中出现了有的用人单位在解除或者终止劳动合同后习难劳动者，不开具有关解除或者终止劳动合同的证明，扣押劳动者档案等情况，影响了劳动者享受失业保险待遇。考虑到单纯给用人单位以处罚并不能解决失业人员的损失，同时，《劳动合同法》对此已作出惩罚性的规定，所以本法规定此种情况按照《劳动合同法》的规定处理。

《劳动合同法》对用人单位拒不出具终止或者解除劳动关系证明的，规定了相应的法律责任。该法第89条规定，用人单位违反本法规定未向劳动者出具解除或者终止劳动合同的书面证明，由劳动行政部门责令改正；给劳动者造成损害的，应当承担赔偿责任。这里的赔偿责任，主要是没有出具解除或者终止劳动合同的书面证明，不能领取失业保险金，也不能享受基本医疗保险待遇，这些损失都应当由用人单位赔偿。此外，根据有关国家规定，下岗失业人员再就业或者自主创业时，可以享受一定的税收、财政等优惠政策，如果用人单位不按规定出具解除或者终止劳动合同的书面证明，失业人员就不能享受自主创业、再就业的税收优惠，用人单位也应当依法承担赔偿责任。

第八十六条 【未按时足额缴费的责任】用人单位未按时足额缴纳社会保险费的，由社会保险费征收机构责令限期缴纳或者补足，并自欠缴之日起，按日加收万分之五的滞纳金；逾期仍不缴纳的，由有关行政部门处欠缴数额一倍以上三倍以下的罚款。

第八十七条　【骗取社保基金支出的责任】社会保险经办机构以及医疗机构、药品经营单位等社会保险服务机构以欺诈、伪造证明材料或者其他手段骗取社会保险基金支出的，由社会保险行政部门责令退回骗取的社会保险金，处骗取金额二倍以上五倍以下的罚款；属于社会保险服务机构的，解除服务协议；直接负责的主管人员和其他直接责任人员有执业资格的，依法吊销其执业资格。

第八十八条　【骗取社会保险待遇的责任】以欺诈、伪造证明材料或者其他手段骗取社会保险待遇的，由社会保险行政部门责令退回骗取的社会保险金，处骗取金额二倍以上五倍以下的罚款。

参见　《工伤保险条例》第 60 条；《失业保险条例》第 28 条；《医疗保障基金使用监督管理条例》第 40 条

第八十九条　【经办机构及其工作人员违法行为责任】社会保险经办机构及其工作人员有下列行为之一的，由社会保险行政部门责令改正；给社会保险基金、用人单位或者个人造成损失的，依法承担赔偿责任；对直接负责的主管人员和其他直接责任人员依法给予处分：

（一）未履行社会保险法定职责的；

（二）未将社会保险基金存入财政专户的；

（三）克扣或者拒不按时支付社会保险待遇的；

（四）丢失或者篡改缴费记录、享受社会保险待遇记录等社会保险数据、个人权益记录的；

（五）有违反社会保险法律、法规的其他行为的。

注释　[社会保险经办机构及其工作人员实施违法行为应负哪些法律责任?]

本条规定的法律责任，具体包括以下三个方面：(1) 由社会保险行政部门责令改正。即未按照规定履行社会保险法定职责的，要求其履行法定职责；未按照规定将社会保险基金存入财政专户的，要求其存入财政专户；克扣或者拒不按时支付社会保险待遇的，要求其按时足额发放；丢失或者篡改缴费记录、享受社会保险待遇记录等社会保险数据、个人权益记录的，要求其恢复缴费记录原样或通过其他方式查明缴费记录，搞清享受社会保险待遇的数据等。(2) 社会保险经办机构及其工作人员因上述违法行为给社会保险基金、用人单位或者个人造成损失的，依法承担赔偿责任。(3) 对直接负责的主管人员和其他直接责任人员依法给予处分。社会保险经办机构工作人员属于参照公务员法管理的工作人员，参照公务员法的规定给予处罚，行政机关公务员处分的种类为：①警告；②记过；③记大过；④降级；⑤撤职；⑥开除。除此之外，本法第94条规定，违反本法规定，构成犯罪的，依法追究刑事责任。因此，如果社会保险经办机构及其工作人员触犯了刑律，将依法追究刑事责任，其刑事责任可能涉及的罪名包括滥用职权罪、玩忽职守罪、受贿罪等。

第九十条　【擅自更改缴费基数、费率的责任】社会保险费征收机构擅自更改社会保险费缴费基数、费率，导致少收或者多收社会保险费的，由有关行政部门责令其追缴应当缴纳的社会保险费或者退还不应当缴纳的社会保险费；对直接负责的主管人员和其他直接责任人员依法给予处分。

第九十一条　【隐匿、转移、侵占、挪用社保基金等的责任】违反本法规定，隐匿、转移、侵占、挪用社会保险基金或者违规投资运营的，由社会保险行政部门、财政部门、审计机关责令追回；有违法所得的，没收违法所得；对直接负责的主管人员和其他直接责任人员依法给予处分。

第九十二条　【泄露用人单位和个人信息的行政责任】社会保险行政部门和其他有关行政部门、社会保险经办机构、社会保险费征收机构及其工作人员泄露用人单位和个人信息的，对直接负责的主管人员和其他直接责任人员依法给予处分；给用人单位或者个人造成损失的，应当承担赔偿责任。

第九十三条　【国家工作人员的相关责任】国家工作人员在社

会保险管理、监督工作中滥用职权、玩忽职守、徇私舞弊的，依法给予处分。

第九十四条　【相关刑事责任】违反本法规定，构成犯罪的，依法追究刑事责任。

第十二章　附　　则

第九十五条　【进城务工农村居民参加社会保险】进城务工的农村居民依照本法规定参加社会保险。

> **注释**　本条规定的进城务工的农村居民的是指与用人单位建立劳动关系的农村居民。根据《劳动合同法》，这些农村居民与城镇职工没有身份差别，应当与城镇职工一样参加社会保险。
>
> 2006 年《国务院关于解决农民工问题的若干意见》中也指出，高度重视农民工社会保障工作。根据农民工最紧迫的社会保障需求，坚持分类指导、稳步推进，优先解决工伤保险和大病医疗保障问题，逐步解决养老保障问题。农民工的社会保障，要适应流动性大的特点，保险关系和待遇能够转移接续，使农民工在流动就业中的社会保障权益不受损害；要兼顾农民工工资收入偏低的实际情况，实行低标准进入、渐进式过渡，调动用人单位和农民工参保的积极性。
>
> **参见**　《劳动合同法》；《国务院关于解决农民工问题的若干意见》

第九十六条　【被征地农民的社会保险】征收农村集体所有的土地，应当足额安排被征地农民的社会保险费，按照国务院规定将被征地农民纳入相应的社会保险制度。

> **注释**　根据《民法典》第 243 条第 1 款、第 2 款的规定，为了公共利益的需要，依照法律规定的权限和程序可以征收集体所有的土地和组织、个人的房屋以及其他不动产。征收集体所有的土地，应当依法及时足额支付土地补偿费、安置补助费以及农村村民住宅、其他地上附着物和青苗等的补偿费用，并安排被征地

农民的社会保障费用，保障被征地农民的生活，维护被征地农民的合法权益。

参见　《民法典》第243条；《关于做好被征地农民就业培训和社会保障工作的指导意见》

第九十七条　【外国人参加我国社会保险】 外国人在中国境内就业的，参照本法规定参加社会保险。

第九十八条　【施行日期】 本法自2011年7月1日起施行。

实施《中华人民共和国社会保险法》若干规定

（2011年6月29日人力资源和社会保障部令第13号公布　自2011年7月1日起施行）

为了实施《中华人民共和国社会保险法》（以下简称社会保险法），制定本规定。

第一章　关于基本养老保险

第一条　社会保险法第十五条规定的统筹养老金，按照国务院规定的基础养老金计发办法计发。

第二条　参加职工基本养老保险的个人达到法定退休年龄时，累计缴费不足十五年的，可以延长缴费至满十五年。社会保险法实施前参保、延长缴费五年后仍不足十五年的，可以一次性缴费至满十五年。

第三条　参加职工基本养老保险的个人达到法定退休年龄后，累计缴费不足十五年（含依照第二条规定延长缴费）的，可以申请转入户籍所在地新型农村社会养老保险或者城镇居民社会养老保险，享受相应的养老保险待遇。

参加职工基本养老保险的个人达到法定退休年龄后，累计缴费不足十五年（含依照第二条规定延长缴费），且未转入新型农村社会养老保险或者城镇居民社会养老保险的，个人可以书面申请终止职工基本养老保险关系。社会保险经办机构收到申请后，应当书面告知其转入新型农村社会养老保险或者城镇居民社会养老保险的权利以及终止职工基本养老保险关系的后果，经本人书面确认后，终止其职工基本养老保险关系，并将个人账户储存额一次性支付给本人。

第四条 参加职工基本养老保险的个人跨省流动就业，达到法定退休年龄时累计缴费不足十五年的，按照《国务院办公厅关于转发人力资源社会保障部财政部城镇企业职工基本养老保险关系转移接续暂行办法的通知》（国办发〔2009〕66 号）有关待遇领取地的规定确定继续缴费地后，按照本规定第二条办理。

第五条 参加职工基本养老保险的个人跨省流动就业，符合按月领取基本养老金条件时，基本养老金分段计算、统一支付的具体办法，按照《国务院办公厅关于转发人力资源社会保障部财政部城镇企业职工基本养老保险关系转移接续暂行办法的通知》（国办发〔2009〕66 号）执行。

第六条 职工基本养老保险个人账户不得提前支取。个人在达到法定的领取基本养老金条件前离境定居的，其个人账户予以保留，达到法定领取条件时，按照国家规定享受相应的养老保险待遇。其中，丧失中华人民共和国国籍的，可以在其离境时或者离境后书面申请终止职工基本养老保险关系。社会保险经办机构收到申请后，应当书面告知其保留个人账户的权利以及终止职工基本养老保险关系的后果，经本人书面确认后，终止其职工基本养老保险关系，并将个人账户储存额一次性支付给本人。

参加职工基本养老保险的个人死亡后，其个人账户中的余额可以全部依法继承。

第二章　关于基本医疗保险

第七条 社会保险法第二十七条规定的退休人员享受基本医疗

316

保险待遇的缴费年限按照各地规定执行。

参加职工基本医疗保险的个人，基本医疗保险关系转移接续时，基本医疗保险缴费年限累计计算。

第八条 参保人员在协议医疗机构发生的医疗费用，符合基本医疗保险药品目录、诊疗项目、医疗服务设施标准的，按照国家规定从基本医疗保险基金中支付。

参保人员确需急诊、抢救的，可以在非协议医疗机构就医；因抢救必须使用的药品可以适当放宽范围。参保人员急诊、抢救的医疗服务具体管理办法由统筹地区根据当地实际情况制定。

第三章 关于工伤保险

第九条 职工（包括非全日制从业人员）在两个或者两个以上用人单位同时就业的，各用人单位应当分别为职工缴纳工伤保险费。职工发生工伤，由职工受到伤害时工作的单位依法承担工伤保险责任。

第十条 社会保险法第三十七条第二项中的醉酒标准，按照《车辆驾驶人员血液、呼气酒精含量阈值与检验》（GB19522 – 2004）[①] 执行。公安机关交通管理部门、医疗机构等有关单位依法出具的检测结论、诊断证明等材料，可以作为认定醉酒的依据。

第十一条 社会保险法第三十八条第八项中的因工死亡补助金是指《工伤保险条例》第三十九条的一次性工亡补助金，标准为工伤发生时上一年度全国城镇居民人均可支配收入的 20 倍。

上一年度全国城镇居民人均可支配收入以国家统计局公布的数据为准。

第十二条 社会保险法第三十九条第一项治疗工伤期间的工资福利，按照《工伤保险条例》第三十三条有关职工在停工留薪期内应当享受的工资福利和护理等待遇的规定执行。

---

① 现为 GB19522 – 2010。

第四章　关于失业保险

第十三条　失业人员符合社会保险法第四十五条规定条件的，可以申请领取失业保险金并享受其他失业保险待遇。其中，非因本人意愿中断就业包括下列情形：

（一）依照劳动合同法第四十四条第一项、第四项、第五项规定终止劳动合同的；

（二）由用人单位依照劳动合同法第三十九条、第四十条、第四十一条规定解除劳动合同的；

（三）用人单位依照劳动合同法第三十六条规定向劳动者提出解除劳动合同并与劳动者协商一致解除劳动合同的；

（四）由用人单位提出解除聘用合同或者被用人单位辞退、除名、开除的；

（五）劳动者本人依照劳动合同法第三十八条规定解除劳动合同的；

（六）法律、法规、规章规定的其他情形。

第十四条　失业人员领取失业保险金后重新就业的，再次失业时，缴费时间重新计算。失业人员因当期不符合失业保险金领取条件的，原有缴费时间予以保留，重新就业并参保的，缴费时间累计计算。

第十五条　失业人员在领取失业保险金期间，应当积极求职，接受职业介绍和职业培训。失业人员接受职业介绍、职业培训的补贴由失业保险基金按照规定支付。

第五章　关于基金管理和经办服务

第十六条　社会保险基金预算、决算草案的编制、审核和批准，依照《国务院关于试行社会保险基金预算的意见》（国发〔2010〕2号）的规定执行。

第十七条　社会保险经办机构应当每年至少一次将参保人员个人权益记录单通过邮寄方式寄送本人。同时，社会保险经办机构可以通过手机短信或者电子邮件等方式向参保人员发送个人权益记录。

第十八条　社会保险行政部门、社会保险经办机构及其工作人员应当依法为用人单位和个人的信息保密，不得违法向他人泄露下列信息：

（一）涉及用人单位商业秘密或者公开后可能损害用人单位合法利益的信息；

（二）涉及个人权益的信息。

第六章　关于法律责任

第十九条　用人单位在终止或者解除劳动合同时拒不向职工出具终止或者解除劳动关系证明，导致职工无法享受社会保险待遇的，用人单位应当依法承担赔偿责任。

第二十条　职工应当缴纳的社会保险费由用人单位代扣代缴。用人单位未依法代扣代缴的，由社会保险费征收机构责令用人单位限期代缴，并自欠缴之日起向用人单位按日加收万分之五的滞纳金。用人单位不得要求职工承担滞纳金。

第二十一条　用人单位因不可抗力造成生产经营出现严重困难的，经省级人民政府社会保险行政部门批准后，可以暂缓缴纳一定期限的社会保险费，期限一般不超过一年。暂缓缴费期间，免收滞纳金。到期后，用人单位应当缴纳相应的社会保险费。

第二十二条　用人单位按照社会保险法第六十三条的规定，提供担保并与社会保险费征收机构签订缓缴协议的，免收缓缴期间的滞纳金。

第二十三条　用人单位按照本规定第二十一条、第二十二条缓缴社会保险费期间，不影响其职工依法享受社会保险待遇。

第二十四条　用人单位未按月将缴纳社会保险费的明细情况告知职工本人的，由社会保险行政部门责令改正；逾期不改的，按照《劳动保障监察条例》第三十条的规定处理。

第二十五条　医疗机构、药品经营单位等社会保险服务机构以欺诈、伪造证明材料或者其他手段骗取社会保险基金支出的，由社会保险行政部门责令退回骗取的社会保险金，处骗取金额二倍以上五倍以下的罚款。对与社会保险经办机构签订服务协议的医疗机构、药品经营单位，由社会保险经办机构按照协议追究责任，情节严重的，可以解除与其签订的服务协议。对有执业资格的直接负责的主管人员和其他直接责任人员，由社会保险行政部门建议授予其执业资格的有关主管部门依法吊销其执业资格。

第二十六条 社会保险经办机构、社会保险费征收机构、社会保险基金投资运营机构、开设社会保险基金专户的机构和专户管理银行及其工作人员有下列违法情形的，由社会保险行政部门按照社会保险法第九十一条的规定查处：

（一）将应征和已征的社会保险基金，采取隐藏、非法放置等手段，未按规定征缴、入账的；

（二）违规将社会保险基金转入社会保险基金专户以外的账户的；

（三）侵吞社会保险基金的；

（四）将各项社会保险基金互相挤占或者其他社会保障基金挤占社会保险基金的；

（五）将社会保险基金用于平衡财政预算，兴建、改建办公场所和支付人员经费、运行费用、管理费用的；

（六）违反国家规定的投资运营政策的。

第七章 其 他

第二十七条 职工与所在用人单位发生社会保险争议的，可以依照《中华人民共和国劳动争议调解仲裁法》、《劳动人事争议仲裁办案规则》的规定，申请调解、仲裁，提起诉讼。

职工认为用人单位有未按时足额为其缴纳社会保险费等侵害其社会保险权益行为的，也可以要求社会保险行政部门或者社会保险费征收机构依法处理。社会保险行政部门或者社会保险费征收机构应当按照社会保险法和《劳动保障监察条例》等相关规定处理。在处理过程中，用人单位对双方的劳动关系提出异议的，社会保险行政部门应当依法查明相关事实后继续处理。

第二十八条 在社会保险经办机构征收社会保险费的地区，社会保险行政部门应当依法履行社会保险法第六十三条所规定的有关行政部门的职责。

第二十九条 2011年7月1日后对用人单位未按时足额缴纳社会保险费的处理，按照社会保险法和本规定执行；对2011年7月1日前发生的用人单位未按时足额缴纳社会保险费的行为，按照国家和地方人民政府的有关规定执行。

第三十条 本规定自2011年7月1日起施行。

国务院办公厅关于转发人力资源社会保障部、财政部城镇企业职工基本养老保险关系转移接续暂行办法的通知

(2009年12月28日 国办发〔2009〕66号)

人力资源社会保障部、财政部《城镇企业职工基本养老保险关系转移接续暂行办法》已经国务院同意，现转发给你们，请结合实际，认真贯彻执行。

城镇企业职工基本养老保险关系转移接续暂行办法

第一条 为切实保障参加城镇企业职工基本养老保险人员（以下简称参保人员）的合法权益，促进人力资源合理配置和有序流动，保证参保人员跨省、自治区、直辖市（以下简称跨省）流动并在城镇就业时基本养老保险关系的顺畅转移接续，制定本办法。

第二条 本办法适用于参加城镇企业职工基本养老保险的所有人员，包括农民工。已经按国家规定领取基本养老保险待遇的人员，

不再转移基本养老保险关系。

　　第三条　参保人员跨省流动就业的，由原参保所在地社会保险经办机构（以下简称社保经办机构）开具参保缴费凭证，其基本养老保险关系应随同转移到新参保地。参保人员达到基本养老保险待遇领取条件的，其在各地的参保缴费年限合并计算，个人账户储存额（含本息，下同）累计计算；未达到待遇领取年龄前，不得终止基本养老保险关系并办理退保手续；其中出国定居和到香港、澳门、台湾地区定居的，按国家有关规定执行。

　　第四条　参保人员跨省流动就业转移基本养老保险关系时，按下列方法计算转移资金：

　　（一）个人账户储存额：1998 年 1 月 1 日之前按个人缴费累计本息计算转移，1998 年 1 月 1 日后按计入个人账户的全部储存额计算转移。

　　（二）统筹基金（单位缴费）：以本人 1998 年 1 月 1 日后各年度实际缴费工资为基数，按 12% 的总和转移，参保缴费不足 1 年的，按实际缴费月数计算转移。

　　第五条　参保人员跨省流动就业，其基本养老保险关系转移接续按下列规定办理：

　　（一）参保人员返回户籍所在地（指省、自治区、直辖市，下同）就业参保的，户籍所在地的相关社保经办机构应为其及时办理转移接续手续。

　　（二）参保人员未返回户籍所在地就业参保的，由新参保地的社保经办机构为其及时办理转移接续手续。但对男性年满 50 周岁和女性年满 40 周岁的，应在原参保地继续保留基本养老保险关系，同时在新参保地建立临时基本养老保险缴费账户，记录单位和个人全部缴费。参保人员再次跨省流动就业或在新参保地达到待遇领取条件时，将临时基本养老保险缴费账户中的全部缴费本息，转移归集到原参保地或待遇领取地。

　　（三）参保人员经县级以上党委组织部门、人力资源社会保障行政部门批准调动，且与调入单位建立劳动关系并缴纳基本养老保险费的，不受以上年龄规定限制，应在调入地及时办理基本养老保险关系转移接续手续。

第六条 跨省流动就业的参保人员达到待遇领取条件时，按下列规定确定其待遇领取地：

（一）基本养老保险关系在户籍所在地的，由户籍所在地负责办理待遇领取手续，享受基本养老保险待遇。

（二）基本养老保险关系不在户籍所在地，而在其基本养老保险关系所在地累计缴费年限满10年的，在该地办理待遇领取手续，享受当地基本养老保险待遇。

（三）基本养老保险关系不在户籍所在地，且在其基本养老保险关系所在地累计缴费年限不满10年的，将其基本养老保险关系转回上一个缴费年限满10年的原参保地办理待遇领取手续，享受基本养老保险待遇。

（四）基本养老保险关系不在户籍所在地，且在每个参保地的累计缴费年限均不满10年的，将其基本养老保险关系及相应资金归集到户籍所在地，由户籍所在地按规定办理待遇领取手续，享受基本养老保险待遇。

第七条 参保人员转移接续基本养老保险关系后，符合待遇领取条件的，按照《国务院关于完善企业职工基本养老保险制度的决定》（国发〔2005〕38号）的规定，以本人各年度缴费工资、缴费年限和待遇领取地对应的各年度在岗职工平均工资计算其基本养老金。

第八条 参保人员跨省流动就业的，按下列程序办理基本养老保险关系转移接续手续：

（一）参保人员在新就业地按规定建立基本养老保险关系和缴费后，由用人单位或参保人员向新参保地社保经办机构提出基本养老保险关系转移接续的书面申请。

（二）新参保地社保经办机构在15个工作日内，审核转移接续申请，对符合本办法规定条件的，向参保人员原基本养老保险关系所在地的社保经办机构发出同意接收函，并提供相关信息；对不符合转移接续条件的，向申请单位或参保人员作出书面说明。

（三）原基本养老保险关系所在地社保经办机构在接到同意接收

函的 15 个工作日内，办理好转移接续的各项手续。

（四）新参保地社保经办机构在收到参保人员原基本养老保险关系所在地社保经办机构转移的基本养老保险关系和资金后，应在 15 个工作日内办结有关手续，并将确认情况及时通知用人单位或参保人员。

第九条 农民工中断就业或返乡没有继续缴费的，由原参保地社保经办机构保留其基本养老保险关系，保存其全部参保缴费记录及个人账户，个人账户储存额继续按规定计息。农民工返回城镇就业并继续参保缴费的，无论其回到原参保地就业还是到其他城镇就业，均按前述规定累计计算其缴费年限，合并计算其个人账户储存额，符合待遇领取条件的，与城镇职工同样享受基本养老保险待遇；农民工不再返回城镇就业的，其在城镇参保缴费记录及个人账户全部有效，并根据农民工的实际情况，或在其达到规定领取条件时享受城镇职工基本养老保险待遇，或转入新型农村社会养老保险。

农民工在城镇参加企业职工基本养老保险与在农村参加新型农村社会养老保险的衔接政策，另行研究制定。

第十条 建立全国县级以上社保经办机构联系方式信息库，并向社会公布，方便参保人员查询参保缴费情况，办理基本养老保险关系转移接续手续。加快建立全国统一的基本养老保险参保缴费信息查询服务系统，发行全国通用的社会保障卡，为参保人员查询参保缴费信息提供便捷有效的技术服务。

第十一条 各地已制定的跨省基本养老保险关系转移接续相关政策与本办法规定不符的，以本办法规定为准。在省、自治区、直辖市内的基本养老保险关系转移接续办法，由各省级人民政府参照本办法制定，并报人力资源社会保障部备案。

第十二条 本办法所称缴费年限，除另有特殊规定外，均包括视同缴费年限。

第十三条 本办法从 2010 年 1 月 1 日起施行。

企业年金办法

（2017年12月18日人力资源和社会保障部、财政部令第36号公布　自2018年2月1日起施行）

第一章　总　　则

第一条　为建立多层次的养老保险制度，推动企业年金发展，更好地保障职工退休后的生活，根据《中华人民共和国劳动法》、《中华人民共和国劳动合同法》、《中华人民共和国社会保险法》、《中华人民共和国信托法》和国务院有关规定，制定本办法。

第二条　本办法所称企业年金，是指企业及其职工在依法参加基本养老保险的基础上，自主建立的补充养老保险制度。国家鼓励企业建立企业年金。建立企业年金，应当按照本办法执行。

第三条　企业年金所需费用由企业和职工个人共同缴纳。企业年金基金实行完全积累，为每个参加企业年金的职工建立个人账户，按照国家有关规定投资运营。企业年金基金投资运营收益并入企业年金基金。

第四条　企业年金有关税收和财务管理，按照国家有关规定执行。

第五条　企业和职工建立企业年金，应当确定企业年金受托人，由企业代表委托人与受托人签订受托管理合同。受托人可以是符合国家规定的法人受托机构，也可以是企业按照国家有关规定成立的企业年金理事会。

第二章　企业年金方案的订立、变更和终止

第六条　企业和职工建立企业年金，应当依法参加基本养老保险并履行缴费义务，企业具有相应的经济负担能力。

第七条　建立企业年金，企业应当与职工一方通过集体协商确定，并制定企业年金方案。企业年金方案应当提交职工代表大会或

者全体职工讨论通过。

第八条 企业年金方案应当包括以下内容：

（一）参加人员；

（二）资金筹集与分配的比例和办法；

（三）账户管理；

（四）权益归属；

（五）基金管理；

（六）待遇计发和支付方式；

（七）方案的变更和终止；

（八）组织管理和监督方式；

（九）双方约定的其他事项。

企业年金方案适用于企业试用期满的职工。

第九条 企业应当将企业年金方案报送所在地县级以上人民政府人力资源社会保障行政部门。

中央所属企业的企业年金方案报送人力资源社会保障部。

跨省企业的企业年金方案报送其总部所在地省级人民政府人力资源社会保障行政部门。

省内跨地区企业的企业年金方案报送其总部所在地设区的市级以上人民政府人力资源社会保障行政部门。

第十条 人力资源社会保障行政部门自收到企业年金方案文本之日起 15 日内未提出异议的，企业年金方案即行生效。

第十一条 企业与职工一方可以根据本企业情况，按照国家政策规定，经协商一致，变更企业年金方案。变更后的企业年金方案应当经职工代表大会或者全体职工讨论通过，并重新报送人力资源社会保障行政部门。

第十二条 有下列情形之一的，企业年金方案终止：

（一）企业因依法解散、被依法撤销或者被依法宣告破产等原因，致使企业年金方案无法履行的；

（二）因不可抗力等原因致使企业年金方案无法履行的；

（三）企业年金方案约定的其他终止条件出现的。

第十三条 企业应当在企业年金方案变更或者终止后 10 日内报告人力资源社会保障行政部门，并通知受托人。企业应当在企业年金方案终止后，按国家有关规定对企业年金基金进行清算，并按照本办法第四章相关规定处理。

第三章 企业年金基金筹集

第十四条 企业年金基金由下列各项组成：

（一）企业缴费；

（二）职工个人缴费；

（三）企业年金基金投资运营收益。

第十五条 企业缴费每年不超过本企业职工工资总额的 8%。企业和职工个人缴费合计不超过本企业职工工资总额的 12%。具体所需费用，由企业和职工一方协商确定。

职工个人缴费由企业从职工个人工资中代扣代缴。

第十六条 实行企业年金后，企业如遇到经营亏损、重组并购等当期不能继续缴费的情况，经与职工一方协商，可以中止缴费。不能继续缴费的情况消失后，企业和职工恢复缴费，并可以根据本企业实际情况，按照中止缴费时的企业年金方案予以补缴。补缴的年限和金额不得超过实际中止缴费的年限和金额。

第四章 账户管理

第十七条 企业缴费应当按照企业年金方案确定的比例和办法计入职工企业年金个人账户，职工个人缴费计入本人企业年金个人账户。

第十八条 企业应当合理确定本单位当期缴费计入职工企业年金个人账户的最高额与平均额的差距。企业当期缴费计入职工企业年金个人账户的最高额与平均额不得超过 5 倍。

第十九条 职工企业年金个人账户中个人缴费及其投资收益自始归属于职工个人。

职工企业年金个人账户中企业缴费及其投资收益，企业可以与职工一方约定其自始归属于职工个人，也可以约定随着职工在本企业工作年限的增加逐步归属于职工个人，完全归属于职工个人的期限最长不超过 8 年。

第二十条　有下列情形之一的，职工企业年金个人账户中企业缴费及其投资收益完全归属于职工个人：

（一）职工达到法定退休年龄、完全丧失劳动能力或者死亡的；

（二）有本办法第十二条规定的企业年金方案终止情形之一的；

（三）非因职工过错企业解除劳动合同的，或者因企业违反法律规定职工解除劳动合同的；

（四）劳动合同期满，由于企业原因不再续订劳动合同的；

（五）企业年金方案约定的其他情形。

第二十一条　企业年金暂时未分配至职工企业年金个人账户的企业缴费及其投资收益，以及职工企业年金个人账户中未归属于职工个人的企业缴费及其投资收益，计入企业年金企业账户。

企业年金企业账户中的企业缴费及其投资收益应当按照企业年金方案确定的比例和办法计入职工企业年金个人账户。

第二十二条　职工变动工作单位时，新就业单位已经建立企业年金或者职业年金的，原企业年金个人账户权益应当随同转入新就业单位企业年金或者职业年金。

职工新就业单位没有建立企业年金或者职业年金的，或者职工升学、参军、失业期间，原企业年金个人账户可以暂时由原管理机构继续管理，也可以由法人受托机构发起的集合计划设置的保留账户暂时管理；原受托人是企业年金理事会的，由企业与职工协商选择法人受托机构管理。

第二十三条　企业年金方案终止后，职工原企业年金个人账户由法人受托机构发起的集合计划设置的保留账户暂时管理；原受托人是企业年金理事会的，由企业与职工一方协商选择法人受托机构管理。

第五章　企业年金待遇

第二十四条　符合下列条件之一的，可以领取企业年金：

（一）职工在达到国家规定的退休年龄或者完全丧失劳动能力时，可以从本人企业年金个人账户中按月、分次或者一次性领取企业年金，也可以将本人企业年金个人账户资金全部或者部分购买商业养老保险产品，依据保险合同领取待遇并享受相应的继承权；

（二）出国（境）定居人员的企业年金个人账户资金，可以根据本人要求一次性支付给本人；

（三）职工或者退休人员死亡后，其企业年金个人账户余额可以继承。

第二十五条 未达到上述企业年金领取条件之一的，不得从企业年金个人账户中提前提取资金。

第六章 管 理 监 督

第二十六条 企业成立企业年金理事会作为受托人的，企业年金理事会应当由企业和职工代表组成，也可以聘请企业以外的专业人员参加，其中职工代表应不少于三分之一。

企业年金理事会除管理本企业的企业年金事务之外，不得从事其他任何形式的营业性活动。

第二十七条 受托人应当委托具有企业年金管理资格的账户管理人、投资管理人和托管人，负责企业年金基金的账户管理、投资运营和托管。

第二十八条 企业年金基金应当与委托人、受托人、账户管理人、投资管理人、托管人和其他为企业年金基金管理提供服务的自然人、法人或者其他组织的自有资产或者其他资产分开管理，不得挪作其他用途。

企业年金基金管理应当执行国家有关规定。

第二十九条 县级以上人民政府人力资源社会保障行政部门负责对本办法的执行情况进行监督检查。对违反本办法的，由人力资源社会保障行政部门予以警告，责令改正。

第三十条 因订立或者履行企业年金方案发生争议的，按照国家有关集体合同的规定执行。

因履行企业年金基金管理合同发生争议的，当事人可以依法申请仲裁或者提起诉讼。

第七章 附 则

第三十一条 参加企业职工基本养老保险的其他用人单位及其职工建立补充养老保险的，参照本办法执行。

第三十二条 本办法自2018年2月1日起施行。原劳动和社会保障部2004年1月6日发布的《企业年金试行办法》同时废止。

本办法施行之日已经生效的企业年金方案，与本办法规定不一致的，应当在本办法施行之日起1年内变更。

工伤保险条例

（2003年4月27日中华人民共和国国务院令第375号公布 根据2010年12月20日《国务院关于修改〈工伤保险条例〉的决定》修订）

第一章 总 则

第一条 【立法目的】为了保障因工作遭受事故伤害或者患职业病的职工获得医疗救治和经济补偿，促进工伤预防和职业康复，分散用人单位的工伤风险，制定本条例。

第二条 【适用范围】中华人民共和国境内的企业、事业单位、社会团体、民办非企业单位、基金会、律师事务所、会计师事务所等组织和有雇工的个体工商户（以下称用人单位）应当依照本条例规定参加工伤保险，为本单位全部职工或者雇工（以下称职工）缴纳工伤保险费。

中华人民共和国境内的企业、事业单位、社会团体、民办非企业单位、基金会、律师事务所、会计师事务所等组织的职工和个体工商户的雇工，均有依照本条例的规定享受工伤保险待遇的权利。

第三条　【保费征缴】工伤保险费的征缴按照《社会保险费征缴暂行条例》关于基本养老保险费、基本医疗保险费、失业保险费的征缴规定执行。

第四条　【用人单位责任】用人单位应当将参加工伤保险的有关情况在本单位内公示。

用人单位和职工应当遵守有关安全生产和职业病防治的法律法规，执行安全卫生规程和标准，预防工伤事故发生，避免和减少职业病危害。

职工发生工伤时，用人单位应当采取措施使工伤职工得到及时救治。

第五条　【主管部门与经办机构】国务院社会保险行政部门负责全国的工伤保险工作。

县级以上地方各级人民政府社会保险行政部门负责本行政区域内的工伤保险工作。

社会保险行政部门按照国务院有关规定设立的社会保险经办机构（以下称经办机构）具体承办工伤保险事务。

第六条　【工伤保险政策、标准的制定】社会保险行政部门等部门制定工伤保险的政策、标准，应当征求工会组织、用人单位代表的意见。

第二章　工伤保险基金

第七条　【工伤保险基金构成】工伤保险基金由用人单位缴纳的工伤保险费、工伤保险基金的利息和依法纳入工伤保险基金的其他资金构成。

第八条　【工伤保险费】工伤保险费根据以支定收、收支平衡的原则，确定费率。

国家根据不同行业的工伤风险程度确定行业的差别费率，并根据工伤保险费使用、工伤发生率等情况在每个行业内确定若干费率档次。行业差别费率及行业内费率档次由国务院社会保险行政部门制定，报国务院批准后公布施行。

统筹地区经办机构根据用人单位工伤保险费使用、工伤发生率等情况，适用所属行业内相应的费率档次确定单位缴费费率。

第九条　【行业差别费率及档次调整】国务院社会保险行政部门应当定期了解全国各统筹地区工伤保险基金收支情况，及时提出调整行业差别费率及行业内费率档次的方案，报国务院批准后公布施行。

第十条　【缴费主体、缴费基数与费率】用人单位应当按时缴纳工伤保险费。职工个人不缴纳工伤保险费。

用人单位缴纳工伤保险费的数额为本单位职工工资总额乘以单位缴费费率之积。

对难以按照工资总额缴纳工伤保险费的行业，其缴纳工伤保险费的具体方式，由国务院社会保险行政部门规定。

> **注释**　［工资总额］
>
> "本单位职工工资总额"，是指单位在一定时期内直接支付给本单位全部职工的劳动报酬总额，包括计时工资、计件工资、奖金、津贴和补贴、加班加点工资以及特殊情况下支付的工资。
>
> ［职工在多个单位就业的工伤保险］
>
> 职工在两个或两个以上用人单位同时就业的，各用人单位应当分别为职工缴纳工伤保险费。职工发生工伤，由职工受到伤害时其工作的单位依法承担工伤保险责任。（《关于实施〈工伤保险条例〉若干问题的意见》一）
>
> **案例**　北京国玉大酒店有限公司诉北京市朝阳区劳动和社会保障局工伤认定行政纠纷案（《最高人民法院公报》2008年第9期）
>
> **案件适用要点**：根据《关于实施〈工伤保险条例〉若干问题的意见》第1条规定，下岗、待岗职工又到其他单位工作的，该单位也应当为职工缴纳工伤保险费；职工在该单位工作时发生工伤的，该单位应依法承担工伤保险责任。

第十一条 【统筹层次、特殊行业异地统筹】工伤保险基金逐步实行省级统筹。

跨地区、生产流动性较大的行业，可以采取相对集中的方式异地参加统筹地区的工伤保险。具体办法由国务院社会保险行政部门会同有关行业的主管部门制定。

第十二条 【工伤保险基金和用途】工伤保险基金存入社会保障基金财政专户，用于本条例规定的工伤保险待遇，劳动能力鉴定，工伤预防的宣传、培训等费用，以及法律、法规规定的用于工伤保险的其他费用的支付。

工伤预防费用的提取比例、使用和管理的具体办法，由国务院社会保险行政部门会同国务院财政、卫生行政、安全生产监督管理等部门规定。

任何单位或者个人不得将工伤保险基金用于投资运营、兴建或者改建办公场所、发放奖金，或者挪作其他用途。

第十三条 【工伤保险储备金】工伤保险基金应当留有一定比例的储备金，用于统筹地区重大事故的工伤保险待遇支付；储备金不足支付的，由统筹地区的人民政府垫付。储备金占基金总额的具体比例和储备金的使用办法，由省、自治区、直辖市人民政府规定。

第三章 工 伤 认 定

第十四条 【应当认定工伤的情形】职工有下列情形之一的，应当认定为工伤：

（一）在工作时间和工作场所内，因工作原因受到事故伤害的；

（二）工作时间前后在工作场所内，从事与工作有关的预备性或者收尾性工作受到事故伤害的；

（三）在工作时间和工作场所内，因履行工作职责受到暴力等意外伤害的；

（四）患职业病的；

（五）因工外出期间，由于工作原因受到伤害或者发生事故下落不明的；

（六）在上下班途中，受到非本人主要责任的交通事故或者城市轨道交通、客运轮渡、火车事故伤害的；

（七）法律、行政法规规定应当认定为工伤的其他情形。

注释 ［工作时间］

"工作时间"，是指法律规定的或者单位要求职工工作的时间。我国规定，劳动者每日工作时间不超过 8 小时，平均每周工作时间不超过 40 小时。据此，单位规定上下班的具体时间；实行不定时工作制的单位，单位确定的工作时间，为职工的工作时间。

《最高人民法院行政审判庭关于职工外出学习休息期间受到他人伤害应否认定为工伤问题的答复》（2007 年 9 月 7 日 ［2007］行他字第 9 号）明确，职工受单位指派外出学习期间，在学习单位安排的休息场所休息时受到他人伤害的，应当认定为工伤。

［工作场所］

"工作场所"，是指职工日常工作所在的场所，以及领导临时指派其所从事工作的场所。

［预备性工作］

"预备性工作"，是指在工作前的一段合理时间内，从事与工作有关的准备工作，诸如运输、备料、准备工具等。

［收尾性工作］

"收尾性工作"，是指在工作后的一段合理时间内，从事与工作有关的收尾工作，诸如清理、安全贮存、收拾工具和衣物等。

［因履行工作职责受到暴力等意外伤害的］

"因履行工作职责受到暴力等意外伤害的"，有两层含义：一是指职工因履行工作职责，使某些人的不合理的或违法的目的没有达到，这些人出于报复而对该职工进行的暴力人身伤害；二是指在工作时间和工作场所内，职工因履行工作职责受到的意外伤害，诸如地震、厂区失火、车间房屋倒塌以及由于单位其他设施不安全而造成的伤害等。《劳动和社会保障部办公厅关于对〈工伤保险条例〉有关条款释义的函》（劳社厅函［2006］497 号）中指出，"因履行

334

工作职责受到暴力等意外伤害"中的因履行工作职责受到暴力伤害是指受到的暴力伤害与履行工作职责有因果关系。

[职业病]

"职业病"是指劳动者在职业活动中，因接触粉尘、放射性物质和其他有毒、有害因素而引起的疾病。对"职业病"的理解，应注意：这里的"职业病"是本条例覆盖范围内的用人单位的劳动者所患的职业病，必须是本条例覆盖范围内的用人单位的职工在职业活动中导致的疾病。"职业病"的范围是由国家主管部门明文规定的。

[因工外出期间，由于工作原因受到伤害或者下落不明的]

"因工外出"，是指职工不在本单位的工作范围内，由于工作需要被领导指派到本单位以外工作，或者为了更好地完成工作，自己到本单位以外从事与本职工作有关的工作。这里的"外出"包括两层含义：一是指到本单位以外，但是还在本地范围内；二是指不仅离开了本单位，并且到外地去了。而对于"因工外出期间"的认定，应当考虑职工外出是否属于用人单位指派的因工作外出，遭受的事故伤害是否因工作原因所致。

"由于工作原因受到伤害"，是指由于工作原因直接或间接造成的伤害，包括事故伤害、暴力伤害和其他形式的伤害。这里的"事故"，包括安全事故、意外事故以及自然灾害等各种形式的事故。

[上下班途中受到非本人主要责任的事故伤害]

"上下班途中"，是指合理的上下班时间和合理的上下班路途。对社会保险行政部门认定下列情形为"上下班途中"的，人民法院应予支持：（一）在合理时间内往返于工作地与住所地、经常居住地、单位宿舍的合理路线的上下班途中；（二）在合理时间内往返于工作地与配偶、父母、子女居住地的合理路线的上下班途中；（三）从事属于日常工作生活所需要的活动，且在合理时间和合理路线的上下班途中；（四）在合理时间内其他合理路线的上下班途中。

"非本人主要责任"事故，包括非本人主要责任的交通事故和非本人主要责任的城市轨道交通、客运轮渡和火车事故。其中，"交通事故"是指《道路交通安全法》第119条规定的车辆在道路上因过错或者意外造成的人身伤亡或者财产损失的事件。"车辆"是指机动车和非机动车;"道路"是指公路、城市道路和虽在单位管辖范围但允许社会机动车通行的地方,包括广场、公共停车场等用于公众通行的场所。

对于"非本人主要责任"的认定,应当以有关机关(如公安机关交通管理、交通运输等部门)出具的法律文书或者人民法院的生效裁决为依据。

参见 《关于实施〈工伤保险条例〉若干问题的意见》二;《关于执行〈工伤保险条例〉若干问题的意见》一;《职业病防治法》第44-56条;《职业病分类和目录》;《劳动法》第36-45条

案例 1. 张成兵与上海市松江区人力资源和社会保障局工伤认定行政上诉案(2014年8月21日最高人民法院发布的四起工伤保险行政纠纷典型案例之一)

案件适用要点:用工单位违反法律、法规规定将承包业务转包或者发包给不具备用工主体资格的组织或者自然人,该组织或者自然人聘用的职工因工伤亡的,用工单位为承担工伤保险责任的单位。

2. 何培祥诉江苏省新沂市劳动和社会保障局工伤认定行政案(2014年8月21日最高人民法院发布的四起工伤保险行政纠纷典型案例之三)

案件适用要点:上下班途中的"合理时间"与"合理路线",是两种相互联系的认定属于上下班途中受机动车事故伤害情形的必不可少的时空概念,不应割裂开来。结合本案,何培祥在上午听课及中午就餐结束后返校的途中骑摩托车摔伤,其返校上班目的明确,应认定为合理时间。

3. 孙立兴诉天津园区劳动局工伤认定行政纠纷案(《最高人民法院公报》2006年第5期)

案件适用要点:对法律规定中的"工作场所"、"因工作原因"应作全面、正确的理解。"工作场所",是指职工从事职业活动的场所,在有多个工作场所的情形下,还包括职工来往于多个工作场所之间的必经区域;"因工作原因",是指职工受伤与从事本职工作之间存在因果关系,即职工系因从事本职工作而受伤。

4. 北京某家居有限公司不服北京市某区劳动和社会保障局劳动保障行政确认案（北京市第二中级人民法院行政判决书〔2007〕二中行终字第443号）

案件适用要点：员工上夜班时因工作原因造成的伤害，即使员工违反了公司的制度规定，也不能作为员工不应认定为工伤的正当理由。而且，对于是否应认定为工伤，我国的工伤保险实行的是无过错责任原则，只要符合《工伤保险条例》第14条、第15条规定的应当认定为工伤或视同工伤的情形，同时不属于《工伤保险条例》第16条的排除性条款规定，就应当认定为工伤或视同工伤。

第十五条　【视同工伤的情形及其保险待遇】职工有下列情形之一的，视同工伤：

（一）在工作时间和工作岗位，突发疾病死亡或者在48小时之内经抢救无效死亡的；

（二）在抢险救灾等维护国家利益、公共利益活动中受到伤害的；

（三）职工原在军队服役，因战、因公负伤致残，已取得革命伤残军人证，到用人单位后旧伤复发的。

职工有前款第（一）项、第（二）项情形的，按照本条例的有关规定享受工伤保险待遇；职工有前款第（三）项情形的，按照本条例的有关规定享受除一次性伤残补助金以外的工伤保险待遇。

注释　［在工作时间、工作岗位突发疾病］

"突发疾病"，是指上班期间突然发生任何种类的疾病，一般多为心脏病、脑出血、心肌梗塞等突发性疾病。职工在工作时间和工作岗位突发疾病当场死亡的，以及职工在工作时间和工作岗位突发疾病后没有当时死亡，但在48小时之内经抢救无效死亡的，应当视同工伤。

符合本项情形的，职工所在用人单位原则上应自职工死亡之日起5个工作日内向用人单位所在统筹地区社会保险行政部门报告。

［在维护国家利益、公共利益活动中受到伤害的］

"维护国家利益"，是指为了减少或者避免国家利益遭受损失，职工挺身而出。"维护公共利益"，是指为了减少或者避免公共利益遭受损失，职工挺身而出。本条列举了抢险救灾这种情形，是为了帮助大家更好地理解和掌握哪种情形属于维护国家利益和维护公共利益，但凡是与抢险救灾性质类似的行为，都应当认定为属于维护国家利益和维护公共利益的行为。需强调的是，在这种情形下，没有工作时间、工作地点、工作原因等要素要求。例如，某单位职工在过铁路道口时，看到在道口附近有个小孩正牵着一头牛过铁路，这时，前方恰好有一辆满载旅客的列车驶来，该职工赶紧过去将牛牵走并将小孩推出铁道。列车安全地通过了，可该职工却因来不及跑开，被列车撞成重伤。该职工的这种行为，就应属于维护国家利益和公共利益的行为。

[职工原在军队服役，因战、因公负伤致残，已取得革命伤残军人证，到用人单位后旧伤复发的]

"因战致残"是指：（1）对敌作战负伤致残；（2）因执行任务遭敌人或者犯罪分子伤害致残，或者被俘、被捕后不屈遭敌人折磨致残；（3）为抢救和保护国家财产、人民生命财产或者执行反恐任务和处置突发事件致残；（4）因执行军事演习、战备航行飞行、空降和导弹发射训练、试航试飞任务以及参加武器装备科研实验致残等；（5）在执行外交任务或者国家派遣的对外援助、维持国际和平任务中致残的等。

"因公致残"是指：（1）在执行任务中或者在上下班途中，由于意外事件致残；（2）被认定为因战、因公致残后因旧伤复发；（3）因患职业病致残；（4）在执行任务中或者在工作岗位上因病致残，或者因医疗事故致残等。

"旧伤复发"，是指职工在军队服役期间，因战、因公负伤致残，并取得了革命伤残军人证，到用人单位后其在军队服役期间因战、因公负伤的伤害部位（伤口）发生变化，需要进行治疗或相关救治的情形。

参见 《关于实施〈工伤保险条例〉若干问题的意见》三

案例 徐某与某劳动和社会保障局等非工伤认定结论纠纷上诉案（北京市第一中级人民法院行政判决书〔2008〕一中行终字第103号）

案件适用要点：职工在工作时间和工作岗位，突发疾病死亡，以及职工在工作时间和工作岗位，突发疾病在48小时之内经抢救无效死亡，可以视同工伤，即按照有关规定享受工伤保险待遇。但若职工在家中突发疾病被送往医院，且时间是在公休日，经医院当场抢救无效死亡，不符合视同工伤的前提条件。在此情况下，不应认定为工伤。

第十六条　【不属于工伤的情形】职工符合本条例第十四条、第十五条的规定，但是有下列情形之一的，不得认定为工伤或者视同工伤：

（一）故意犯罪的；

（二）醉酒或者吸毒的；

（三）自残或者自杀的。

> **注释**　［故意犯罪］
>
> 本条只将因故意犯罪导致事故伤害的规定为不认定为工伤的情形。我国《刑法》第14条规定，明知自己的行为会发生危害社会的结果，并且希望或者放任这种结果发生，因而构成犯罪的，是故意犯罪。对"故意犯罪"的认定，应当以司法机关的生效法律文书或者结论性意见为依据。
>
> ［醉酒或吸毒］
>
> 对"醉酒或者吸毒"的认定，应当以有关机关出具的法律文书或者人民法院的生效裁决为依据。无法获得上述证据的，可以结合相关证据认定。
>
> "醉酒"，是指职工饮用含有酒精的饮料达到醉酒的状态，在酒精作用期间从事工作受到事故伤害。职工在工作时因醉酒导致行为失控而对自己造成的伤害，不认定为工伤。对于醉酒，应当依据行为人体内酒精含量的检测结果作出认定，如发现行为人体内酒精含量达到或者超过一定标准，就应当认定为醉酒。对于醉酒标准，可以参照《车辆驾驶人员血液、呼气酒精含量阈值与检验》（GB 19522 - 2010）。
>
> 关于吸毒，根据《禁毒法》的规定，毒品，是指鸦片、海洛因、甲基苯丙胺（冰毒）、吗啡、大麻、可卡因，以及国家规定管

制的其他能够使人形成瘾癖的麻醉药品和精神药品。

[自残或自杀]

"自残"是指通过各种手段和方法伤害自己的身体，并造成伤害结果的行为。"自杀"是指通过各种手段和方法自己结束自己生命的行为。

第十七条　【申请工伤认定的主体、时限及受理部门】职工发生事故伤害或者按照职业病防治法规定被诊断、鉴定为职业病，所在单位应当自事故伤害发生之日或者被诊断、鉴定为职业病之日起30日内，向统筹地区社会保险行政部门提出工伤认定申请。遇有特殊情况，经报社会保险行政部门同意，申请时限可以适当延长。

用人单位未按前款规定提出工伤认定申请的，工伤职工或者其近亲属、工会组织在事故伤害发生之日或者被诊断、鉴定为职业病之日起1年内，可以直接向用人单位所在地统筹地区社会保险行政部门提出工伤认定申请。

按照本条第一款规定应当由省级社会保险行政部门进行工伤认定的事项，根据属地原则由用人单位所在地的设区的市级社会保险行政部门办理。

用人单位未在本条第一款规定的时限内提交工伤认定申请，在此期间发生符合本条例规定的工伤待遇等有关费用由该用人单位负担。

注释　[工伤认定申请的主体]

工伤认定的申请主体有两类：一是工伤职工所在单位，二是工伤职工或者其近亲属，以及工伤职工所在单位的工会组织及符合我国工会法规定的各级工会组织。注意有权申请工伤认定的亲属限于近亲属，如配偶、父母、成年子女等，才可以成为工伤认定申请的主体。

[申请工伤认定的时限]

因申请主体的不同，工伤认定的申请时限也不同：

（1）对用人单位而言，申请时限一般为在事故伤害发生之日或者确诊为职业病之日起30日内；特殊情况的，经社会保险行政部门批准，可以适当延长。用人单位逾期未提出认定申请的，在此期间发生的工伤待遇等有关费用由该用人单位负担。

（2）对个人而言，工伤认定的申请时限为事故伤害发生之日起或者被确诊为职业病之日起的1年内。

曾经从事接触职业病危害作业、当时没有发现罹患职业病、离开工作岗位后被诊断或鉴定为职业病的符合下列条件的人员，可以自诊断、鉴定为职业病之日起1年内申请工伤认定，社会保险行政部门应当受理：

（1）办理退休手续后，未再从事接触职业病危害作业的退休人员；

（2）劳动或聘用合同期满后或者本人提出而解除劳动或聘用合同后，未再从事接触职业病危害作业的人员。

参见　《工伤认定办法》第4-5条；《职业病防治法》第43-61条；《关于实施〈工伤保险条例〉若干问题的意见》四-六

案例　1. 邹政贤诉广东省佛山市禅城区劳动和社会保障局工伤认定行政案（2014年8月21日最高人民法院发布的四起工伤保险行政纠纷典型案例之四）

案件适用要点：由于不属于职工或者其近亲属自身原因超过工伤认定申请期限的，被耽误的时间不计算在工伤认定申请期限内。

2. 杨庆峰诉无锡市劳动和社会保障局工伤认定行政纠纷案（《最高人民法院公报》2008年第1期）

案件适用要点：根据《工伤保险条例》第17条第2款的规定，工伤认定申请时效应当从事故伤害发生之日起算。这里的"事故伤害发生之日"应当包括工伤事故导致的伤害结果实际发生之日。工伤事故发生时伤害结果尚未实际发生，工伤职工在伤害结果实际发生后一年内提出工伤认定申请的，不属于超过工伤认定申请时效的情形。

第十八条　【申请材料】 提出工伤认定申请应当提交下列材料：

（一）工伤认定申请表；

（二）与用人单位存在劳动关系（包括事实劳动关系）的证明材料；

（三）医疗诊断证明或者职业病诊断证明书（或者职业病诊断鉴定书）。

工伤认定申请表应当包括事故发生的时间、地点、原因以及职工伤害程度等基本情况。

　　工伤认定申请人提供材料不完整的，社会保险行政部门应当一次性书面告知工伤认定申请人需要补正的全部材料。申请人按照书面告知要求补正材料后，社会保险行政部门应当受理。

　　注释　[与用人单位存在劳动关系的证明材料]

　　劳动合同是证明用人单位与职工之间存在劳动关系的有力凭证，是主要的证明材料。对于现实中部分不与职工签订劳动合同的用人单位，可以把其他有关的材料作为实际用工已形成劳动关系的证明材料，如工资报酬的领取证明、同事的书面证明等。

　　[医疗诊断证明]

　　出具普通事故伤害的医疗证明，没有严格的法定程序，为了保证所提供的医疗诊断证明的真实性，社会保险行政部门可以根据需要对事故伤害进行调查核实。此外，医师在出具有关工伤的医疗证明文件时必须签名，并对证明的真实性承担法律责任。

　　第十九条　【事故调查及举证责任】社会保险行政部门受理工伤认定申请后，根据审核需要可以对事故伤害进行调查核实，用人单位、职工、工会组织、医疗机构以及有关部门应当予以协助。职业病诊断和诊断争议的鉴定，依照职业病防治法的有关规定执行。对依法取得职业病诊断证明书或者职业病诊断鉴定书的，社会保险行政部门不再进行调查核实。

　　职工或者其近亲属认为是工伤，用人单位不认为是工伤的，由用人单位承担举证责任。

　　注释　注意职工与单位对工伤认定存在争议时，适用举证责任倒置原则，由用人单位承担举证责任。用人单位拒不举证的，社会保险行政部门可以根据受伤害职工提供的证据依法作出工伤认定结论。

　　参见　《工伤认定办法》第9-15条

　　第二十条　【工伤认定的时限、回避】社会保险行政部门应当自受理工伤认定申请之日起60日内作出工伤认定的决定，并书面通

342

知申请工伤认定的职工或者其近亲属和该职工所在单位。

社会保险行政部门对受理的事实清楚、权利义务明确的工伤认定申请，应当在 15 日内作出工伤认定的决定。

作出工伤认定决定需要以司法机关或者有关行政主管部门的结论为依据的，在司法机关或者有关行政主管部门尚未作出结论期间，作出工伤认定决定的时限中止。

社会保险行政部门工作人员与工伤认定申请人有利害关系的，应当回避。

第四章　劳动能力鉴定

第二十一条　【鉴定的条件】职工发生工伤，经治疗伤情相对稳定后存在残疾、影响劳动能力的，应当进行劳动能力鉴定。

> **注释**　根据本条的规定，职工进行劳动能力鉴定的条件有三：
>
> （1）应该在经过治疗，伤情处于相对稳定状态后进行。
>
> （2）工伤职工必须存在残疾，主要表现在身体上的残疾。例如，身体的某一器官造成损伤，或者造成肢体残疾等。
>
> （3）工伤职工的残疾须对工作、生活产生了直接的影响，伤残程度已经影响到职工本人的劳动能力。例如，职工工伤后，由于身体造成的伤残不能从事工伤前的工作，只能从事劳动强度相对较弱、岗位工资、奖金可能相对少的工作，有的甚至不得不退出生产、工作岗位，不能像正常职工那样获取工资报酬，而只能依靠领取工伤保险待遇维持基本生活。

第二十二条　【劳动能力鉴定等级】劳动能力鉴定是指劳动功能障碍程度和生活自理障碍程度的等级鉴定。

劳动功能障碍分为十个伤残等级，最重的为一级，最轻的为十级。

生活自理障碍分为三个等级：生活完全不能自理、生活大部分不能自理和生活部分不能自理。

劳动能力鉴定标准由国务院社会保险行政部门会同国务院卫生行政部门等部门制定。

参见 《劳动能力鉴定 职工工伤与职业病致残等级》(GB/T16180-2014)

第二十三条 【申请鉴定的主体、受理机构、申请材料】劳动能力鉴定由用人单位、工伤职工或者其近亲属向设区的市级劳动能力鉴定委员会提出申请,并提供工伤认定决定和职工工伤医疗的有关资料。

注释 [劳动能力鉴定的申请主体]

(1)用人单位,即工伤职工所在单位。职工发生事故伤害后,为职工申请工伤认定、劳动能力鉴定,是单位的法定责任。

(2)工伤职工,即因工受到事故伤害被认定为工伤的职工。

(3)职工的近亲属。一般包括:配偶、子女、父母、兄弟姐妹、祖父母、外祖父母。

[劳动能力鉴定的受理机构]

我国的劳动能力鉴定机构为劳动能力鉴定委员会。劳动能力鉴定委员会分为设区的市级劳动能力鉴定委员会和省、自治区、直辖市劳动能力鉴定委员会两级,由设区的市级劳动能力鉴定委员会受理劳动能力的初次鉴定申请。

[劳动能力鉴定的申请材料]

(1)工伤认定决定,即由社会保险行政部门根据国家规定,确定职工受伤或者职业病是否属于工伤范围,是否符合工伤条件的书面决定。

(2)职工工伤医疗的有关资料,即职工受到事故伤害或者患职业病,到医疗机构进行治疗过程中,由医院记载的有关负伤职工的病情、病志、治疗情况等资料。劳动能力鉴定机构据此审查负伤职工的伤情是否处于稳定状态,能否进行劳动能力鉴定。

第二十四条 【鉴定委员会人员构成、专家库】省、自治区、直辖市劳动能力鉴定委员会和设区的市级劳动能力鉴定委员会分别由省、自治区、直辖市和设区的市级社会保险行政部门、卫生行政部门、工会组织、经办机构代表以及用人单位代表组成。

劳动能力鉴定委员会建立医疗卫生专家库。列入专家库的医疗卫生专业技术人员应当具备下列条件：

（一）具有医疗卫生高级专业技术职务任职资格；

（二）掌握劳动能力鉴定的相关知识；

（三）具有良好的职业品德。

第二十五条　【鉴定步骤、时限】设区的市级劳动能力鉴定委员会收到劳动能力鉴定申请后，应当从其建立的医疗卫生专家库中随机抽取 3 名或者 5 名相关专家组成专家组，由专家组提出鉴定意见。设区的市级劳动能力鉴定委员会根据专家组的鉴定意见作出工伤职工劳动能力鉴定结论；必要时，可以委托具备资格的医疗机构协助进行有关的诊断。

设区的市级劳动能力鉴定委员会应当自收到劳动能力鉴定申请之日起 60 日内作出劳动能力鉴定结论，必要时，作出劳动能力鉴定结论的期限可以延长 30 日。劳动能力鉴定结论应当及时送达申请鉴定的单位和个人。

第二十六条　【再次鉴定】申请鉴定的单位或者个人对设区的市级劳动能力鉴定委员会作出的鉴定结论不服的，可以在收到该鉴定结论之日起 15 日内向省、自治区、直辖市劳动能力鉴定委员会提出再次鉴定申请。省、自治区、直辖市劳动能力鉴定委员会作出的劳动能力鉴定结论为最终结论。

第二十七条　【鉴定工作原则、回避制度】劳动能力鉴定工作应当客观、公正。劳动能力鉴定委员会组成人员或者参加鉴定的专家与当事人有利害关系的，应当回避。

第二十八条　【复查鉴定】自劳动能力鉴定结论作出之日起 1 年后，工伤职工或者其近亲属、所在单位或者经办机构认为伤残情况发生变化的，可以申请劳动能力复查鉴定。

> **注释**　［劳动能力复查鉴定］
>
> 劳动能力复查鉴定，是指已经劳动能力鉴定委员会鉴定过的工伤职工，在鉴定结论作出一段时期后，工伤职工或者其近亲属、所在单位或者经办机构认为残情发生变化，向劳动能力鉴定委员会提出申请，劳动能力鉴定委员会依据国家标准对其进行的复查鉴定。

[劳动能力复查鉴定的申请时间]

劳动能力复查鉴定的申请时间，为劳动能力鉴定结论作出之日起 1 年后。

[劳动能力复查鉴定的申请人]

有权提出劳动能力复查鉴定的申请人包括：工伤职工或者其近亲属；工伤职工所在单位；经办机构。

案例　某机械厂与杨某劳动争议纠纷上诉案（成都市中级人民法院民事判决书〔2010〕成民终字第 318 号）

案件适用要点：劳动能力鉴定结论作出后，没有证据能够证明当事人在规定时间内向劳动能力鉴定委员会申请了再次鉴定，而且自结论作出之日也未满 1 年，法院可对重新鉴定申请不予准许。

第二十九条　【再次鉴定和复查鉴定的时限】 劳动能力鉴定委员会依照本条例第二十六条和第二十八条的规定进行再次鉴定和复查鉴定的期限，依照本条例第二十五条第二款的规定执行。

第五章　工伤保险待遇

第三十条　【工伤职工的治疗】 职工因工作遭受事故伤害或者患职业病进行治疗，享受工伤医疗待遇。

职工治疗工伤应当在签订服务协议的医疗机构就医，情况紧急时可以先到就近的医疗机构急救。

治疗工伤所需费用符合工伤保险诊疗项目目录、工伤保险药品目录、工伤保险住院服务标准的，从工伤保险基金支付。工伤保险诊疗项目目录、工伤保险药品目录、工伤保险住院服务标准，由国务院社会保险行政部门会同国务院卫生行政部门、食品药品监督管理部门等部门规定。

职工住院治疗工伤的伙食补助费，以及经医疗机构出具证明，报经办机构同意，工伤职工到统筹地区以外就医所需的交通、食宿费用从工伤保险基金支付，基金支付的具体标准由统筹地区人民政府规定。

工伤职工治疗非工伤引发的疾病，不享受工伤医疗待遇，按照基本医疗保险办法处理。

工伤职工到签订服务协议的医疗机构进行工伤康复的费用，符合规定的，从工伤保险基金支付。

注释 ［工伤医疗待遇］

工伤医疗待遇包括：（1）治疗工伤所需的挂号费、医疗费、药费、住院费等费用符合工伤保险诊疗项目目录、工伤保险药品目录、工伤保险住院服务标准的，从工伤保险基金中支付；（2）工伤职工治疗工伤需要住院的，职工住院治疗工伤的伙食补助费，以及经医疗机构出具证明，报经办机构同意，工伤职工到统筹地区以外就医所需的交通、食宿费用从工伤保险基金支付，基金支付的具体标准由统筹地区人民政府规定；（3）工伤职工需要停止工作接受治疗的，享受停工留薪期待遇，停工留薪期满后，需要继续治疗的，继续享受（1）、（2）项工伤医疗待遇。

［工伤医疗机构］

工伤职工因工负伤或者患职业病进行治疗（包括康复性治疗）应当前往签订服务协议的医疗机构就医，情况紧急时可以先到就近的医疗机构急救；工伤职工确需跨统筹地区就医的，须由医疗机构出具证明，并经经办机构同意。工伤职工跨统筹地区就医所发生费用，可先由工伤职工或所在单位垫付，经社会保险经办机构复核后，按本统筹地区有关规定结算。

［工作中受到精神伤害，能否要求工伤赔偿？］

工作中受到的精神伤害不能要求工伤赔偿。按照我国现行法律法规的规定，工伤是指在工作过程中所受的肢体伤害，劳动者只有在工作过程中发生身体上的伤害时才能要求工伤赔偿，而对于如劳动者人格尊严和名誉等受到损害的，不能认定为工伤。同时对于劳动者因身体上的伤害而导致的精神上的伤害，也仅就该身体伤害作工伤赔偿而不能将该身体伤害引起的精神伤害作为工伤进行赔偿。在这种情况下，对于所遭受的精神损害，劳动者只能通过其他途径向侵权人要求承担损害赔偿责任。

参见 《工伤保险经办规程》第四章

第三十一条 【复议和诉讼期间不停止支付医疗费用】社会保险行政部门作出认定为工伤的决定后发生行政复议、行政诉讼的，行政复议和行政诉讼期间不停止支付工伤职工治疗工伤的医疗费用。

第三十二条 【配置辅助器具】工伤职工因日常生活或者就业需要，经劳动能力鉴定委员会确认，可以安装假肢、矫形器、假眼、假牙和配置轮椅等辅助器具，所需费用按照国家规定的标准从工伤保险基金支付。

第三十三条 【工伤治疗期间待遇】职工因工作遭受事故伤害或者患职业病需要暂停工作接受工伤医疗的，在停工留薪期内，原工资福利待遇不变，由所在单位按月支付。

停工留薪期一般不超过 12 个月。伤情严重或者情况特殊，经设区的市级劳动能力鉴定委员会确认，可以适当延长，但延长不得超过 12 个月。工伤职工评定伤残等级后，停发原待遇，按照本章的有关规定享受伤残待遇。工伤职工在停工留薪期满后仍需治疗的，继续享受工伤医疗待遇。

生活不能自理的工伤职工在停工留薪期需要护理的，由所在单位负责。

注释 [停工留薪期]

停工留薪期，是指职工因工负伤或者患职业病停止工作接受治疗并享受有关待遇的期限。停工留薪期的时间，由已签订服务协议的治疗工伤的医疗机构提出意见，经劳动能力鉴定委员会确认并通知有关单位和工伤职工。

[停工留薪期的待遇]

职工在停工留薪期内，除享受工伤医疗待遇外，原工资福利待遇不变，由所在单位发给，生活不能自理需要护理的，由所在单位负责护理。这里所称的原待遇是指职工在受伤或被确诊患职业病前，原用人单位发给职工的按照出勤对待的全部工资和福利待遇。工伤职工评定伤残等级后，停发原待遇，按照本条例第 35 条至第 37 条的规定，享受伤残待遇。

案例 1. 吴江市佳帆纺织有限公司诉周付坤工伤保险待遇纠纷案（《最高人民法院公报》2021 年第 6 期）

案件适用要点：劳动者因第三人侵权造成人身损害并构成工伤的，在停工留薪期间内，原工资福利待遇不变，由所在单位按月支付。用人单位以侵权人已向劳动者赔偿误工费为由，主张无需支付停工留薪期间工资的，人民法院不予支持。

2. 邓金龙诉深圳市社会保险基金管理局工伤保险待遇决定案（《最高人民法院公报》2019 年第 11 期）

案件适用要点：国务院《工伤保险条例》第三十三条第二款和《广东省工伤保险条例》第二十六条第一款规定的停工留薪期最长期限不能超过 24 个月，应是指工伤职工治疗时单次享受的停工留薪期最长不能超过 24 个月，而非指累计最长不能超过 24 个月。职工工伤复发，经确认需治疗的，可重新享受《工伤保险条例》规定的停工留薪期待遇。

第三十四条 【生活护理费】工伤职工已经评定伤残等级并经劳动能力鉴定委员会确认需要生活护理的，从工伤保险基金按月支付生活护理费。

生活护理费按照生活完全不能自理、生活大部分不能自理或者生活部分不能自理 3 个不同等级支付，其标准分别为统筹地区上年度职工月平均工资的 50%、40% 或者 30%。

注释 适用本条时注意，护理费的计算基数为统筹地区上年度职工月平均工资，而不是伤残职工本人的工资。

参见 《劳动能力鉴定 职工工伤与职业病致残等级》4.1.4 [医疗依赖]

第三十五条 【一至四级工伤待遇】职工因工致残被鉴定为一级至四级伤残的，保留劳动关系，退出工作岗位，享受以下待遇：

（一）从工伤保险基金按伤残等级支付一次性伤残补助金，标准为：一级伤残为 27 个月的本人工资，二级伤残为 25 个月的本人工资，三级伤残为 23 个月的本人工资，四级伤残为 21 个月的本人工资；

（二）从工伤保险基金按月支付伤残津贴，标准为：一级伤残为本人工资的90%，二级伤残为本人工资的85%，三级伤残为本人工资的80%，四级伤残为本人工资的75%。伤残津贴实际金额低于当地最低工资标准的，由工伤保险基金补足差额；

（三）工伤职工达到退休年龄并办理退休手续后，停发伤残津贴，按照国家有关规定享受基本养老保险待遇。基本养老保险待遇低于伤残津贴的，由工伤保险基金补足差额。

职工因工致残被鉴定为一级至四级伤残的，由用人单位和职工个人以伤残津贴为基数，缴纳基本医疗保险费。

注释　[一级至四级伤残职工的伤残待遇]

职工因工致残被鉴定为一级至四级伤残的，本条对该部分职工规定了两项待遇，即支付一次性伤残补助金和按月支付伤残津贴。

[伤残津贴和基本养老保险的关系]

基本养老保险，是指法定范围内的人员，按照规定缴纳基本养老保险费达到一定的年限，到达法定退休年龄，按规定办理退休手续后，享受养老金的一种社会保险制度。

伤残职工办理退休手续后停发伤残津贴，享受基本养老保险。同时，为了保障工伤职工的待遇不因退休而受损失，工伤职工退休后享受的基本养老保险待遇低于伤残津贴的，由工伤保险基金补足差额。

[伤残职工的医疗保险]

职工因工致残被鉴定为一级至四级伤残的，除非这些职工死亡或者已经办理退休手续或者存在《劳动合同法》第39条规定的法定情形，用人单位应当与其保留劳动关系，并由用人单位和职工个人以伤残津贴为基数缴纳基本医疗保险费。

[工伤致残与劳动合同期满]

在本单位患职业病或者因工负伤并被确认丧失或者部分丧失劳动能力的劳动者的劳动合同的终止，要按照国家有关工伤保险的规定执行。也即依据本条，一至四级伤残职工即便劳动合同期满，用人单位也必须与其保留劳动关系。

参见 《劳动能力鉴定 职工工伤与职业病致残等级》 ［一级～四级］

第三十六条 【五至六级工伤待遇】 职工因工致残被鉴定为五级、六级伤残的，享受以下待遇：

（一）从工伤保险基金按伤残等级支付一次性伤残补助金，标准为：五级伤残为18个月的本人工资，六级伤残为16个月的本人工资；

（二）保留与用人单位的劳动关系，由用人单位安排适当工作。难以安排工作的，由用人单位按月发给伤残津贴，标准为：五级伤残为本人工资的70%，六级伤残为本人工资的60%，并由用人单位按照规定为其缴纳应缴纳的各项社会保险费。伤残津贴实际金额低于当地最低工资标准的，由用人单位补足差额。

经工伤职工本人提出，该职工可以与用人单位解除或者终止劳动关系，由工伤保险基金支付一次性工伤医疗补助金，由用人单位支付一次性伤残就业补助金。一次性工伤医疗补助金和一次性伤残就业补助金的具体标准由省、自治区、直辖市人民政府规定。

注释 适用本条时注意与第35、37条的对比理解。除了在支付金额上的差别外，着重注意，职工因工伤被鉴定为五级至六级伤残的，用人单位应当与其保留劳动关系，安排适当的工作。难以安排工作的，由用人单位支付伤残津贴。同时，工伤职工本人终止或者解除劳动关系的权利不受限制，经工伤职工本人提出，可以与用人单位解除或者终止劳动关系，但是用人单位应当向职工支付一次性伤残就业补助金。

职工在同一用人单位连续工作期间多次发生工伤的，符合本条及第37条规定领取相关待遇时，按照其在同一用人单位发生工伤的最高伤残级别，计发一次性伤残就业补助金和一次性工伤医疗补助金。

第三十七条 【七至十级工伤待遇】 职工因工致残被鉴定为七级至十级伤残的，享受以下待遇：

（一）从工伤保险基金按伤残等级支付一次性伤残补助金，标准为：七级伤残为 13 个月的本人工资，八级伤残为 11 个月的本人工资，九级伤残为 9 个月的本人工资，十级伤残为 7 个月的本人工资；

（二）劳动、聘用合同期满终止，或者职工本人提出解除劳动、聘用合同的，由工伤保险基金支付一次性工伤医疗补助金，由用人单位支付一次性伤残就业补助金。一次性工伤医疗补助金和一次性伤残就业补助金的具体标准由省、自治区、直辖市人民政府规定。

注释　适用本条时注意与第 35、36 条比较理解。对于这部分工伤职工，在劳动合同期满前，除非工伤职工具有《劳动合同法》第 39 条规定的情形，否则用人单位不得单方与其解除劳动关系，应当与其继续履行原劳动合同，或者视客观情况依法与其变更劳动合同的部分内容，并按照劳动合同的规定支付相应的工资报酬。劳动合同期满或者工伤职工本人提出解除劳动合同的，用人单位应当向其支付一次性伤残就业补助金。注意，七至十级伤残职工不享受伤残津贴，以及事业单位与工作人员签订的通常为聘用合同。

参见　《劳动能力鉴定 职工工伤与职业病致残等级》［七级～十级］

第三十八条　**【旧伤复发待遇】**工伤职工工伤复发，确认需要治疗的，享受本条例第三十条、第三十二条和第三十三条规定的工伤待遇。

注释　［工伤职工工伤复发］

工伤职工工伤复发，是指职工因工伤事故或患职业病，经过医疗机构采取必要的诊断治疗，包括病情检查、确诊、药物治疗、手术治疗等医疗措施，确定工伤职工病情痊愈，可以终结医疗，终止停工留薪期，经过劳动能力鉴定委员会确定伤残等级或者正处于劳动能力鉴定过程中，工伤职工原有病情不同程度地重新发作。

［工伤职工工伤复发的待遇］

工伤职工工伤复发，确认需要治疗的，可以按照第 30 条的规定享受工伤医疗待遇；需要暂停工作接受工伤医疗的，可以按照

第 33 条的规定享受停工留薪期待遇；需要配置辅助器具的，可以按照第 32 条的规定配置，所需费用按照国家规定标准从工伤保险基金支付。

第三十九条 **【工亡待遇】** 职工因工死亡，其近亲属按照下列规定从工伤保险基金领取丧葬补助金、供养亲属抚恤金和一次性工亡补助金：

（一）丧葬补助金为 6 个月的统筹地区上年度职工月平均工资；

（二）供养亲属抚恤金按照职工本人工资的一定比例发给由因工死亡职工生前提供主要生活来源、无劳动能力的亲属。标准为：配偶每月 40%，其他亲属每人每月 30%，孤寡老人或者孤儿每人每月在上述标准的基础上增加 10%。核定的各供养亲属的抚恤金之和不应高于因工死亡职工生前的工资。供养亲属的具体范围由国务院社会保险行政部门规定；

（三）一次性工亡补助金标准为上一年度全国城镇居民人均可支配收入的 20 倍。

伤残职工在停工留薪期内因工伤导致死亡的，其近亲属享受本条第一款规定的待遇。

一级至四级伤残职工在停工留薪期满后死亡的，其近亲属可以享受本条第一款第（一）项、第（二）项规定的待遇。

注释 ［职工因工死亡］

职工因工死亡，主要是指职工因工伤事故、职业中毒直接导致的死亡，经抢救治疗无效后的死亡，以及在停工留薪期内治疗中的死亡。

［职工因工死亡的待遇］

（1）丧葬补助金。注意丧葬补助金权利主体为死亡职工的近亲属。

（2）供养亲属抚恤金。注意该项是按照工亡职工本人生前工资的一定比例计发，但是在初次核定时，各供养亲属的抚恤金之和不得高于工亡职工的本人工资。在以后调整供养亲属抚恤金时，不受此限制。

（3）一次性工亡补助金。当因工死亡的工伤职工有数个近亲属时，应当按照权利义务相对应的原则进行分配，工伤职工生前，对其尽了较多照顾义务的近亲属，如长期与其共同生活的人，应当予以照顾。

[工伤保险待遇，免征个人所得税]

对工伤职工及其近亲属按照《工伤保险条例》规定取得的工伤保险待遇，免征个人所得税。工伤保险待遇，包括一次性伤残补助金、伤残津贴、一次性工伤医疗补助金、一次性伤残就业补助金、工伤医疗待遇、住院伙食补助费、外地就医交通食宿费用、工伤康复费用、辅助器具费用、生活护理费等，以及职工因工死亡，其近亲属按照《工伤保险条例》规定取得的丧葬补助金、供养亲属抚恤金和一次性工亡补助金等。

参见　《关于实施〈工伤保险条例〉若干问题的意见》八；《因工死亡职工供养亲属范围规定》；《财政部、国家税务总局关于工伤职工取得的工伤保险待遇有关个人所得税政策的通知》

第四十条　【工伤待遇调整】伤残津贴、供养亲属抚恤金、生活护理费由统筹地区社会保险行政部门根据职工平均工资和生活费用变化等情况适时调整。调整办法由省、自治区、直辖市人民政府规定。

注释　伤残津贴、供养亲属抚恤金、生活护理费都非一次性待遇，而是长期或者持续一定时期的待遇。为了保证这些待遇水平不因物价上涨等因素而降低，让工伤职工和工亡职工的遗属享受社会经济发展的成果，有必要适时进行调整。

工伤保险实行属地管理，是一项地域性较强的工作。加上职工工资增长、生活费提高、物价指数变化等不是定期的，各地调整的时间不宜固定，本条授权由省、自治区、直辖市人民政府规定调整办法，包括调整的依据、幅度、频率、程序等。

[上一年度职工月平均缴费工资尚未公布的，怎么核发工伤保险待遇？]

核定工伤职工工伤保险待遇时，若上一年度相关数据尚未公布，可暂按前一年度的全国城镇居民人均可支配收入、统筹地区职工月平均工资核定和计发，待相关数据公布后再重新核定，社会保险经办机构或者用人单位予以补发差额部分。

第四十一条 【职工抢险救灾、因工外出下落不明时的处理】职工因工外出期间发生事故或者在抢险救灾中下落不明的，从事故发生当月起 3 个月内照发工资，从第 4 个月起停发工资，由工伤保险基金向其供养亲属按月支付供养亲属抚恤金。生活有困难的，可以预支一次性工亡补助金的 50%。职工被人民法院宣告死亡的，按照本条例第三十九条职工因工死亡的规定处理。

第四十二条 【停止支付工伤保险待遇的情形】工伤职工有下列情形之一的，停止享受工伤保险待遇：

（一）丧失享受待遇条件的；

（二）拒不接受劳动能力鉴定的；

（三）拒绝治疗的。

第四十三条 【用人单位分立合并等情况下的责任】用人单位分立、合并、转让的，承继单位应当承担原用人单位的工伤保险责任；原用人单位已经参加工伤保险的，承继单位应当到当地经办机构办理工伤保险变更登记。

用人单位实行承包经营的，工伤保险责任由职工劳动关系所在单位承担。

职工被借调期间受到工伤事故伤害的，由原用人单位承担工伤保险责任，但原用人单位与借调单位可以约定补偿办法。

企业破产的，在破产清算时依法拨付应当由单位支付的工伤保险待遇费用。

第四十四条 【派遣出境期间的工伤保险关系】职工被派遣出境工作，依据前往国家或者地区的法律应当参加当地工伤保险的，参加当地工伤保险，其国内工伤保险关系中止；不能参加当地工伤保险的，其国内工伤保险关系不中止。

第四十五条 【再次发生工伤的待遇】职工再次发生工伤，根据规定应当享受伤残津贴的，按照新认定的伤残等级享受伤残津贴待遇。

第六章 监督管理

第四十六条 【经办机构职责范围】经办机构具体承办工伤保险事务，履行下列职责：

（一）根据省、自治区、直辖市人民政府规定，征收工伤保险费；

（二）核查用人单位的工资总额和职工人数，办理工伤保险登记，并负责保存用人单位缴费和职工享受工伤保险待遇情况的记录；

（三）进行工伤保险的调查、统计；

（四）按照规定管理工伤保险基金的支出；

（五）按照规定核定工伤保险待遇；

（六）为工伤职工或者其近亲属免费提供咨询服务。

第四十七条 【服务协议】经办机构与医疗机构、辅助器具配置机构在平等协商的基础上签订服务协议，并公布签订服务协议的医疗机构、辅助器具配置机构的名单。具体办法由国务院社会保险行政部门分别会同国务院卫生行政部门、民政部门等部门制定。

第四十八条 【工伤保险费用的核查、结算】经办机构按照协议和国家有关目录、标准对工伤职工医疗费用、康复费用、辅助器具费用的使用情况进行核查，并按时足额结算费用。

第四十九条 【公布基金收支情况、费率调整建议】经办机构应当定期公布工伤保险基金的收支情况，及时向社会保险行政部门提出调整费率的建议。

第五十条 【听取社会意见】社会保险行政部门、经办机构应当定期听取工伤职工、医疗机构、辅助器具配置机构以及社会各界对改进工伤保险工作的意见。

第五十一条 【对工伤保险基金的监督】社会保险行政部门依法对工伤保险费的征缴和工伤保险基金的支付情况进行监督检查。

财政部门和审计机关依法对工伤保险基金的收支、管理情况进行监督。

第五十二条　【群众监督】任何组织和个人对有关工伤保险的违法行为，有权举报。社会保险行政部门对举报应当及时调查，按照规定处理，并为举报人保密。

第五十三条　【工会监督】工会组织依法维护工伤职工的合法权益，对用人单位的工伤保险工作实行监督。

第五十四条　【工伤待遇争议处理】职工与用人单位发生工伤待遇方面的争议，按照处理劳动争议的有关规定处理。

第五十五条　【其他工伤保险争议处理】有下列情形之一的，有关单位或者个人可以依法申请行政复议，也可以依法向人民法院提起行政诉讼：

（一）申请工伤认定的职工或者其近亲属、该职工所在单位对工伤认定申请不予受理的决定不服的；

（二）申请工伤认定的职工或者其近亲属、该职工所在单位对工伤认定结论不服的；

（三）用人单位对经办机构确定的单位缴费费率不服的；

（四）签订服务协议的医疗机构、辅助器具配置机构认为经办机构未履行有关协议或者规定的；

（五）工伤职工或者其近亲属对经办机构核定的工伤保险待遇有异议的。

第七章　法律责任

第五十六条　【挪用工伤保险基金的责任】单位或者个人违反本条例第十二条规定挪用工伤保险基金，构成犯罪的，依法追究刑事责任；尚不构成犯罪的，依法给予处分或者纪律处分。被挪用的基金由社会保险行政部门追回，并入工伤保险基金；没收的违法所得依法上缴国库。

第五十七条　【社会保险行政部门工作人员违法违纪责任】社会保险行政部门工作人员有下列情形之一的，依法给予处分；情节严重，构成犯罪的，依法追究刑事责任：

（一）无正当理由不受理工伤认定申请，或者弄虚作假将不符合工伤条件的人员认定为工伤职工的；

（二）未妥善保管申请工伤认定的证据材料，致使有关证据灭失的；

（三）收受当事人财物的。

第五十八条　【经办机构违规的责任】经办机构有下列行为之一的，由社会保险行政部门责令改正，对直接负责的主管人员和其他责任人员依法给予纪律处分；情节严重，构成犯罪的，依法追究刑事责任；造成当事人经济损失的，由经办机构依法承担赔偿责任：

（一）未按规定保存用人单位缴费和职工享受工伤保险待遇情况记录的；

（二）不按规定核定工伤保险待遇的；

（三）收受当事人财物的。

第五十九条　【医疗机构、辅助器具配置机构、经办机构间的关系】医疗机构、辅助器具配置机构不按服务协议提供服务的，经办机构可以解除服务协议。

经办机构不按时足额结算费用的，由社会保险行政部门责令改正；医疗机构、辅助器具配置机构可以解除服务协议。

第六十条　【对骗取工伤保险待遇的处罚】用人单位、工伤职工或者其近亲属骗取工伤保险待遇，医疗机构、辅助器具配置机构骗取工伤保险基金支出的，由社会保险行政部门责令退还，处骗取金额 2 倍以上 5 倍以下的罚款；情节严重，构成犯罪的，依法追究刑事责任。

第六十一条　【鉴定组织与个人违规的责任】从事劳动能力鉴定的组织或者个人有下列情形之一的，由社会保险行政部门责令改正，处 2000 元以上 1 万元以下的罚款；情节严重，构成犯罪的，依法追究刑事责任：

（一）提供虚假鉴定意见的；

（二）提供虚假诊断证明的；

（三）收受当事人财物的。

第六十二条　【未按规定参保的情形】用人单位依照本条例规定应当参加工伤保险而未参加的，由社会保险行政部门责令限期参加，补缴应当缴纳的工伤保险费，并自欠缴之日起，按日加收万分之五的滞纳金；逾期仍不缴纳的，处欠缴数额1倍以上3倍以下的罚款。

依照本条例规定应当参加工伤保险而未参加工伤保险的用人单位职工发生工伤的，由该用人单位按照本条例规定的工伤保险待遇项目和标准支付费用。

用人单位参加工伤保险并补缴应当缴纳的工伤保险费、滞纳金后，由工伤保险基金和用人单位依照本条例的规定支付新发生的费用。

注释　本条第三款规定中的"新发生的费用"，是指用人单位职工参加工伤保险前发生工伤的，在参加工伤保险后新发生的费用。

案例　邹汉英诉孙立根、刘珍工伤事故损害赔偿纠纷案（《最高人民法院公报》2010年第3期）

案件适用要点：用人单位应当按规定参加工伤保险，为职工缴纳工伤保险费，未参加工伤保险期间用人单位职工发生工伤的，由该用人单位按照本条例规定的工伤保险待遇项目和标准支付费用。

第六十三条　【用人单位不协助调查的责任】用人单位违反本条例第十九条的规定，拒不协助社会保险行政部门对事故进行调查核实的，由社会保险行政部门责令改正，处2000元以上2万元以下的罚款。

第八章　附　　则

第六十四条　【相关名词解释】本条例所称工资总额，是指用人单位直接支付给本单位全部职工的劳动报酬总额。

本条例所称本人工资，是指工伤职工因工作遭受事故伤害或者患职业病前12个月平均月缴费工资。本人工资高于统筹地区职工平均工资300%的，按照统筹地区职工平均工资的300%计算；本人工资低于统筹地区职工平均工资60%的，按照统筹地区职工平均工资的60%计算。

第六十五条　【公务员等的工伤保险】公务员和参照公务员法

管理的事业单位、社会团体的工作人员因工作遭受事故伤害或者患职业病的，由所在单位支付费用。具体办法由国务院社会保险行政部门会同国务院财政部门规定。

第六十六条 **【非法经营单位工伤一次性赔偿及争议处理】** 无营业执照或者未经依法登记、备案的单位以及被依法吊销营业执照或者撤销登记、备案的单位的职工受到事故伤害或者患职业病的，由该单位向伤残职工或者死亡职工的近亲属给予一次性赔偿，赔偿标准不得低于本条例规定的工伤保险待遇；用人单位不得使用童工，用人单位使用童工造成童工伤残、死亡的，由该单位向童工或者童工的近亲属给予一次性赔偿，赔偿标准不得低于本条例规定的工伤保险待遇。具体办法由国务院社会保险行政部门规定。

前款规定的伤残职工或者死亡职工的近亲属就赔偿数额与单位发生争议的，以及前款规定的童工或者童工的近亲属就赔偿数额与单位发生争议的，按照处理劳动争议的有关规定处理。

参见　《非法用工单位伤亡人员一次性赔偿办法》；《劳动法》第 15 条

第六十七条 **【实施日期及过渡事项】** 本条例自 2004 年 1 月 1 日起施行。本条例施行前已受到事故伤害或者患职业病的职工尚未完成工伤认定的，按照本条例的规定执行。

人力资源和社会保障部关于执行
《工伤保险条例》若干问题的意见

(2013 年 4 月 25 日　人社部发〔2013〕34 号)

各省、自治区、直辖市及新疆生产建设兵团人力资源社会保障厅（局）：

《国务院关于修改〈工伤保险条例〉的决定》（国务院令第 586 号）已经于 2011 年 1 月 1 日实施。为贯彻执行新修订的《工伤保险条例》，妥善解决实际工作中的问题，更好地保障职工和用人单位的合法权益，现提出如下意见。

一、《工伤保险条例》（以下简称《条例》）第十四条第（五）项规定的"因工外出期间"的认定，应当考虑职工外出是否属于用人单位指派的因工作外出，遭受的事故伤害是否因工作原因所致。

二、《条例》第十四条第（六）项规定的"非本人主要责任"的认定，应当以有关机关出具的法律文书或者人民法院的生效裁决为依据。

三、《条例》第十六条第（一）项"故意犯罪"的认定，应当以司法机关的生效法律文书或者结论性意见为依据。

四、《条例》第十六条第（二）项"醉酒或者吸毒"的认定，应当以有关机关出具的法律文书或者人民法院的生效裁决为依据。无法获得上述证据的，可以结合相关证据认定。

五、社会保险行政部门受理工伤认定申请后，发现劳动关系存在争议且无法确认的，应告知当事人可以向劳动人事争议仲裁委员会申请仲裁。在此期间，作出工伤认定决定的时限中止，并书面通知申请工伤认定的当事人。劳动关系依法确认后，当事人应将有关法律文书送交受理工伤认定申请的社会保险行政部门，该部门自收到生效法律文书之日起恢复工伤认定程序。

六、符合《条例》第十五条第（一）项情形的，职工所在用人单位原则上应自职工死亡之日起 5 个工作日内向用人单位所在统筹地区社会保险行政部门报告。

七、具备用工主体资格的承包单位违反法律、法规规定，将承包业务转包、分包给不具备用工主体资格的组织或者自然人，该组织或者自然人招用的劳动者从事承包业务时因工伤亡的，由该具备用工主体资格的承包单位承担用人单位依法应承担的工伤保险责任。

八、曾经从事接触职业病危害作业、当时没有发现罹患职业病、离开工作岗位后被诊断或鉴定为职业病的符合下列条件的人员，可以自诊断、鉴定为职业病之日起一年内申请工伤认定，社会保险行政部门应当受理：

（一）办理退休手续后，未再从事接触职业病危害作业的退休人员；

（二）劳动或聘用合同期满后或者本人提出而解除劳动或聘用合同后，未再从事接触职业病危害作业的人员。

经工伤认定和劳动能力鉴定，前款第（一）项人员符合领取一次性伤残补助金条件的，按就高原则以本人退休前12个月平均月缴费工资或者确诊职业病前12个月的月平均养老金为基数计发。前款第（二）项人员被鉴定为一级至十级伤残、按《条例》规定应以本人工资作为基数享受相关待遇的，按本人终止或者解除劳动、聘用合同前12个月平均月缴费工资计发。

九、按照本意见第八条规定被认定为工伤的职业病人员，职业病诊断证明书（或职业病诊断鉴定书）中明确的用人单位，在该职工从业期间依法为其缴纳工伤保险费的，按《条例》的规定，分别由工伤保险基金和用人单位支付工伤保险待遇；未依法为该职工缴纳工伤保险费的，由用人单位按照《条例》规定的相关项目和标准支付待遇。

十、职工在同一用人单位连续工作期间多次发生工伤的，符合《条例》第三十六、第三十七条规定领取相关待遇时，按照其在同一用人单位发生工伤的最高伤残级别，计发一次性伤残就业补助金和一次性工伤医疗补助金。

十一、依据《条例》第四十二条的规定停止支付工伤保险待遇的，在停止支付待遇的情形消失后，自下月起恢复工伤保险待遇，停止支付的工伤保险待遇不予补发。

十二、《条例》第六十二条第三款规定的"新发生的费用"，是指用人单位职工参加工伤保险前发生工伤的，在参加工伤保险后新发生的费用。

十三、由工伤保险基金支付的各项待遇应按《条例》相关规定支付，不得采取将长期待遇改为一次性支付的办法。

十四、核定工伤职工工伤保险待遇时，若上一年度相关数据尚未公布，可暂按前一年度的全国城镇居民人均可支配收入、统筹地区职工月平均工资核定和计发，待相关数据公布后再重新核定，社会保险经办机构或者用人单位予以补发差额部分。

本意见自发文之日起执行，此前有关规定与本意见不一致的，按本意见执行。执行中有重大问题，请及时报告我部。

人力资源社会保障部关于执行《工伤保险条例》若干问题的意见（二）

（2016 年 3 月 28 日　人社部发〔2016〕29 号）

各省、自治区、直辖市及新疆生产建设兵团人力资源社会保障厅（局）：

为更好地贯彻执行新修订的《工伤保险条例》，提高依法行政能力和水平，妥善解决实际工作中的问题，保障职工和用人单位合法权益，现提出如下意见：

一、一级至四级工伤职工死亡，其近亲属同时符合领取工伤保险丧葬补助金、供养亲属抚恤金待遇和职工基本养老保险丧葬补助金、抚恤金待遇条件的，由其近亲属选择领取工伤保险或职工基本养老保险其中一种。

二、达到或超过法定退休年龄，但未办理退休手续或者未依法享受城镇职工基本养老保险待遇，继续在原用人单位工作期间受到事故伤害或患职业病的，用人单位依法承担工伤保险责任。

用人单位招用已经达到、超过法定退休年龄或已经领取城镇职工基本养老保险待遇的人员，在用工期间因工作原因受到事故伤害或患职业病的，如招用单位已按项目参保等方式为其缴纳工伤保险费的，应适用《工伤保险条例》。

三、《工伤保险条例》第六十二条规定的"新发生的费用"，是指用人单位参加工伤保险前发生工伤的职工，在参加工伤保险后新发生的费用。其中由工伤保险基金支付的费用，按不同情况予以处理：

（一）因工受伤的，支付参保后新发生的工伤医疗费、工伤康复费、住院伙食补助费、统筹地区以外就医交通食宿费、辅助器具配置费、生活护理费、一级至四级伤残职工伤残津贴，以及参保后解除劳动合同时的一次性工伤医疗补助金；

（二）因工死亡的，支付参保后新发生的符合条件的供养亲属抚恤金。

四、职工在参加用人单位组织或者受用人单位指派参加其他单位组织的活动中受到事故伤害的，应当视为工作原因，但参加与工作无关的活动除外。

五、职工因工作原因驻外，有固定的住所、有明确的作息时间，工伤认定时按照在驻在地当地正常工作的情形处理。

六、职工以上下班为目的、在合理时间内往返于工作单位和居住地之间的合理路线，视为上下班途中。

七、用人单位注册地与生产经营地不在同一统筹地区的，原则上应在注册地为职工参加工伤保险；未在注册地参加工伤保险的职工，可由用人单位在生产经营地为其参加工伤保险。

劳务派遣单位跨地区派遣劳动者，应根据《劳务派遣暂行规定》参加工伤保险。建筑施工企业按项目参保的，应在施工项目所在地参加工伤保险。

职工受到事故伤害或者患职业病后，在参保地进行工伤认定、劳动能力鉴定，并按照参保地的规定依法享受工伤保险待遇；未参加工伤保险的职工，应当在生产经营地进行工伤认定、劳动能力鉴定，并按照生产经营地的规定依法由用人单位支付工伤保险待遇。

八、有下列情形之一的，被延误的时间不计算在工伤认定申请时限内。

（一）受不可抗力影响的；

（二）职工由于被国家机关依法采取强制措施等人身自由受到限制不能申请工伤认定的；

（三）申请人正式提交了工伤认定申请，但因社会保险机构未登记或者材料遗失等原因造成申请超时限的；

（四）当事人就确认劳动关系申请劳动仲裁或提起民事诉讼的；

（五）其他符合法律法规规定的情形。

九、《工伤保险条例》第六十七条规定的"尚未完成工伤认定的"，是指在《工伤保险条例》施行前遭受事故伤害或被诊断鉴定为职业病，且在工伤认定申请法定时限内（从《工伤保险条例》施行之日起算）提出工伤认定申请，尚未做出工伤认定的情形。

十、因工伤认定申请人或者用人单位隐瞒有关情况或者提供虚假材料，导致工伤认定决定错误的，社会保险行政部门发现后，应当及时予以更正。

本意见自发文之日起执行，此前有关规定与本意见不一致的，按本意见执行。执行中有重大问题，请及时报告我部。

工伤认定办法

（2010 年 12 月 31 日人力资源和社会保障部令第 8 号公布　自 2011 年 1 月 1 日起施行）

第一条　为规范工伤认定程序，依法进行工伤认定，维护当事人的合法权益，根据《工伤保险条例》的有关规定，制定本办法。

第二条　社会保险行政部门进行工伤认定按照本办法执行。

第三条　工伤认定应当客观公正、简捷方便，认定程序应当向社会公开。

第四条　职工发生事故伤害或者按照职业病防治法规定被诊断、鉴定为职业病，所在单位应当自事故伤害发生之日或者被诊断、鉴定为职业病之日起 30 日内，向统筹地区社会保险行政部门提出工伤认定申请。遇有特殊情况，经报社会保险行政部门同意，申请时限可以适当延长。

按照前款规定应当向省级社会保险行政部门提出工伤认定申请的，根据属地原则应当向用人单位所在地设区的市级社会保险行政部门提出。

第五条　用人单位未在规定的时限内提出工伤认定申请的，受伤害职工或者其近亲属、工会组织在事故伤害发生之日或者被诊断、鉴定为职业病之日起 1 年内，可以直接按照本办法第四条规定提出工伤认定申请。

第六条　提出工伤认定申请应当填写《工伤认定申请表》，并提交下列材料：

（一）劳动、聘用合同文本复印件或者与用人单位存在劳动关系（包括事实劳动关系）、人事关系的其他证明材料；

（二）医疗机构出具的受伤后诊断证明书或者职业病诊断证明书（或者职业病诊断鉴定书）。

第七条　工伤认定申请人提交的申请材料符合要求，属于社会保险行政部门管辖范围且在受理时限内的，社会保险行政部门应当受理。

第八条　社会保险行政部门收到工伤认定申请后，应当在 15 日内对申请人提交的材料进行审核，材料完整的，作出受理或者不予受理的决定；材料不完整的，应当以书面形式一次性告知申请人需要补正的全部材料。社会保险行政部门收到申请人提交的全部补正材料后，应当在 15 日内作出受理或者不予受理的决定。

社会保险行政部门决定受理的，应当出具《工伤认定申请受理决定书》；决定不予受理的，应当出具《工伤认定申请不予受理决定书》。

第九条　社会保险行政部门受理工伤认定申请后，可以根据需要对申请人提供的证据进行调查核实。

第十条　社会保险行政部门进行调查核实，应当由两名以上工作人员共同进行，并出示执行公务的证件。

第十一条　社会保险行政部门工作人员在工伤认定中，可以进行以下调查核实工作：

（一）根据工作需要，进入有关单位和事故现场；

（二）依法查阅与工伤认定有关的资料，询问有关人员并作出调查笔录；

（三）记录、录音、录像和复制与工伤认定有关的资料。调查核实工作的证据收集参照行政诉讼证据收集的有关规定执行。

第十二条　社会保险行政部门工作人员进行调查核实时，有关单位和个人应当予以协助。用人单位、工会组织、医疗机构以及有关部门应当负责安排相关人员配合工作，据实提供情况和证明材料。

第十三条　社会保险行政部门在进行工伤认定时，对申请人提供的符合国家有关规定的职业病诊断证明书或者职业病诊断鉴定书，不再进行调查核实。职业病诊断证明书或者职业病诊断鉴定书不符合国家规定的要求和格式的，社会保险行政部门可以要求出具证据部门重新提供。

第十四条　社会保险行政部门受理工伤认定申请后，可以根据工作需要，委托其他统筹地区的社会保险行政部门或者相关部门进行调查核实。

第十五条　社会保险行政部门工作人员进行调查核实时，应当履行下列义务：

（一）保守有关单位商业秘密以及个人隐私；

（二）为提供情况的有关人员保密。

第十六条　社会保险行政部门工作人员与工伤认定申请人有利害关系的，应当回避。

第十七条　职工或者其近亲属认为是工伤，用人单位不认为是工伤的，由该用人单位承担举证责任。用人单位拒不举证的，社会保险行政部门可以根据受伤害职工提供的证据或者调查取得的证据，依法作出工伤认定决定。

第十八条　社会保险行政部门应当自受理工伤认定申请之日起60日内作出工伤认定决定，出具《认定工伤决定书》或者《不予认定工伤决定书》。

第十九条　《认定工伤决定书》应当载明下列事项：

（一）用人单位全称；

（二）职工的姓名、性别、年龄、职业、身份证号码；

（三）受伤害部位、事故时间和诊断时间或职业病名称、受伤害经过和核实情况、医疗救治的基本情况和诊断结论；

（四）认定工伤或者视同工伤的依据；

（五）不服认定决定申请行政复议或者提起行政诉讼的部门和时限；

（六）作出认定工伤或者视同工伤决定的时间。

《不予认定工伤决定书》应当载明下列事项：

（一）用人单位全称；

（二）职工的姓名、性别、年龄、职业、身份证号码；

（三）不予认定工伤或者不视同工伤的依据；

（四）不服认定决定申请行政复议或者提起行政诉讼的部门和时限；

（五）作出不予认定工伤或者不视同工伤决定的时间。

《认定工伤决定书》和《不予认定工伤决定书》应当加盖社会保险行政部门工伤认定专用印章。

第二十条 社会保险行政部门受理工伤认定申请后，作出工伤认定决定需要以司法机关或者有关行政主管部门的结论为依据的，在司法机关或者有关行政主管部门尚未作出结论期间，作出工伤认定决定的时限中止，并书面通知申请人。

第二十一条 社会保险行政部门对于事实清楚、权利义务明确的工伤认定申请，应当自受理工伤认定申请之日起 15 日内作出工伤认定决定。

第二十二条 社会保险行政部门应当自工伤认定决定作出之日起20 日内，将《认定工伤决定书》或者《不予认定工伤决定书》送达受伤害职工（或者其近亲属）和用人单位，并抄送社会保险经办机构。

《认定工伤决定书》和《不予认定工伤决定书》的送达参照民事法律有关送达的规定执行。

第二十三条 职工或者其近亲属、用人单位对不予受理决定不服或者对工伤认定决定不服的，可以依法申请行政复议或者提起行政诉讼。

第二十四条 工伤认定结束后，社会保险行政部门应当将工伤认定的有关资料保存 50 年。

第二十五条 用人单位拒不协助社会保险行政部门对事故伤害进行调查核实的，由社会保险行政部门责令改正，处 2000 元以上 2

万元以下的罚款。

第二十六条 本办法中的《工伤认定申请表》、《工伤认定申请受理决定书》、《工伤认定申请不予受理决定书》、《认定工伤决定书》、《不予认定工伤决定书》的样式由国务院社会保险行政部门统一制定。①

第二十七条 本办法自 2011 年 1 月 1 日起施行。劳动和社会保障部 2003 年 9 月 23 日颁布的《工伤认定办法》同时废止。

失业保险条例

(1998 年 12 月 26 日国务院第 11 次常务会议通过 1999 年 1 月 22 日中华人民共和国国务院令第 258 号发布 自发布之日起施行)

第一章 总 则

第一条 为了保障失业人员失业期间的基本生活,促进其再就业,制定本条例。

第二条 城镇企业事业单位、城镇企业事业单位职工依照本条例的规定,缴纳失业保险费。

城镇企业事业单位失业人员依照本条例的规定,享受失业保险待遇。

本条所称城镇企业,是指国有企业、城镇集体企业、外商投资企业、城镇私营企业以及其他城镇企业。

第三条 国务院劳动保障行政部门主管全国的失业保险工作。县级以上地方各级人民政府劳动保障行政部门主管本行政区域内的失业保险工作。劳动保障行政部门按照国务院规定设立的经办失业保险业务的社会保险经办机构依照本条例的规定,具体承办失业保

———————
① 样式略。

险工作。

第四条 失业保险费按照国家有关规定征缴。

第二章　失业保险基金

第五条 失业保险基金由下列各项构成：

（一）城镇企业事业单位、城镇企业事业单位职工缴纳的失业保险费；

（二）失业保险基金的利息；

（三）财政补贴；

（四）依法纳入失业保险基金的其他资金。

第六条 城镇企业事业单位按照本单位工资总额的2%缴纳失业保险费。城镇企业事业单位职工按照本人工资的1%缴纳失业保险费。城镇企业事业单位招用的农民合同制工人本人不缴纳失业保险费。

第七条 失业保险基金在直辖市和设区的市实行全市统筹；其他地区的统筹层次由省、自治区人民政府规定。

第八条 省、自治区可以建立失业保险调剂金。

失业保险调剂金以统筹地区依法应当征收的失业保险费为基数，按照省、自治区人民政府规定的比例筹集。

统筹地区的失业保险基金不敷使用时，由失业保险调剂金调剂、地方财政补贴。

失业保险调剂金的筹集、调剂使用以及地方财政补贴的具体办法，由省、自治区人民政府规定。

第九条 省、自治区、直辖市人民政府根据本行政区域失业人员数量和失业保险基金数额，报经国务院批准，可以适当调整本行政区域失业保险费的费率。

第十条 失业保险基金用于下列支出：

（一）失业保险金；

（二）领取失业保险金期间的医疗补助金；

（三）领取失业保险金期间死亡的失业人员的丧葬补助金和其供养的配偶、直系亲属的抚恤金；

（四）领取失业保险金期间接受职业培训、职业介绍的补贴，补贴的办法和标准由省、自治区、直辖市人民政府规定；

（五）国务院规定或者批准的与失业保险有关的其他费用。

第十一条 失业保险基金必须存入财政部门在国有商业银行开设的社会保障基金财政专户，实行收支两条线管理，由财政部门依法进行监督。

存入银行和按照国家规定购买国债的失业保险基金，分别按照城乡居民同期存款利率和国债利息计息。失业保险基金的利息并入失业保险基金。

失业保险基金专款专用，不得挪作他用，不得用于平衡财政收支。

第十二条 失业保险基金收支的预算、决算，由统筹地区社会保险经办机构编制，经同级劳动保障行政部门复核、同级财政部门审核，报同级人民政府审批。

第十三条 失业保险基金的财务制度和会计制度按照国家有关规定执行。

第三章　失业保险待遇

第十四条 具备下列条件的失业人员，可以领取失业保险金：

（一）按照规定参加失业保险，所在单位和本人已按照规定履行缴费义务满 1 年的；

（二）非因本人意愿中断就业的；

（三）已办理失业登记，并有求职要求的。

失业人员在领取失业保险金期间，按照规定同时享受其他失业保险待遇。

第十五条 失业人员在领取失业保险金期间有下列情形之一的，停止领取失业保险金，并同时停止享受其他失业保险待遇：

（一）重新就业的；

（二）应征服兵役的；

（三）移居境外的；

（四）享受基本养老保险待遇的；

（五）被判刑收监执行或者被劳动教养的；

（六）无正当理由，拒不接受当地人民政府指定的部门或者机构介绍的工作的；

（七）有法律、行政法规规定的其他情形的。

第十六条 城镇企业事业单位应当及时为失业人员出具终止或者解除劳动关系的证明，告知其按照规定享受失业保险待遇的权利，并将失业人员的名单自终止或者解除劳动关系之日起 7 日内报社会保险经办机构备案。

城镇企业事业单位职工失业后，应当持本单位为其出具的终止或者解除劳动关系的证明，及时到指定的社会保险经办机构办理失业登记。失业保险金自办理失业登记之日起计算。

失业保险金由社会保险经办机构按月发放。社会保险经办机构为失业人员开具领取失业保险金的单证，失业人员凭单证到指定银行领取失业保险金。

第十七条 失业人员失业前所在单位和本人按照规定累计缴费时间满 1 年不足 5 年的，领取失业保险金的期限最长为 12 个月；累计缴费时间满 5 年不足 10 年的，领取失业保险金的期限最长为 18 个月；累计缴费时间 10 年以上的，领取失业保险金的期限最长为 24 个月。重新就业后，再次失业的，缴费时间重新计算，领取失业保险金的期限可以与前次失业应领取而尚未领取的失业保险金的期限合并计算，但是最长不得超过 24 个月。

第十八条 失业保险金的标准，按照低于当地最低工资标准、高于城市居民最低生活保障标准的水平，由省、自治区、直辖市人民政府确定。

第十九条 失业人员在领取失业保险金期间患病就医的，可以按照规定向社会保险经办机构申请领取医疗补助金。医疗补助金的标准由省、自治区、直辖市人民政府规定。

第二十条 失业人员在领取失业保险金期间死亡的，参照当地对在职职工的规定，对其家属一次性发给丧葬补助金和抚恤金。

第二十一条　单位招用的农民合同制工人连续工作满1年，本单位并已缴纳失业保险费，劳动合同期满未续订或者提前解除劳动合同的，由社会保险经办机构根据其工作时间长短，对其支付一次性生活补助。补助的办法和标准由省、自治区、直辖市人民政府规定。

第二十二条　城镇企业事业单位成建制跨统筹地区转移，失业人员跨统筹地区流动的，失业保险关系随之转迁。

第二十三条　失业人员符合城市居民最低生活保障条件的，按照规定享受城市居民最低生活保障待遇。

第四章　管理和监督

第二十四条　劳动保障行政部门管理失业保险工作，履行下列职责：

（一）贯彻实施失业保险法律、法规；

（二）指导社会保险经办机构的工作；

（三）对失业保险费的征收和失业保险待遇的支付进行监督检查。

第二十五条　社会保险经办机构具体承办失业保险工作，履行下列职责：

（一）负责失业人员的登记、调查、统计；

（二）按照规定负责失业保险基金的管理；

（三）按照规定核定失业保险待遇，开具失业人员在指定银行领取失业保险金和其他补助金的单证；

（四）拨付失业人员职业培训、职业介绍补贴费用；

（五）为失业人员提供免费咨询服务；

（六）国家规定由其履行的其他职责。

第二十六条　财政部门和审计部门依法对失业保险基金的收支、管理情况进行监督。

第二十七条　社会保险经办机构所需经费列入预算，由财政拨付。

第五章　罚　　则

第二十八条　不符合享受失业保险待遇条件，骗取失业保险金和其他失业保险待遇的，由社会保险经办机构责令退还；情节严重的，由劳动保障行政部门处骗取金额 1 倍以上 3 倍以下的罚款。

第二十九条　社会保险经办机构工作人员违反规定向失业人员开具领取失业保险金或者享受其他失业保险待遇单证，致使失业保险基金损失的，由劳动保障行政部门责令追回；情节严重的，依法给予行政处分。

第三十条　劳动保障行政部门和社会保险经办机构的工作人员滥用职权、徇私舞弊、玩忽职守，造成失业保险基金损失的，由劳动保障行政部门追回损失的失业保险基金；构成犯罪的，依法追究刑事责任；尚不构成犯罪的，依法给予行政处分。

第三十一条　任何单位、个人挪用失业保险基金的，追回挪用的失业保险基金；有违法所得的，没收违法所得，并入失业保险基金；构成犯罪的，依法追究刑事责任；尚不构成犯罪的，对直接负责的主管人员和其他直接责任人员依法给予行政处分。

第六章　附　　则

第三十二条　省、自治区、直辖市人民政府根据当地实际情况，可以决定本条例适用于本行政区域内的社会团体及其专职人员、民办非企业单位及其职工、有雇工的城镇个体工商户及其雇工。

第三十三条　本条例自发布之日起施行。1993 年 4 月 12 日国务院发布的《国有企业职工待业保险规定》同时废止。

社会保险行政争议处理办法

（2001 年 5 月 27 日劳动和社会保障部令第 13 号发布　自发布之日起施行）

第一条　为妥善处理社会保险行政争议，维护公民、法人和其他组织的合法权益，保障和监督社会保险经办机构（以下简称经办机构）依法行使职权，根据劳动法、行政复议法及有关法律、行政法规，制定本办法。

第二条　本办法所称的社会保险行政争议，是指经办机构在依照法律、法规及有关规定经办社会保险事务过程中，与公民、法人或者其他组织之间发生的争议。

本办法所称的经办机构，是指法律、法规授权的劳动保障行政部门所属的专门办理养老保险、医疗保险、失业保险、工伤保险、生育保险等社会保险事务的工作机构。

第三条　公民、法人或者其他组织认为经办机构的具体行政行为侵犯其合法权益，向经办机构或者劳动保障行政部门申请社会保险行政争议处理，经办机构或者劳动保障行政部门处理社会保险行政争议适用本办法。

第四条　经办机构和劳动保障行政部门的法制工作机构或者负责法制工作的机构为本单位的社会保险行政争议处理机构（以下简称保险争议处理机构），具体负责社会保险行政争议的处理工作。

第五条　经办机构和劳动保障行政部门分别采用复查和行政复议的方式处理社会保险行政争议。

第六条　有下列情形之一的，公民、法人或者其他组织可以申请行政复议：

（一）认为经办机构未依法为其办理社会保险登记、变更或者注销手续的；

（二）认为经办机构未按规定审核社会保险缴费基数的；

（三）认为经办机构未按规定记录社会保险费缴费情况或者拒绝其查询缴费记录的；

（四）认为经办机构违法收取费用或者违法要求履行义务的；

（五）对经办机构核定其社会保险待遇标准有异议的；

（六）认为经办机构不依法支付其社会保险待遇或者对经办机构停止其享受社会保险待遇有异议的；

（七）认为经办机构未依法为其调整社会保险待遇的；

（八）认为经办机构未依法为其办理社会保险关系转移或者接续

手续的；

（九）认为经办机构的其他具体行政行为侵犯其合法权益的。

属于前款第（二）、（五）、（六）、（七）项情形之一的，公民、法人或者其他组织可以直接向劳动保障行政部门申请行政复议，也可以先向作出该具体行政行为的经办机构申请复查，对复查决定不服，再向劳动保障行政部门申请行政复议。

第七条 公民、法人或者其他组织认为经办机构的具体行政行为所依据的除法律、法规、规章和国务院文件以外的其他规范性文件不合法，在对具体行政行为申请行政复议时，可以向劳动保障行政部门一并提出对该规范性文件的审查申请。

第八条 公民、法人或者其他组织对经办机构作出的具体行政行为不服，可以向直接管理该经办机构的劳动保障行政部门申请行政复议。

第九条 申请人认为经办机构的具体行政行为侵犯其合法权益的，可以自知道该具体行政行为之日起 60 日内向经办机构申请复查或者向劳动保障行政部门申请行政复议。

申请人与经办机构之间发生的属于人民法院受案范围的行政案件，申请人也可以依法直接向人民法院提起行政诉讼。

第十条 经办机构作出具体行政行为时，未告知申请人有权申请行政复议或者行政复议申请期限的，行政复议申请期限从申请人知道行政复议权或者行政复议申请期限之日起计算，但最长不得超过二年。

因不可抗力或者其他正当理由耽误法定申请期限的，申请期限自障碍消除之日起继续计算。

第十一条 申请人向经办机构申请复查或者向劳动保障行政部门申请行政复议，一般应当以书面形式提出，也可以口头提出。口头提出的，接到申请的保险争议处理机构应当当场记录申请人的基本情况、请求事项、主要事实和理由、申请时间等事项，并由申请人签字或者盖章。

劳动保障行政部门的其他工作机构接到以书面形式提出的行政

复议申请的，应当立即转送本部门的保险争议处理机构。

第十二条　申请人向作出该具体行政行为的经办机构申请复查的，该经办机构应指定其内部专门机构负责处理，并应当自接到复查申请之日起 20 日内作出维持或者改变该具体行政行为的复查决定。决定改变的，应当重新作出新的具体行政行为。

经办机构作出的复查决定应当采用书面形式。

第十三条　申请人对经办机构的复查决定不服，或者经办机构逾期未作出复查决定的，申请人可以向直接管理该经办机构的劳动保障行政部门申请行政复议。

申请人在经办机构复查该具体行政行为期间，向劳动保障行政部门申请行政复议的，经办机构的复查程序终止。

第十四条　经办机构复查期间，行政复议的申请期限中止，复查期限不计入行政复议申请期限。

第十五条　劳动保障行政部门的保险争议处理机构接到行政复议申请后，应当注明收到日期，并在 5 个工作日内进行审查，由劳动保障行政部门按照下列情况分别作出决定：

（一）对符合法定受理条件，但不属于本行政机关受理范围的，应当告知申请人向有关机关提出；

（二）对不符合法定受理条件的，应当作出不予受理决定，并制作行政复议不予受理决定书，送达申请人。该决定书中应当说明不予受理的理由。

除前款规定外，行政复议申请自劳动保障行政部门的保险争议处理机构收到之日起即为受理，并制作行政复议受理通知书，送达申请人和被申请人。该通知中应当告知受理日期。

本条规定的期限，从劳动保障行政部门的保险争议处理机构收到行政复议申请之日起计算；因行政复议申请书的主要内容欠缺致使劳动保障行政部门难以作出决定而要求申请人补正有关材料的，从保险争议处理机构收到补正材料之日起计算。

第十六条　经办机构作出具体行政行为时，没有制作或者没有送达行政文书，申请人不服提起行政复议的，只要能证明具体行行为存在，劳动保障行政部门应当依法受理。

第十七条　申请人认为劳动保障行政部门无正当理由不受理其行政复议申请的，可以向上级劳动保障行政部门申诉，上级劳动保障行政部门在审查后，作出以下处理决定：

（一）申请人提出的行政复议申请符合法定受理条件的，应当责令下级劳动保障行政部门予以受理；其中申请人不服的具体行政行为是依据劳动保障法律、法规、部门规章、本级以上人民政府制定的规章或者本行政机关制定的规范性文件作出的，或者上级劳动保障行政部门认为有必要直接受理的，可以直接受理；

（二）上级劳动保障行政部门认为下级劳动保障行政部门不予受理行为确属有正当理由，应当将审查结论告知申请人。

第十八条　劳动保障行政部门的保险争议处理机构对已受理的社会保险行政争议案件，应当自收到申请之日起7个工作日内，将申请书副本或者申请笔录复印件和行政复议受理通知书送达被申请人。

第十九条　被申请人应当自接到行政复议申请书副本或者申请笔录复印件之日起10日内，提交答辩书，并提交作出该具体行政行为的证据、所依据的法律规范及其他有关材料。

被申请人不提供或者无正当理由逾期提供的，视为该具体行政行为没有证据、依据。

第二十条　申请人可以依法查阅被申请人提出的书面答辩、作出具体行政行为的证据、依据和其他有关材料。

第二十一条　劳动保障行政部门处理社会保险行政争议案件，原则上采用书面审查方式。必要时，可以向有关单位和个人调查了解情况，听取申请人、被申请人和有关人员的意见，并制作笔录。

第二十二条　劳动保障行政部门处理社会保险行政争议案件，以法律、法规、规章和依法制定的其他规范性文件为依据。

第二十三条　劳动保障行政部门在依法向有关部门请示行政复议过程中所遇到的问题应当如何处理期间，行政复议中止。

第二十四条　劳动保障行政部门在审查申请人一并提出的作出具体行政行为所依据的有关规定的合法性时，应当根据具体情况，分别作出以下处理：

（一）该规定是由本行政机关制定的，应当在 30 日内对该规定依法作出处理结论；

（二）该规定是由本行政机关以外的劳动保障行政部门制定的，应当在 7 个工作日内将有关材料直接移送制定该规定的劳动保障行政部门，请其在 60 日内依法作出处理结论，并将处理结论告知移送的劳动保障行政部门。

（三）该规定是由政府及其他工作部门制定的，应当在 7 个工作日内按照法定程序转送有权处理的国家机关依法处理。

审查该规定期间，行政复议中止，劳动保障行政部门应将有关中止情况通知申请人和被申请人。

第二十五条　行政复议中止的情形结束后，劳动保障行政部门应当继续对该具体行政行为进行审查，并将恢复行政复议审查的时间通知申请人和被申请人。

第二十六条　申请人向劳动保障行政部门提出行政复议申请后，在劳动保障行政部门作出处理决定之前，撤回行政复议申请的，经说明理由，劳动保障行政部门可以终止审理，并将有关情况记录在案。

第二十七条　劳动保障行政部门行政复议期间，被申请人变更或者撤销原具体行政行为的，应当书面告知劳动保障行政部门和申请人。劳动保障行政部门可以终止对原具体行政行为的审查，并书面告知申请人和被申请人。

申请人对被申请人变更或者重新作出的具体行政行为不服，向劳动保障行政部门提出行政复议申请的，劳动保障行政部门应当受理。

第二十八条　劳动保障行政部门的保险争议处理机构应当对其组织审理的社会保险行政争议案件提出处理建议，经本行政机关负责人审查同意或者重大案件经本行政机关集体讨论决定后，由本行政机关依法作出行政复议决定。

第二十九条　劳动保障行政部门作出行政复议决定，应当制作行政复议决定书。行政复议决定书应当载明下列事项：

（一）申请人的姓名、性别、年龄、工作单位、住址（法人或者其他组织的名称、地址、法定代表人的姓名、职务）；

（二）被申请人的名称、地址、法定代表人的姓名、职务；

（三）申请人的复议请求和理由；

（四）被申请人的答辩意见；

（五）劳动保障行政部门认定的事实、理由，适用的法律、法规、规章和依法制定的其他规范性文件；

（六）复议结论；

（七）申请人不服复议决定向人民法院起诉的期限；

（八）作出复议决定的年、月、日。

行政复议决定书应当加盖本行政机关的印章。

第三十条　经办机构和劳动保障行政部门应当依照民事诉讼法有关送达的规定，将复查决定和行政复议文书送达申请人和被申请人。

第三十一条　申请人对劳动保障行政部门作出的行政复议决定不服的，可以依法向人民法院提起行政诉讼。

第三十二条　经办机构必须执行生效的行政复议决定书。拒不执行或者故意拖延不执行的，由直接主管该经办机构的劳动保障行政部门责令其限期履行，并按照人事管理权限对直接负责的主管人员给予行政处分，或者建议经办机构对有关人员给予行政处分。

第三十三条　经办机构或者劳动保障行政部门审查社会保险行政争议案件，不得向申请人收取任何费用。

行政复议活动所需经费，由本单位的行政经费予以保障。

第三十四条　本办法自发布之日起施行。

最高人民法院关于审理工伤保险
行政案件若干问题的规定

(2014 年 4 月 21 日最高人民法院审判委员会第 1613 次
会议通过　2014 年 6 月 18 日最高人民法院公告公布　自
2014 年 9 月 1 日起施行　法释〔2014〕9 号)

为正确审理工伤保险行政案件，根据《中华人民共和国社会保
险法》《中华人民共和国劳动法》《中华人民共和国行政诉讼法》
《工伤保险条例》及其他有关法律、行政法规规定，结合行政审判实
际，制定本规定。

第一条　人民法院审理工伤认定行政案件，在认定是否存在
《工伤保险条例》第十四条第（六）项"本人主要责任"、第十六条
第（二）项"醉酒或者吸毒"和第十六条第（三）项"自残或者自
杀"等情形时，应当以有权机构出具的事故责任认定书、结论性意
见和人民法院生效裁判等法律文书为依据，但有相反证据足以推翻
事故责任认定书和结论性意见的除外。

前述法律文书不存在或者内容不明确，社会保险行政部门就前
款事实作出认定的，人民法院应当结合其提供的相关证据依法进行
审查。

《工伤保险条例》第十六条第（一）项"故意犯罪"的认定，
应当以刑事侦查机关、检察机关和审判机关的生效法律文书或者结
论性意见为依据。

第二条　人民法院受理工伤认定行政案件后，发现原告或者第
三人在提起行政诉讼前已经就是否存在劳动关系申请劳动仲裁或者
提起民事诉讼的，应当中止行政案件的审理。

第三条　社会保险行政部门认定下列单位为承担工伤保险责任
单位的，人民法院应予支持：

（一）职工与两个或两个以上单位建立劳动关系，工伤事故发生时，职工为之工作的单位为承担工伤保险责任的单位；

（二）劳务派遣单位派遣的职工在用工单位工作期间因工伤亡的，派遣单位为承担工伤保险责任的单位；

（三）单位指派到其他单位工作的职工因工伤亡的，指派单位为承担工伤保险责任的单位；

（四）用工单位违反法律、法规规定将承包业务转包给不具备用工主体资格的组织或者自然人，该组织或者自然人聘用的职工从事承包业务时因工伤亡的，用工单位为承担工伤保险责任的单位；

（五）个人挂靠其他单位对外经营，其聘用的人员因工伤亡的，被挂靠单位为承担工伤保险责任的单位。

前款第（四）、（五）项明确的承担工伤保险责任的单位承担赔偿责任或者社会保险经办机构从工伤保险基金支付工伤保险待遇后，有权向相关组织、单位和个人追偿。

第四条 社会保险行政部门认定下列情形为工伤的，人民法院应予支持：

（一）职工在工作时间和工作场所内受到伤害，用人单位或者社会保险行政部门没有证据证明是非工作原因导致的；

（二）职工参加用人单位组织或者受用人单位指派参加其他单位组织的活动受到伤害的；

（三）在工作时间内，职工来往于多个与其工作职责相关的工作场所之间的合理区域因工受到伤害的；

（四）其他与履行工作职责相关，在工作时间及合理区域内受到伤害的。

第五条 社会保险行政部门认定下列情形为"因工外出期间"的，人民法院应予支持：

（一）职工受用人单位指派或者因工作需要在工作场所以外从事与工作职责有关的活动期间；

（二）职工受用人单位指派外出学习或者开会期间；

（三）职工因工作需要的其他外出活动期间。

职工因工外出期间从事与工作或者受用人单位指派外出学习、开会无关的个人活动受到伤害，社会保险行政部门不认定为工伤的，人民法院应予支持。

第六条 对社会保险行政部门认定下列情形为"上下班途中"的，人民法院应予支持：

（一）在合理时间内往返于工作地与住所地、经常居住地、单位宿舍的合理路线的上下班途中；

（二）在合理时间内往返于工作地与配偶、父母、子女居住地的合理路线的上下班途中；

（三）从事属于日常工作生活所需要的活动，且在合理时间和合理路线的上下班途中；

（四）在合理时间内其他合理路线的上下班途中。

第七条 由于不属于职工或者其近亲属自身原因超过工伤认定申请期限的，被耽误的时间不计算在工伤认定申请期限内。

有下列情形之一耽误申请时间的，应当认定为不属于职工或者其近亲属自身原因：

（一）不可抗力；

（二）人身自由受到限制；

（三）属于用人单位原因；

（四）社会保险行政部门登记制度不完善；

（五）当事人对是否存在劳动关系申请仲裁、提起民事诉讼。

第八条 职工因第三人的原因受到伤害，社会保险行政部门以职工或者其近亲属已经对第三人提起民事诉讼或者获得民事赔偿为由，作出不予受理工伤认定申请或者不予认定工伤决定的，人民法院不予支持。

职工因第三人的原因受到伤害，社会保险行政部门已经作出工伤认定，职工或者其近亲属未对第三人提起民事诉讼或者尚未获得民事赔偿，起诉要求社会保险经办机构支付工伤保险待遇的，人民法院应予支持。

职工因第三人的原因导致工伤，社会保险经办机构以职工或者其近亲属已经对第三人提起民事诉讼为由，拒绝支付工伤保险待遇的，人民法院不予支持，但第三人已经支付的医疗费用除外。

第九条 因工伤认定申请人或者用人单位隐瞒有关情况或者提供虚假材料，导致工伤认定错误的，社会保险行政部门可以在诉讼中依法予以更正。

工伤认定依法更正后，原告不申请撤诉，社会保险行政部门在作出原工伤认定时有过错的，人民法院应当判决确认违法；社会保险行政部门无过错的，人民法院可以驳回原告诉讼请求。

第十条 最高人民法院以前颁布的司法解释与本规定不一致的，以本规定为准。

1. 员工录用管理制度

1 总则

1.1 目的

为规范员工录用程序，充分体现公开、公平、公正的原则，保证公司各部门各岗位能及时有效地补充所需人才，使其促进公司更快地发展，特制定本办法。

1.2 适用对象

公司本部及各分支机构所有新进员工的录用管理，应依照本制度执行。

2 人员录用管理

2.1 员工录用通知

2.1.1 经公司笔试、面试环节的选拔，对考核合格的应聘人员，在做出录用决策后的_____个工作日内，向其发出录用通知。

2.1.2 对未被公司录用的人员，人力资源部也应礼貌地以电话、邮件或者信函的形式告知对方。

2.2 员工报到

2.2.1 被录用的员工应按人力资源部指定的时间报到及办理入职手续。如在发出正式录用通知_____天内不报到的，人力资源部可取消其录用资格，特殊情况经批准可延期报到。考勤记录从新员工正式报到之日起开始。

2.2.2 新员工在报到时，需向人力资源部提供以下有关证明文件：

---

* 本实用附录中所收录的范本参见夏桂颖编著：《企业用工管理法律实务操作一本通》，中国法制出版社 2011 年版，供读者参考使用。

本人身份证、最高学历证明、职称证明等有效证件的复印件；

近期一寸彩色免冠照片四张；

前工作单位离职证明或前工作单位地址、电话号码、联系人姓名等资料；

其他公司规定需要提交的资料。

2.2.3 凡有下列情形者，不予录用：

经查实被录用人提供资料虚假者；

经健康检查不符合企业规定者；

有其他劣迹者。

2.2.4 新员工交付有关证明文件后，需填写《员工履历表》，由人力资源部为新员工建立个人档案。

2.2.5 新员工报到时需领取考勤卡及其他相关办公用品。

2.2.6 新员工入职手续办理后，由人力资源部内勤人员出具《上岗通知单》到用工部门，通知用工部门做好相应的工作安排。

2.2.7 员工一经录用，公司将按国家劳动法有关规定与员工签订劳动合同。

2.3 试用与考核

2.3.1 员工办理入职手续后，由人力资源部培训人员组织新员工进行职前培训。职前培训的主要内容为公司发展历史、远景规划、公司文化和规章制度等。

2.3.2 公司新进人员到人力资源部办理完相关报到手续后，进入试用期阶段，试用期为1、2、3个月不等。若用人部门负责人认为有必要时，也可报请公司相关领导批准，将试用期酌情缩短。

2.3.3 新员工如在试用期间基本符合工作要求，公司将与其签署试用协议。如新员工不符合工作要求或新员工提出终止考察，双方将终止试用。

2.3.4 用人部门和人力资源部应对试用期内员工的表现进行考核鉴定，考核主要从其工作态度、工作能力、工作业绩三个方面进行。

2.3.5 新员工在试用期内，因表现不佳或能力不符合工作要求的，用人部门应以书面形式通知人力资源部，经核准后可予以辞退。在办理完相关交接手续后，按其当月实际工作天数发放工资。

2.3.6 员工试用期即将结束时，需填写员工转正申请表，公司根据员工试用期的表现做出相应的人事决策。

2.3.7 试用期满（或未满但表现突出）的新员工可填写《转正考核表》申请转正（或提前转正），由用人部门和人力资源部考核后确定是否予以转正。经考核合格者，由人力资源部发出《转正通知书》；经考核不符合公司要求者，将视情况予以辞退或延长试用期。

2.3.8 试用期考核合格者，用人部门和人力资源部要做好为转正员工定岗定级、提供相应待遇、员工职业发展规划等工作。

3 附则

3.1 权责单位

人力资源部负责本制度的制定、修改、废止的起草工作。总经理负责本制度的制定、修改、废止的核准。

2. 劳动合同管理制度

1 总则

1.1 目的

为依法规范管理员工的劳动关系，保障公司与员工双方的合法权益，特制定本管理办法。

1.2 适用范围

本办法适用于公司所有员工（包括临时工）劳动合同的签订、中（终）止、解除、违约责任等的管理。

2 合同期管理

2.1 合同期的规定

合同期	任务型合同	1年期	3年期	5年期
人员类型	根据具体情况签订的任务型劳动合同的人员	非3年期、5年期和任务型劳动合同的公司其他员工	公司C层级的所有员工、新入司大专及以上学历的人员、采购人员、营销人员、工程技术人员、技术工人、管理骨干	公司A、B层级的所有员工

3　劳动合同内容

劳动合同内容包括：劳动合同期限、劳动纪律、生产（工作）条件、劳动时间、劳动报酬、社会保险、福利待遇、合同的变更、续订、终止和解除、违约责任、劳动争议处理及双方需约定的其他事宜。

4　劳动合同的签订

4.1　合同签订

4.1.1　公司在聘用员工时，应要求被聘用者出示终止、解除劳动合同证明，经证实确与其他用人单位没有劳动关系后方可订立劳动合同。

4.1.2　员工进入公司报到15日之内，在了解和认可公司的劳动合同条款并确定合同期限后，双方可签订劳动合同。

4.2　合同变更

由于签订合同时所依据的客观情况发生重大变化或机构调整等原因，致使原合同无法履行的，经双方协商同意，可以变更原合同的相关条款。

4.3　合同续签

合同期满前30天，公司根据工作需要与员工协商决定是否续签订劳动合同，如任何一方无意续签，原合同期满视为劳动合同终止，由公司发出《终止劳动合同通知书》。

5　劳动合同的解除

5.1　员工有下列情形之一的，用人单位可以解除劳动合同：

5.1.1　在试用期间被证明不符合录用条件的；

5.1.2 严重违反劳动纪律或者公司规章制度的；

5.1.3 严重失职，营私舞弊，对公司利益造成重大损害的；

5.1.4 被依法追究刑事责任的。

5.2 有下列情形之一，员工可以即时解除合同，而无须向公司支付赔偿：

5.2.1 在试用期内；

5.2.2 公司以侵害员工合法人身权利手段强迫劳动的；

5.2.3 公司不能按照合同规定支付劳动报酬或者提供劳动条件的。

5.3 有下列情形之一的，用人单位可以解除劳动合同，但是应当提前三十日以书面形式通知劳动者本人：

5.3.1 员工患病或者非因工负伤，医疗期满后，不能从事原工作也不能从事由用人单位另行安排的工作的；

5.3.2 员工不能胜任工作，经过培训或者调整工作岗位，仍不能胜任工作的；

5.3.3 劳动合同订立时所依据的客观情况发生重大变化，致使原劳动合同无法履行，经当事人协商不能就变更劳动合同达成协议的。

6 劳动合同的终止

劳动合同期满或双方约定的劳动合同终止条件出现，劳动合同即行终止。

7 违约责任

7.1 由于员工擅自违约给公司造成损失的，公司有权依据有关规定追究经济或法律责任。

7.2 凡公司支付学费及培训费的员工必须按规定与公司签订培训服务协议，作为劳动合同的附件。员工培训服务期未满与公司解除劳动关系，按培训协议执行。

7.3 属公司涉密人员的，公司与其签订《涉密人员保密责任书》。《涉密人员保密责任书》作为劳动合同的附件，与其具有同样的法律效力。

8　管理程序

8.1　劳动合同由公司法人代表或其委托代理人与员工签订。

8.2　人力资源部负责劳动合同的归口管理工作。

8.3　合同期满前 30 天，由公司人力资源部组织相关人员对合同到期员工进行综合考评，并编制合同续订/终止员工名单，报总经理批准。获得总经理批准后，对于需要终止劳动合同的员工，人力资源部负责签发《终止/解除劳动合同通知》；对于需要续订劳动合同的员工，人力资源部发放续订通知。

8.4　人力资源部应建立《劳动合同管理台账》，负责对合同期进行动态管理。

8.5　终止或解除劳动合同后，由人力资源部分别开具《终止劳动合同通知书》或《解除劳动合同通知书》，一式五份，一份留公司，一份存员工档案，一份抄送失业保险机构，一份抄送劳动争议仲裁机构，一份给员工本人。

9　附则

9.1　本制度由人力资源部负责起草、修订，经公司总经理批准后公布实施。

9.2　本制度由人力资源部负责组织实施，并对相关问题进行解释。

3. 员工工资管理制度

1. 总则

1.1　按照公司经营理念和管理模式，遵照国家有关劳动人事管理政策和公司其他有关规章制度，特制定本制度。

1.2　本制度适用于公司全体员工（试用工和临时工除外）。本制度所指工资，是指每月定期发放的工资，不含奖金和风险收入。

2. 工资结构

2.1 员工工资由固定工资、绩效工资两部分组成。

2.2 工资包括：基本工资、岗位工资、技能工资、职务津贴、工龄工资、住房补贴、误餐补贴、交通补贴。

2.3 固定工资是根据员工的职务、资历、学历、技能等因素确定的、相对固定的工作报酬。固定工资在工资总额中占40%。

2.4 绩效工资是根据员工考勤表现、工作绩效及公司经营业绩确定的、不固定的工资报酬，每月调整一次。绩效工资在工资总额中占60%。

2.5 员工工资总额由各部门经理、项目经理拟定后报总经理审批。部门经理、项目经理每月对员工进行考核，确定绩效工资发放比例并报人力资源部审核、总经理审批后予以发放。

2.6 员工工资扣除项目包括：个人所得税、缺勤、扣款（含贷款、借款、罚款等）、代扣社会保险费、代扣通讯费等。

3. 工资系列

3.1 公司根据不同职务性质，分别制定管理层、职能管理、项目管理、生产、营销五类工资系列。

3.2 管理层系列适用于公司总经理、副总经理。

3.3 职能管理工资系列适用于从事行政、财务、人事、质管、物流等日常管理或事务工作的员工。

3.4 项目管理工资系列适用于各项目经理及项目部成员。

3.5 生产工资系列适用于生产部从事调试、焊接、接线等生产工作的员工。

3.6 营销工资系列适用于销售部销售人员（各项目部销售人员可参照执行）。

4. 工资计算方法

4.1 工资计算公式：

应发工资 = 固定工资 + 绩效工资

实发工资 = 应发工资 – 扣除项目

固定工资 = 工资总额 × 40%

绩效工资 = 工资总额 × 60% × 绩效工资计发系数（0 – 1）

4.2 工资标准的确定：根据员工所属的岗位、职务，依据《岗位工资一览表》确定其工资标准。待岗人员工资按照本地区当年度最低生活保障标准执行；试用期员工工资参照附件1《试用期员工工资标准表》。

4.3 绩效工资与绩效考核结果挂钩，试用期与待岗员工不享受绩效工资。绩效工资确定方法见下表。

表：绩效工资确定方法

考核成绩	绩效工资计发系数	绩效工资发放数额
90（含）—100分	≤1	绩效工资×计发系数
80（含）—90分	≤0.8	绩效工资×计发系数
60（含）—80分	≤0.5	绩效工资×计发系数
60分以下	≤0.3	绩效工资×计发系数

4.4 职能部门普通员工考核由其部门经理负责；部门经理考核由其主管副总负责；项目部成员考核由其项目经理负责。考核成绩和计发系数每月8号前上报至人力资源部。

注1：原则上管理层工资由公司承担，若管理层人员兼任项目经理，则其基本工资由公司承担，绩效工资由项目部承担。

注2：总经理绩效工资计算方法：总经理月绩效工资=项目经理月平均绩效工资×1.5。总经理的收入原则上最高限额____元。副总经理兼任项目经理时绩效工资原则上按其负责的项目的经营情况确定其月绩效工资。

4.5 为鼓励公司部门经理、项目经理及以上管理者为公司忘我工作，体现责、权、利相结合的原则，公司按月发放职务津贴，具体如下表：

职 务	职务津贴
总经理	1000
副总经理	800
部门经理	600
项目经理	700

5. 薪级调整

5.1 原则上公司在每个财务年度结束后，根据当年的经营业绩，并根据年终综合考核成绩对全体员工发放二次绩效工资（年终奖），并酌情对工资标准予以调整，重新确定所有员工的工资。年工资总额增减幅度与上年度公司经济效益成正比。

5.2 年终绩效考核采用档级评分制，评分方法与考核工具见《工作绩效考核办法》。职能部门员工年终考核成绩与薪级调整幅度的对应关系见下表。

表：年终综合考核成绩与薪级调整幅度对应关系

考核成绩	薪级调整幅度	薪级计算公式
90（含）~100 分	上调 1~1.5 个薪级	薪酬区间（上限 + 下限）÷2÷10
80（含）~90 分	上调 0.5 个薪级	薪酬区间（上限 + 下限）÷2÷10
60（含）~80 分	工资保持不变	薪酬区间（上限 + 下限）÷2÷10
60 分以下	下调 0.5~1.5 个薪级	薪酬区间（上限 + 下限）÷2÷10

6. 关于员工工资

6.1 员工工资标准的确立、变更。（1）公司员工工资标准经董事长批准；（2）根据公司经营状况，可以变更员工工资标准。

6.2 员工工资核定。员工根据本人业绩表现、工作能力、工作态度、聘用的岗位和职务，核定其工资标准。具体的人员工资确定应根据薪酬区间，由用人部门提议，经人力资源部审核，报总经理审批后确定。部门经理、项目经理的工资直接由总经理确定。对于特殊人才的工资标准，由总经理提议，报董事长特批。初次从事该岗位的员工，原则上自该岗位薪酬区间下限起薪，经年终考核后，再调整薪级。

6.3 销售员的薪酬按《销售工作管理办法》执行。

6.4 工龄工资：工龄工资以到公司服务的时间计算，每满一年每月发工龄工资50元，每年年初增发，5年封顶。

6.5 员工工资变更。根据岗动薪变原则，晋升增薪，降级减薪。员工职务、岗位变动，从生效之日起下一个支薪日，按新岗位标准调整。

6.6 员工工资变更办理。由薪资申报人员填写《工资调整申请表》，由直接主管建议调整薪级，并报人力资源部按有关审批流程办理。

7. 工资发放

7.1 工资计算以月为计算期。月平均工作日为21.75天，若需计算日工资，应按以下公式计算：日工资额＝当月工资/21.75。

7.2 公司考勤实行指纹打卡管理，由人力资源部每月对员工的考勤情况进行汇总统计在考勤扣款中体现。

7.3 公司员工固定工资发放日为每月15日，绩效工资在次月15日合并发放。关于加班、带薪休假以及当月考勤扣款等项目将在次月兑现。如果工资发放日恰逢节假日，工资在节假日前一天提前发放。

7.4 加班工资：在法定节日加班的员工，遵照国家相关法律法规支付其加班费。员工加班工资的折算以每月21.75天，每天8小时计算。

7.5 带薪休假工资：员工在休假期间按照实际休假天数扣除当月绩效工资，即当月绩效工资扣发额＝当月绩效工资÷21.75×休假天数，其他福利待遇不变。

7.6 员工请假、休假时工资标准，按《考勤管理制度》的相关规定执行。

7.7 员工试用期满后的转正工资，均于正式转正之日起计算。

7.8 辞职（辞退、停职、免职）人员，于办理完交接手续正式离开公司（或命令到达）之日起停发工资。

7.9 工资误算、误发时，当事人（部门）必须在发现后立即纠正，公司还将对相关责任人进行同等额度的处罚。因误算而超付的工资，人力资源部、财务部可向员工或部门行使追索权。

7.10 公司集会或经公司同意的培训、教育或外事活动，公司按规定付给员工工资。

8. 福利与补贴

8.1 视公司经营状况，发放下列福利与补贴：

8.1.1 发放取暖、降温费：12～2月，每人每月30元；7～9月，每人每月10元。

8.1.2 节日补助（春节、五一、元旦、国庆等节日）公司给予一定的补贴。

8.1.3 生日礼物为公司盖章的生日贺卡和生日蛋糕券。

8.1.4 员工结婚，公司赠送一定数额的礼金。

8.1.5 直系亲属（父母、配偶、子女）丧葬，公司给予一定的慰问金。

8.1.6 公司根据情况不定期组织各种集体活动，活动费由公司承担。

8.2 通讯补贴：根据工作需要确定移动通讯费补贴标准。总经理按实际发生额的90%报销，报销上限为600元/月；副总经理按实际发生额的90%报销，报销上限为500元/月；部门经理按实际发生额的80%报销，报销上限为300元/月；项目经理按实际发生额的80%报销，报销上限为400元/月；司机按实际发生额的70%报销，报销上限为150元/月；销售人员及特殊岗位人员的通讯补贴另定。

8.3 住房补贴：每月补贴50元。

8.4 误餐补贴：每月补贴90元。

8.5 交通补贴：每月补贴50元。

8.6 员工的固定工资作为公司为员工办理各种保险的基数。当员工固定工资未达到本市办理各类保险的最低限时，按本市低保基数为其办理保险。

9. 附则

9.1 本制度经公司总经理办公会讨论通过报董事会审批，自颁布之日起执行。

9.2 本制度由人力资源部负责解释。

4. 员工绩效考核管理制度

1 绩效考核的目的

绩效考核的目的是使上级能够对部下具有的担当职务的能力以及能力的发挥程度进行分析，做出正确的评价，进而做到人尽其才，客观合理地安置组织成员，调动员工工作积极性、提高工作绩效，亦是对员工职务的调整、薪酬福利、培训及奖金核定的重要依据，明确员工的导向，保障组织有效运行，给予员工与其贡献相应的激励。

2 考核范围：公司全体员工（进入公司不满 3 个月者或者未转正者不参加季度、年终考核）。

3 考核原则

3.1 以客观事实为依据，以考核制度规定的内容、程序与方法为准绳；

3.2 考核力求公平、公开、公正的原则来进行。

4 考核公式及其换算比例

4.1 绩效考核计算公式 = KPI 绩效（50%）+ 360 度考核（30%）+ 个人行为鉴定 20%。

4.2 绩效换算比例：KPI 绩效总计 100 分占 50%；360 度考核总计 100 分占 30%；个人行为鉴定总计 100 分占 20%。

5 绩效考核相关名词解释

5.1 绩效考核：为了实现第一条规定的目的，以客观的事实为依据，对员工品性、业绩、能力和努力程度进行有组织的观察、分析和评价。

5.2 KPI（Key performance index）：即关键业绩指标，是通过对组织内部某一流程的输入端、输出端的关键参数进行设置、取样、计算、分析，衡量流程绩效的一种目标式量化管理指标。

5.3　360度考核：是一种从不同层面的人员中收集考评信息，从多角度对员工进行综合绩效考核并提供反馈的方法，考评不仅有上级主管，还包括其他与被考评者密切接触的人员。

5.4　个人行为鉴定：是指被考核者，在日常工作中，违反公司相关考勤、培训、工作流程等规章制度而被处罚分数或者有建议性提议、突出性表现而被奖励行为的结果。

6　绩效考核指标及细则

KPI绩效根据部门工作性质和内容制订，每个被考核人有10项考核内容，总分为100分，根据工作权重分别计分。占绩效考核总分的比例为50%。

6.1　主管级以下人员，在360度考核中分数，为部门管理类人员的平均分。

6.2　个人行为鉴定考核

6.2.1　个人行为鉴定考核总分为100分。

6.2.2　迟到、早退一次每次扣除2分。

6.2.3　旷工半天每次扣除5分。

6.2.4　忘记打卡每月3次以上（含）每次扣除0.5分。

6.2.5　每月请事假1天以上（不含）每天扣除1分。

6.2.6　警告、记小过、记大过，每次分别扣除5分、10分、20分。

6.2.7　嘉奖、记小功、记大功，每次分别奖励10分、20分、40分。

6.2.8　提出合理化建议且被公司采纳并经实践证明确实有益者，根据实际情况给予奖励。

6.2.9　无故不参加公司举行的会议、活动、培训者每次扣除5分。

7　考核时间

7.1　月度考核：次月的第1个星期考核上个月的绩效，7个工作日内结束。

7.2　年度考核：在次年1月的第2个星期考核，7个工作日内结束。

8 考核等级/比例

8.1 个人绩效津贴比例：

8.1.1 普通员工：占个人总工资结构的5%；

8.1.2 普通职员：占个人总工资结构的10%；

8.1.3 主管：占个人总工资结构的15%；

8.1.4 经理：占个人总工资结构的20%；

8.1.5 副总经理：占个人总工资结构的30%；

8.1.6 或者结合个人职等进行绩效津贴比例划分。

8.2 个人绩效津贴给付比例：

甲等：当月绩效基本津贴×120%；

乙等：当月绩效基本津贴×90%；

丙等：当月绩效基本津贴×80%；

丁等：当月绩效基本津贴×70%。

8.3 个人绩效考核等级标准：

9 年度考核规定及薪资提升标准

9.1 年度考核是调整员工下年度工资水平，颁发年终奖金的依据。

9.2 进入公司不满3个月者不参加年终考核。

在公司服务满1年按考核成绩予以年度调薪（针对职员类），具体参考标准如下：

优等：基本工资×12%

甲等：基本工资×6%

乙等：基本工资×3%

丙等：不调整

丁等：解雇

9.3 生产直接人员，根据国家相关法律法规已经公司的经营状况和规定调整。

10 考核纪律

10.1 上级考核必须公正、公平、认真、负责，上级领导不负责或不公正者，一经发现将给予降职、扣除当月绩效奖或扣分处理。

10.2 各部门负责人要认真组织，慎重打分，凡在考核中消极应付，将给予扣分甚至扣除全月绩效和岗位津贴。

10.3 考核工作必须在规定的时间内按时完成。

10.4 弄虚作假者，考核者与被考核者的绩效一律按总分的50%记分。

11 考核仲裁

11.1 为保证考核的客观公正、持续改善考核方法，特成立考核小组，人员为各部门权责负责人，组长为人力资源部经理。

11.2 考核小组负责处理以下事务：

A、对考评人的监督约束；

B、考核投诉的处理；

C、讨论并通过各部门设定的绩效考核指标；

D、每半年检讨考核制度，视情况修订考核制度及指标。

11.3 被考核人对考核结果持有异议时，可在绩效面谈结束之后的三天内向考核小组提出仲裁，逾期不予受理。

11.4 考核小组接到被考核人的仲裁申请后，在考核面谈的第5天组织考核仲裁，仲裁结果为终审。

12 绩效面谈

12.1 绩效面谈是提高绩效的有效途径，各部门主管必须在考核结束后一星期内安排绩效面谈，办公室职员的上司安排单独绩效面谈，普通员工可以"考核总结会议"的方式进行，但对于最优秀员工与最差员工，应予以单独面谈，并在考核结束后的10日内将面谈记录原件交到人力资源部，部门留存复印件。

12.2 绩效面谈的内容详见考核表背面的《绩效面谈表》，面谈记录的内容将作为员工下一步绩效改进的目标，培训安排的参考。

13 附则

本办法执行初期每半年检视讨论一次，以后视实际执行需要修订，考核小组总结讨论后交人力资源部负责修订，呈报总经理审核后批准执行。

本办法的解释权由人力资源部负责

本办法自公布之日起执行。

5. 员工离职管理制度

1 总则

1.1 目的

为规范离职管理工作，确保企业和离职员工的合法权益，特制定本管理制度。

1.2 适用范围

所有员工，无论任何原因离职，均依本办法处理，若有特例，须由总经理签字认可。

2 离职类型

2.1 辞职：因员工个人原因辞去工作。

员工因故辞职，应填写《员工离职申请书》，并报相关领导审批。

公司职员离职应于一个月前提出书面申请。

试用期职员离职申请应于3日前提出。

2.2 辞退（解雇）：员工因各种原因不能胜任其工作岗位或公司因不景气原因裁员者。

2.3 开除：严重违反公司规章制度或其他对企业有破坏行为者。

3 离职手续办理

3.1 工作移交

指将本人经办的各项工作、保管的各类工作性资料移交至直接上级所指定的人员，并要求接交人在《工作交接单》上签字确认。

3.2 事物移交

员工就职期间所有领用物品的移交，且交接双方签字确认。

领用的办公用品移交。

企业配置的通讯工具移交。

考勤卡、钥匙的移交。

借阅资料的移交。

各类工具的移交。

3.3 款项移交

将经手的各类项目、业务、个人贷款等款项事宜移交至公司财务部。

经手办理的业务合同移交至公司财务部。

以上各项交接均应由交接人、接管人签字确认，并经办公室审核、备案后方可完成交接。

3.4 辞职员工结算款项

结算工资。

应得到但尚未使用的年休假时间。

应付但未付的奖金、佣金。

辞职补偿金。按国家相关规定执行。

公司拖欠员工的其他款项。

须扣除员工拖欠未付的借款、罚金；扣除对公司未交接手续的赔偿金。

3.5 关系转移

转移前提：交接工作全部完成（以签字为准）；违约金、赔偿金等结算完成。

转移内容：档案关系、社保关系、其他。

4 附则

4.1 本制度未尽事宜按照国家相关规定执行。

4.2 本制度在执行过程中如发生异议，任何一方都可以提请劳动仲裁机构仲裁。

4.3 本制度从发布之日起执行。

图书在版编目（CIP）数据

劳动与社会保障法／中国法制出版社编 . —7 版
. —北京：中国法制出版社，2022.2（2023.3 重印）
（实用版法规专辑）
ISBN 978 - 7 - 5216 - 2487 - 8

Ⅰ. ①劳… Ⅱ. ①中… Ⅲ. ①劳动法 - 汇编 - 中国②
社会保障法 - 汇编 - 中国 Ⅳ. ①D922.509

中国版本图书馆 CIP 数据核字（2022）第 019001 号

策划编辑：舒 丹　　　责任编辑：赵 燕　　　封面设计：杨泽江

劳动与社会保障法 （实用版法规专辑）
LAODONG YU SHEHUI BAOZHANGFA （SHIYONGBAN FAGUI ZHUANJI）

经销/新华书店
印刷/三河市紫恒印装有限公司
开本/850 毫米×1168 毫米　32 开　　　　印张/ 13　字数/ 302 千
版次/2022 年 2 月第 7 版　　　　　　　　2023 年 3 月第 5 次印刷

中国法制出版社出版
书号 ISBN 978 - 7 - 5216 - 2487 - 8　　　　　　定价：32.00 元

北京市西城区西便门西里甲 16 号西便门办公区
邮政编码：100053　　　　　　　　　　传真：010 - 63141600
网址：http：//www. zgfzs. com　　　　**编辑部电话：010 - 63141671**
市场营销部电话：010 - 63141612　　　　**印务部电话：010 - 63141606**

（如有印装质量问题，请与本社印务部联系。）